LINGUAGEM C: COMPLETA E DESCOMPLICADA

CB037066

Grupo
Editorial
Nacional

O GEN | Grupo Editorial Nacional – maior plataforma editorial brasileira no segmento científico, técnico e profissional – publica conteúdos nas áreas de ciências exatas, humanas, jurídicas, da saúde e sociais aplicadas, além de prover serviços direcionados à educação continuada e à preparação para concursos.

As editoras que integram o GEN, das mais respeitadas no mercado editorial, construíram catálogos inigualáveis, com obras decisivas para a formação acadêmica e o aperfeiçoamento de várias gerações de profissionais e estudantes, tendo se tornado sinônimo de qualidade e seriedade.

A missão do GEN e dos núcleos de conteúdo que o compõem é prover a melhor informação científica e distribuí-la de maneira flexível e conveniente, a preços justos, gerando benefícios e servindo a autores, docentes, livreiros, funcionários, colaboradores e acionistas.

Nosso comportamento ético incondicional e nossa responsabilidade social e ambiental são reforçados pela natureza educacional de nossa atividade e dão sustentabilidade ao crescimento contínuo e à rentabilidade do grupo.

LINGUAGEM C: COMPLETA E DESCOMPLICADA

2ª edição

André Backes

- Direitos exclusivos para a língua portuguesa
  Copyright © 2019 (Elsevier Editora Ltda.), © 2023 (4ª impressão) by
  GEN | GRUPO EDITORIAL NACIONAL S. A.
  Publicado pelo selo LTC | Livros Técnicos e Científicos Editora Ltda.
  Travessa do Ouvidor, 11
  Rio de Janeiro – RJ – 20040-040
  www.grupogen.com.br

- Copidesque: Vania Santiago

- Revisão tipográfica: Augusto Coutinho

- Editoração eletrônica: Thomson Digital

- Ficha catalográfica

CIP-BRASIL. CATALOGAÇÃO NA PUBLICAÇÃO
SINDICATO NACIONAL DOS EDITORES DE LIVROS, RJ

B119L
2. ed.

Backes, André
   Linguagem C : completa e descomplicada / André Backes. - 2. ed. - [Reimpr.]. – Rio de Janeiro: LTC, 2023 –
4ª impressão
   : il.

   Apêndice
   Inclui bibliografia
   ISBN 978-85-352-9106-3

   1. C (Linguagem de programação de computador). I. Título.
18-52029   CDD: 005.13
                                CDU: 004.43

Ao meu filho, Pedro, que me ensinou o
verdadeiro significado de ensinar.

Agradecimentos

Aos amigos que fiz no convívio diário da Faculdade de Computação da Universidade Federal de Uberlândia (FACOM-UFU).

Aos meus pais, que sempre me apoiaram em todas as etapas da minha vida.

Ao Prof. Dr. Odemir Martinez Bruno, pela confiança depositada em mim, orientação e amizade, sem as quais eu não teria me tornado professor.

Aos meus alunos, que atuaram como guias. Foi pensando em ajudá-los que me arrisquei a produzir esta obra.

Sumário

CAPÍTULO 2

LENDO E ESCREVENDO NAS VARIÁVEIS

CAPÍTULO 6
VETORES E MATRIZES – ARRAYS

CAPÍTULO 7
ARRAYS DE CARACTERES – STRINGS

CAPÍTULO 14
O PADRÃO C99

CAPÍTULO 1

Introdução

A linguagem C é uma das mais bem-sucedidas linguagens de alto nível já criadas, e é considerada uma das linguagens de programação mais utilizadas de todos os tempos. Porém, muitas pessoas a consideram uma linguagem de difícil aprendizado, seja pela dificuldade de compreender certos conceitos (como os ponteiros), seja pela falta de clareza com que a estrutura da linguagem é descrita.

Nesse sentido, pretende-se uma nova abordagem que descomplique os conceitos da linguagem por meio de lembretes e avisos que ressaltem seus pontos-chave, além de exemplos simples e claros de como utilizá-la. Para isso, almeja-se utilizar o software Code::Blocks, uma IDE de código aberto e multiplataforma que suporta múltiplos compiladores, entre eles a linguagem C.

Este livro foi desenvolvido como um curso completo da linguagem C. Sua elaboração foi focada na separação do que é conhecimento básico e avançado, isto é, entre aquilo que usamos no dia a dia e o que usamos apenas em aplicações muito específicas. Foi priorizada a simplicidade na abordagem dos tópicos. Desse modo, espera-se que o livro possa ser facilmente utilizado, tanto por profissionais que trabalhem com programação quanto por profissionais de áreas não computacionais (biólogos, engenheiros, entre outros) e que precisem, vez ou outra, desenvolver um programa para automatizar uma tarefa.

Quanto à sua estrutura, adotamos a seguinte forma: no Capítulo 1, apresentamos um rápido histórico sobre a linguagem, as etapas de compilação do programa, o uso de comentários, suas principais bibliotecas e funções, como criar um novo projeto na IDE Code::Blocks e como escrever o primeiro programa em C.

O Capítulo 2 mostra definições e conceitos sobre variáveis e seus tipos possíveis, palavras-chave e escopo de variáveis. Em seguida, é mostrado como podemos fazer a leitura do teclado de uma variável e a sua escrita no dispositivo de vídeo. Já no Capítulo 3, descrevemos as operações que podemos realizar com uma variável.

Nos Capítulos 4 e 5 são descritos os conceitos de comandos de controle condicional e de repetição (os laços). Esses capítulos completam a apresentação da estrutura básica da linguagem.

O Capítulo 6 trata do uso dos arrays, isto é, vetores e matrizes. São apresentados alguns exemplos de operações básicas realizadas com essas estruturas da linguagem. Já no Capítulo 7 tratamos da manipulação de strings, que nada mais são do que arrays de caracteres.

Tratamos da criação de novos tipos de dados pelo programador no Capítulo 8, no qual são apresentados os tipos estrutura, união e enumeração, além do uso da palavra-chave typedef.

Declaração e uso de funções são o tema do Capítulo 9. Nesse capítulo, tratamos também dos tipos de passagem de parâmetros para as funções e da recursividade. No Capítulo 10, abordamos detalhadamente a declaração, o uso de ponteiros e as operações possíveis com ponteiros, enquanto o Capítulo 11 trata da alocação dinâmica de memória.

Na sequência, o Capítulo 12 discute os conceitos de leitura e escrita em arquivos, nos modos texto e binário, além de exemplificar as funções de acesso a arquivos em alto nível.

O Capítulo 13 é reservado à abordagem de assuntos considerados avançados na linguagem: classes de armazenamento, diretivas do pré-processador, array de ponteiros, ponteiros para funções, argumentos da linha de comandos e recursos adicionais das funções **printf()** e **scanf()**, entre outros tópicos.

Por fim, os Capítulos 14 e 15 apresentam, respectivamente, os padrões C99 e C11 da linguagem C, duas revisões do padrão ANSI de 1989 da linguagem C. No último capítulo, o 16, explicamos como funcionam os sistemas numéricos decimal, hexadecimal, octal e binário e suas conversões.

1.1 A LINGUAGEM C

A linguagem C é uma das mais bem-sucedidas linguagens de alto nível já criadas, e é considerada uma das linguagens de programação mais utilizadas de todos os tempos. Define-se como linguagem de alto nível aquela que possui um nível de abstração relativamente elevado, que está mais próximo da linguagem humana do que do código de máquina. Ela foi criada em 1972, nos laboratórios Bell, por Dennis Ritchie, sendo revisada e padronizada pelo ANSI (American National Standards Institute), em 1989.

Trata-se de uma linguagem estruturalmente simples e de grande portabilidade. Poucas são as arquiteturas de computadores para as quais não exista um compilador C. Além disso, o compilador da linguagem gera códigos mais enxutos e velozes do que muitas outras linguagens.

A linguagem C é uma linguagem procedural, ou seja, ela permite que um problema complexo seja facilmente decomposto em módulos, sendo cada módulo um problema mais simples. Além disso, ela fornece acesso de baixo nível à memória, o que permite o acesso e a programação direta do microprocessador. Ela também permite a implantação de programas utilizando instruções em Assembly, o que possibilita programar problemas em que a dependência do tempo é crítica.

Por fim, a linguagem C foi criada para incentivar a programação multiplataforma, ou seja, programas escritos em C podem ser compilados para uma grande variedade de plataformas e sistemas operacionais com apenas pequenas alterações no seu código-fonte.

1.1.1 Influência da linguagem C

A linguagem C tem influenciado, direta ou indiretamente, muitas linguagens desenvolvidas posteriormente, como C + +, Java, C# e PHP. Na Figura 1.1, é possível ver uma breve história da evolução da linguagem C e de sua influência no desenvolvimento de outras linguagens de programação.

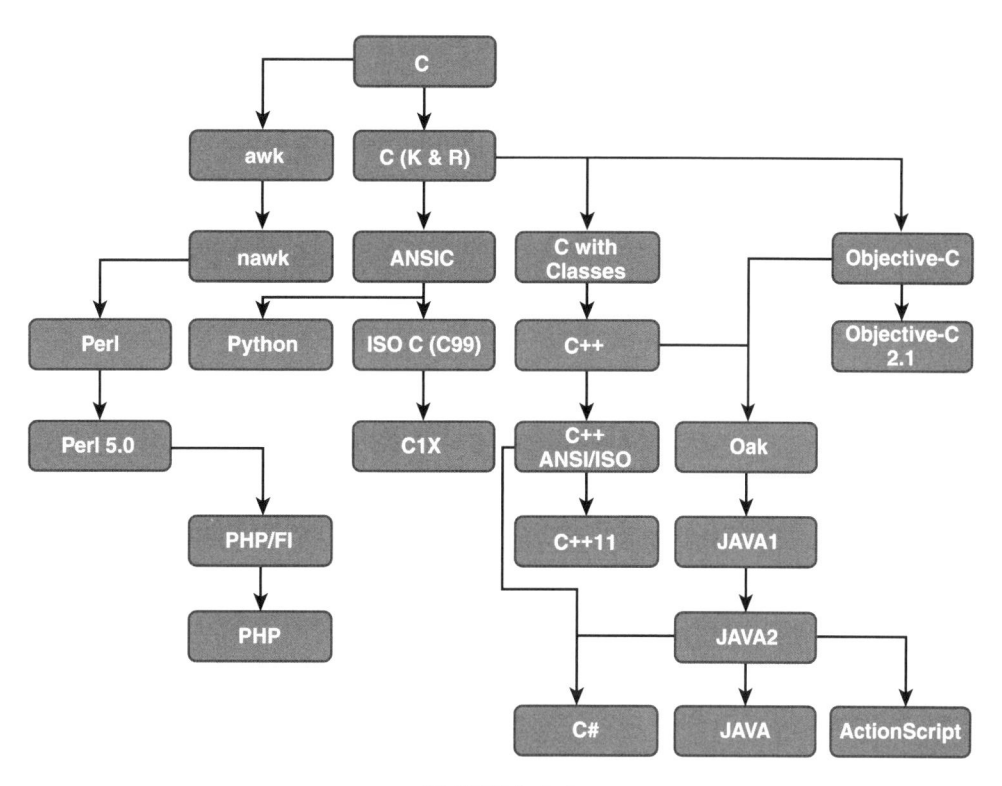

FIGURA 1.1

Provavelmente a influência mais marcante da linguagem foi a sua sintática: todas as mencionadas combinam a sintaxe de declaração e a sintaxe da expressão da linguagem C com sistemas de tipo, modelos de dados etc. A Figura 1.2 mostra como um comando de impressão de números variando de 1 a 10 pode ser implementado em diferentes linguagens.

C
```
for(i = 1; i <= 10;i++)
{
      printf("%d\n",i);
}
```

Java
```
for(int i=1;i<=10;i++)
{
    System.out.println(i);
}
```

PHP
```
for ($i = 1; $i <= 10; $i++)
{
   echo $i;
}
```

Perl
```
for($i = 1; $i<=10; $i++)
{
        print $i;
}
```

FIGURA 1.2

1.2 UTILIZANDO O CODE::BLOCKS PARA PROGRAMAR EM C

Existem diversos ambientes de desenvolvimento integrado ou IDEs (Integrated Development Environment) que podem ser utilizados para a programação em linguagem C. Um deles é o **Code::Blocks**, uma IDE de código aberto e multiplataforma que suporta múltiplos compiladores. O **Code::Blocks** pode ser baixado diretamente de seu site:

www.codeblocks.org.
ou pelo link:
<**http://sourceforge.net/projects/codeblocks/files/Binaries/16.01/Windows/ codeblocks-16.01mingw-setup.exe**>.

Este último inclui tanto a IDE do **Code::Blocks** como o compilador GCC e o debugger GDB da MinGW.

1.2.1 Criando um novo projeto no Code::Blocks

Para criar um novo projeto de um programa no software Code::Blocks, basta seguir estes passos:

1) Primeiramente, inicie o software **Code::Blocks** (que já deve estar instalado no seu computador). Aparecerá a tela da Figura 1.3.

FIGURA 1.3

2) Em seguida, clique em **"File"**, escolha **"New"** e depois **"Project..."** (Figura 1.4).

3) Uma lista de modelos (templates) de projetos vai aparecer. Escolha **"Console aplication"** (Figura 1.5).

4) Caso esteja criando um projeto pela primeira vez, a tela a seguir vai aparecer. Se marcarmos a opção **"Skip this page next time"**, essa tela de boas-vindas não será mais exibida da próxima vez que criarmos um projeto. Em seguida, clique em **"Next"** (Figura 1.6).

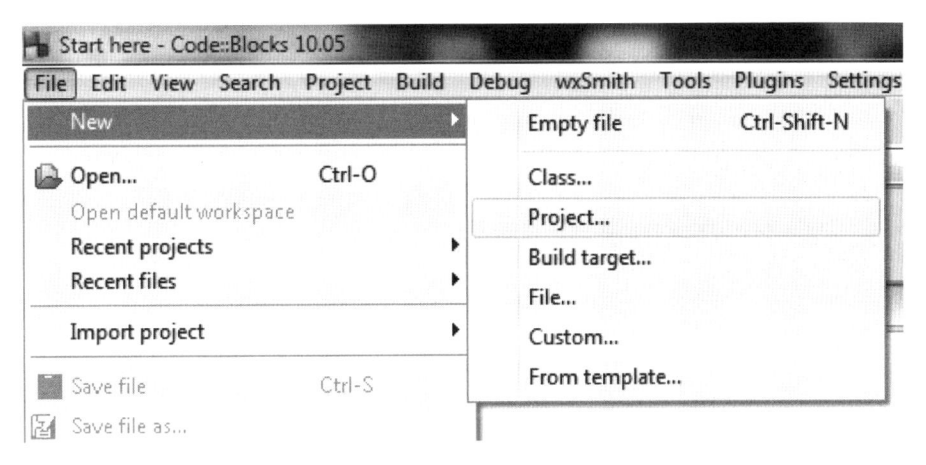

FIGURA 1.4

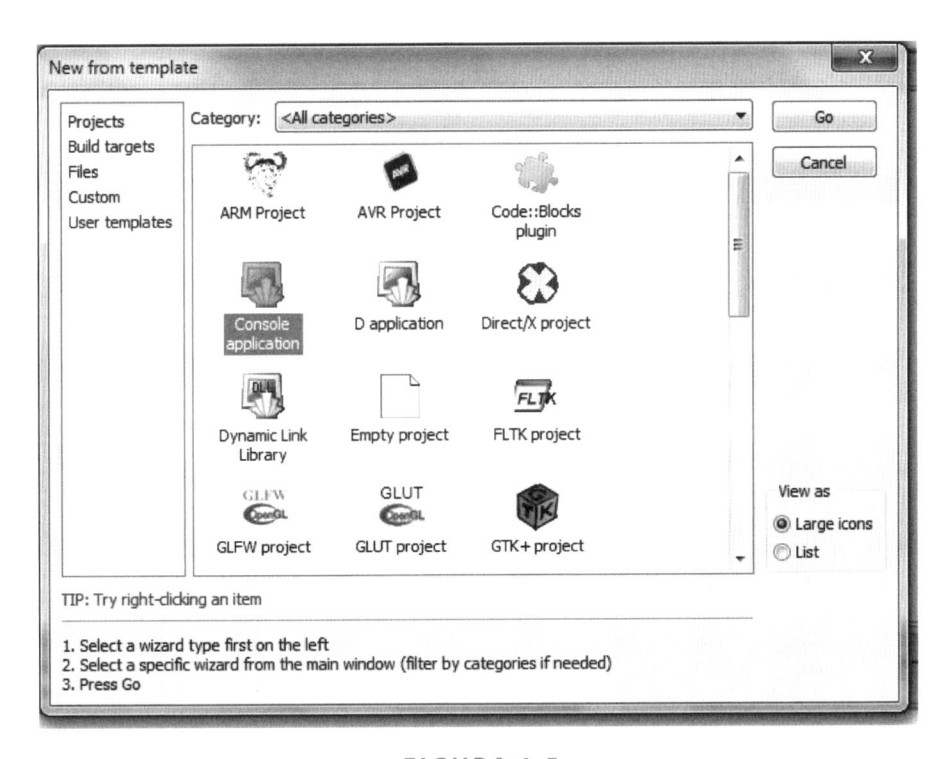

FIGURA 1.5

5) Escolha a opção **"C"** e clique em **"Next"** (Figura 1.7).

6) No campo **"Project title"**, coloque um nome para o seu projeto. No campo **"Folder to create project in"**, é possível selecionar onde o projeto será salvo no computador. Clique em **"Next"**, para continuar (Figura 1.8).

7) Na tela da Figura 1.9, algumas configurações do compilador podem ser modificadas. No entanto, isso não será necessário. Basta clicar em **"Finish"**.

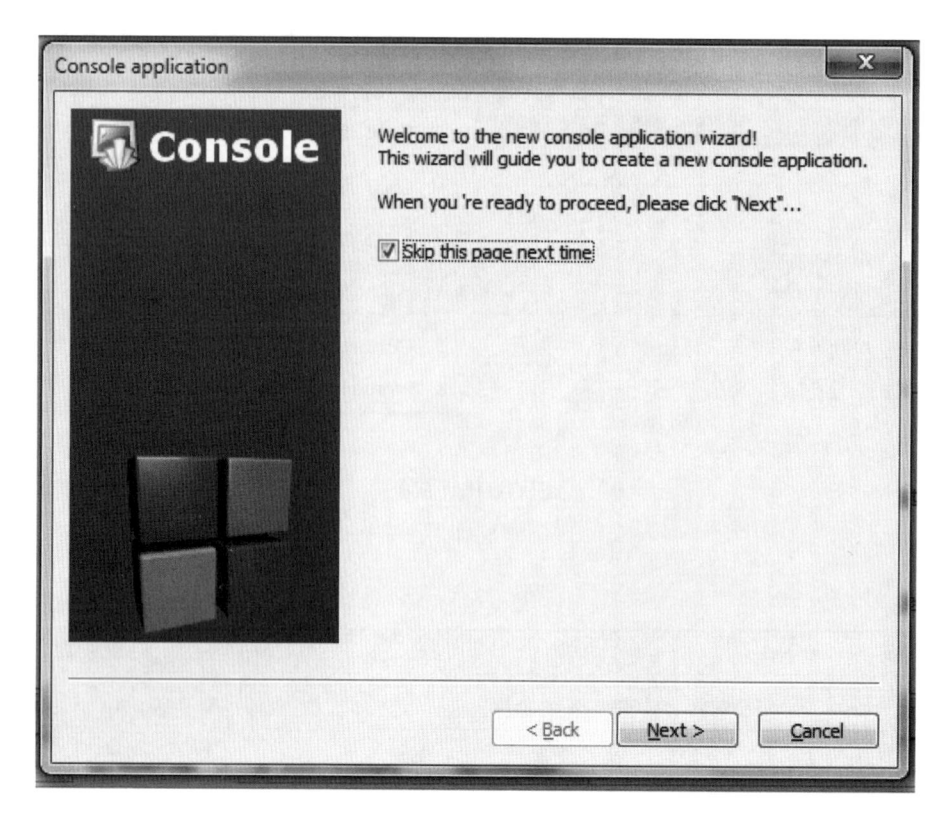

FIGURA 1.6

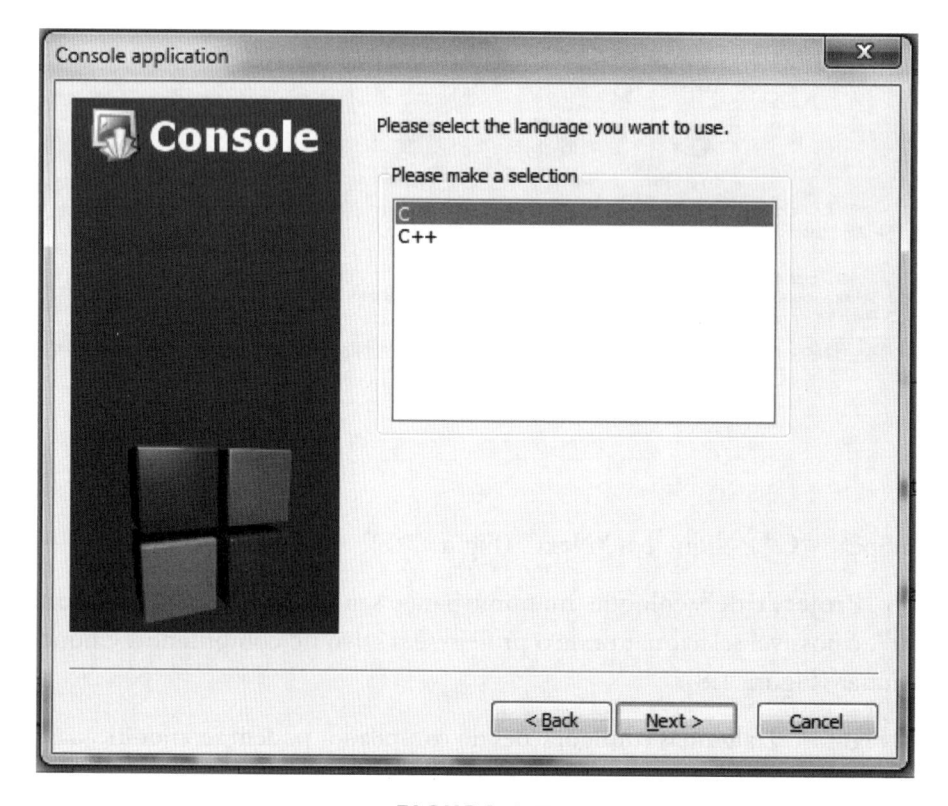

FIGURA 1.7

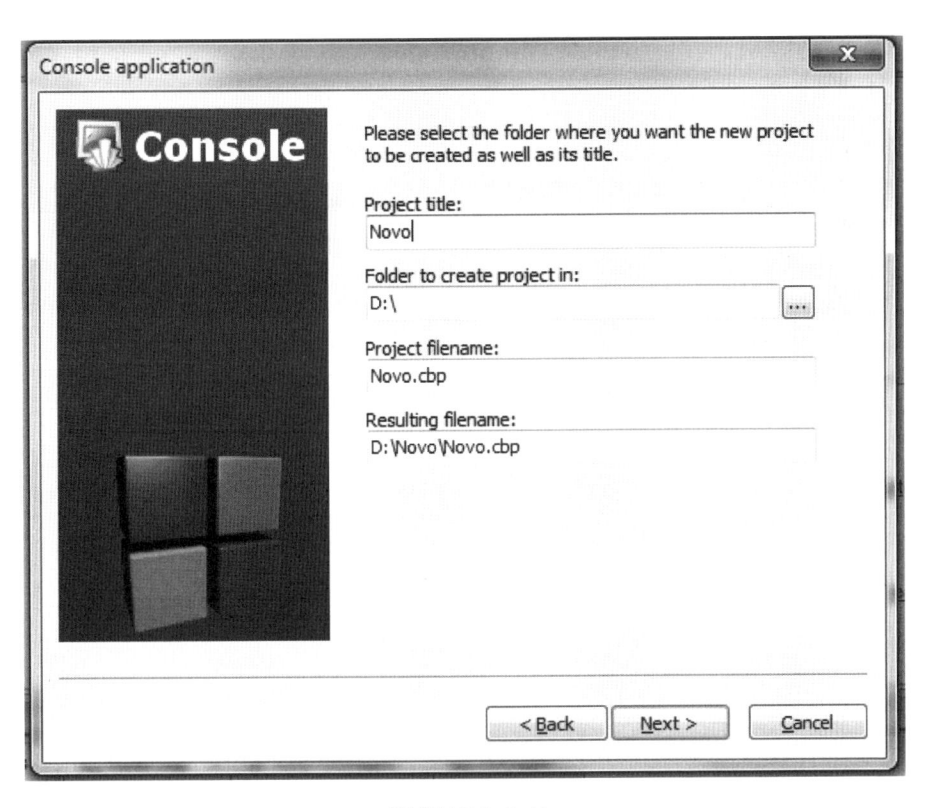

FIGURA 1.8

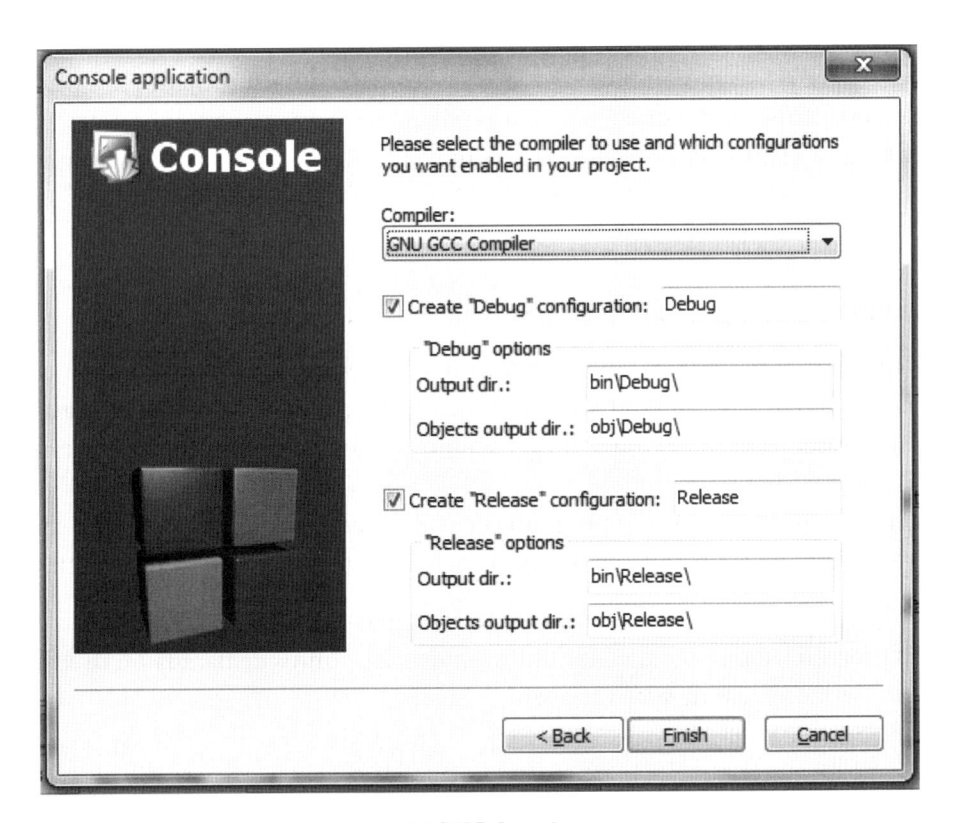

FIGURA 1.9

8) Ao fim desses passos, o esqueleto de um novo programa C terá sido criado, como mostra a Figura 1.10.

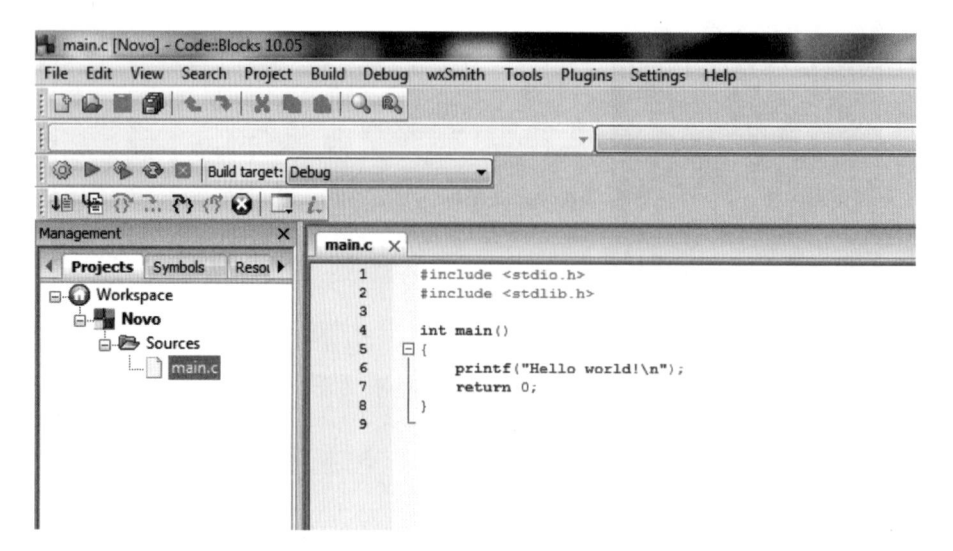

FIGURA 1.10

9) Por fim, podemos utilizar as seguintes opções do menu **"Build"** para compilar e executar nosso programa:

- **Compile current file (Ctrl + Shift + F9)**: essa opção vai transformar seu arquivo de código-fonte em instruções de máquina e gerar um arquivo do tipo objeto.
- **Build (Ctrl + F9)**: serão compilados todos os arquivos do seu projeto para fazer o processo de "linkagem" com tudo o que é necessário para gerar o executável do seu programa.
- **Build and run (F9)**: além de gerar o executável, essa opção também executa o programa gerado.

1.2.2 Utilizando o debugger do Code::Blocks

Com o passar do tempo, nosso conhecimento sobre programação cresce, assim como a complexidade de nossos programas. Surge então a necessidade de examinar o nosso programa à procura de erros ou defeitos no código-fonte. Para realizar essa tarefa, contamos com a ajuda de um **depurador** ou **debugger**.

O **debugger** nada mais é do que um programa de computador usado para testar e depurar (limpar, purificar) outros programas. Entre as principais funcionalidades de um debugger, estão:

- A possibilidade de executar um programa **passo a passo**.
- Pausar o programa em pontos predefinidos, chamados pontos de parada ou **breakpoints**, para examinar o estado atual de suas variáveis.

Para utilizar o debugger do **Code::Blocks**, imagine o código na Figura 1.11.

```
                    Exemplo: código para o debugger
01   #include <stdio.h>
02   #include <stdlib.h>
03   int fatorial(int n){
04       int i,f = 1;
05       for(i = 1; i <= n; i++)
06           f = f * i;
07       return f;
08   }
09   int main(){
10       int x,y;
11       printf("Digite um valor inteiro: ");
12       scanf("%d",&x);
13       if(x > 0){
14           printf("X eh positivo\n");
15           y = fatorial(x);
16           printf("Fatorial de X eh %d\n",y);
17       }else{
18           if(x < 0)
19               printf("X eh negativo\n");
20           else
21               printf("X eh Zero\n");
22       }
23       printf("Fim do programa!\n");
24       system(pause);
25       return 0;
26   }
```

FIGURA 1.11

Todas as funcionalidades do debugger podem ser encontradas no menu **Debug**. Um programa pode ser facilmente depurado seguindo estes passos:

1) Primeiramente, vamos colocar dois pontos de parada ou **breakpoints** no programa, nas linhas 13 e 23. Isso pode ser feito de duas maneiras: clicando no lado direito do número da linha ou colocando o cursor do mouse na linha em que se deseja adicionar o **breakpoint** e selecionar a opção **Toggle breakpoint (F5)**. Um **breakpoint** é identificado por uma bolinha vermelha na linha (Figura 1.12).

2) Iniciamos o debugger com a opção **Start (F8)**. Isso fará com que o programa seja executado normalmente até encontrar um **breakpoint**. No nosso exemplo, o usuário deverá digitar, no console, o valor lido pelo comando **scanf()** e depois retornar para a tela do **Code::Blocks**, onde o programa está pausado. Note que existe um triângulo amarelo dentro do primeiro **breakpoint**. Esse triângulo indica em que parte do programa a pausa está (Figura 1.13).

```
main.c  X
    1        #include <stdio.h>
    2        #include <stdlib.h>
    3      ⊟ int fatorial(int n){
    4            int i,f = 1;
    5            for (i = 1; i <= n; i++)
    6                f = f * i;
    7            return f;
    8      └ }
    9      ⊟ int main(){
   10            int x,y;
   11            printf("Digite um valor inteiro: ");
   12            scanf("%d",&x);
   13 ●    ⊟    if (x > 0){
   14                printf("X eh positivo\n");
   15                y = fatorial(x);
   16                printf("Fatorial de X eh %d\n",y);
   17            }else{
   18                if (x < 0)
   19                    printf("X eh negativo\n");
   20                else
   21                    printf("X eh Zero\n");
   22            }
   23 ●        printf("Fim do programa!\n");
   24            system("pause");
   25            return 0;
   26        }
   27
```

FIGURA 1.12

```
main.c  X
    1        #include <stdio.h>
    2        #include <stdlib.h>
    3      ⊟ int fatorial(int n){
    4            int i,f = 1;
    5            for (i = 1; i <= n; i++)
    6                f = f * i;
    7            return f;
    8      └ }
    9      ⊟ int main(){
   10            int x,y;
   11            printf("Digite um valor inteiro: ");
   12            scanf("%d",&x);
   13 ◇    ⊟    if (x > 0){
   14                printf("X eh positivo\n");
   15                y = fatorial(x);
   16                printf("Fatorial de X eh %d\n",y);
   17            }else{
   18                if (x < 0)
   19                    printf("X eh negativo\n");
   20                else
   21                    printf("X eh Zero\n");
   22            }
   23 ●        printf("Fim do programa!\n");
   24            system("pause");
   25            return 0;
   26        }
   27
```

FIGURA 1.13

3) Dentro da opção Debugging windows, podemos habilitar a opção Watches. Essa opção vai abrir uma pequena janela que permite ver o valor atual das variáveis de um programa, assim como o valor passado para funções. Outra maneira de acessar a janela Watches é mudar a perspectiva do software para a opção Debugging, no menu View, Perspectives (Figura 1.14).

```
main.c  X
   1        #include <stdio.h>
   2        #include <stdlib.h>
   3      ⊟ int fatorial(int n){
   4            int i,f = 1;
   5            for (i = 1; i <= n; i++)
   6                f = f * i;
   7            return f;
   8      └ }
   9      ⊟ int main(){
  10            int x,y;
  11            printf("Digite um valor inteiro: ");
  12            scanf("%d",&x);
  13 ◇    ⊟    if (x > 0){
  14                printf("X eh positivo\n");
  15                y = fatorial(x);
  16                printf("Fatorial de X eh %d\n",y);
  17            }else{
  18                if (x < 0)
  19                    printf("X eh negativo\n");
  20                else
  21                    printf("X eh Zero\n");
  22            }
  23 ●        printf("Fim do programa!\n");
  24            system("pause");
  25            return 0;
  26      }
  27
```

```
Watches                    ☒
⊟ Local variables
    ├── x = 5
    └── y = 2130567168
⊞ Function Arguments
```

FIGURA 1.14

4) A partir de determinado ponto de pausa do programa, podemos nos mover para a próxima linha do programa com a opção **Next line** (**F7**). Essa opção faz com que o programa seja executado passo a passo, sempre avançando para a linha seguinte do escopo onde nos encontramos.

5) Frequentemente, pode haver uma chamada a uma função construída pelo programador em nosso código, como é o caso da função **fatorial()**. A opção **Next line** (**F7**) chama a função, mas não permite que a estudemos passo a passo. Para entrar no código de uma função, utilizamos a opção **Step into** (**Shift + F7**) na linha da chamada da função. Nesse caso, o triângulo amarelo que marca onde estamos no código vai para a primeira linha do código da função (linha 4, Figura 1.15).

```
main.c  X
   1        #include <stdio.h>
   2        #include <stdlib.h>
   3      ⊟ int fatorial(int n){
   4 ▷          int i,f = 1;
   5            for (i = 1; i <= n; i++)
   6                f = f * i;|
   7            return f;
   8      └ }
   9      ⊟ int main(){
  10            int x,y;
  11            printf("Digite um valor inteiro: ");
  12            scanf("%d",&x);
  13 ●    ⊟    if (x > 0){
  14                printf("X eh positivo\n");
  15                y = fatorial(x);
  16                printf("Fatorial de X eh %d\n",y);
  17            }else{
  18                if (x < 0)
  19                    printf("X eh negativo\n");
  20                else
  21                    printf("X eh Zero\n");
  22            }
  23 ●        printf("Fim do programa!\n");
  24            system("pause");
  25            return 0;
  26      }
  27
```

FIGURA 1.15

6) Uma vez dentro de uma função, podemos percorrê-la passo a passo com a opção **Next line (F7)**. Terminada a função, o debugger vai para a linha seguinte ao ponto do código que chamou a função (linha 16). Caso queiramos ignorar o resto da função e voltar para onde estávamos no código que chamou a função, basta clicar na opção **Step out** (**Shift + Ctrl + F7**).

7) Para avançar todo o código e ir direto para o próximo **breakpoint**, podemos usar a opção **Continue (Ctrl + F7)**.

8) Por fim, para parar o debugger, basta clicar na opção **Stop debugger**.

1.3 ESQUELETO DE UM PROGRAMA EM LINGUAGEM C

Todo programa escrito em linguagem C que vier a ser desenvolvido deve possuir o esqueleto mostrado no código-fonte da Figura 1.16.

```
Exemplo: primeiro programa em linguagem C
01  #include <stdio.h>
02  #include <stdlib.h>
03  int main(){
04      printf("Hello World \n");
05      system("pause");
06      return 0;
07  }
```

FIGURA 1.16

À primeira vista, esse parece ser um programa fútil, já que sua única finalidade é mostrar na tela uma mensagem dizendo **Hello World**, fazer uma pausa e terminar o programa. Porém, ele permite aprender alguns dos conceitos básicos da linguagem C, como mostra a Figura 1.17.

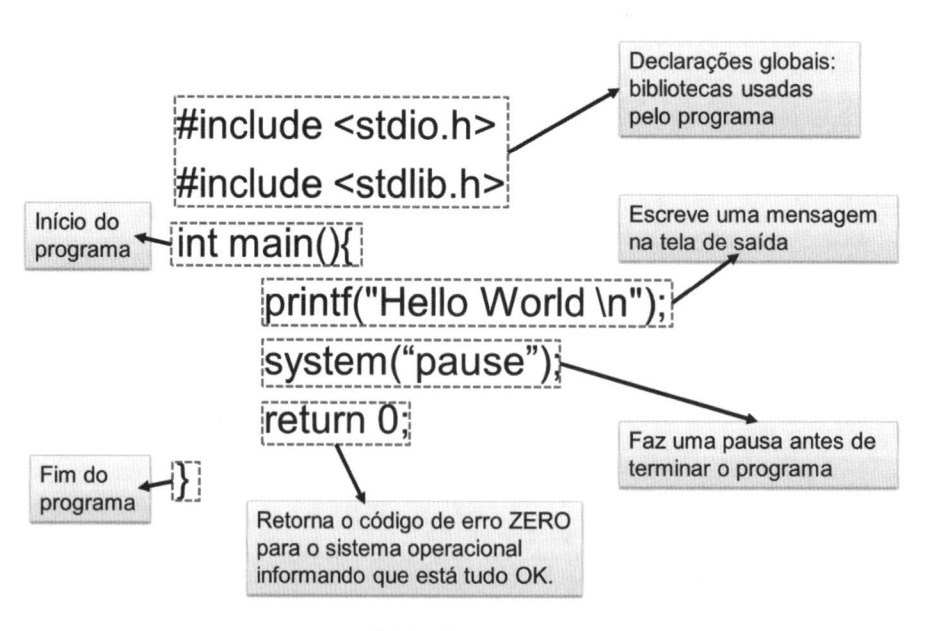

FIGURA 1.17

A seguir, é apresentada uma descrição mais detalhada do esqueleto do programa:

- Temos, no início do programa, a região onde são feitas as suas declarações globais, ou seja, aquelas que são válidas para todo o programa. No exemplo, o comando **#include <nome_da_biblioteca>** é utilizado para declarar as bibliotecas que serão utilizadas. Uma biblioteca é um conjunto de funções (pedaços de código) já implementadas e que podem ser utilizadas pelo programador. No exemplo anterior, duas bibliotecas foram adicionadas ao programa: **stdio.h** (que contém as funções de leitura do teclado e escrita em tela) e **stdlib.h**.

- Todo o programa em linguagem C deve conter a função main(). Essa função é responsável pelo início da execução do programa, e é dentro dela que colocamos os comandos que queremos que o programa execute.

- As chaves definem o início ("{") e o fim ("}") de um bloco de comandos/instruções. No exemplo, as chaves definem o início e o fim do programa.

- A função main() foi definida como uma função **int** (ou seja, inteira) e, por isso, precisa devolver um valor inteiro. Temos então a necessidade do comando **return 0** apenas para informar que o programa chegou ao seu final e que está tudo OK.

- A função **printf()** está definida na biblioteca **stdio.h**. Ela serve para imprimir uma mensagem de texto na tela do computador (ou melhor, em uma janela MSDOS ou shell no Linux). O texto a ser escrito deve estar entre aspas duplas, e, dentro dele, podemos também colocar caracteres especiais, como o "\n", que indica que é para mudar de linha antes de continuar a escrever na tela.

- O comando **system("pause")** serve para interromper a execução do programa (fazer uma pausa) para que se possa analisar a tela de saída, após o término da execução do programa. Ela está definida dentro da biblioteca **stdlib.h**.

- A declaração de um comando **quase sempre** termina com ponto e vírgula (";"). Nas próximas seções, veremos quais comandos não terminam com ponto e vírgula.

- Os parênteses definem o início ("(") e o fim (")") da lista de argumentos de uma função. Um argumento é a informação que será passada para a função agir. No exemplo, podemos ver que os comandos **main**, **printf** e **system** são funções.

1.3.1 Indentação do código

Outra coisa importante que devemos ter em mente quando escrevemos um programa é a **indentação do código**. Trata-se de uma convenção de escrita de códigos-fonte que visa a modificar a estética do programa para auxiliar a sua leitura e interpretação.

 A indentação torna a leitura do código-fonte muito mais fácil e facilita a sua modificação.

A indentação é o espaçamento (ou tabulação) colocado antes de começar a escrever o código na linha. Ela tem como objetivo indicar a hierarquia dos elementos. No nosso exemplo, os comandos **printf()**, **system()** e **return** possuem a mesma hierarquia (portanto, o mesmo espaçamento) e estão todos contidos dentro do comando **main()** (daí o porquê do espaçamento).

O ideal é sempre criar um novo nível de indentação para um novo bloco de comandos.

A indentação é importante, pois o nosso exemplo anterior poderia ser escrito em apenas três linhas, sem afetar o seu desempenho, mas com alto grau de dificuldade de leitura para o programador (Figura 1.18).

```
Exemplo
01   #include <stdio.h>
02   #include <stdlib.h>
03   int main(){printf("Hello World \n"); system("pause"); return 0;}
```

FIGURA 1.18

1.4 A COMPILAÇÃO DO PROGRAMA

O código-fonte de um programa nada mais é do que um conjunto de palavras e/ou símbolos. Nele estão as instruções do que o programa deve fazer. O código-fonte é normalmente escrito de uma forma que facilite a leitura pelos seres humanos, no caso o programador. Ele não tem nenhum significado para o computador, que somente entende códigos de máquina. Para fazer com que nosso código-fonte seja entendido como um programa pelo computador, é preciso traduzi-lo para esse código de máquina. A essa tradução damos o nome **compilação**.

A compilação permite o desenvolvimento de programas que são independentes da máquina que estamos utilizando. Podemos escrever um único código-fonte e compilar em diferentes máquinas. A compilação é vulgarmente entendida como apenas uma etapa de tradução, mas na verdade ela é um conjunto de etapas:

- **Pré-processamento**: antes de iniciar a compilação do nosso código-fonte, o arquivo é processado por um pré-processador. O arquivo de código-fonte é convertido em outro arquivo de código-fonte "expandido". Nessa etapa, ocorrem a remoção dos comentários e a interpretação das diretivas de compilação utilizadas, as quais se iniciam com #.
- **Verificação sintática**: aqui se verifica se o código-fonte foi escrito corretamente, de acordo com a linguagem C. Basicamente, a verificação sintática procura por erros de sintaxe como parênteses que não foram fechados, falta de ponto e vírgula no final de uma instrução etc.
- **Compilação**: cada arquivo de código-fonte do seu programa é processado, sendo criado um arquivo "objeto" para cada um deles. Nessa etapa, não é gerado nenhum arquivo que o usuário possa executar. Em vez disso, o compilador produz as instruções de linguagem de máquina que correspondem ao arquivo de código-fonte compilado.
- **Link-edição**: o trabalho do link-editor é unir todos os arquivos "objeto" que fazem parte do programa em um único arquivo executável, o programa propriamente dito. Isso inclui tanto os arquivos objeto gerados na etapa de compilação a partir dos arquivos de código-fonte do programa como os arquivos objeto que foram gerados a partir das bibliotecas usadas.

1.5 COMENTÁRIOS

Um comentário, como o próprio nome diz, é um trecho de texto incluído dentro do programa para descrever alguma coisa, por exemplo, o que aquele pedaço do programa faz. Os comentários não modificam o funcionamento do programa porque são ignorados pelo compilador e servem, portanto, apenas para ajudar o programador a organizar o seu código.

Um comentário pode ser adicionado em qualquer parte do código. Para tanto, a linguagem C permite fazer comentários de duas maneiras diferentes: por linha ou por bloco.

- Se o programador quiser comentar uma única linha do código, basta adicionar // na frente da linha. Tudo o que vier na linha depois do // será considerado comentário e ignorado pelo compilador.
- Se o programador quiser comentar mais de uma linha do código, isto é, um bloco de linhas, basta adicionar /* no começo da primeira linha de comentário e */ no final da última linha de comentário. Tudo o que vier depois do símbolo de /* e antes do */ será considerado comentário e ignorado pelo compilador.

Na Figura 1.19, tem-se alguns exemplos de comentários em um programa.

```
Exemplo: comentários no programa
01  #include <stdio.h>
02  #include <stdlib.h>
03  int main(){
04      /*
05      A funcao printf()
06      serve para
07      escrever na tela
08      */
09      printf("Hello World \n");
10      //faz uma pausa no programa
11      system("pause");
12      return 0;
13  }
```

FIGURA 1.19

Outro aspecto importante do uso dos comentários é que eles permitem fazer a documentação interna de um programa, ou seja, permitem descrever o que cada bloco de comandos daquele programa faz. A documentação é uma tarefa extremamente importante no desenvolvimento e na manutenção de um programa, mas muitas vezes ignorada.

Os comentários dentro de um código permitem que um programador entenda muito mais rapidamente um código que nunca tenha visto ou relembre o que faz um trecho de código há muito tempo implementado por ele. Além disso, saber o que determinado trecho de código realmente faz aumenta as possibilidades de reutilizá-lo em outras aplicações.

1.6 USANDO UMA BIBLIOTECA: O COMANDO #INCLUDE

O comando **#include** é utilizado para declarar as bibliotecas que serão utilizadas pelo programa.

 Uma biblioteca é um arquivo contendo um conjunto de funções (pedaços de código), variáveis, macros etc., já implementados, e que podem ser utilizados pelo programador em seu programa.

Esse comando diz ao pré-processador para tratar o conteúdo de um arquivo especificado como se o seu conteúdo tivesse sido digitado no programa no ponto em que o comando **#include** aparece.

O comando **#include** permite duas sintaxes:

- **#include** <**nome_da_biblioteca**>: o pré-processador procurará pela biblioteca nos caminhos de procura pré-especificados do compilador. Usamos essa sintaxe quando estamos incluindo uma biblioteca que é própria do sistema, como as bibliotecas **stdio.h** e **stdlib.h**.
- **#include** "**nome_da_biblioteca**": o pré-processador procurará pela biblioteca no mesmo diretório onde se encontra o nosso programa. Podemos ainda optar por informar o nome do arquivo com o caminho completo, ou seja, em qual diretório ele se encontra e como chegar até lá.

 De modo geral, os arquivos de bibliotecas na linguagem C são terminados com a extensão **.h**.

A seguir, temos dois exemplos do uso do comando **#include**:

```
#include <stdio.h>
#include "D:\Programas\soma.h"
```

Na primeira linha, o comando **#include** é utilizado para adicionar uma biblioteca do sistema: **stdio.h** (que contém as funções de leitura do teclado e escrita em tela). Já na segunda linha, o comando é utilizado para adicionar uma biblioteca de nome **soma.h**, localizada no diretório "D:\Programas".

1.6.1 Criando suas próprias bibliotecas

A linguagem C nos permite criar nossa própria biblioteca. Nela, podemos colocar nossas funções, estruturas etc., o que torna mais prática e fácil a sua utilização em outros projetos. Criar a sua própria biblioteca não é uma das tarefas mais difíceis. De fato, é bastante simples. Bibliotecas não são muito diferentes dos arquivos de código-fonte.

 Uma biblioteca é como o seu arquivo de código-fonte principal, com a diferença de que ele não possui a função main(). Isso ocorre porque o seu programa não vai começar na biblioteca.

Antes de criar nossa biblioteca, vamos imaginar um programa que contenha um conjunto de funções para operações aritméticas, como mostrado no exemplo da Figura 1.20.

Nosso programa define quatro funções, que são as funções para operações aritméticas com inteiros: **soma()**, **subtracao()**, **produto()** e **divisao()**. Queremos criar uma biblioteca que contenha essas funções para, num projeto futuro, apenas chamar a biblioteca, reutilizando assim as funções. Para transformar essas funções em uma biblioteca, precisaremos criar dois arquivos:

- **Cabeçalho (ou header) da biblioteca**: esse arquivo contém as declarações e definições do que está contido dentro da biblioteca. Aqui são definidas quais funções (apenas o seu protótipo), tipos e variáveis farão parte da biblioteca. Sua extensão é **.h**.
- **Código-fonte da biblioteca**: arquivo que contém a implementação das funções definidas no cabeçalho. Sua extensão é **.c**.

Exemplo: programa com funções aritméticas

```
01  #include <stdio.h>
02  #include <stdlib.h>
03  int soma(int a, int b){return a + b;}
04  int subtracao(int a, int b){return a - b;}
05  int produto(int a, int b){return a * b;}
06  int divisao(int a, int b){return a / b;}
07  int main(){
08    int x,y,z;
09    char ch;
10    printf("Digite uma operacao matematica (+,-,*,/): ");
      ch = getchar();
11    printf("Digite 2 numeros: ");
12    scanf("%d %d",&x,&y);
13    switch(ch){
14    case '+': z = soma(x,y); break;
15    case '-': z = subtracao(x,y); break;
16    case '*': z = produto(x,y); break;
17    case '/': z = divisao(x,y); break;
18    default: z = soma(x,y);
19    }
20    printf("Resultado = %d\n",z);
21
22    system("pause");
23    return 0;
24  }
```

FIGURA 1.20

Vamos chamar nossa biblioteca de **aritmetica**. Assim, teremos de criar dois arquivos: **aritmetica.h** e **aritmetica.c**. Vamos começar pelo arquivo de cabeçalho **aritmetica.h**. Ele deve conter as definições do que consta na nossa biblioteca. Nesse caso, ele vai incluir apenas o protótipo de nossas quatro funções, como mostra o exemplo da Figura 1.21.

Exemplo: aritmetica.h

```
01  int soma(int a, int b);
02  int subtracao(int a, int b);
03  int produto(int a, int b);
04  int divisao(int a, int b);
```

FIGURA 1.21

Em seguida, devemos criar o arquivo com as implementações das nossas funções: **aritmetica.c**. Nesse arquivo serão codificadas nossas funções e também será incluída qualquer biblioteca adicional de que nossas funções precisem para funcionar. Por exemplo, se uma de nossas funções utilizasse a função **printf()**, seria necessário incluir a biblioteca **stdio.h** no nosso arquivo.

 Independentemente de precisarmos ou não incluir outras bibliotecas, devemos sempre incluir nossa própria biblioteca (**aritmetica.h**) no código-fonte dela (**aritmetica.c**). Para isso, usamos **#include "aritmetica.h"**.

Na Figura 1.22, podemos ver o arquivo de código-fonte da nossa biblioteca.

Exemplo: aritmetica.c

```
01   #include "aritmetica.h"
02   int soma(int a, int b){
03       return a + b;
04   }
05   int subtracao(int a, int b){
06       return a - b;
07   }
08   int produto(int a, int b){
09       return a * b;
10   }
11   int divisao(int a, int b){
12       return a / b;
13   }
```

FIGURA 1.22

Por fim, temos de incluir nossa biblioteca no nosso programa, o que é mostrado na Figura 1.23. Note que agora não mais definimos nossas funções dentro do programa principal, pois elas são chamadas a partir da biblioteca que criamos.

Exemplo

```
01   #include <stdio.h>
02   #include <stdlib.h>
03   #include "aritmetica.h" //inclui nossa biblioteca
04   int main(){
05     int x,y,z;
06     char ch;
07     printf("Digite uma operacao matematica (+,-,*,/): ");
08     ch = getchar();
09     printf("Digite 2 numeros: ");
10     scanf("%d %d",&x,&y);
11     switch(ch){
12       case '+': z = soma(x,y); break;
13       case '-': z = subtracao(x,y); break
14       case '*': z = produto(x,y); break;
15       case '/': z = divisao(x,y); break;
16     default: z = soma(x,y);
17     }
18     printf("Resultado = %d\n",z);
19
20     system("pause");
21     return 0;
22   }
```

FIGURA 1.23

Quando utilizamos a IDE **Code::Blocks**, pode ser necessário incluir nossa biblioteca no nosso projeto. Para isso, basta clicar com o botão direito do mouse no nome do projeto, clicar na opção **"Add file"** e selecionar os dois arquivos que compõem a nossa biblioteca.

1.7 BIBLIOTECAS E FUNÇÕES ÚTEIS DA LINGUAGEM C

1.7.1 Funções de entrada e saída: `stdio.h`

Operações em arquivos

- **int remove(const char *)**: apaga o arquivo.
- **int rename(const char *,const char *)**: renomeia o arquivo.

Acesso a arquivos

- **int fclose(FILE *)**: fecha o arquivo.
- **int fflush(FILE *)**: limpa o buffer. Dados não escritos no buffer de saída são gravados no arquivo.
- **FILE * fopen(const char *, const char *)**: abre o arquivo.
- **void setbuf(FILE *, char *)**: controla o fluxo de armazenamento em buffer.

Entrada/saída formatada

- **int fprintf(FILE *,const char *, ...)**: grava uma saída formatada em arquivo.
- **int fscanf(FILE *,const char *, ...)**: lê dados formatados a partir de arquivo.
- **int printf(const char *, ...)**: imprime dados formatados na saída-padrão (monitor).
- **int scanf(const char *, ...)**: lê dados formatados da entrada-padrão (teclado).
- **int sprintf(char *, const char *, ...)**: grava dados formatados em uma string.
- **int sscanf(const char *, const char *, int, ...)**: lê dados formatados a partir de uma string.

Entrada/saída de caracteres

- **int fgetc(FILE *)**: lê um caractere do arquivo.
- **char * fgets(char*, int, FILE*)**: lê uma string do arquivo.
- **int fputc(int, FILE *)**: escreve um caractere em arquivo.
- **int fputs(const char *, FILE *)**: escreve uma string em arquivo.
- **int getc(FILE *)**: lê um caractere do arquivo.
- **int getchar(void)**: lê um caractere da entrada-padrão (teclado).
- **char * gets(char *)**: lê uma string da entrada-padrão (teclado).
- **int putc(int, FILE *)**: escreve um caractere na saída-padrão (monitor).
- **int putchar(int)**: escreve um caractere na saída-padrão (monitor).
- **int puts(const char *)**: escreve uma string na saída-padrão (monitor).
- **int ungetc(int, FILE *)**: retorna um caractere lido para o arquivo dele.

Entrada/saída direta

- **size_t fread(void *, size_t, size_t, FILE *)**: lê um bloco de dados do arquivo.
- **size_t fwrite(const void *, size_t, size_t, FILE *)**: escreve um bloco de dados no arquivo.

Posicionamento no arquivo

- **int fgetpos(FILE *, fpos_t *)**: retorna a posição atual no arquivo.
- **int fseek(FILE *, long int, int)**: reposiciona o indicador de posição do arquivo.
- **int fsetpos(FILE *, const fpos_t *)**: configura o indicador de posição do arquivo.
- **long int ftell(FILE *)**: retorna a posição atual no arquivo.
- **void rewind(FILE *)**: reposiciona o indicador de posição do arquivo para o início do arquivo.

Tratamento de erros

- **void clearerr(FILE *)**: limpa os indicadores de erro.
- **int feof(FILE *)**: indicador de fim de arquivo.
- **int ferror(FILE *)**: indicador de checagem de erro.
- **void perror(const char *)**: impressão de mensagem de erro.

Tipos e macros

- **FILE**: tipo que contém as informações para controlar um arquivo.
- **EOF**: constante que indica o fim de arquivo.
- **NULL**: ponteiro nulo.

1.7.2 Funções de utilidade padrão: `stdlib.h`

Conversão de strings

- **double atof(const char *)**: converte string em double.
- **int atoi(const char *)**: converte string em inteiro.
- **long int atol(const char *)**: converte string em inteiro longo.
- **double strtod(const char *, char **)**: converte string em double e devolve um ponteiro para o próximo double contido na string.
- **long int strtol(const char *, char **, int)**: converte string em inteiro longo e devolve um ponteiro para o próximo inteiro longo contido na string.
- **unsigned long int strtoul(const char *, char **, int)**: converte string em inteiro longo sem sinal e devolve um ponteiro para o próximo inteiro longo sem sinal contido na string.

Geração de sequências pseudoaleatórias

- **int rand(void)**: gera número aleatório.
- **void srand(unsigned int)**: inicializa o gerador de números aleatórios.

Gerenciamento de memória dinâmica

- **void * malloc(size_t)**: aloca espaço para um array na memória.
- **void * calloc(size_t, size_t)**: aloca espaço para um array na memória e inicializa com zeros.
- **void free(void *)**: libera o espaço alocado na memória.
- **void * realloc(void *, size_t)**: modifica o tamanho do espaço alocado na memória.

Ambiente do programa

- **void abort(void)**: aborta o processo atual.
- **int atexit(void(*)(void))**: define uma função a ser executada no término normal do programa.
- **void exit(int)**: finaliza o programa.
- **char * getenv(const char *)**: retorna uma variável de ambiente.
- **int system(const char *)**: executa um comando do sistema.

Pesquisa e ordenação

- **void* bsearch(const void *, const void *, size_t, size_t, int (*)(const void *, const void *))**: pesquisa binária em um array.
- **void qsort(void *, size_t, size_t, int (*)(const void *, const void *))**: ordena os elementos de um array.

Aritmética de inteiro

- **int abs(int)**: valor absoluto.
- **div_t div(int, int)**: divisão inteira.
- **long int labs(long int)**: valor absoluto de um inteiro longo.
- **ldiv_t ldiv(long int, long int)**: divisão inteira de um inteiro longo.

1.7.3 Funções matemáticas: `math.h`

Funções trigonométricas

- **double cos(double)**: calcula o cosseno de um ângulo em radianos.
- **double sin(double)**: calcula o seno de um ângulo em radianos.
- **double tan(double)**: calcula a tangente de um ângulo em radianos.
- **double acos(double)**: calcula o arco cosseno de um ângulo em radianos.
- **double asin(double)**: calcula o arco seno de um ângulo em radianos.
- **double atan(double)**: calcula o arco tangente de um ângulo em radianos.
- **double atan2(double, double)**: calcula o arco tangente com dois parâmetros.

Funções hiperbólicas

- **double cosh(double)**: calcula o cosseno hiperbólico de um ângulo em radianos.
- **double sinh(double)**: calcula o seno hiperbólico de um ângulo em radianos.
- **double tanh(double)**: calcula a tangente hiperbólica de um ângulo em radianos.
- **double acosh(double)**: calcula o arco cosseno hiperbólico de um ângulo em radianos.
- **double asinh(double)**: calcula o arco seno hiperbólico de um ângulo em radianos.
- **double atanh(double)**: calcula o arco tangente hiperbólico de um ângulo em radianos.

Funções exponenciais e logarítmicas

- **double exp(double)**: função exponencial.
- **double frexp(double, int *)**: extrai a mantissa e o expoente de um valor **double**.
- **double log(double)**: logaritmo natural.
- **double log10(double)**: logaritmo comum (base 10).
- **double modf(double, double*)**: quebra um número em partes fracionárias e inteira.

Constantes

- **M_E**: valor de e.
- **M_LOG2E**: valor de $\log_2 e$.
- **M_LOG10E**: valor de $\log_{10} e$.
- **M_PI**: valor de π.
- **M_1_PI**: valor de $1/\pi$.
- **M_SQRT2**: valor de 2.

Funções de potência

- **double pow(double, double)**: retorna a base elevada ao expoente.
- **double sqrt(double)**: raiz quadrada de um número.

Funções de arredondamento, valor absoluto e outras

- **double ceil(double)**: arredonda para cima um número.
- **double fabs(double)**: calcula o valor absoluto de um número.
- **double floor(double)**: arredonda para baixo um número.
- **double fmod(double, double)**: calcula o resto da divisão.

1.7.4 Testes de tipos de caracteres: `ctype.h`

- **int isalnum(int)**: verifica se o caractere é alfanumérico.
- **int isalpha(int)**: verifica se o caractere é alfabético.
- **int iscntrl(int)**: verifica se o caractere é um caractere de controle.
- **int isdigit(int)**: verifica se o caractere é um dígito decimal.
- **int isgraph**: verifica se o caractere tem representação gráfica visível.
- **int islower(int)**: verifica se o caractere é letra minúscula.
- **int isprint(int)**: verifica se o caractere é imprimível.
- **int ispunct(int)**: verifica se é um caractere de pontuação.
- **int isspace(int)**: verifica se o caractere é um espaço em branco.
- **int isupper(int)**: verifica se o caractere é letra maiúscula.
- **int isxdigit(int)**: verifica se o caractere é dígito hexadecimal.
- **int tolower(int)**: converte letra maiúscula em minúscula.
- **int toupper(int)**: converte letra minúscula em maiúscula.

1.7.5 Operações em string: `string.h`

Cópia

- **void * memcpy(void *, const void *, size_t)**: cópia de bloco de memória.
- **void * memmove(void *, const void *, size_t)**: move bloco de memória.
- **char * strcpy(char *, const char *)**: cópia de string.
- **char * strncpy(char *, const char *, size_t)**: cópia de caracteres da string.

Concatenação

- **char * strcat(char *, const char *)**: concatenação de strings.
- **char * strncat(char *, const char *, size_t)**: adiciona "n" caracteres de uma string no final de outra string.

Comparação

- **int memcmp(const void *, const void *, size_t)**: compara dois blocos de memória.
- **int strcmp(const char *, const char *)**: compara duas strings.
- **int strcoll(const char *, const char *)**: compara duas strings usando as configurações da localidade atual.
- **int strncmp(const char *, const char *, size_t)**: compara os "n" caracteres de duas strings.

Busca

- **void * memchr(const void *, int, size_t)**: localiza caractere em bloco de memória.
- **char * strchr(const char *, int)**: localiza primeira ocorrência de caractere em uma string.

- **size_t strcspn(const char *, const char *)**: retorna o número de caracteres lidos de uma string antes da primeira ocorrência de uma segunda string.
- **char * strpbrk(const char *, const char *)**: retorna um ponteiro para a primeira ocorrência na string de qualquer um dos caracteres de uma segunda string.
- **char * strrchr(const char *, int)**: retorna um ponteiro para a última ocorrência do caratere na string.
- **size_t strspn(const char *, const char *)**: retorna o comprimento da string que consiste só em caracteres que fazem parte de uma outra string.
- **char * strstr(const char *, const char *)**: procura a primeira ocorrência da segunda string dentro da primeira.
- **char * strtok(char *, const char *)**: divide uma string em substrings com base em um caractere.

Outras

- **void * memset(void *, int size_t)**: preenche bloco de memória com valor especificado.
- **char * strerror(int)**: retorna o ponteiro para uma string de mensagem de erro.
- **size_t strlen(const char *)**: comprimento da string.

1.7.6 Funções de data e hora: `time.h`

Manipulação do tempo

- **clock_t clock(void)**: retorna o número de pulsos de clock decorrido desde que o programa foi lançado.
- **double difftime(time_t, time_t)**: retorna a diferença entre dois tempos.
- **time_t mktime(struct tm *)**: converte uma estrutura tm em tipo time_t.
- **time_t time(time_t *)**: retorna o tempo atual do calendário como um time_t.

Conversão

- **char * asctime(const struct tm *)**: converte uma estrutura tm em string.
- **char * ctime(const time_t *)**: converte um valor time_t em string.
- **struct tm * gmtime(const time_t *)**: converte um valor time_t em estrutura tm como tempo UTC.
- **struct tm * localtime(const time_t *)**: converte um valor time_t em estrutura tm como hora local.
- **time_t strftime(char *, size_t, const char *, const struct tm *)**: converte o tempo armazenado em uma estrutura tm para string.

Tipos e macros

- **CLOCKS_PER_SEC**: número de pulsos de clock em um segundo.
- **clock_t**: tipo capaz de representar as contagens clock e suportar operações aritméticas.
- **size_t**: tipo inteiro sem sinal.
- **time_t**: tipo capaz de representar os tempos e suportar operações aritméticas
- **struct tm**: estrutura contendo data e hora divididas em seus componentes, como descrito a seguir:
  - **int tm_sec**: segundos após minutos [0,61].
  - **int tm_min**: minutos após hora [0,59].

- ○ **int tm_hour**: horas desde a meia-noite [0,23].
- ○ **int tm_mday**: dia do mês [1,31].
- ○ **int tm_mon**: mês do ano [0,11].
- ○ **int tm_year**: anos desde 1900.
- ○ **int tm_wday**: dia da semana [0,6] (domingo = 0).
- ○ **int tm_yday**: dia do ano [0,365].
- ○ **int tm_isdst**: flag para horário de verão.

Usando a função `strftime()`

Basicamente, a função **strftime()** converte o tempo armazenado em uma estrutura **tm** para string. Como a função **printf()**, essa também possui um conjunto de especificadores de tipo de saída para formatar o valor da data e hora de acordo com a informação que desejamos exibir. A Tabela 1.1 apresenta os especificadores que podem ser usados com essa função. Note que os especificadores cuja descrição está marcada com asterisco (*) são dependentes da configuração de localidade, ou seja, podem ser modificados para imprimir seus valores de acordo com a configuração usada no computador.

Especificador	Descrição	Exemplo
%a	Dia da semana abreviado *	Thu
%A	Dia da semana completo *	Thursday
%b	Nome do mês abreviado *	Aug
%B	Nome do mês completo *	August
%c	Representação da data e hora *	Thu Aug 23 14:55:02 2001
%d	Dia do mês (01-31)	23
%H	Hora no formato 24 h (00-23)	14
%I	Hora no formato 12 h (01-12)	02
%j	Dia do ano (001-366)	235
%m	Mês como valor inteiro (01-12)	08
%M	Minuto (00-59)	55
%p	Designação AM ou PM	PM
%S	Segundo (00-61)	02
%U	Número da semana com o primeiro domingo como o primeiro dia da semana um (00-53)	33
%w	Dia da semana como um valor inteiro com domingo como 0 (0-6)	4
%W	Número da semana com a primeira segunda-feira como o primeiro dia da semana um (00-53)	34
%x	Representação da data *	08/23/01
%X	Representação da hora *	14:55:02
%y	Ano, dois últimos dígitos (00-99)	01
%Y	Ano	2001
%Z	Nome do fuso horário ou abreviação	CDT
%%	Símbolo %	%

TABELA 1.1

Na Figura 1.24, tem-se alguns exemplos de formatação de data e hora utilizando a função **strftime()**.

Exemplo

```
01   #include <stdio.h>
02   #include <stdlib.h>
03   #include <time.h>
04   int main(){
05     time _ t tempo;
06     struct tm *infotempo;
07     char texto[80];
08     time(&tempo);
09     infotempo = localtime(&tempo);
10     strftime(texto,80,"Hora atual %I:%M%p.",infotempo);
11     puts(texto);
12     strftime(texto,80,"Data: %A, %d/%b/%Y",infotempo);
13     puts(texto);
14     system("pause");
15     return 0;
16   }
```

FIGURA 1.24

CAPÍTULO 2

Lendo e escrevendo nas variáveis

A finalidade deste capítulo é apresentar ao leitor os conceitos de variáveis e leitura e escrita de dados na linguagem C. Ao final, o leitor será capaz de:

- Declarar variáveis.
- Definir com precisão o tipo da variável.
- Escrever suas variáveis na tela.
- Ler suas variáveis do teclado.
- Determinar o escopo da variável.
- Declarar e utilizar constantes.

2.1 VARIÁVEIS

Toda informação contida dentro de um programa está armazenada na memória do computador. Nossos dados, em particular, estão sempre guardados dentro de uma **variável**. O conceito de variável varia um pouco a depender da área. Na matemática, uma variável é uma entidade capaz de representar um valor ou expressão. Ela pode representar um número ou um conjunto de números, como na equação

$$x^2 + 2x + 1 = 0$$

ou na função

$$f(x) = x^2$$

Já em computação, uma variável é uma posição de memória em que podemos guardar determinado dado ou valor e modificá-lo ao longo da execução do programa. Quando criamos uma variável e armazenamos um valor dentro dela (por exemplo, **int** x = 10;), o computador reserva um espaço associado a um endereço de memória onde podemos guardar o valor dessa variável, como mostra a Figura 2.1.

MEMÓRIA		
ENDEREÇO	VARIÁVEL	CONTEÚDO
119		
120		
121	int x	10
122		
123		
124		

FIGURA 2.1

Desse modo, podemos recuperar esse valor ao longo do programa e utilizá-lo nas mais diversas operações, como será mostrado a seguir.

2.1.1 Declarando uma variável

Em linguagem C, a declaração de uma variável pelo programador segue esta forma geral:

`**tipo_da_variável** nome_da_variável;`

O **tipo_da_variável** determina o conjunto de valores e de operações que uma variável aceita, ou seja, que ela pode executar. Já o **nome_da_variável** é como o programador identifica essa variável dentro do programa. Ao nome da variável, o computador associa o endereço do espaço que ele reservou na memória para guardá-la.

Suponha que queiramos declarar uma variável do tipo inteiro e de nome **x**. Ela pode ser facilmente declarada como apresentado a seguir:

`**int** x;`

Além disso, mais de uma variável pode ser declarada para um mesmo tipo, ao mesmo tempo. Para tanto, basta separar cada nome de variável por uma **vírgula** (,):

`**int** x,y,z;`

 Toda declaração de variáveis termina com o operador de **ponto e vírgula** (;).

Isso é necessário, uma vez que o operador de **ponto e vírgula** é utilizado para separar as instruções da linguagem C, que compõem um programa de computador.

 Uma variável deve ser sempre declarada antes de ser usada dentro do programa.

Lembre-se: Apenas quando declaramos uma variável é que o computador reserva um espaço de memória para guardarmos nossos dados. Assim, não é possível usar esse espaço antes de tê-lo reservado na memória.

 Antes de usar o conteúdo de uma variável, tenha certeza de que ele foi definido antes.

```
01    #include <stdio.h>
02    #include <stdlib.h>
03    int main(){
04      int x;//declara a variavel mas nao define o valor
05      printf("x = %d\n",x);
06      x = 5;//define o valor de x como sendo 5
07      printf("x = %d\n",x);
08      system("pause");
09      return 0;
10    }

Saída   x = qualquer valor!
        x = 5
```

Quando falamos em memória do computador, não existe o conceito de posição de memória **"vazia"**. Toda posição de memória do computador está preenchida com um conjunto de 0s e 1s. O que ocorre é que a posição de memória pode apenas não estar sendo utilizada. Portanto, ao criarmos uma variável, o computador seleciona uma posição que não estava sendo usada para guardar a nossa variável e, portanto, ela automaticamente estará preenchida com um valor chamado "lixo de memória": um conjunto de 0s e 1s sem significado para o nosso programa.

2.1.2 Dando um nome à nossa variável

Quando criamos uma variável, o computador reserva um espaço de memória no qual podemos guardar o valor associado a ela. Ao nome que damos a essa variável, o computador associa o endereço do espaço que ele reservou na memória para guardá-la. De modo geral, interessa ao programador saber o nome das variáveis. Porém, existem algumas regras para a escolha dos nomes das variáveis na linguagem C.

- O nome de uma variável é um conjunto de caracteres que podem ser letras, números ou underscores (_).
- O nome de uma variável deve sempre iniciar com uma letra ou o underscore (_).

 Na linguagem C, letras maiúsculas e minúsculas são consideradas diferentes.

A linguagem C é **case-sensitive**, ou seja, uma palavra escrita utilizando **caracteres maiúsculos** é diferente da mesma palavra escrita com **caracteres minúsculos**. Sendo assim, as palavras *Soma*, *soma* e *SOMA* são consideradas diferentes para a linguagem C e representam **TRÊS** variáveis distintas.

Palavras-chave não podem ser usadas como nome de variáveis.

As palavras-chave são um conjunto de 32 palavras reservadas dentro da linguagem C. São elas que formam a sintaxe da linguagem de programação C. Essas palavras já possuem funções específicas dentro da linguagem de programação e, por esse motivo, não podem ser utilizadas para outro fim, como para nomes de variáveis. Na Figura 2.2, tem-se uma lista com as 32 palavras reservadas da linguagem C.

Lista de palavras-chave da linguagem C							
auto	double	int	struct	break	else	long	switch
case	enum	if	typeof	continue	float	return	while
union	const	for	short	unsigned	char	extern	signed
void	default	do	sizeof	volatile	goto	register	static

FIGURA 2.2

O exemplo na Figura 2.3 apresenta alguns nomes possíveis de variáveis e outros que fogem às regras estabelecidas.

Exemplo: nomeando variáveis							
comp!	.var	int	1var	1cont	-x	Va-123	❌
cont	Cont	Val_123	_teste	Int1	Cont1	X	✅

FIGURA 2.3

2.1.3 Definindo o tipo da nossa variável

Vimos anteriormente que o tipo de uma variável determina o conjunto de valores e de operações que uma variável aceita, ou seja, que ela pode executar. A linguagem C possui um total de cinco tipos de dados básicos (Tabela 2.1).

Tipo	Bits	Intervalo de valores
char	8	-128 A 127
int	32	-2.147.483.648 A 2.147.483.647
float	32	1,175494E-038 A 3,402823E+038
double	64	2,225074E-308 A 1,797693E+308
void	8	sem valor

TABELA 2.1

O tipo **char**

Comecemos pelo tipo **char**. Esse tipo de dados permite armazenar em um único byte (8 bits) um número inteiro muito pequeno ou o código de um caractere do conjunto de caracteres da tabela **ASCII**:

```
char c = 'a';
char n = 10;
```

 Caracteres sempre ficam entre aspas simples!

Lembre-se: Uma única letra pode ser o nome de uma variável. As **aspas simples** permitem que o compilador saiba que estamos inicializando nossa variável com um caractere e não com o conteúdo de outra variável.

O tipo **int**

O segundo tipo de dado é o tipo inteiro: **int**. Esse tipo de dados permite armazenar um número inteiro (**sem parte fracionária**). Seu tamanho depende do processador em que o programa está rodando e é tipicamente 16 ou 32 bits:

```
int n = 1459;
```

 Cuidado com a forma como você inicializa as variáveis dos tipos **char** e **int**.

Na linguagem C, os tipos **char** e **int** podem ser especificados nas bases **decimal**, **octal** ou **hexadecimal**. A base **decimal** é a base-padrão. Porém, se o valor inteiro for precedido por:

- "0", ele será interpretado como octal. Nesse caso, o valor deve ser definido utilizando os dígitos 0, 1, 2, 3, 4, 5, 6 e 7. Ex.: **int** x = 044. Nesse caso, 044 equivale a 36 ($4 * 8^1 + 4 * 8^0$).
- "0x" ou "0X", ele será interpretado como hexadecimal. Nesse caso, o valor deve ser definido utilizando os dígitos 0, 1, 2, 3, 4, 5, 6, 7, 8 e 9, e as letras A (10), B (11), C (12), D (13), E (14) e F (15). Ex.: **int** y = 0 x 44. Nesse caso, 0 x 44 equivale a 68 ($4 * 16^1 + 4 * 16^0$).

Na Figura 2.4 podemos ver um exemplo.

Exemplo

```
01   #include <stdio.h>
02   #include <stdlib.h>
03   int main(){
04     int a = 125;//valor em decimal
05     int b = 0435;//valor em octal, equivale a 285
06     int c = 0x1FA;//valor em hexadecimal, equivale a 506
07     printf("Valor de a: %d\n",a);
08     printf("Valor de b: %d\n",b);
09     printf("Valor de c: %d\n",c);
10     system("pause");
11     return 0;
12   }
```

FIGURA 2.4

Os tipos **float** e **double**

O terceiro e o quarto tipo de dados são os tipos reais: **float** e **double**. Esses tipos de dados permitem armazenar um valor real (**com parte fracionária**), também conhecido como **ponto flutuante**. A diferença entre eles é a sua precisão:

- Tipo **float**: precisão simples
- Tipo **double**: dupla precisão

São úteis quando queremos trabalhar com intervalos de números reais realmente grandes.

 Em números reais, a parte decimal usa ponto, e não vírgula!

A linguagem C usa o padrão numérico americano, ou seja, a parte decimal fica depois de um ponto. Veja os exemplos:

```
float f = 5.25;
double d = 15.673;
```

 Pode-se escrever números dos tipos **float** e **double** usando *notação científica*.

A *notação científica* é uma forma de escrever números extremamente grandes ou extremamente pequenos. Nesse caso, o valor real é seguido por uma letra "e" ou "E" e um número inteiro (positivo ou negativo), que indica o expoente da base 10 (representado pela letra "e" ou "E" que multiplica o número):

```
double x = 5.0e10;
```

equivale a

```
double x = 50000000000;
```

O tipo **void**

Por fim, temos o tipo **void**. Esse tipo de dados permite declarar uma função que não retorna valor ou um ponteiro genérico, como será visto nas próximas seções.

 A linguagem C não permite que se declare uma variável do tipo **void**. Esse tipo de dados só deve ser usado para declarar funções que não retornam valor ou ponteiro genérico.

2.1.4 Os modificadores de tipo de uma variável

Além dos cinco tipos básicos, a linguagem C possui quatro modificadores de tipos. Eles são aplicados precedendo os tipos básicos (com exceção do tipo **void**), e permitem alterar o significado do tipo, de modo a adequá-lo às necessidades do nosso programa. São eles:

- **signed**
- **unsigned**
- **short**
- **long**

O modificador **signed**

Esse modificador determina que uma variável declarada dos tipos **char** ou **int** poderá ter valores positivos ou negativos. Trata-se do **modo-padrão** de definição de variáveis desses tipos, e, por esse motivo, raramente é usado. Exemplo:

```
signed char x;
signed int y;
```

O modificador **unsigned**

Esse modificador determina que uma variável declarada dos tipos **char** ou **int** somente poderá ter valores positivos e o valor zero. Nesse caso, a variável perde seu bit de sinal, o que dobra a sua capacidade de armazenamento para valores positivos. Por exemplo, uma variável do tipo **char** é capaz de armazenar valores de −128 até 127. Se a mesma variável for declarada como sendo do tipo **unsigned char**, ela será capaz de armazenar valores de 0 até 255. A seguir, dois exemplos de uso:

```
unsigned char x;
unsigned int y;
```

O modificador **short**

O modificador **short** determina que uma variável do tipo **int** terá apenas 16 bits (*inteiro pequeno*), independentemente do processador. Exemplo:

```
short int i;
```

O modificador **long**

Faz o inverso do modificador **short**. O modificador **long** determina que uma variável do tipo **int** terá 32 bits (*inteiro grande*), independentemente do processador. Também determina que o tipo **double** possua maior precisão. Exemplo:

```
long int n;
long double d;
```

Usando mais de um modificador ao mesmo tempo

 A linguagem C permite que se utilize mais de um modificador de tipo sobre um mesmo tipo.

Isso permite, por exemplo, declarar um inteiro grande (ou seja, com 32 bits) usando o modificador (**long**) e que também seja sem sinal (**unsigned**). Essa combinação permite aumentar em muito o intervalo de valores possíveis para aquela variável:

```
unsigned long int m;
```

Tipos e combinações de modificadores possíveis

A Tabela 2.2 mostra todas as combinações permitidas dos tipos básicos e dos modificadores de tipo, o seu tamanho em bits e o seu intervalo de valores.

Tipo	Bits	Intervalo de valores
char	8	-128 A 127
unsigned char	8	0 A 255
signed char	8	-128 A 127
int	32	-2.147.483.648 A 2.147.483.647
unsigned int	32	0 A 4.294.967.295
signed int	32	-32.768 A 32.767
short int	16	-32.768 A 32.767
unsigned short int	16	0 A 65.535
signed short int	16	-32.768 A 32.767
long int	32	-2.147.483.648 A 2.147.483.647
unsigned long int	32	0 A 4.294.967.295
signed long int	32	-2.147.483.648 A 2.147.483.647
float	32	1,175494E-038 A 3,402823E+038
double	64	2,225074E-308 A 1,797693E+308
long double	96	3,4E-4932 A 3,4E+4932

TABELA 2.2

2.2 ESCREVENDO SUAS VARIÁVEIS NA TELA

2.2.1 Printf

A função **printf()** é uma das funções de saída/escrita de dados da linguagem C. Seu nome vem da expressão em inglês *print formatted*, ou seja, escrita formatada. Basicamente, a função **printf()** escreve na saída de vídeo (tela) um conjunto de valores, caracteres e/ou sequência de caracteres de acordo com o formato especificado. A forma geral da função **printf()** é:

```
printf("tipos de saída", lista de variáveis);
```

A função **printf()** recebe dois parâmetros de entrada:

- **"tipos de saída"**: conjunto de caracteres que especifica o formato dos dados a serem escritos e/ou o texto a ser escrito.
- **lista de variáveis**: conjunto de nomes de variáveis, separados por vírgula, que serão escritos.

Escrevendo uma mensagem de texto

A forma geral da função **printf()** especifica que ela sempre receberá uma lista de variáveis para formatar e escrever na tela. Porém, isso nem sempre é verdadeiro. A função **printf()** pode ser usada quando queremos escrever apenas uma mensagem de texto simples na tela:

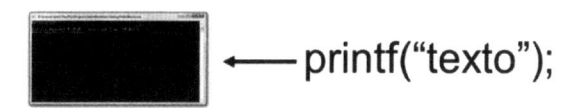

printf("texto");

Note que o texto a ser escrito deve ser sempre definido entre **aspas duplas**. A Figura 2.5 mostra um exemplo.

Exemplo: escrevendo um texto na tela

```
01      #include <stdio.h>
02      #include <stdlib.h>
03      int main(){
04
05        printf("Esse texto sera escrito na tela");
06        system("pause");
07        return 0;
08      }

Saída   Esse texto sera escrito na tela
```

FIGURA 2.5

Escrevendo valores formatados

Quando queremos escrever dados formatados na tela, usamos a forma geral da função, a qual possui os **tipos de saída**. Eles especificam o formato de saída dos dados que serão escritos pela função **printf()**. Cada tipo de saída é precedido por um sinal de **%**, e um tipo de saída deve ser especificado para cada variável a ser escrita. Assim, se quiséssemos escrever uma única expressão com o comando **printf()**, faríamos

printf("%tipo_de_saída",expressão);

Se fossem duas as expressões a serem escritas, faríamos

 ⟵ printf("%tipo1 %tipo2" expressão1, expressão2);

e assim por diante. Note que os formatos e as expressões a serem escritas com esse formato devem ser especificados na mesma ordem, como mostram as setas. Além disso, as variáveis e/ou expressão devem ser separadas por vírgulas.

> 🛈 O comando **printf()** não exige o símbolo & na frente do nome de cada variável.

Diferentemente do comando **scanf()**, o comando **printf()** não exige o símbolo & na frente do nome de uma variável que será escrita na tela. Se usado, ele possui outro significado (como será visto mais adiante) e não exibe o conteúdo da variável.

A função **printf()** pode ser usada para escrever praticamente qualquer tipo de dado. A Tabela 2.3 mostra alguns dos tipos de saída suportados pela linguagem.

Alguns tipos de saída	
%c	escrita de um caractere (**char**)
%d ou %i	escrita de números inteiros (**int** ou **char**)
%u	escrita de números inteiros sem sinal (**unsigned**)
%f	escrita de número reais (**float** ou **double**)
%s	escrita de vários caracteres (**string**)
%p	escrita de um endereço de memória
%e ou %E	escrita em notação científica

TABELA 2.3

Na Figura 2.6, tem-se alguns exemplos de escrita de dados utilizando o comando **printf()**. Nesse momento não se preocupe com o "\n" que aparece dentro do comando **printf()**, pois ele serve apenas para ir para uma nova linha ao final do comando.

Nesse exemplo, os comandos

```
printf("%d%f\n",x,y);
```

e

```
printf("%d %f\n",x,y);
```

imprimem os mesmos dados, mas o segundo os separa com um espaço. Isso ocorre porque o comando **printf()** aceita textos junto aos tipos de saída. Pode-se adicionar texto antes, depois ou entre dois ou mais tipos de saída:

 ⟵ printf("texto %tipo_de_saída texto" expressão);

Exemplo: escrita de dados na linguagem C

```
01      #include <stdio.h>
02      #include <stdlib.h>
03      int main(){
04        int x = 10;
05        //Escrita de um valor inteiro
06        printf("%d\n",x);
07        float y = 5.0;
08        //Escrita de um valor inteiro e outro real
09        printf("%d%f\n",x,y);
10        //Adicionando espaço entre os valores
11        printf("%d %f\n",x,y);
12        system("pause");
13        return 0;
14      }

Saída   10
        105.000000
        10 5.000000
```

FIGURA 2.6

 Junto ao tipo de saída, pode-se adicionar texto e não apenas espaços.

```
01      #include <stdio.h>
02      #include <stdlib.h>
03      int main(){
04        int x = 10;
05        printf("Total = %d\n",x);
06        printf("%d caixas\n",x);
07        printf("Total de %d caixas\n",x);
08        system("pause");
09        return 0;
10      }

Saída   Total = 10
        10 caixas
        Total de 10 caixas
```

Isso permite que o comando **printf()** seja usado para escrever não apenas dados, mas sentenças que façam sentido para o usuário do programa.

2.2.2 Putchar

A função **putchar()** (*put character*) permite escrever um único caractere na tela. Sua forma geral é:

```
int putchar(int caractere);
```

A função **putchar()** recebe como parâmetro de entrada um único valor inteiro. Esse valor será convertido em caractere e mostrado na tela. A função retorna:

- Se NÃO ocorrer erro: o próprio caractere que foi escrito.
- Se ocorrer erro: a constante **EOF** (definida na biblioteca stdio.h) é retornada.

```
                          Exemplo: putchar()
01        #include <stdio.h>
02        #include <stdlib.h>
03        int main(){
04          char c = 'a';
05          int x = 65;
06          putchar(c);//Escreve o caractere 'a'
07          putchar('\n');//Muda de linha
08          putchar(x);//Escreve o valor 65 como caractere
09          putchar('\n');//Muda de linha
10          system("pause");
11          return 0;
12        }

Saída     a
          A
```

FIGURA 2.7

Perceba, no exemplo anterior, que a conversão na linguagem C é direta no momento da impressão, ou seja, o valor 65 é convertido no caractere ASCII correspondente, no caso, o caractere "a". Além disso, o comando putchar() também aceita o uso de sequências de escape, como o caractere "\n" (nova linha).

2.3 LENDO SUAS VARIÁVEIS DO TECLADO

2.3.1 Scanf

A função **scanf()** é uma das funções de entrada/leitura de dados da linguagem C. Seu nome vem da expressão em inglês *scan formatted*, ou seja, leitura formatada. Basicamente, a função **scanf()** lê do teclado um conjunto de valores, caracteres e/ou sequência de caracteres de acordo com o formato especificado. A forma geral da função **scanf()** é:

```
scanf("tipos de entrada", lista de variáveis);
```

A função **scanf()** recebe dois parâmetros de entrada:

- **"tipos de entrada"**: conjunto de caracteres que especifica o formato dos dados a serem lidos.
- **lista de variáveis**: conjunto de nomes de variáveis que serão lidos e separados por vírgula, em que cada nome de variável é precedido pelo operador &.

Os **tipos de entrada** especificam o formato de entrada dos dados que serão lidos pela função **scanf()**. Cada tipo de entrada é precedido por um sinal de **%**, e um tipo de entrada deve ser especificado para cada variável a ser lida. Assim, se quiséssemos ler uma única variável com o comando **scanf()**, faríamos:

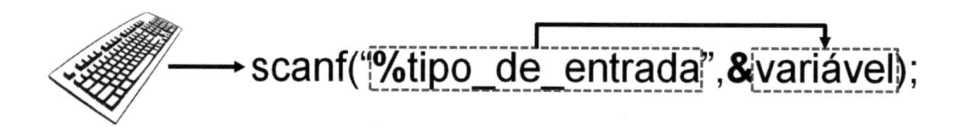

Se fossem duas as variáveis a serem lidas, faríamos:

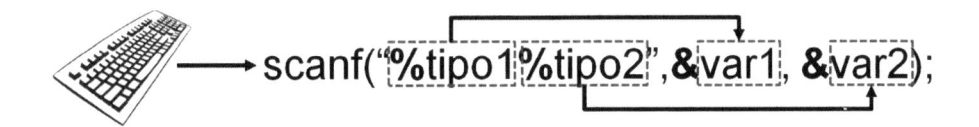

scanf("%tipo1%tipo2",&var1, &var2);

e assim por diante. Note que os formatos e as variáveis que armazenarão o dado com aquele formato devem ser especificados na mesma ordem, como mostram as setas. Além disso, as variáveis devem ser separadas por vírgulas.

> ⚠️ Na linguagem C, é necessário colocar o símbolo **&** antes do nome de cada variável a ser lida pelo comando **scanf()**.

Trata-se de uma exigência da linguagem C. Todas as variáveis que receberão valores do teclado por meio de **scanf()** deverão ser passadas pelos seus endereços. Isso se faz colocando o operador de endereço "**&**" antes do nome da variável.

A função **scanf()** pode ser usada para ler praticamente qualquer tipo de dado. No entanto, ela é usada com mais frequência para a leitura de números inteiros e/ou de ponto flutuante (números reais). A Tabela 2.4 mostra alguns tipos de saída suportados pela linguagem.

Alguns tipos de saída	
%c	leitura de um caractere (**char**)
%d ou %i	leitura de números inteiros (**int** ou **char**)
%f	leitura de números reais (**float**)
%s	leitura de vários caracteres (**string**)
%lf	leitura de números reais (**double**)

TABELA 2.4

Na Figura 2.8, tem-se alguns exemplos de leitura de dados utilizando o comando **scanf()**. Nesse exemplo, os comandos

```
scanf("%d%d",&x,&z);
```

e

```
scanf("%d %d",&x,&z);
```

são equivalentes. Isso ocorre porque o comando **scanf()** ignora os espaços em branco entre os tipos de entrada. Além disso, quando o comando **scanf()** é usado para ler dois ou mais valores, podemos optar por duas formas de digitar os dados no teclado:

- Digitar um valor e, em seguida, pressionar a tecla **ENTER**. Fazer isso para cada valor a ser digitado.
- Digitar todos os valores separados por espaço e, por último, pressionar a tecla **ENTER**.

Exemplo: leitura de dados na linguagem C

```
01  #include <stdio.h>
02  #include <stdlib.h>
03  int main(){
04    int x,z;
05    float y;
06    //Leitura de um valor inteiro
07    scanf("%d",&x);
08    //Leitura de um valor real
09    scanf("%f",&y);
10    //Leitura de um valor inteiro e outro real
11    scanf("%d%f",&x,&y);
12    //Leitura de dois valores inteiros
13    scanf("%d%d",&x,&z);
14    //Leitura de dois valores inteiros com espaco
15    scanf("%d %d",&x,&z);
16    system("pause");
17    return 0;
18  }
```

FIGURA 2.8

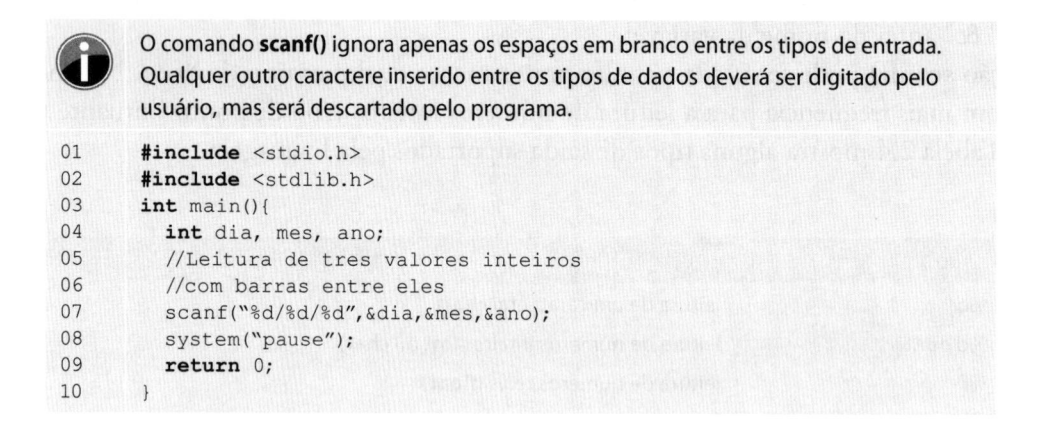

O comando **scanf()** ignora apenas os espaços em branco entre os tipos de entrada. Qualquer outro caractere inserido entre os tipos de dados deverá ser digitado pelo usuário, mas será descartado pelo programa.

```
01  #include <stdio.h>
02  #include <stdlib.h>
03  int main(){
04    int dia, mes, ano;
05    //Leitura de tres valores inteiros
06    //com barras entre eles
07    scanf("%d/%d/%d",&dia,&mes,&ano);
08    system("pause");
09    return 0;
10  }
```

Isso permite que o comando **scanf()** seja usado para receber dados formatados como uma data: dia/mês/ano. No exemplo anterior, o comando **scanf()** é usado para a entrada de três valores inteiros separados por uma barra ("/") cada. Quando o usuário for digitar os três valores, será obrigado a digitar os três valores separados por barra (as barras serão descartadas e não interferem nos dados). Do contrário, o comando **scanf()** não lerá corretamente os dados digitados.

2.3.2 Getchar

A função **getchar()** (*get character*) permite ler um único caractere do teclado. Sua forma geral é:

```
int getchar(void);
```

A função **getchar()** não recebe parâmetros de entrada. A função retorna:

- Se NÃO ocorrer erro: o código ASCII do caractere lido.
- Se ocorrer erro: a constante **EOF** (definida na biblioteca stdio.h) é retornada.

Perceba, nesse exemplo, que a conversão na linguagem C é direta no momento da leitura, ou seja, embora a função retorne um valor do tipo **int**, pode-se atribuir a uma variável do tipo **char**, em virtude da conversão automática da linguagem C.

Exemplo: getchar()

```
01   #include <stdio.h>
02   #include <stdlib.h>
03   int main(){
04     char c;
05     c = getchar();
06     printf("Caractere: %c\n", c);
07     printf("Codigo ASCII: %d\n", c);
08     system("pause");
09     return 0;
10   }
```

FIGURA 2.9

2.4 ESCOPO: O TEMPO DE VIDA DA VARIÁVEL

Quando declaramos uma variável, vimos que é preciso sempre definir o seu **tipo** (conjunto de valores e de operações que uma variável aceita) e **nome** (como o programador identifica essa variável dentro do programa). Porém, além disso, é preciso definir o seu **escopo**.

 O escopo é o conjunto de regras que determinam o uso e a validade das variáveis ao longo do programa.

Em outras palavras, escopo de uma variável define **onde** e **quando** a variável pode ser usada. Esse escopo está intimamente ligado ao local de declaração dessa variável e, por esse motivo, pode ser **global** ou **local**.

2.4.1 O escopo global

Uma variável declarada no **escopo global**, ou simplesmente **variável global**, é uma variável declarada fora de todas as funções do programa, ou seja, na área de declarações globais do programa (acima da cláusula **main**, juntamente com as bibliotecas do programa). Essas variáveis existem enquanto o programa estiver executando, ou seja, o tempo de vida de uma variável global é o tempo de execução do programa. Além disso, essas variáveis podem ser acessadas e alteradas em qualquer parte do programa.

 Variáveis globais podem ser acessadas e alteradas em qualquer parte do programa.

```
01     #include <stdio.h>
02     #include <stdlib.h>
03     int x = 5;//variável global
04     void incr(){
05       x++;//acesso a variavel global
06     }
07     int main(){
08       printf("x = %d\n",x);//acesso a variavel global
09       incr();
10       printf("x = %d\n",x);//acesso a variável global
11       system("pause");
12       return 0;
13     }

Saída   5
        6
```

Na Figura 2.10, é possível ter uma boa representação de onde começa e termina cada escopo do código anterior.

```c
#include <stdio.h>
#include <stdlib.h>
int x = 5;//variável global
void incr(){
    x++;//acesso à variável global
}
int main(){
    printf("x = %d\n",x);//acesso à variável global
    incr();
    printf("x = %d\n",x);//acesso à variável global
    system("pause");
    return 0;
}
```

☐ Escopo global
▨ Escopo local

FIGURA 2.10

Note, no exemplo anterior, que a variável *x* é declarada com as bibliotecas do programa; portanto, trata-se de uma variável global (escopo global). Por esse motivo, ela pode ser acessada e ter seu valor alterado em qualquer parte do programa (ou seja, no escopo global e em qualquer escopo local que exista dentro do programa).

 De modo geral, evita-se o uso de variáveis globais em um programa.

As variáveis globais devem ser evitadas porque qualquer parte do programa pode alterá-la. Isso prejudica a manutenção do programa, pois torna mais difícil saber onde a variável é inicializada, para que serve etc. Além disso, as variáveis globais ocupam memória durante todo o tempo de execução do programa e não apenas quando são necessárias.

2.4.2 O escopo local

Uma variável declarada no **escopo local**, ou simplesmente **variável local**, é uma variável declarada dentro de um bloco de comandos delimitado pelo operador de chaves ({ }, escopo local). Essas variáveis são visíveis apenas no interior do bloco de comandos onde foram declaradas, ou seja, apenas **dentro do seu escopo**.

Um bloco começa quando abrimos uma chave ({) e termina quando fechamos a chave (}).

```
01    #include <stdio.h>
02    #include <stdlib.h>
03    void func1(){
04      int x;//variavel local
05    }
06    void func2(){
07      int x;//variavel local
08    }
09    int main(){
10      int x;
11      scanf("%d",&x);
12      if(x == 5){
13        int y=1;
14        printf("%d\n",y);
15      }
16      system("pause");
17      return 0;
18    }
```

Note, nesse exemplo, que a variável *x* é declarada **três** vezes. Cada declaração dela está em um bloco de comandos distinto (ou seja, delimitado por um operador de chaves ({ }). Desse modo, apesar de possuírem o mesmo nome, elas têm escopos diferentes e, consequentemente, tempos de vida diferentes: **uma não existe enquanto a outra existe**. Já a variável *y* só existe dentro do bloco de comandos pertencente à instrução **if(x == 5)**, ou seja, outro escopo local.

Na Figura 2.11, é possível ter uma boa representação de onde começa e termina cada escopo do código anterior.

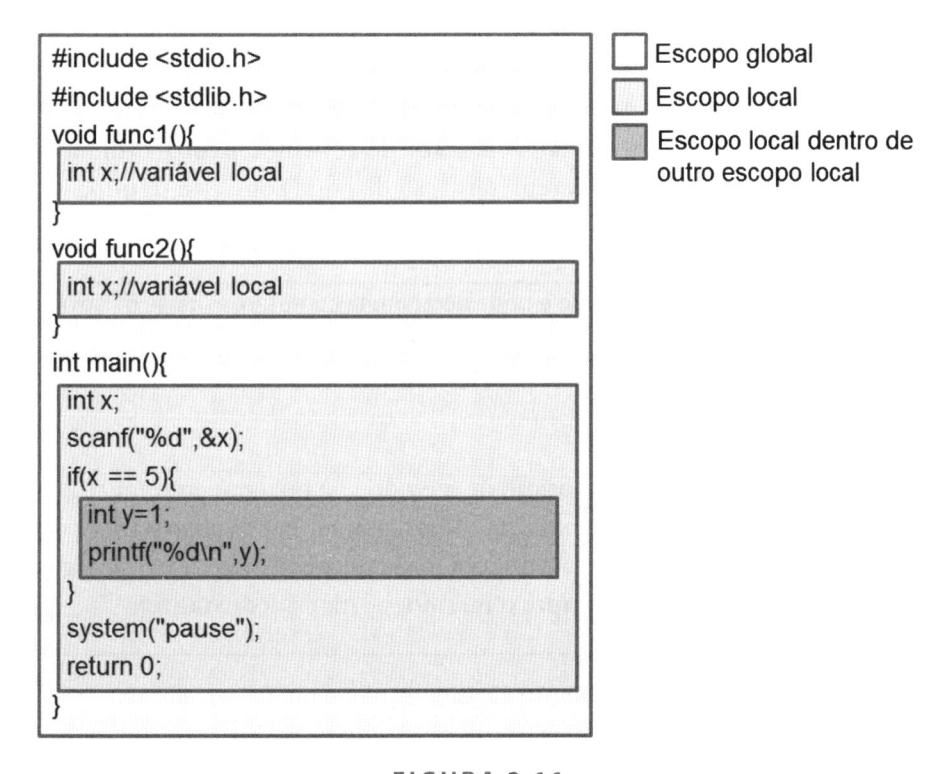

FIGURA 2.11

Quando um bloco possuir uma variável local com o mesmo nome de uma variável global, esse bloco dará preferência à variável local. O mesmo vale para duas variáveis locais em blocos diferentes: a declaração mais próxima sempre tem maior precedência e oculta as demais variáveis com o mesmo nome.

```
01    #include <stdio.h>
02    #include <stdlib.h>
03    int x = 5;
04    int main(){
05      printf("x = %d\n",x);
06      int x = 4;
07      printf("x = %d\n",x);
08      {
09          int x = 3;
10          printf("x = %d\n",x);
11      }
12      printf("x = %d\n",x);
13      system("pause");
14      return 0;
15    }
```

```
Saída   x = 5
        x = 4
        x = 3
        x = 4
```

Note, no exemplo anterior, que a variável *x* é declarada **três** vezes. Cada declaração dela está em um escopo distinto: **uma é global e duas são locais**. Na primeira chamada do comando **printf()** (linha 5), a variável global *x* é acessada. Isso ocorre porque, apesar de estarmos em um escopo local, a segunda variável *x* ainda não foi criada e, portanto, não existe. Já na segunda chamada do comando **printf()** (linha 7), a segunda variável *x* já foi criada, ocultando a variável global de mesmo nome. Por isso, esse comando **printf()** imprime na tela de saída o valor **x = 4**. O mesmo acontece com a terceira chamada do comando **printf()** (linha 10): esse comando está dentro de um novo bloco de comandos, ou seja, delimitado por um operador de chaves ({ }). A declaração da terceira variável *x* oculta a declaração da segunda variável *x*. Por isso, esse comando **printf()** imprime na tela de saída o valor **x = 3**. No fim desse bloco de comandos, a terceira variável *x* é destruída, o que torna novamente visível a segunda variável *x*, a qual é impressa na tela pela quarta chamada do comando **printf()** (linha 12).

Na Figura 2.12, é possível ter uma boa representação de onde começa e termina cada escopo do código anterior e como um escopo oculta os demais.

 Como o escopo é um assunto delicado e pode gerar muita confusão, evita-se o uso de variáveis com o mesmo nome.

2.5 CONSTANTES

Aprendemos que uma variável é uma posição de memória na qual podemos guardar determinado dado ou valor e modificá-lo ao longo da execução do programa. Já uma **constante** permite guardar determinado dado ou valor na memória do computador, mas com a certeza de que ele não se alterará durante a execução do programa: será sempre o mesmo; portanto, **constante**.

 Para constantes, é obrigatória a atribuição do valor no momento da declaração.

```
#include <stdio.h>
#include <stdlib.h>
int x = 5;
int main(){
    printf("x = %d\n",x);
    int x = 4;
    printf("x = %d\n",x);
    {
        int x = 3;
        printf("x = %d\n",x);
    }
    printf("x = %d\n",x);
    system("pause");
    return 0;
}
```

☐ Escopo global
▨ Escopo local
▨ Escopo local dentro de
   outro escopo local

FIGURA 2.12

Isso ocorre porque, após a declaração de uma constante, seu valor não poderá mais ser alterado: será **constante**. Na linguagem C existem duas maneiras de criar constantes: usando os comandos **#define** e **const**. Além disso, a própria linguagem C possui algumas constantes predefinidas, como as **sequências de escape**.

2.5.1 Valor literal

Um valor literal é a representação de um dado dentro do próprio código-fonte. Trata-se de um valor que é expresso como ele mesmo e não como um valor armazenado em variável ou o resultado de uma expressão aritmética. Na declaração a seguir, **10** é um valor literal:

```
int n = 10;
```

Um valor literal, assim como as variáveis, pertence a determinado tipo de dado. Por exemplo, o valor **10.5** é considerado do tipo **double**, apesar de a linguagem possuir três tipos para pontos flutuantes: **float**, **double** e **long double**. Felizmente, a linguagem C permite que indiquemos o tipo de um valor literal pela adição de um sufixo.

 O sufixo de tipo nada mais é do que um caractere de tipo acrescentado ao final do valor literal, sem nenhum espaço entre eles. Eles são úteis para forçar o resultado de uma expressão para uma precisão particular.

A Tabela 2.5 apresenta os sufixos de tipo possíveis.

Sufixo	Tipo	Exemplo
"sem sufixo"	double	10.5
	int	10
"f" ou "F"	float	3.14F
"l" ou "L"	long double	123456.789L
	long int	123456799L
"u" ou "U"	unsigned int	453U
"ul" ou "UL"	unsigned long int	123456789UL

TABELA 2.5

2.5.2 O comando #define

Uma das maneiras de declarar uma constante é usando o comando **#define**, que segue a seguinte forma geral:

```
#define nome_da_constante valor_da_constante
```

O comando **#define** é uma diretiva de compilação que informa ao compilador que ele deve procurar todas as ocorrências da palavra definida por **nome_da_constante** e substituir por **valor_da_constante** quando o programa for compilado. Por exemplo, uma constante que represente o valor de π pode ser declarada como apresentado a seguir:

```
#define PI 3.1415
```

2.5.3 O comando const

Outra maneira de declarar uma constante é usando o comando **const**, que segue esta forma geral:

```
const tipo_da_constante nome_da_constante = valor_da_constante;
```

Note que a forma geral do comando **const** se parece muito com a da declaração de uma variável. Na verdade, o prefixo **const** apenas informa ao programa que a variável declarada não poderá ter seu valor alterado. Por ser uma variável, essa constante está sujeita às mesmas regras que regem o uso das variáveis. Por exemplo, uma constante que represente o valor de π pode ser declarada como apresentado a seguir:

```
const float PI = 3.1415;
```

2.5.4 As sequências de escape

A linguagem C possui algumas constantes predefinidas, como as **sequências de escape** ou códigos de barra invertida. As sequências de escape permitem o envio de caracteres de controle não gráficos para dispositivos de saída.

A Tabela 2.6 apresenta uma relação das sequências de escape mais utilizadas em programação e seu significado.

Código	Comando
\a	som de alerta (bip)
\b	retrocesso (backspace)
\n	nova linha (new line)
\r	retorno de carro (carriage **return**)
\v	tabulação vertical
\t	tabulação horizontal
\'	apóstrofe
\"	aspa
\\	barra invertida (backslash)
\f	alimentação de folha (form feed)
\?	símbolo de interrogação
\0	caractere nulo (cancela a escrita do restante)

TABELA 2.6

As sequências de escape permitem que o comando **printf()** imprima caracteres especiais na tela de saída, como tabulações e quebras de linha. Veja o exemplo da Figura 2.13.

Exemplo: sequências de escape

```
01      #include <stdio.h>
02      #include <stdlib.h>
03      int main(){
04          printf("Hello World\n");
05          printf("Hello\nWorld\n");
06          printf("Hello \\ World\n");
07          printf("\"Hello World\"\n");
08          system("pause");
09          return 0;
10      }

Saída   Hello World
        Hello
        World
        Hello \ World
        "Hello World"
```

FIGURA 2.13

2.6 EXERCÍCIOS

1) Elabore um programa que escreva as mensagens "Início do programa" e "Fim" na tela, uma em cada linha, usando apenas um comando **printf()**.

2) Escreva um programa que leia um número inteiro e depois o imprima.

3) Escreva um programa que leia um número inteiro e depois imprima a mensagem "Valor lido:", seguido do valor inteiro. Use apenas um comando **printf()**.

4) Faça um programa que leia um número inteiro e depois o imprima usando o operador "%f". Veja o que aconteceu.

5) Faça um programa que leia um valor do tipo float e depois o imprima usando o operador "%d". Veja o que aconteceu.

6) Faça um programa que leia um valor do tipo double e depois o imprima na forma de notação científica.

7) Elabore um programa que leia um caractere e depois o imprima como um valor inteiro.

8) Faça um programa que leia dois números inteiros e depois os imprima na ordem inversa em que eles foram lidos.

9) Faça um programa que leia dois valores do tipo float. Use um único comando de leitura para isso. Em seguida, imprima os valores lidos na ordem inversa em que eles foram lidos.

10) Elabore um programa que solicite ao usuário entrar com o valor do dia, mês e ano (inteiros). Em seguida, imprima os valores lidos separados por uma barra (\).

11) Elabore um programa que contenha uma constante qualquer do tipo **float**. Use o comando **#define**. Imprima essa constante.

12) Elabore um programa que contenha uma constante qualquer do tipo **int**. Use o comando **const**. Imprima essa constante.

13) Faça um programa que leia um caractere do tipo char e depois o imprima entre aspas duplas. Assim, se o caractere lido for a letra A, deverá ser impresso "A".

14) Faça um programa que leia três caracteres do tipo **char** e depois os imprima um em cada linha. Use um único comando **printf()** para isso.

15) Escreva um programa que leia três variáveis: **char**, **int** e **float**. Em seguida, imprima-as de três maneiras diferentes: separadas por espaços, por uma tabulação horizontal e uma em cada linha. Use um único comando **printf()** para cada operação de escrita das três variáveis.

CAPÍTULO 3

As operações que podemos fazer com as variáveis

A finalidade deste capítulo é apresentar ao leitor as operações que podemos realizar com nossas variáveis na linguagem C. Ao final, o leitor será capaz de:

- Definir o valor contido em uma variável.
- Realizar operações matemáticas com suas variáveis.
- Realizar operações de comparação entre suas variáveis.
- Realizar operações lógicas entre suas variáveis.
- Realizar operações em nível de bits com suas variáveis.
- Conhecer as operações simplificadas.
- Saber a ordem em que as operações são realizadas.

3.1 O OPERADOR DE ATRIBUIÇÃO " = "

Uma das operações mais utilizadas em programação é a operação de atribuição " = ". Ela é responsável por armazenar determinado valor em uma variável. Em linguagem C, o uso do operador de atribuição " = " segue esta forma geral:

```
nome_da_variável = expressão;
```

Por expressão entende-se qualquer combinação de **valores**, **variáveis**, **constantes** ou **chamadas de funções,** utilizando os operadores matemáticos +, −, *, / e %, que resulte em uma resposta do mesmo tipo da variável definida por **nome_da_variável**. Veja o exemplo da Figura 3.1.

Exemplo: operações de atribuição

```
01    #include <stdio.h>
02    #include <stdlib.h>
03    #include <math.h>
04    const int z = 9;
05    int main(){
06      float x;
07      //declara y e atribui um valor
08      float y = 3;
09      //atribui um valor a x
10      x = 5;
11      printf("x = %f\n",x);
12      //atribui uma constante a x
13      x = z;
14      printf("x = %f\n",x);
15      //atribui o resultado de uma
16      //expressao matematica a x
17      x = y + 5;
18      printf("x = %f\n",x);
19      //atribui o resultado de uma funcao a x
20      x = sqrt(9);
21      printf("x = %f\n",x);
22      system("pause");
23      return 0;
24    }
```

```
Saída    x = 5.000000
         x = 9.000000
         x = 8.000000
         x = 3.000000
```

FIGURA 3.1

Nesse exemplo, nota-se que o operador de atribuição também pode ser utilizado no momento da declaração da variável (linha 8). Desse modo, a variável já é declarada possuindo um valor inicial.

> O operador de atribuição "=" armazena o valor ou resultado de uma expressão contida à sua **direita** na variável especificada à sua **esquerda**.

```
01    #include <stdio.h>
02    #include <stdlib.h>
03    #include <math.h>
04    const int z = 9;
05    int main(){
06      float x;
07      float y = 3;
08      //Correto
09      x = y + 5;
10      //ERRADO
11      y + 5 = x;
12      //Correto
13      x = 5;
14      //ERRADO
15      5 = x;
16      system("pause");
17      return 0;
18    }
```

É importante ter sempre em mente que o operador de atribuição " = " calcula a expressão à direita do operador " = " e atribui esse valor à variável à esquerda do operador, nunca o contrário.

 A linguagem C suporta múltiplas atribuições.

```
01    #include <stdio.h>
02    #include <stdlib.h>
03    int main(){
04      float x, y, z;
05      x = y = z = 5;
06      printf("x = %f\n",x);
07      printf("y = %f\n",y);
08      printf("z = %f\n",z);
09      system("pause");
10      return 0;
11    }

Saída  x = 5.000000
       y = 5.000000
       z = 5.000000
```

Nesse exemplo, o valor 5 é copiado para a variável *z*. Lembre-se: o valor da **direita** é sempre armazenado na variável especificada à sua **esquerda**. Em seguida, o valor de *z* é copiado para a variável *y* e, na sequência, o valor de *y* é copiado para *x*.

A linguagem C também permite a atribuição entre tipos básicos diferentes. O compilador **converte** automaticamente o valor do lado direto para o tipo do lado esquerdo do comando de atribuição " = ". Durante a etapa de conversão de tipos, pode haver perda de informação.

 Na conversão de tipos, durante a atribuição, pode haver perda de informação.

```
01    #include <stdio.h>
02    #include <stdlib.h>
03    int main(){
04      int x = 65;
05      char ch;
06      float f = 25.1;
07      //ch recebe 8 bits menos significativos de x
08      //converte para a tabela ASCII
09      ch = x;
10      printf("ch = %c\n",ch);
11      //x recebe parte apenas a parte inteira de f
12      x = f;
13      printf("x = %d\n",x);
14      //f recebe valor 8 bits convertido para real
15      f = ch;
16      printf("f = %f\n",f);
17      //f recebe o valor de x
18      f = x;
19      printf("f = %f\n",f);
20      system("pause");
21      return 0;
22    }
```

```
Saída   ch = A
        x = 25
        f = 65.000000
        f = 25.000000
```

3.2 OPERADORES ARITMÉTICOS

Os operadores aritméticos são aqueles que operam sobre números (**valores**, **variáveis**, **constantes** ou **chamadas de funções**) e/ou expressões e têm como resultados valores numéricos. A linguagem C possui um total de cinco operadores aritméticos, como mostra a Tabela 3.1.

Operador	Significado	Exemplo
+	adição de dois valores	z = x + y
−	subtração de dois valores	z = x − y
*	multiplicação de dois valores	z = x * y
/	quociente de dois valores	z = x / y
%	resto de uma divisão	z = x % y

TABELA 3.1

Note que os operadores aritméticos são sempre usados em conjunto com o operador de atribuição. Afinal de contas, alguém precisa receber o resultado da expressão aritmética. A Figura 3.2 mostra alguns exemplos.

```
                    Exemplo: operadores aritméticos
01      #include <stdio.h>
02      #include <stdlib.h>
03      int main(){
04        int x = 10,y = 20,z;
05        z = x * y;
06        printf("z = %d\n",z);
07        z = y/10;
08        printf("z = %d\n",z);
09        printf("x+y = %d\n",x+y);
10        system("pause");
11        return 0;
12      }

Saída   z = 200
        z = 2
        x+y = 30
```

FIGURA 3.2

Note, no exemplo anterior, que podemos devolver o resultado de uma expressão aritmética para outra variável (linhas 5 e 7) ou para outro comando ou função que espere receber um valor do mesmo tipo do resultado da operação, no caso, a função **printf()** (linha 9).

Em uma expressão, as operações de **multiplicação**, **divisão** e **resto** são executadas antes das operações de **adição** e **subtração**. Para forçar uma operação a ser executada antes das demais, ela é colocada entre **parênteses**.

Considere a expressão

```
z = x * y + 10;
```

Nela, o valor de **x** será multiplicado pelo valor de **y**, e o resultado dessa multiplicação será somado ao valor **10** para só então ser atribuído à variável **z**. Se quisermos a operação de adição antes da de multiplicação, basta colocá-la entre **parênteses**. Assim, na expressão

```
z = x * (y + 10);
```

o valor de **y** será somado ao valor **10**, e o resultado dessa adição será multiplicado pelo valor de **x** para só então ser atribuído à variável **z**.

 O operador de subtração também pode ser utilizado para inverter o sinal de um número.

De modo geral, os operadores aritméticos são operadores binários, ou seja, atuam sobre dois valores. Mas os operadores de adição e subtração também podem ser aplicados sobre um único valor. Nesse caso, eles são chamados de operadores unários. Por exemplo, na expressão:

```
x = - y;
```

a variável x receberá o valor de y multiplicado por **–1**, ou seja, **x =(–1) * y**;.

 Em uma operação utilizando o operador de quociente /, se o **numerador** e o **denominador** forem números **inteiros**, por padrão o compilador retornará apenas a parte inteira da divisão.

```
01    #include <stdio.h>
02    #include <stdlib.h>
03    int main(){
04        float x;
05        x = 5/4;
06        printf("x = %f\n",x);
07        x = 5/4.0;
08        printf("x = %f\n",x);
09        system("pause");
10        return 0;
11    }

Saída  x = 1.000000
       x = 1.250000
```

Nesse exemplo, a primeira divisão (linha 5) possui apenas operandos inteiros. Logo, o resultado é um valor inteiro. Já na segunda divisão (linha 7), o número quatro é definido como real (4.0). Portanto, o compilador considera essa divisão como tendo resultado real.

O operador de resto da divisão (%) só é válido para valores inteiros (tipo **int** e **char**).

3.3 OPERADORES RELACIONAIS

Os operadores relacionais são aqueles que operam sobre dois valores (**valores**, **variáveis**, **constantes** ou **chamadas de funções**) e/ou expressões e verificam a magnitude (qual é maior ou menor) e/ou igualdade entre eles.

 Os operadores relacionais são operadores de comparação de valores.

A linguagem C possui um total de seis operadores relacionais, como mostra a Tabela 3.2.

Operador	Significado	Exemplo
>	Maior do que	x > 5
>=	Maior ou igual a	x >= 10
<	Menor do que	x < 5
<=	Menor ou igual a	x <= 10
==	Igual a	x == 0
!=	Diferente de	x != 0

TABELA 3.2

Como resultado, esse tipo de operador retorna:

- O valor **UM** (1), se a expressão relacional for considerada **verdadeira**.
- O valor **ZERO** (0), se a expressão relacional for considerada **falsa**.

 Não existem os operadores relacionais: " = < ", " = > " e " < > ".

Os símbolos " = < " e " = > " estão digitados na ordem invertida. O correto é " < = " (menor ou igual a) e " > = " (maior ou igual a). Já o símbolo " < > " é o operador de diferente da linguagem Pascal, não da linguagem C. O correto é "! = ".

 Não confunda o operador de atribuição " = " com o operador de comparação " = =".

Esse é um erro bastante comum quando se está programando em linguagem C. O operador de atribuição é definido por **UM** símbolo de igual (=), enquanto o operador de comparação é definido por **DOIS** símbolos de igual (==). Se você tentar colocar o operador de comparação em uma operação de atribuição, o compilador acusará um erro. O mesmo não acontece se você acidentalmente colocar o operador de atribuição " = " no lugar do operador de comparação " = =".

O exemplo da Figura 3.3 apresenta o resultado de algumas expressões relacionais.

```
                          Exemplo: expressões relacionais
01        #include <stdio.h>
02        #include <stdlib.h>
03        int main(){
04          int x = 5;
05          int y = 3;
06          printf ("Resultado: %d\n",x > 4);//verdadeiro (1)
07          printf ("Resultado: %d\n",x == 4);//falso (0)
08          printf ("Resultado: %d\n",x != y);//verdadeiro (1)
09          printf ("Resultado: %d\n",x != y+2);//falso (0)
10          system("pause");
11          return 0;
12        }

Saída     Resultado: 1
          Resultado: 0
          Resultado: 1
          Resultado: 0
```

FIGURA 3.3

3.4 OPERADORES LÓGICOS

Certas situações não podem ser modeladas apenas utilizando os operadores aritméticos e/ou relacionais. Um exemplo bastante simples disso é saber se determinada variável x está dentro de uma faixa de valores. Por exemplo, a expressão matemática

```
0 < x < 10
```

indica que o valor de x deve ser maior do que 0 (zero) e também menor do que 10.

Para modelar esse tipo de situação, a linguagem C possui um conjunto de três operadores lógicos, como mostra a Tabela 3.3.

Operador	Significado	Exemplo
&&	Operador **E**	(x >= 0 && x <= 9)
||	Operador **OU**	(a == 'F' || b != 32)
!	Operador **NEGAÇÃO**	!(x == 10)

TABELA 3.3

Esses operadores permitem representar situações lógicas unindo duas ou mais expressões relacionais simples em uma composta:

- Operador **E** (&&): a expressão resultante só é verdadeira se **ambas** as expressões unidas por esse operador também forem. Por exemplo, a expressão (x >= 0 && x <= 9) será verdadeira somente se as expressões (x >= 0) e (x <= 9) forem verdadeiras.

- Operador **OU** (||): a expressão resultante é verdadeira se **alguma** das expressões unidas por esse operador também for. Por exemplo, a expressão (a == 'F' || b != 32) será verdadeira se uma de suas duas expressões, (a == 'F') ou (b != 32), for verdadeira.
- Operador **NEGAÇÃO** (!): inverte o valor lógico da expressão à qual se aplica. Por exemplo, a expressão !(x == 10) se transforma em (x > 10 || x < 10).

Os operadores lógicos atuam sobre valores lógicos e retornam um valor lógico:

- 1: se a expressão é verdadeira.
- 0: se a expressão é falsa.

O exemplo da Figura 3.4 apresenta o resultado de algumas expressões lógicas.

Exemplo: expressões lógicas

```
01      #include <stdio.h>
02      #include <stdlib.h>
03      int main(){
04        int r, x = 5, y = 3;
05        r = (x > 2) && (y < x);//verdadeiro (1)
06        printf ("Resultado: %d\n",r);
07        r = (x%2==0) && (y > 0);//falso (0)
08        printf ("Resultado: %d\n",r);
09        r = (x > 2) || (y > x);//verdadeiro (1)
10        printf ("Resultado: %d\n",r);
11        r = (x%2==0) || (y < 0);//falso (0)
12        printf ("Resultado: %d\n",r);
13        r = !(x > 2);// falso (0)
14        printf ("Resultado: %d\n",r);
15        r = !(x > 7) && (x > y);// verdadeiro (1)
16        printf ("Resultado: %d\n",r);
17        system("pause");
18        return 0;
19      }
```

```
Saída   Resultado: 1
        Resultado: 0
        Resultado: 1
        Resultado: 0
        Resultado: 0
        Resultado: 1
```

FIGURA 3.4

A Tabela 3.4 apresenta a tabela-verdade, em que os termos *a* e *b* representam o resultado de duas expressões relacionais.

Tabela-verdade					
a	b	!a	!b	a && b	a || b
0	0	1	1	0	0
0	1	1	0	0	1
1	0	0	1	0	1
1	1	0	0	1	1

TABELA 3.4

3.5 OPERADORES BIT A BIT

A linguagem C permite que se façam operações "bit a bit" em valores numéricos. Na memória do computador, um valor ou número é sempre representado por sua forma binária. Assim, o número **44** é representado pelo seguinte conjunto de 0s e 1s na memória: **00101100**. Os operadores bit a bit permitem que o programador faça operações em cada bit do número de maneira direta.

 Os operadores bit a bit ajudam os programadores que queiram trabalhar com o computador em "baixo nível".

A linguagem C possui um total de seis operadores bit a bit, como mostra a Tabela 3.5.

Operador	Significado	Exemplo
~	complemento bit a bit	~x
&	E bit a bit	x & 167
|	OU bit a bit	x | 129
^	OU exclusivo	x ^ 167
<<	deslocamento de bits à esquerda	x << 2
>>	deslocamento de bits à direita	x >> 2

TABELA 3.5

Na Tabela 3.5, temos os operadores ~, &, |, e ^, que são operações lógicas que atuam em cada um dos bits do número (por isso, bit a bit). Já os operadores de deslocamento << e >> servem para rotacionar o conjunto de bits do número à esquerda ou à direita.

 Os operadores bit a bit só podem ser usados nos tipos **char**, **int** e **long**.

Os operadores bit a bit não podem ser aplicados sobre valores dos tipos **float** e **double**. Em parte, isso se deve à maneira como um valor real, também conhecido como **ponto flutuante**, é representado nos computadores. A representação desses tipos segue a criada por Konrad Zuse, pela qual um número é dividido em uma *mantissa* (**M**) e um *expoente* (**E**). O valor representado é obtido pelo produto $M * 2^E$. Como se vê, a representação desses tipos é bem mais complexa: não se trata de apenas um conjunto de 0s e 1s na memória.

Voltemos ao número **44**, cuja representação binária é **00101100**. Na Figura 3.5 podemos ver um exemplo de uso do operador de complemento bit a bit "~".

Basicamente, o operador de complemento bit a bit "~" serve para inverter o valor dos 0s e 1s que compõem o número. Assim:

```
00101100 = x (valor igual a 44)
11010011 = ~x (valor igual a 211)
```

Exemplo: operador de complemento bit a bit

```
01    #include <stdio.h>
02    #include <stdlib.h>
03    int main(){
04      unsigned char x, y;
05      x = 44;
06      printf("x = %d\n",x);
07      y = ~x;
08      printf("~x = %d\n",y);
09      system("pause");
10      return 0;
11    }

Saída  x = 44
       ~x = 211
```

FIGURA 3.5

Os operadores &, |, e ^, por sua vez, são as operações lógicas de **E, OU** e **OU EXCLUSIVO** realizadas bit a bit, como mostra o exemplo da Figura 3.6.

Exemplo: operadores lógicos bit a bit

```
01    #include <stdio.h>
02    #include <stdlib.h>
03    int main(){
04      unsigned char x, y;
05      x = 44;
06      printf("x = %d\n",x);
07      y = x & 167;
08      printf("x & 167 = %d\n",y);
09      y = x | 129;
10      printf("x | 129 = %d\n",y);
11      y = x ^ 167;
12      printf("x ^ 167 = %d\n",y);
13      system("pause");
14      return 0;
15    }

Saída  x = 44
       x & 167 = 36
       x | 129 = 173
       x ^ 167 = 139
```

FIGURA 3.6

Basicamente, os operadores &, |, e ^ fazem uma comparação lógica para cada um dos bits dos valores avaliados, como explicado a seguir:

- Operador **E bit a bit** (&): um bit terá valor 1 na expressão resultante somente se **ambas** as expressões unidas por esse operador também tiverem o valor 1 nos bits daquela posição:
  - 00101100 = x (valor igual a 44)
  - 10100111 = 167
  - 00100100 = x & 167 (valor igual a 36)

- Operador **OU bit a bit** (|): um bit terá valor 1 na expressão resultante se **alguma** das expressões unidas por esse operador também tiver o valor 1 no bit daquela posição:
  - ◦ 00101100 = x (valor igual a 44)
  - ◦ 10000001 = 129
  - ◦ 10101101 = x | 129 (valor igual a 173)
- Operador **OU EXCLUSIVO bit a bit** (^): um bit terá valor 1 na expressão resultante somente se **ambas** as expressões unidas por esse operador tiverem valores de bits **diferentes** naquela posição:
  - ◦ 00101100 = x (valor igual a 44)
  - ◦ 10100111 = 167
  - ◦ 10001011 = x ^ 167 (valor igual a 139)

Por fim, temos os operadores de deslocamento $<<$ e $>>$, cuja forma geral de uso é:

```
valor << N
valor >> N
```

Esses operadores servem simplesmente para mover **N** bits para a esquerda ou para a direita, como mostra o exemplo da Figura 3.7.

Exemplo: operadores de deslocamento

```
01      #include <stdio.h>
02      #include <stdlib.h>
03      int main(){
04        unsigned char x, y;
05        x = 44;
06        printf("x = %d\n",x);
07        y = x << 2;
08        printf("x << 2 = %d\n",y);
09        y = x >> 2;
10        printf("x >> 2 = %d\n",y);
11        system("pause");
12        return 0;
13      }

Saída   x = 44
        x << 2 = 176
        x >> 2 = 11
```

FIGURA 3.7

Basicamente, os operadores de deslocamento $<<$ e $>>$ movimentam todos os bits de um valor para a esquerda ou para a direita, colocando novos valores de bits (que podem ser 0s ou 1s) nos lugares vagos. Cada movimentação de bits equivale a multiplicar ou dividir (divisão inteira) por 2. Assim:

```
00101100 = x (44)
10110000 = x << 2 (valor igual a 176)
00001011 = x >> 2 (valor igual a 11)
```

3.6 OPERADORES DE ATRIBUIÇÃO SIMPLIFICADA

Como vimos anteriormente, muitos operadores são sempre usados em conjunto com o operador de atribuição. Para tornar essa tarefa mais simples, a linguagem C permite simplificar algumas expressões, como mostra a Tabela 3.6.

Operador	Significado	Exemplo		
+=	soma e atribui	x += y	igual	x = x + y
-=	subtrai e atribui	x -= y	igual	x = x - y
*=	multiplica e atribui	x *= y	igual	x = x * y
/=	divide e atribui quociente	x /= y	igual	x = x / y
%=	divide e atribui resto	x %= y	igual	x = x % y
&=	E bit a bit e atribui	x &= y	igual	x = x & y
|=	OU bit a bit e atribui	x | = y	igual	x = x | y
^=	OU exclusivo e atribui	x ^= y	igual	x = x ^ y
<<=	desloca à esquerda e atribui	x <<= y	igual	x = x<< y
>>=	desloca à direita e atribui	x >>= y	igual	x = x>> y

TABELA 3.6

Na Figura 3.8 podemos ver alguns exemplos desses operadores de atribuição simplificada.

Exemplo: operadores de atribuição simplificada	
Sem operador	**Com operador**

```
01   #include <stdio.h>            #include <stdio.h>
02   #include <stdlib.h>           #include <stdlib.h>
03   int main(){                   int main(){
04     int x = 10,y = 20;            int x = 10,y = 20;
05     x = x + y - 10;               x += y - 10;
06     printf("x = %d\n",x);         printf("x = %d\n",x);
07     x = x - 5;                    x -= 5;
08     printf("x = %d\n",x);         printf("x = %d\n",x);
09     x = x * 10;                   x *= 10;
10     printf("x = %d\n",x);         printf("x = %d\n",x);
11     x = x / 15;                   x /= 15;
12     printf("x = %d\n",x);         printf("x = %d\n",x);
13     system("pause");              system("pause");
14     return 0;                     return 0;
15   }                             }
```

FIGURA 3.8

Como se pode notar, esse tipo de operador é muito útil quando a variável que vai receber o resultado da expressão é também um dos operandos da expressão. Por exemplo, a expressão

```
x = x + y - 10;
```

pode ser reescrita usando o operador simplificado como

```
x += y - 10;
```

 Apesar de útil, devemos tomar cuidado com esse tipo de operador, principalmente quando unimos numa mesma expressão operadores com diferentes precedências.

Algumas simplificações podem mudar o sentido da expressão original devido à questão da precedência (por exemplo, multiplicações e divisões são sempre realizadas antes de somas e subtrações), como mostra o exemplo da Figura 3.9.

	Exemplo: precedência na atribuição simplificada	
	Sem operador	**Com operador**

```
01    #include <stdio.h>          #include <stdio.h>
02    #include <stdlib.h>         #include <stdlib.h>
03    int main(){                 int main(){
04      int x = 10,y = 20;          int x = 10,y = 20;
05      x = x * y - 10;            x *= y - 10;
06      printf("x = %d\n",x);      printf("x = %d\n",x);
07      x = x - 5 + y;             x -= 5 + y;
08      printf("x = %d\n",x);      printf("x = %d\n",x);
09      system("pause");           system("pause");
10      return 0;                  return 0;
11    }                          }

Saída  x = 190                    x = 100
       x = 205                    x = 75
```

FIGURA 3.9

No exemplo anterior, é fácil supor que a expressão x = x * y − 10; será simplificada como x *= y − 1. Porém, trata-se de um erro. O operador simplificado atua sobre o resultado da expressão seguinte a ele. Assim,

```
x *=y - 10; equivale a x = x * (y - 10); e não a x = x * y - 10;
x -=5 + y; equivale a x = x - (5 + y); e não a x = x - 5 + y;
```

3.7 OPERADORES DE PRÉ E PÓS-INCREMENTO/DECREMENTO

Além dos operadores simplificados, a linguagem C também possui operadores de **incremento** (++) e **decremento** (--). Esses operadores podem ser utilizados sempre que for necessário somar uma unidade (**incremento**) ou subtrair uma unidade (**decremento**) a determinado valor, como mostra a Tabela 3.7.

Operador	Significado	Exemplo	Resultado
++	incremento	++x ou x++	x = x + 1
--	decremento	--x ou x--	x = x - 1

TABELA 3.7

Tanto o operador de **incremento** (++) quanto o de **decremento** (--) possuem embutida uma operação de atribuição. Note, no entanto, que esse operador pode ser usado antes ou depois do nome da variável, com uma diferença significativa:

- **++x** (pré-incremento): soma **+1** à variável x **antes** de utilizar seu valor.
- **x++** (pós-incremento): soma **+1** à variável x **depois** de utilizar seu valor.
- **--x** (pré-decremento): subtrai **−1** da variável x **antes** de utilizar seu valor.
- **x--** (pós-decremento): subtrai **−1** da variável x **depois** de utilizar seu valor.

Essa diferença de sintaxe no uso do operador não tem importância se o operador for usado sozinho, como mostra o exemplo da Figura 3.10.

Exemplo: pós e pré-incremento sozinho	
Pré-incremento	**Pós-incremento**
| ```
01  #include <stdio.h>
02  #include <stdlib.h>
03  int main(){
04    int x = 10;
05    ++x;
06    printf("x = %d\n",x);
07    system("pause");
08    return 0;
09  }
``` | ```
#include <stdio.h>
#include <stdlib.h>
int main(){
  int x = 10;
  x++;
  printf("x = %d\n",x);
  system("pause");
  return 0;
}
``` |
| Saída   x = 11 | x = 11 |

FIGURA 3.10

Porém, se esse operador for utilizado dentro de uma expressão aritmética, a diferença entre os dois operadores será evidente. Comecemos pelo operador de pré-incremento (Figura 3.11).

Exemplo: operador de pré-incremento (++x)
| ```
01  #include <stdio.h>
02  #include <stdlib.h>
03  int main(){
04    int y,x = 10;
05    //incrementa, depois atribui
06    y = ++x;
07    printf("x = %d\n",x);
08    printf("y = %d\n",y);
09    system("pause");
10    return 0;
11  }
``` |
| Saída   x = 11
       y = 11 |

FIGURA 3.11

Como se pode ver, o operador de pré-incremento (**++x**) é a primeira coisa a ser realizada dentro da expressão. Somente depois de incrementado o valor de *x* é que ele é atribuído à variável *y*. Nota-se, nesse caso, que a expressão

```
y = ++x;
```

é equivalente a

```
x = x + 1;
y = x;
```
```

O mesmo programa, agora utilizando o operador de pós-incremento, é apresentado na Figura 3.12.

| Exemplo: operador de pré-incremento (x++) |

```
01      #include <stdio.h>
02      #include <stdlib.h>
03      int main(){
04        int y,x = 10;
05        //atribui, depois incrementa
06        y = x++;
07        printf("x = %d\n",x);
08        printf("y = %d\n",y);
09        system("pause");
10        return 0;
11      }

Saída   x = 11
        y = 10
```

FIGURA 3.12

Nesse segundo exemplo, o operador de pós-incremento (**x + +**) é a última coisa a ser realizada dentro da expressão. Primeiro atribui-se o valor de x à variável y, para somente depois incrementar a variável x. Nota-se, nesse caso, que a expressão

```
y = x++;
```

é equivalente a

```
y = x;
x = x + 1;
```

3.8 MODELADORES DE TIPOS (*CASTS*)

Modeladores de tipos (também chamados de type cast) são uma forma explícita de conversão de tipo, na qual o tipo a ser convertido é explicitamente definido dentro de um programa. Isso é diferente da conversão implícita, que ocorre naturalmente quando tentamos atribuir um número real a uma variável inteira. Em linguagem C, o uso de um modelador de tipo segue esta forma geral:

```
(nome_do_tipo) expressão
```

Um modelador de tipo é definido pelo próprio **nome_do_tipo** entre parênteses. Ele é colocado à frente de uma expressão e tem como objetivo forçar o resultado da expressão a ser de um tipo especificado, como mostra o exemplo da Figura 3.13.

Nesse exemplo, tanto os valores de x quanto de y são obtidos utilizando a mesma expressão. Porém, no caso da variável y (linha 6), o resultado da expressão é convertido no tipo inteiro (**int**), o que faz com que seu resultado perca as casas decimais.

Exemplo: modeladores de tipo

```
01    #include <stdio.h>
02    #include <stdlib.h>
03    int main(){
04      float x,y,f = 65.5;
05      x = f/10.0;
06      y = (int) (f/10.0);
07      printf("x = %f\n",x);
08      printf("y = %f\n",y);
09      system("pause");
10      return 0;
11    }
```

```
Saída   x = 6.550000
        y = 6.000000
```

FIGURA 3.13

3.9 OPERADOR VÍRGULA (,)

Na linguagem C, o operador vírgula (,) pode ser utilizado de duas maneiras:

- Como pontuação. Por exemplo, para separar argumentos de uma função:
  `int minha_funcao(int a, float b).`
- Para determinar uma lista de expressões que devem ser executadas sequencialmente:
  `x = (y = 2, y + 3);`

Nesse caso, as expressões são executadas da esquerda para a direita: o valor 2 é atribuído a y, o valor 3 é somado a y, e o total (5) será atribuído à variável x. Pode-se encadear quantos operadores "," forem necessários.

 Na linguagem C, o operador "," é um separador de comandos, enquanto o operador ";" é um terminador de comandos.

3.10 PRECEDÊNCIA DE OPERADORES

Como podemos ver, a linguagem C contém muitos operadores. Consequentemente, o uso de múltiplos operadores em uma única expressão pode tornar confusa a sua interpretação. Por esse motivo, a linguagem C possui uma série de regras de precedência de operadores. Isso permite que o compilador possa decidir corretamente qual a ordem em que os operadores deverão ser executados em uma expressão contendo vários. As regras de precedência seguem basicamente as regras da matemática, pelas quais a multiplicação e a divisão são executadas antes da soma e da subtração. Além disso, podem-se utilizar parênteses para forçar o compilador a executar uma parte da expressão antes das demais.

A Tabela 3.8 mostra as regras de precedência dos operadores presentes na linguagem C. Quanto mais alto na tabela, maior o nível de precedência (prioridade) dos operadores em questão. Na primeira linha da tabela são apresentados os operadores executados em primeiro lugar, enquanto a última linha mostra os operadores executados por último em uma expressão.

MAIOR PRECEDÊNCIA	
++ --	Pré-incremento/decremento
()	Parênteses (chamada de função)
[ ]	Elemento de array
.	Elemento de struct
->	Conteúdo de elemento de ponteiro para struct
++ --	Pós-incremento/decremento
+ -	Adição e subtração unária
! ~	Não lógico e complemento bit a bit
(tipo)	Conversão de tipos (*type cast*)
*	Acesso ao conteúdo de ponteiro
&	Endereço de memória do elemento
sizeof	Tamanho do elemento
* / %	Multiplicação, divisão e módulo (resto)
+ -	Adição e subtração
<< >>	Deslocamento de bits à esquerda e à direita
< <=	"Menor do que" e "menor ou igual a"
> >=	"Maior do que" e "maior ou igual a"
== !=	"Igual a" e "diferente de"
&	E bit a bit
^	OU exclusivo
|	OU bit a bit
&	E lógico
||	OU lógico
?:	Operador ternário
=	Atribuição
+= -=	Atribuição por adição ou subtração
*= /= %=	Atribuição por multiplicação, divisão ou módulo (resto)
<<= >>=	Atribuição por deslocamento de bits
&= ^= | =	Atribuição por operações lógicas
,	Operador vírgula
MENOR PRECEDÊNCIA	

TABELA 3.8

É possível notar que alguns operadores ainda são desconhecidos para nós, apesar de possuírem o mesmo símbolo usado para outro operador (como é o caso do operador de *acesso ao conteúdo de ponteiro*, o qual possui o mesmo símbolo do operador de multiplicação, "*"). Esses operadores serão explicados ao longo do livro, conforme surja a necessidade de utilizá-los.

3.11 EXERCÍCIOS

1) Faça um programa que leia um número inteiro e retorne seu antecessor e seu sucessor.

2) Faça um programa que leia um número real e imprima a quinta parte desse número.

3) Faça um programa que leia três valores inteiros e mostre sua soma.

4) Leia quatro valores do tipo **float**. Calcule e exiba a média aritmética desses valores.

5) Faça um programa que calcule o ano de nascimento de uma pessoa a partir de sua idade e do ano atual.

6) Leia uma velocidade em km/h (quilômetros por hora) e apresente convertida em m/s (metros por segundo). A fórmula de conversão é $M = K/36$, sendo K a velocidade em km/h e M em m/s.

7) Faça um programa que leia um valor em reais e a cotação do dólar. Em seguida, imprima o valor correspondente em dólares.

8) Leia um valor que represente uma temperatura em graus Celsius e apresente-a convertida em graus Fahrenheit. A fórmula de conversão é: $F = C * (9.0/5.0) + 32.0$, sendo F a temperatura em Fahrenheit e C a temperatura em Celsius.

9) Leia um ângulo em graus e apresente-o convertido em radianos. A fórmula de conversão é $R = G * \pi/180$, sendo G o ângulo em graus e R em radianos e $\pi = 3.141592$.

10) A importância de R\$ 780.000,00 será dividida entre três ganhadores de um concurso, sendo que:
   i. O primeiro ganhador receberá 46% do total.
   ii. O segundo receberá 32% do total.
   iii. O terceiro receberá o restante.

Calcule e imprima a quantia recebida por cada um dos ganhadores.

11) Leia o valor do raio de um círculo. Calcule e imprima a área do círculo correspondente. A área do círculo é $A = \pi * raio^2$, sendo $\pi = 3.141592$.

12) Leia a altura e o raio de um cilindro circular e imprima o volume desse cilindro. O volume de um cilindro circular é calculado por meio da seguinte fórmula:

$$V = \pi * raio^2 * altura,$$

em que $\pi = 3.141592$

13) Sejam a e b os catetos de um triângulo cuja hipotenusa h é obtida pela equação:

$$h = \sqrt{a^2 + b^2}$$

Faça um programa que leia os valores de a e b, e calcule o valor da hipotenusa através da fórmula dada. Imprima o resultado.

14) Faça um programa que converta uma letra maiúscula em letra minúscula. Use a tabela ASCII para isso.

15) Faça um programa para ler um número inteiro positivo de três dígitos. Em seguida, calcule e mostre o número formado pelos dígitos invertidos do número lido. Exemplo: Número lido = 123 Número gerado = 321

16) Escreva um programa que leia um número inteiro e mostre a multiplicação e a divisão desse número por dois (utilize os operadores de deslocamento de bits).

17) Escreva um programa que leia um número inteiro e mostre o seu complemento bit a bit.

18) Elabore um programa que leia dois números inteiros e exiba o deslocamento, à esquerda e à direita, do primeiro número pelo segundo.

19) Elabore um programa que leia dois números inteiros e exiba o resultado das operações de "ou exclusivo", "ou bit a bit" e "e bit a bit" entre eles.

Comandos de controle condicional

Os programas escritos até o momento são programas sequenciais: um comando é executado após o outro, do começo ao fim do programa, na ordem em que foram declarados no código-fonte. Nenhum comando é ignorado.

Entretanto, há casos em que é preciso que um bloco de comandos seja executado somente se determinada condição for verdadeira. Para isso, precisamos de uma estrutura de seleção ou um comando de controle condicional que permita selecionar o conjunto de comandos a ser executado. Isso é muito similar ao que ocorre em um fluxograma, em que o símbolo do losango permite escolher entre diferentes caminhos com base em uma condição do tipo verdadeiro/falso (Figura 4.1).

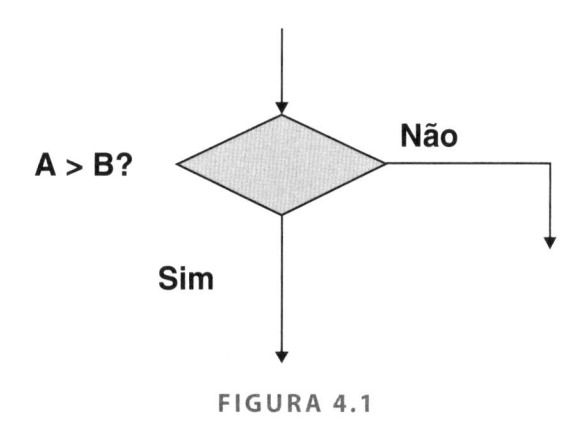

FIGURA 4.1

A finalidade deste capítulo é apresentar ao leitor como funciona cada uma das estruturas de seleção presentes na linguagem C. Ao final, o leitor será capaz de:

- Definir uma condição.
- Utilizar o comando **if**.
- Utilizar o comando **else**.
- Criar um aninhamento condicional.
- Fazer uso do operador ternário.
- Utilizar o comando **switch**.
- Utilizar o comando **break**.

4.1 DEFININDO UMA CONDIÇÃO

Por **condição** entende-se qualquer expressão relacional (ou seja, que use os operadores $>$, $<$, $>=$, $<=$, $==$ ou $!=$) que resulte em uma resposta do tipo **verdadeiro** ou **falso**. Por exemplo, para a condição $x > 0$ temos que:

- Se o valor de x for um valor **POSITIVO**, a condição será considerada **verdadeira**.
- Se o valor de x for igual a **ZERO** ou **NEGATIVO**, a condição será considerada **falsa**.

Já uma expressão condicional é qualquer expressão que resulte em uma resposta do tipo **verdadeiro** ou **falso**. Ela pode ser construída utilizando operadores:

- Matemáticos : $+$, $-$, $*$, $/$, $\%$
- Relacionais: $>$, $<$, $>=$, $<=$, $==$, $!=$
- Lógicos: $\&\&$, $\|$

Esses operadores permitem criar condições mais complexas, como mostra o exemplo seguinte, no qual se deseja saber se a divisão de **x** por 2 é maior do que o valor de **y** menos 3:

$$x/2 > y - 3$$

> Uma expressão condicional pode utilizar operadores dos tipos matemático, relacional e/ou lógico.

```
01    x e maior ou igual a y?
02        x >= y
03
04    x e maior do que y+2?
05        x > y+2
06
07    x-5 e diferente de y+3?
08        x-5 != y+3
09
10    x e maior do que y e menor do que z?
11        (x > y) && (x < z)
```

Quando o compilador avalia uma condição, ele quer um valor de retorno (**verdadeiro** ou **falso**) para poder tomar a decisão. No entanto, essa expressão condicional não necessita ser uma expressão no sentido convencional.

> Uma variável sozinha pode ser uma "expressão condicional" e retornar o seu próprio valor.

Para entender isso, é importante lembrar que o computador trabalha internamente em termos de 0's e 1's. Assim, se uma condição:

- É considerada **FALSA**, o computador considera que a condição possui valor **ZERO**.
- É considerada **VERDADEIRA**, o computador considera que a condição possui valor **DIFE-RENTE DE ZERO**.

Isso significa que o valor de uma variável do tipo inteiro pode ser a resposta de uma expressão condicional:

- Se o valor da variável for igual a **ZERO**, a condição é **FALSA**.
- Se o valor da variável for **DIFERENTE DE ZERO**, a condição é **VERDADEIRA**.

A seguir, é possível ver algumas expressões que são consideradas equivalentes pelo compilador: Se a variável possui valor **DIFERENTE DE ZERO**...

```
(num != 0)
```

...ela sozinha retorna um valor que é considerado **VERDADEIRO** pelo computador:

```
(num)
```

E, se a variável possui valor igual a **ZERO**...

```
(num == 0)
```

...sua negação retorna um valor que é considerado **VERDADEIRO** pelo computador:

```
(!num)
```

4.2 COMANDO IF

Na linguagem C, o comando **if** é utilizado sempre que é necessário escolher entre dois caminhos dentro do programa ou quando se deseja executar um ou mais comandos que estejam sujeitos ao resultado de um teste.

A forma geral de um comando **if** é:

```
if (condição) {
   sequência de comandos;
}
```

Na execução do comando **if** a condição será avaliada e:

- Se a condição for **verdadeira**, a sequência de comandos será executada.
- Se a condição for **falsa**, a sequência de comandos não será executada, e o programa continuará a partir do primeiro comando seguinte ao final do comando **if**.

Na Figura 4.2, tem-se um exemplo de programa que lê um número inteiro digitado pelo usuário e informa se ele é maior do que 10.

Exemplo: comando if

```
01    #include <stdio.h>
02    #include <stdlib.h>
03    int main(){
04      int num;
05      printf ("Digite um numero: ");
06      scanf("%d",&num);
07      if(num > 10)
08          printf ("O numero e maior do que 10\n");
09
10      system("pause");
11      return 0;
12    }
```

FIGURA 4.2

Nesse exemplo, a mensagem de que o número é maior do que 10 será exibida apenas se a condição for verdadeira. Se a condição for falsa, nenhuma mensagem será escrita na tela. Relembrando a ideia de fluxogramas, é possível ter uma boa representação de como os comandos do exemplo anterior são executados um a um durante a execução do programa (Figura 4.3).

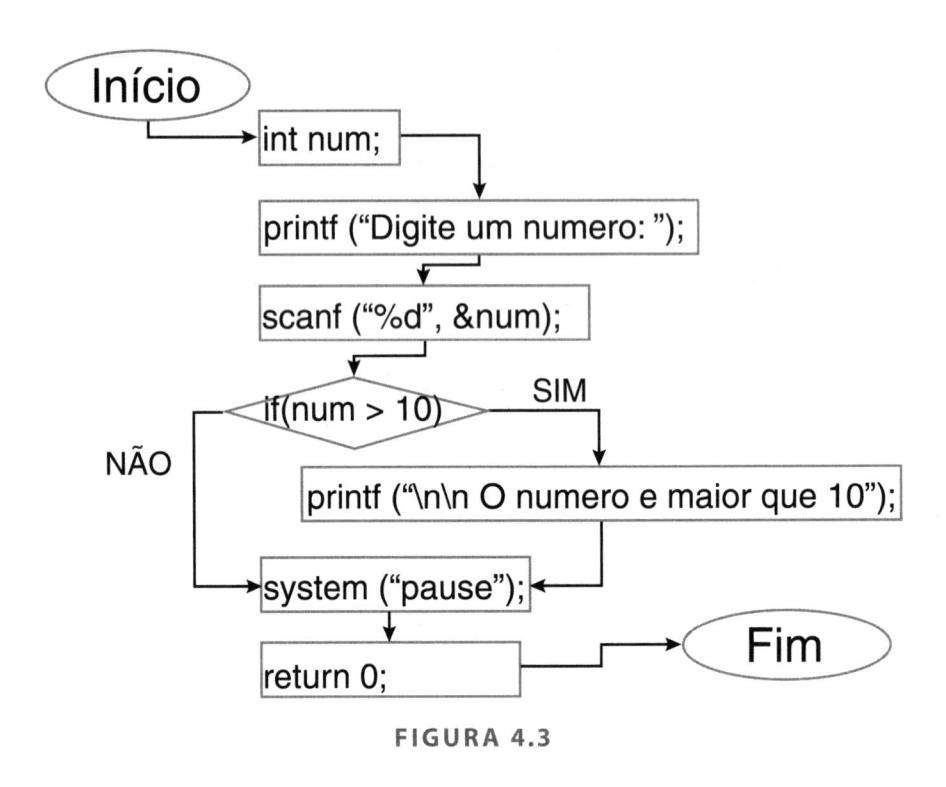

FIGURA 4.3

> ⊗ Diferentemente da maioria dos comandos, não se usa o ponto e vírgula (;) depois da condição do comando **if**.

```
01   #include <stdio.h>
02   #include <stdlib.h>
03   int main(){
04     int num;
05     printf ("Digite um numero: ");
06     scanf("%d",&num);
07     if(num > 10);//ERRADO!
08         printf ("O numero e maior do que 10\n");
09
10     system("pause");
11     return 0;
12   }
```

Na linguagem C, o operador ponto e vírgula (**;**) é utilizado para separar as instruções do programa. Colocá-lo logo após o comando **if**, como exemplificado anteriormente, faz com que o compilador entenda que o comando **if** já terminou e trate o comando seguinte (**printf**) como se ele estivesse fora do **if**. No exemplo anterior, a mensagem de que o número é maior do que 10 será exibida independentemente do valor do número.

O compilador não acusará um erro se colocarmos o operador ponto e vírgula (;) após o comando **if**, mas a lógica do programa poderá estar errada.

4.2.1 Uso das chaves { }

No comando **if**, e em diversos outros comandos da linguagem C, usam-se os operadores de chaves ({ }) para delimitar um bloco de instruções.

 Por definição, comandos de condição (**if** e **else**) ou repetição (**while**, **for** e **do while**) atuam apenas sobre o comando seguinte a eles.

Desse modo, se o programador desejar que mais de uma instrução seja executada por aquele comando **if**, esse conjunto de instruções deve estar contido dentro de um bloco delimitado por chaves ({ }):

```
if (condição) {
   comando 1;
   comando 2;
   ...
   comando n;
}
```

 As chaves podem ser ignoradas se o comando contido dentro de **if** for único.

```
01    #include <stdio.h>
02    #include <stdlib.h>
03    int main(){
04      int num;
05      printf ("Digite um numero: ");
06      scanf("%d",&num);
07      if(num > 10)
08          printf("O numero e maior que 10\n");
09
10      /*OU
11      if(num > 10){
12          printf ("O numero e maior que 10\n");
13      }
14      */
15      system("pause");
16      return 0;
17    }
```

4.3 COMANDO ELSE

O comando **else** pode ser entendido como um complemento do comando **if**. Ele auxilia o comando **if** na tarefa de escolher entre os vários caminhos a serem seguidos dentro do programa.

O comando **else** é opcional, e sua sequência de comandos somente será executada se o valor da condição que está sendo testada pelo comando **if** for **FALSA**.

A forma geral de um comando **else** é:

```
if(condição) {
   primeira sequência de comandos;
}
else{
   segunda sequência de comandos;
}
```

 Se o comando **if** diz o que fazer quando a condição é verdadeira, o comando **else** trata da condição quando ela é falsa.

Isso fica bem claro quando olhamos a representação do comando **else** em um fluxograma (Figura 4.4).

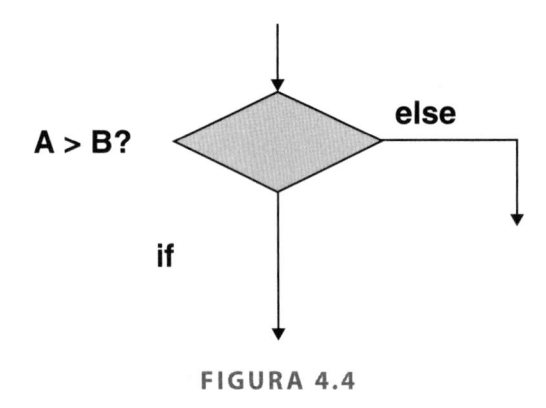

FIGURA 4.4

Antes, na execução do comando **if**, a condição era avaliada e:

- Se a condição fosse **verdadeira**, a **primeira** sequência de comandos era executada.
- Se a condição fosse **falsa**, a sequência de comandos não era executada e o programa seguia o seu fluxo-padrão.

Com o comando **else**, temos agora que:

- Se a condição for **verdadeira**, a **primeira** sequência de comandos (bloco **if**) será executada.
- Se a condição for **falsa**, a **segunda** sequência de comandos (bloco **else**) será executada.

Na Figura 4.5, tem-se um exemplo de programa que lê um número inteiro digitado pelo usuário e informa se ele é ou não igual a 10.

```
                     Exemplo: comando if-else
01   #include <stdio.h>
02   #include <stdlib.h>
03   int main(){
04     int num;
05     printf ("Digite um numero: ");
06     scanf("%d", &num);
07     if(num == 10){
08         printf ("O numero e igual a 10.\n");
09     } else{
10         printf ("O numero e diferente de 10.\n");
11     }
12     system("pause");
13     return 0;
14   }
```

FIGURA 4.5

Relembrando a ideia de fluxogramas, é possível ter uma boa representação de como os comandos do exemplo anterior são executados um a um durante a execução do programa (Figura 4.6).

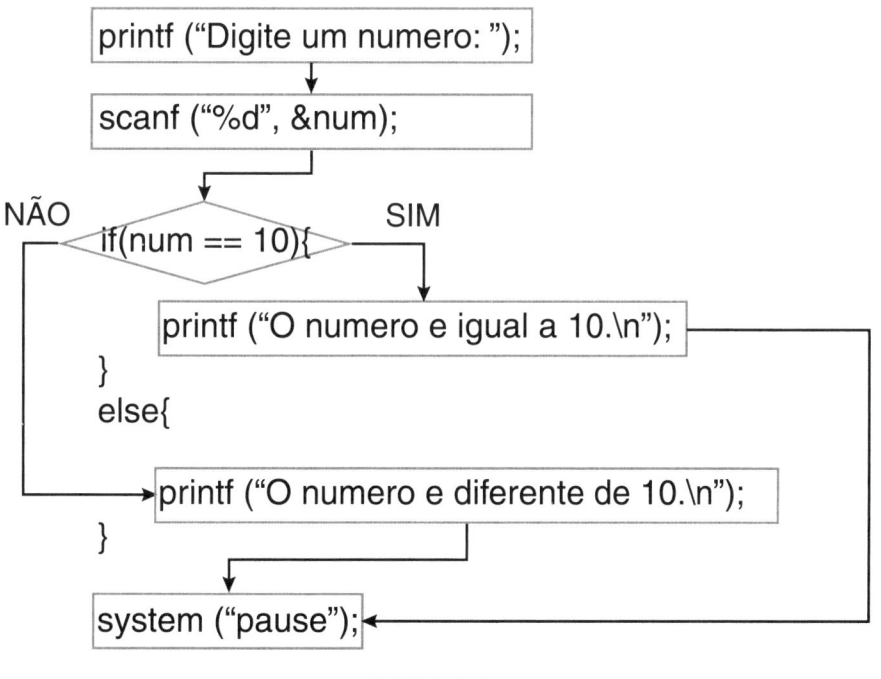

FIGURA 4.6

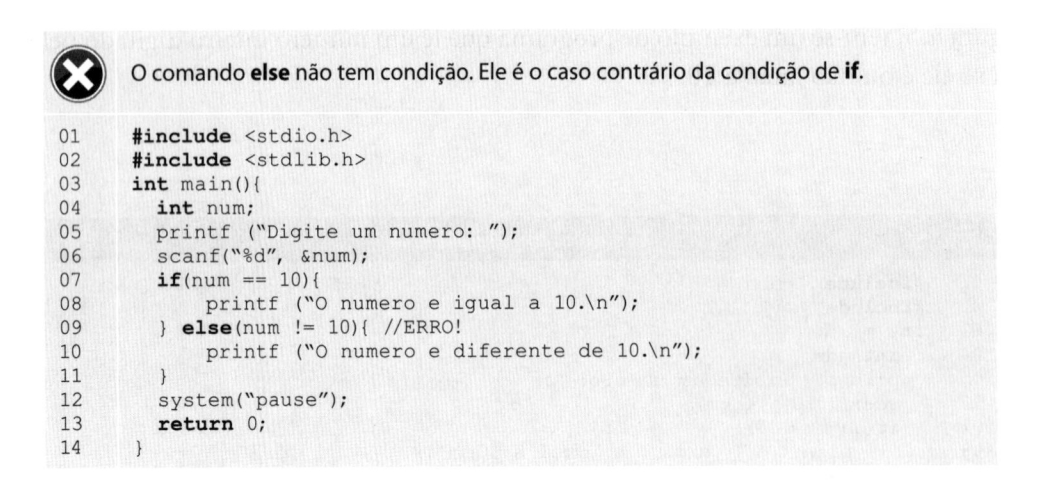

O comando **else** não tem condição. Ele é o caso contrário da condição de **if**.

```
01   #include <stdio.h>
02   #include <stdlib.h>
03   int main(){
04     int num;
05     printf ("Digite um numero: ");
06     scanf("%d", &num);
07     if(num == 10){
08         printf ("O numero e igual a 10.\n");
09     } else(num != 10){  //ERRO!
10         printf ("O numero e diferente de 10.\n");
11     }
12     system("pause");
13     return 0;
14   }
```

O comando **else** deve ser entendido como um complemento do comando **if**. Ele diz quais comandos se deve executar se a condição do comando **if** for **falsa**. Portanto, não é necessário estabelecer uma condição para o comando **else**: ele é o oposto de **if**.

Como no caso de **if**, não se usa o ponto e vírgula (;) depois do comando **else**.

```
01   #include <stdio.h>
02   #include <stdlib.h>
03   int main(){
04     int num;
05     printf ("Digite um numero: ");
06     scanf("%d", &num);
07     if(num == 10){
08         printf ("O numero e igual a 10.\n");
09     } else;{//ERRADO!
10         printf ("O numero e diferente de 10.\n");
11     }
12     system("pause");
13     return 0;
14   }
```

Como no caso de **if**, colocar o operador de ponto e vírgula (;) logo após o comando **else** faz com que o compilador entenda que o comando **else** já terminou e trate o comando seguinte (**printf**) como se ele estivesse fora do **else**. No exemplo anterior, a mensagem de que o número é diferente de 10 será exibida independentemente do valor do número.

 A sequência de comandos de **if** é independente da sequência de comandos de **else**. Cada comando tem o seu próprio conjunto de chaves ({ }).

Se o comando **if** for executado em um programa, o seu comando **else** não será executado. Portanto, não faz sentido usar o mesmo conjunto de chaves ({ }) para definir os dois conjuntos de comandos.

Uso das chaves no comando if-else	
Certo	**Errado**

```
01  if(condicao){            if(condicao){
02     sequencia de comandos;    sequencia de comandos;
03  }                         else
04  else{                        sequencia de comandos;
05     sequencia de comandos; }
06  }
```

TABELA 4.1

 Como no caso do comando **if**, as chaves podem ser ignoradas se o comando contido dentro de **else** for único.

4.4 ANINHAMENTO DE IF

Um **if** aninhado é simplesmente um comando **if** utilizado dentro do bloco de comandos de um outro **if** (ou **else**) mais externo. Basicamente, é um comando **if** dentro de outro.

A forma geral de um comando **if** aninhado é:

```
if(condição 1) {
   sequência de comandos;
   if(condição 2) {
      sequência de comandos;
      if...
   }
   else{
      sequência de comandos;
      if...
   }
}
else{
   sequência de comandos;
}
```

Em um aninhamento de **ifs**, o programa começa a testar as condições pela **condição 1**. Se o resultado dessa condição for diferente de zero (verdadeiro), o programa executará o bloco de comando associados a ela. Do contrário, executará o bloco de comandos associados ao comando **else** correspondente, se ele existir. Esse processo se repete para cada comando **if** que o programa encontrar dentro do bloco de comando que executar.

O aninhamento de **ifs** é muito útil quando se tem mais do que dois caminhos para executar dentro de um programa. Por exemplo, o comando **if** é suficiente para dizer se um número é maior do que outro número ou não. Porém, ele sozinho é incapaz de dizer se esse mesmo número é maior, menor ou igual ao outro, como mostra o exemplo da Figura 4.7.

```
                            Exemplo: aninhamento de if
01    #include <stdio.h>
02    #include <stdlib.h>
03    int main(){
04      int num;
05      printf("Digite um numero: ");
06      scanf("%d", &num);
07      if(num == 10){
08          printf("O numero e igual a 10.\n");
09      } else{
10        if(num > 10)
11            printf("O numero e maior que 10.\n");
12        else
13            printf("O numero e menor que 10.\n");
14      }
15      system("pause");
16      return 0;
17    }
```

FIGURA 4.7

Isso fica bem claro quando olhamos a representação do aninhamento de **ifs** em um fluxograma (Figura 4.8).

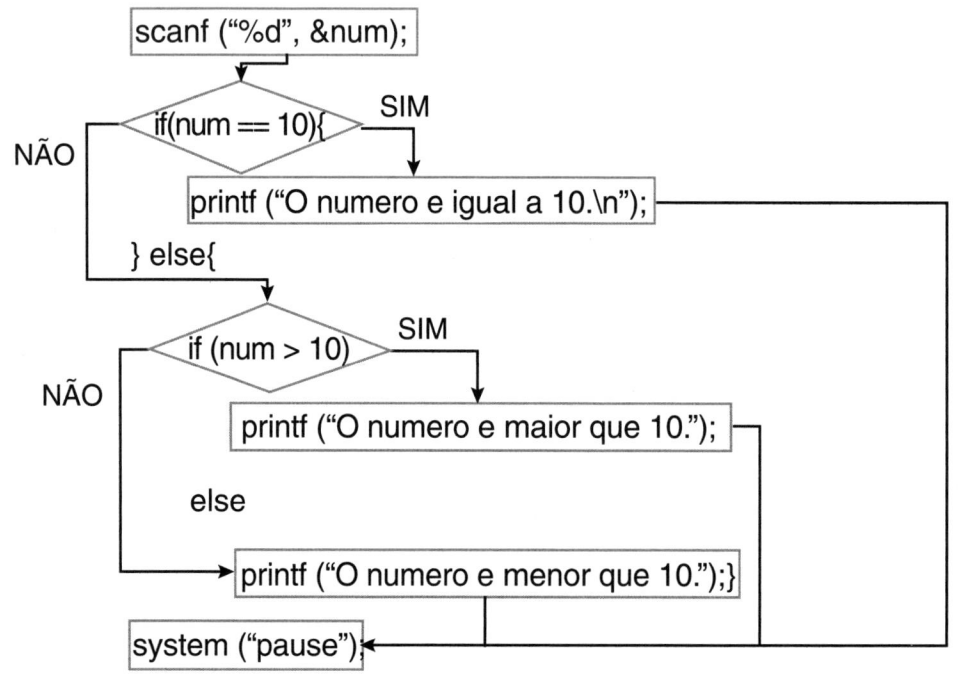

FIGURA 4.8

O único cuidado que devemos ter no aninhamento de **ifs** é o de saber exatamente a qual **if** determinado **else** está ligado.

Esse cuidado fica claro no exemplo a seguir: apesar de o comando **else** estar alinhado com o primeiro comando **if**, ele está na verdade associado ao segundo **if**. Isso acontece porque o comando **else** é sempre associado ao primeiro comando **if** encontrado antes dele dentro de um bloco de comandos.

```
if(cond1)
   if(cond2)
      sequência de comandos;
else
   sequência de comandos;
```

No exemplo anterior, para fazer com que o comando **else** fique associado ao primeiro comando **if,** é necessário definir um novo bloco de comandos (usando os operadores de chaves ({ }) para isolar o comando **if** mais interno.

```
if(cond1){
   if(cond2)
      sequência de comandos;
}else
   sequência de comandos;
```

 Não existe aninhamento de **elses**.

O comando **else** é o caso contrário da condição do comando **if**. Assim, para cada **else** deve existir um **if** anterior, porém nem todo **if** precisa ter um **else**.

```
if(cond1)
   sequência de comandos;
else
   sequência de comandos;
else //ERRO!
   sequência de comandos;
```

4.5 OPERADOR ?

O operador ? também é conhecido como *operador ternário*. Trata-se de uma simplificação do comando **if-else**, ou seja, com apenas um comando e não blocos de comandos.

A forma geral do operador ? é:

```
expressão condicional ? expressão1 : expressão2;
```

O funcionamento do operador ? é idêntico ao do comando **if-else**: primeiramente, a *expressão condicional* será avaliada e:

- Se essa condição for **verdadeira**, o valor da *expressão1* será o resultado da *expressão condicional*.
- Se essa condição for **falsa**, o valor da *expressão2* será o resultado da *expressão condicional*.

O operador ? é tipicamente utilizado para atribuições condicionais.

O exemplo da Figura 4.9 mostra como uma expressão de atribuição pode ser simplificada utilizando o operador ternário.

Exemplo: operador ternário	
Usando if-else	**Usando operador ternário**

```
01  #include <stdio.h>              #include <stdio.h>
02  #include <stdlib.h>             #include <stdlib.h>
03  int main(){                     int main(){
04    int x,y,z;                      int x,y,z;
05    printf("Digite x:");            printf("Digite x:");
06    scanf("%d",&x);                 scanf("%d",&x);
07    printf("Digite y:");            printf("Digite y:");
08    scanf("%d",&y);                 scanf("%d",&y);
09    if(x > y)                       z = x > y ? x : y;
10        z = x;                      printf("Maior = %d\n",z);
11    else                            system("pause");
12        z = y;                      return 0;
13    printf("Maior = %d\n",z);     }
14    system("pause");
15    return 0;
16  }
```

FIGURA 4.9

O operador (?) é limitado e, por isso, não atende a uma gama muito grande de casos que o comando **if-else** atenderia. Porém, ele pode ser usado para simplificar expressões complicadas. Uma aplicação interessante é a do contador circular, em que uma variável é incrementada até um valor máximo e, sempre que atinge esse valor, é zerada.

```
index = (index== 3) ? 0: ++index;
```

 Apesar de limitado, o operador ? não é restrito apenas a atribuições.

```
01  #include <stdio.h>
02  #include <stdlib.h>
03  int main(){
04    int num;
05    printf("Digite um numero: ");
06    scanf("%d", &num);
07    (num == 10)? printf("O numero e igual a 10.\n") : printf("O numero
         e diferente de 10.\n");
08    system("pause");
09    return 0;
10  }
```

4.6 **COMANDO** SWITCH

Além dos comandos **if** e **else**, a linguagem C possui um comando de seleção múltipla chamado **switch**. Esse comando é muito parecido com o aninhamento de comandos **if-else-if**.

 O comando **switch** é muito mais limitado que o comando **if-else**: enquanto o comando **if** pode testar expressões lógicas ou relacionais, o comando **switch** somente verifica se uma variável (do tipo **int** ou **char**) é ou não igual a certo valor constante.

A forma geral do comando **switch** é:

```
switch (variável) {
  case valor1:
      sequência de comandos;
      break;
  case valor2:
      sequência de comandos;
      break;
  ...
  case valorN:
      sequência de comandos;
      break;
  default:
      sequência de comandos;
}
```

 O comando **switch** é indicado quando se deseja testar uma variável em relação a diversos valores preestabelecidos.

Na execução do comando **switch**, o valor da *variável* é comparado, na ordem, a cada um dos valores definidos pelo comando **case**. Se um desses valores for igual ao valor da variável, a sequência de comandos daquele comando **case** será executado pelo programa.

Na Figura 4.10, tem-se um exemplo de programa que lê um caractere digitado pelo usuário e informa se ele é um símbolo de pontuação.

```
                    Exemplo: comando switch
01   #include <stdio.h>
02   #include <stdlib.h>
03   int main(){
04      char ch;
05      printf("Digite um simbolo de pontuacao: ");
06      ch = getchar();
07      switch( ch ) {
08         case '.': printf("Ponto.\n" ); break;
09         case ',': printf("Virgula.\n" ); break;
10         case ':': printf("Dois pontos.\n" ); break;
11         case ';': printf("Ponto e virgula.\n"); break;
12         default : printf("Nao eh pontuacao.\n" );
13      }
14      system("pause");
15      return 0;
16   }
```

FIGURA 4.10

Nesse exemplo, será pedido ao usuário que digite um caractere. O valor desse caractere será comparado a um conjunto de possíveis símbolos de pontuação, cada qual identificado em um comando **case**. Note que, se o caractere digitado pelo usuário não for um símbolo de pontuação, a sequência de comandos dentro do comando **default** será executada.

Relembrando a ideia de fluxogramas, é possível ter uma boa representação de como os comandos do exemplo anterior são executados um a um durante a execução do programa (Figura 4.11).

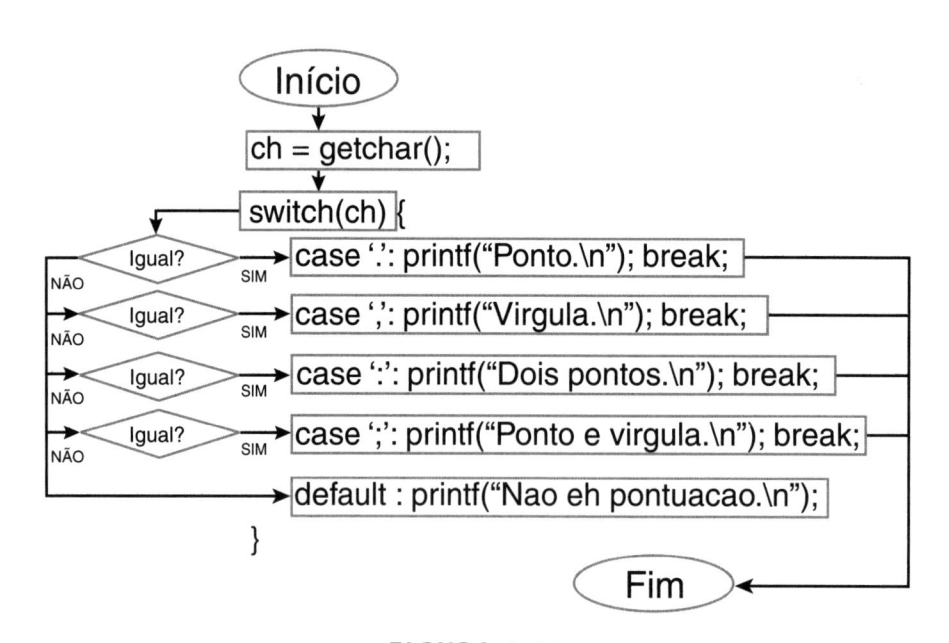

FIGURA 4.11

O comando **default** é opcional, e sua sequência de comandos somente será executada se o valor da variável que está sendo testada pelo comando **switch** não for igual a nenhum dos valores dos comandos **case**.

O exemplo anterior do comando **switch** poderia facilmente ser reescrito com o aninhamento de comandos **if-else-if** como se nota na Figura 4.12.

Exemplo: simulando o comando switch com if-else-if

```
01   #include <stdio.h>
02   #include <stdlib.h>
03   int main(){
04     char ch;
05     printf("Digite um simbolo de pontuacao: ");
06     ch = getchar();
07     if(ch == '.')
08       printf("Ponto.\n" );
09     else
10       if(ch == ',')
11         printf("Virgula.\n" );
12       else
13         if(ch == ':')
14           printf("Dois pontos.\n" );
15         else
16           if(ch == ';')
17             printf("Ponto e virgula.\n");
18           else
19             printf("Nao eh pontuacao.\n" );
20     system("pause");
21     return 0;
22   }
```

FIGURA 4.12

Como se pode notar, o comando **switch** apresenta uma solução muito mais elegante que o aninhamento de comandos **if-else-if** quando é preciso comparar o valor de uma variável.

4.6.1 **Uso do comando** break **no** switch

Apesar das semelhanças entre os dois, o comando **switch** e o aninhamento de comandos **if-else-if**, existe uma diferença muito importante: o comando **break**.

 Quando o valor associado a um comando **case** é igual ao valor da variável do **switch**, a respectiva sequência de comandos é executada até encontrar um comando **break**. Caso o comando **break** não exista, a sequência de comandos do **case** seguinte também será executada, e assim por diante.

```
01    #include <stdio.h>
02    #include <stdlib.h>
03    int main(){
04      char ch;
05      printf("Digite um simbolo de pontuacao: ");
06      ch = getchar();
07      switch( ch ) {
08          case '.': printf("Ponto.\n" );
09          case ',': printf("Virgula.\n" );
10          case ':': printf("Dois pontos.\n");
11          case ';': printf("Ponto e virgula.\n");
12          default : printf("Nao eh pontuacao.\n" );
13      }
14      system("pause");
15      return 0;
16    }
```

Note, nesse exemplo, que, caso o usuário digite o símbolo de ponto (.), todas as mensagens serão escritas na tela de saída.

 O comando **break** é **opcional** e faz com que o comando **switch** seja interrompido assim que uma das sequências de comandos é executada.

Relembrando a ideia de fluxogramas, é possível ter uma boa representação de como os comandos do exemplo anterior são executados um a um durante a execução do programa (Figura 4.13).

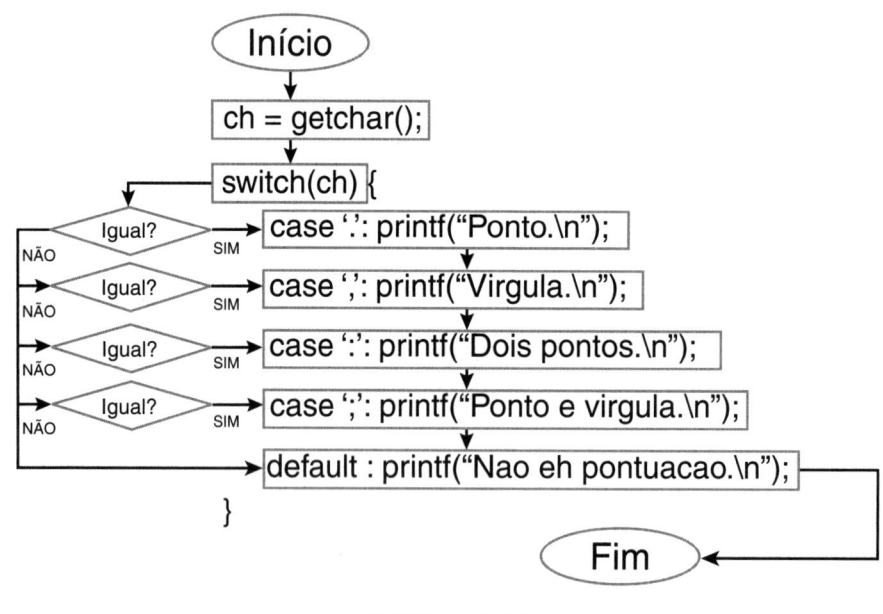

FIGURA 4.13

De modo geral, é quase certo que se venha a usar o comando **break** dentro do **switch**. Porém, a sua ausência pode ser muito útil em algumas situações, por exemplo, quando queremos que uma ou mais sequências de comandos sejam executadas a depender do valor da variável do **switch**, como mostra o exemplo da Figura 4.14.

```
Exemplo: comando switch sem break
01   #include <stdio.h>
02   #include <stdlib.h>
03   int main(){
04     int num;
05     printf("Digite um numero inteiro de 0 a 9: ");
06     scanf("%d",&num);
07     switch(num){
08         case 9: printf("Nove\n");
09         case 8: printf("Oito\n");
10         case 7: printf("Sete\n");
11         case 6: printf("Seis\n");
12         case 5: printf("Cinco\n");
13         case 4: printf("Quatro\n");
14         case 3: printf("Tres\n");
15         case 2: printf("Dois\n");
16         case 1: printf("Um\n");
17         case 0: printf("Zero\n");
18     }
19     system("pause");
20     return 0;
21   }
```

FIGURA 4.14

Note, nesse exemplo, que, caso o usuário digite o valor 9, todas as mensagens serão escritas na tela de saída. Caso o usuário digite o valor 5, apenas as mensagens desse **case** e aquelas abaixo dele serão escritas na tela de saída.

4.6.2 Uso das chaves { } no case

De modo geral, a sequência de comandos do **case** não precisa estar entre chaves ({ }).

Se o primeiro comando dentro de um **case** for a declaração de uma variável, será necessário colocar todos os comandos desse **case** dentro de um par de chaves ({ }).

```
01  #include <stdio.h>
02  #include <stdlib.h>
03  int main(){
04     char ch;
05     int a,b;
06     printf("Digite uma operacao matematica: ");
07     ch = getchar();
08     printf("Digite dois numeros inteiros: ");
09     scanf("%d%d",&a,&b);
10     switch( ch ) {
11        case '+':{
12          int c = a + b;
13          printf("Soma: %d\n",c);}
14          break;
15        case '-':{
16          int d = a - b;
17          printf("Subtracao: %d\n",d);}
18          break;
19        case '*':{
20          int e = a * b;
21          printf("Produto: %d\n",e);}
22          break;
23        case '/':{
24          int f = a / b;
25          printf("Divisao: %d\n",f);}
26          break;
27        default : printf("Nao eh operacao.\n");
28     }
29     system("pause");
30     return 0;
31  }
```

A explicação para esse comportamento do **switch** se deve a uma regra da linguagem que especifica que um salto condicional não pode pular uma declaração de variável no mesmo escopo. Quando colocamos as chaves ({ }) depois do comando **case** e antes do comando **break**, estamos criando um novo escopo, ou seja, a variável declarada existe apenas dentro desse par de chaves. Portanto, ela pode ser "pulada" por um salto condicional.

4.7 EXERCÍCIOS

1) Faça um programa que leia dois números e mostre qual deles é o maior.

2) Faça um programa que leia dois números e mostre o maior deles. Se, por acaso, os dois números forem iguais, imprima a mensagem "Números iguais".

3) Faça um programa que leia um número inteiro e verifique se esse número é par ou ímpar.

4) Faça um programa que leia o salário de um trabalhador e o valor da prestação de um empréstimo. Se a prestação:
   - For maior que 20% do salário, imprima: "Empréstimo não concedido."
   - Caso contrário, imprima: "Empréstimo concedido."

5) Faça um programa que leia um número e, caso ele seja positivo, calcule e mostre:
   - O número digitado ao quadrado.
   - A raiz quadrada do número digitado.

6) Faça um programa que receba a altura e o sexo de uma pessoa e calcule e mostre seu peso ideal, utilizando as seguintes fórmulas (em que "h" corresponde à altura):
   - Homens: $(72,7 * h) - 58$
   - Mulheres: $(62,1 * h) - 44,7$

7) Uma empresa vende o mesmo produto para quatro diferentes estados. Cada estado possui uma taxa diferente de imposto sobre o produto. Faça um programa em que o usuário entre com o valor e o estado de destino do produto e o programa retorne o preço final do produto acrescido do imposto do estado em que ele será vendido. Se o estado digitado não for válido, mostrará uma mensagem de erro.

Estado	MG	SP	RJ	MS
Imposto	7%	12%	15%	8%

8) Escreva um programa que, dada a idade de um nadador, classifique-o em uma das seguintes categorias:

Categoria	Idade
Infantil A	5-7
Infantil B	8-10
Juvenil A	11-13
Juvenil B	14-17
Sênior	maiores de 18 anos

9) Faça um programa que leia a altura e o peso de uma pessoa. De acordo com a tabela a seguir, verifique e mostre qual a classificação dessa pessoa.

Altura	Peso		
	Até 60	Entre 60-90 (inclusive)	Acima de 90
Menor do que 1,20	A	D	G
1,20-1,70	B	E	H
Maior do que 1,70	C	F	I

10) Faça um programa que leia três números inteiros positivos e efetue o cálculo de uma das seguintes médias de acordo com um valor numérico digitado pelo usuário e mostrado na tabela a seguir:

Número digitado	Média
1	Geométrica $x * y * z$
2	Ponderada $\dfrac{x + 2*y + 3*z}{6}$
3	Harmônica $\dfrac{1}{\dfrac{1}{x} + \dfrac{1}{y} + \dfrac{1}{z}}$
4	Aritmética $\dfrac{x + y + z}{3}$

11) Faça um programa que informe o mês de acordo com o número digitado pelo usuário. Exemplo: Entrada = 4. Saída = Abril.

12) Usando o comando **switch**, escreva um programa que leia um inteiro entre 1 e 7 e imprima o dia da semana correspondente a esse número. Isto é, domingo, se 1, segunda-feira, se 2, e assim por diante.

13) Faça um programa que mostre ao usuário um menu com quatro opções de operações matemáticas (as operações básicas, por exemplo). O usuário escolhe uma das opções, e o seu programa pede dois valores numéricos e realiza a operação, mostrando o resultado.

14) Faça um programa para verificar se determinado número inteiro lido é divisível por 3 ou 5, mas não simultaneamente pelos dois.

15) Faça um programa que leia os coeficientes de uma equação do segundo grau. Em seguida, calcule e mostre as raízes dessa equação, lembrando que as raízes são calculadas como

$$x = \frac{-b \pm \sqrt{\Delta}}{2 * a}$$

em que $\Delta = b^2 - 4 * a * c$ e $ax^2 + bx + c = 0$ representa uma equação do segundo grau. A variável a tem de ser diferente de zero. Caso seja igual, imprima a mensagem "Não é equação de segundo grau". Do contrário, imprima:

- Se $\Delta < 0$, não existe real. Imprima a mensagem "Não existe raiz".
- Se $\Delta = 0$, existe uma raiz real. Imprima a raiz e a mensagem "Raiz única".
- Se $\Delta > 0$, existem duas raízes reais. Imprima as raízes.

Comandos de repetição

A finalidade deste capítulo é apresentar como funciona cada uma das estruturas de repetição presentes na linguagem C. Ao final, o leitor será capaz de:

- Definir um laço.
- Identificar um laço infinito.
- Utilizar o comando **while**.
- Utilizar o comando **for**.
- Omitir uma cláusula do comando **for**.
- Utilizar o comando **do-while**.
- Criar um aninhamento de repetições.
- Utilizar o comando **break**.
- Utilizar o comando **continue**.
- Utilizar o comando **goto**.

5.1 REPETIÇÃO POR CONDIÇÃO

No capítulo anterior vimos como realizar desvios condicionais em um programa. Desse modo, criamos programas em que um bloco de comandos é executado somente se determinada condição for verdadeira.

Entretanto, há casos em que é preciso que um bloco de comandos seja executado mais de uma vez, se determinada condição for verdadeira:

```
enquanto condição faça
   sequência de comandos;
fim enquanto
```

Para isso, precisamos de uma estrutura de repetição que permita executar um conjunto de comandos quantas vezes forem necessárias. Isso é muito similar ao que ocorre em um fluxograma, em que o símbolo do losango permite escolher entre diferentes caminhos com base em uma condição do tipo verdadeiro/falso, com a diferença de que agora o fluxo do programa é desviado novamente para a condição ao final da sequência de comandos (Figura 5.1).

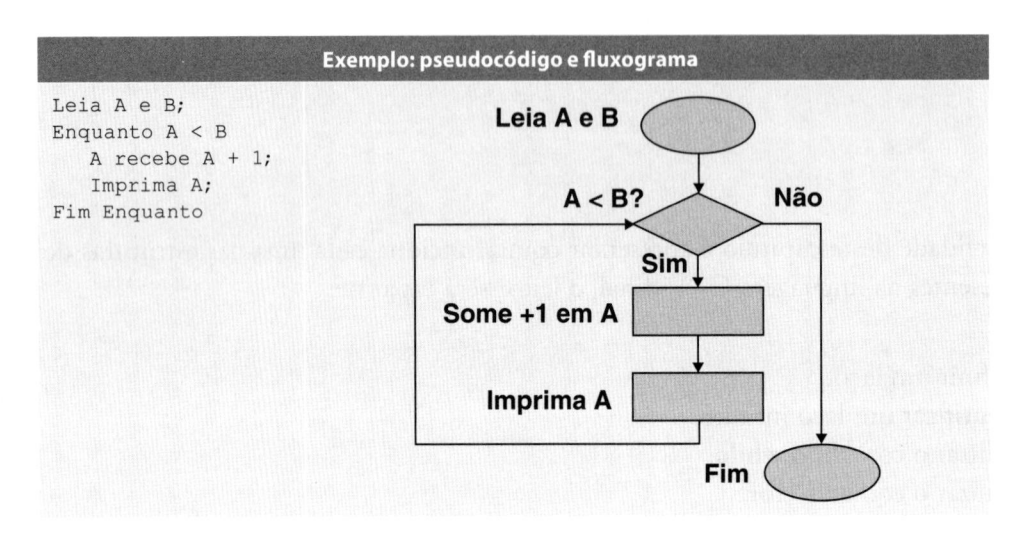

FIGURA 5.1

 De acordo com a condição, os comandos serão repetidos zero (se falsa) ou mais vezes (enquanto a condição for verdadeira). Essa estrutura normalmente é denominada laço ou loop.

Note que a sequência de comandos a ser repetida está subordinada a uma condição. Por **condição** entende-se qualquer expressão relacional (ou seja, que use os operadores $>$, $<$, $> =$, $< =$, $==$ ou $! =$) que resulte em uma resposta do tipo **verdadeiro** ou **falso**. A condição pode ainda ser uma expressão que utiliza operadores:

- Matemáticos : $+$, $-$, $*$, $/$, $\%$
- Relacionais: $>$, $<$, $> =$, $< =$, $==$, $!=$
- Lógicos: $\&\&$, $||$

Na execução do comando **enquanto**, a condição será avaliada e:

- Se a condição for considerada **verdadeira**, a sequência de comandos será executada. Ao final da sequência de comandos, o fluxo do programa é desviado novamente para o teste da condição.
- Se a condição for considerada **falsa**, a sequência de comandos não será executada.

Como no caso do comando **if**, uma variável sozinha pode ser uma "expressão condicional" e retornar o seu próprio valor para um comando de repetição.

5.1.1 Laço infinito

Um laço infinito (ou loop infinito) é uma sequência de comandos em um programa de computador que sempre se repete, ou seja, infinitamente. Isso geralmente ocorre por algum erro de programação, quando:

- Não definimos uma condição de parada.
- A condição de parada existe, mas nunca é atingida.

Basicamente, um laço infinito ocorre quando cometemos algum erro ao especificar a condição (ou expressão condicional) que controla a repetição, como é o caso do exemplo da Figura 5.2. Note que, nesse exemplo, o valor de **X** é sempre diminuído em uma unidade, ou seja, fica mais negativo a cada passo. Portanto, a repetição nunca atinge a condição de parada.

Exemplo: loop infinito (condição errônea)

```
01      X recebe 4;
02      enquanto (X < 5) faca
03          X recebe X - 1;
04          Imprima X;
05      fim enquanto
```

FIGURA 5.2

Outro erro comum que produz um laço infinito é o de esquecer algum comando dentro da sequência de comandos da repetição, como mostra o exemplo da Figura 5.3. Note que, nesse exemplo, o valor de **X** nunca é modificado dentro da repetição. Portanto, a condição é sempre verdadeira, e a repetição nunca termina.

Exemplo: loop infinito (não muda valor)

```
01      X recebe 4;
02      enquanto (X < 5) faca
03          Imprima X;
04      fim enquanto
```

FIGURA 5.3

5.2 COMANDO WHILE

O comando **while** equivale ao comando "enquanto" utilizado nos pseudocódigos apresentados até agora.

A forma geral de um comando **while** é:

```
while(condição){
   sequência de comandos;
}
```

Na execução do comando **while**, a condição será avaliada e:

- Se a condição for considerada **verdadeira** (ou possuir valor **diferente** de zero), a sequência de comandos será executada. Ao final da sequência de comandos, o fluxo do programa é desviado novamente para o teste da condição.
- Se a condição for considerada **falsa** (ou possuir valor **igual** a zero), a sequência de comandos não será executada.

Na Figura 5.4, tem-se o exemplo de um programa que lê dois números inteiros a e b digitados pelo usuário e imprime na tela todos os números inteiros entre a e b.

Exemplo: comando while

```
01   #include <stdio.h>
02   #include <stdlib.h>
03   int main(){
04     int a,b;
05     printf("Digite o valor de a: ");
06     scanf("%d",&a);
07     printf("Digite o valor de b: ");
08     scanf("%d",&b);
09     while (a < b){
10        a = a + 1;
11        printf("%d \n",a);
12     }
13     system("pause");
14     return 0;
15   }
```

FIGURA 5.4

Relembrando a ideia de fluxogramas, é possível ter uma boa representação de como os comandos do exemplo anterior são executados um a um durante a execução do programa (Figura 5.5).

 O comando **while** segue todas as recomendações definidas para o comando **if** quanto ao uso das chaves e definição da condição usada.

Isso significa que a condição pode ser qualquer expressão que resulte em uma resposta do tipo falso (zero) ou verdadeiro (diferente de zero) e que utiliza operadores dos tipos *matemáticos*, *relacionais* e/ou *lógicos*.

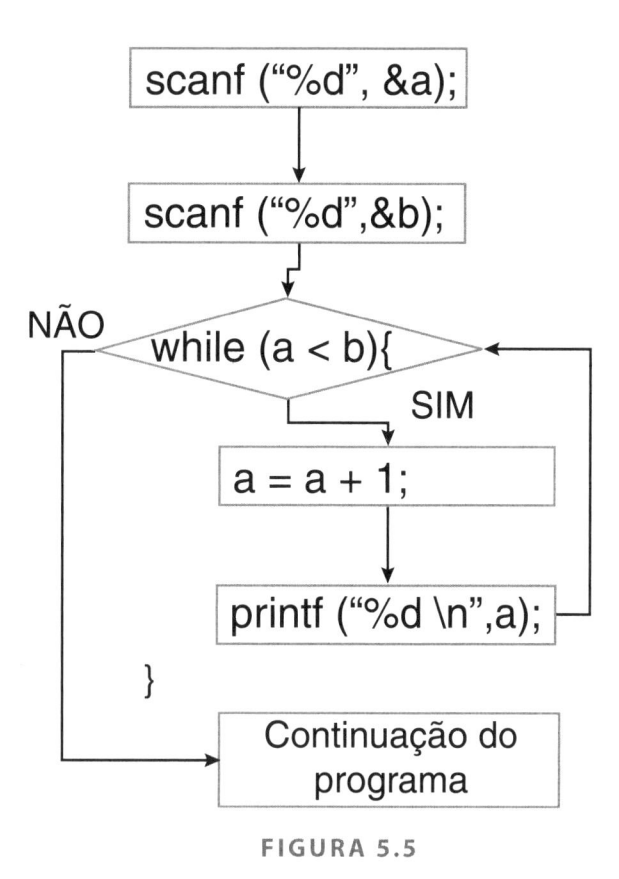

FIGURA 5.5

Como nos comandos condicionais, o comando **while** atua apenas sobre o comando seguinte a ele. Se quisermos que ele execute uma sequência de comandos, é preciso definir essa sequência de comandos dentro de chaves ({ }).

 Como no comando **if-else**, não se usa o ponto e vírgula (;) depois da condição do comando **while**.

```
01    #include <stdio.h>
02    #include <stdlib.h>
03    int main(){
04      int a,b;
05      printf("Digite o valor de a: ");
06      scanf("%d",&a);
07      printf("Digite o valor de b: ");
08      scanf("%d",&b);
09      while (a < b);{//ERRADO!
10        a = a + 1;
11        printf("%d \n",a);
12      }
13      system("pause");
14      return 0;
15    }
```

Como no caso dos comandos condicionais, colocar o operador de ponto e vírgula (;) logo após o comando **while** faz com que o compilador entenda que o comando **while** já terminou e trate o comando seguinte (**a = a + 1**) como se estivesse fora do **while**. No exemplo anterior, temos um laço infinito (o valor de *a* e *b* nunca muda, portanto a condição de parada nunca é atingida).

 É responsabilidade do programador modificar o valor de algum dos elementos usados na condição para evitar que ocorra um laço infinito.

5.3 COMANDO FOR

O comando **for** é muito similar ao comando **while**, visto anteriormente. Basicamente, o comando **for** é usado para repetir um comando ou uma sequência de comandos diversas vezes.

A forma geral de um comando **for** é:

```
for(inicialização; condição; incremento) {
   sequência de comandos;
}
```

Na execução do comando **for**, é realizada esta sequência de passos:

- A cláusula **inicialização** é executada: nela as variáveis recebem um valor inicial para usar dentro do **for**.
- A **condição** é testada:
  - Se a **condição** for considerada **verdadeira** (ou possuir valor **diferente** de zero), a sequência de comandos será executada. Ao final da sequência de comandos, o fluxo do programa é desviado para o **incremento**.
  - Se a **condição** for considerada **falsa** (ou possuir valor **igual** a zero), a sequência de comandos não será executada (fim do comando **for**).
- **Incremento**: terminada a execução da sequência de comandos, ocorre a etapa de incremento das variáveis usadas no **for**. Ao final dessa etapa, o fluxo do programa é novamente desviado para a **condição**.

Na Figura 5.6, tem-se o exemplo de um programa que lê dois números inteiros *a* e *b* digitados pelo usuário e imprime na tela todos os números inteiros entre *a* e *b* (incluindo *a* e *b*).

Nesse exemplo, a variável *c* é inicializada com o valor de *a* (c = a). Em seguida, o valor de *c* é comparado com o valor de *b* (c <= b). Por fim, se a sequência de comandos foi executada, o valor da variável *c* será incrementado em uma unidade (c + +).

Relembrando a ideia de fluxogramas, é possível ter uma boa representação de como os comandos do exemplo anterior são executados um a um durante a execução do programa (Figura 5.7).

 O comando **for** segue todas as recomendações definidas para os comandos **if** e **while** quanto ao uso das chaves e definição da condição usada.

Exemplo: comando for

```
01   #include <stdio.h>
02   #include <stdlib.h>
03   int main(){
04     int a,b,c;
05     printf("Digite o valor de a: ");
06     scanf("%d",&a);
07     printf("Digite o valor de b: ");
08     scanf("%d",&b);
09     for (c = a; c <= b; c++){
10        printf("%d \n",c);
11     }
12     system("pause");
13     return 0;
14   }
```

FIGURA 5.6

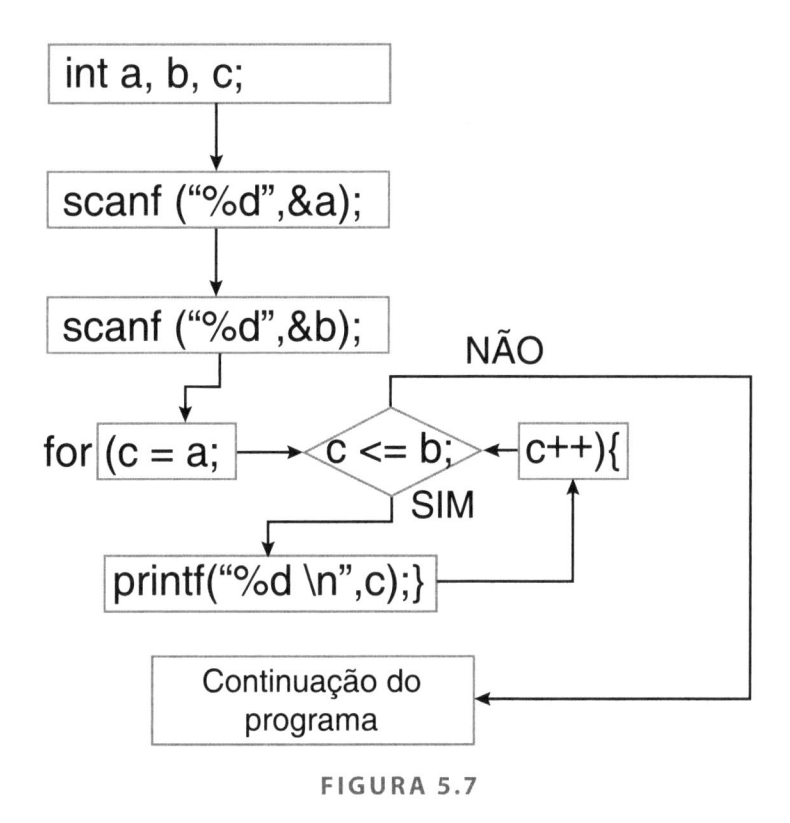

FIGURA 5.7

Isso significa que a condição pode ser qualquer expressão que resulte em uma resposta do tipo falso (zero) ou verdadeiro (diferente de zero) e que utiliza operadores dos tipos *matemáticos*, *relacionais* e/ou *lógicos*.

Como nos comandos condicionais, o comando **while** atua apenas sobre o comando seguinte a ele. Se quisermos que ele execute uma sequência de comandos, é preciso definir essa sequência de comandos dentro de chaves ({ }).

Exemplo: for *versus* while	
for	while

```
01   #include <stdio.h>            #include <stdio.h>
02   #include <stdlib.h>           #include <stdlib.h>
03   int main(){                   int main(){
04     int i, s = 0;                 int i, s = 0;
05     for(i = 1; i <= 10; i++){     i = 1;
06        s = s + i;                 while (i <= 10){
07     }                               s = s + i;
08     printf("Soma = %d \n",s);       i++;
09     system("pause");             }
10     return 0;                    printf("Soma = %d \n",s);
11   }                              system("pause");
12                                  return 0;
13                                }
```

FIGURA 5.8

5.3.1 Omitindo uma cláusula do comando for

Dependendo da situação em que o comando **for** é utilizado, podemos omitir qualquer uma de suas cláusulas:

- Inicialização
- Condição
- Incremento

 Independentemente de qual cláusula é omitida, o comando **for** exige que se coloquem os dois operadores de ponto e vírgula (;).

O comando **for** exige que se coloquem os dois operadores de ponto e vírgula (;), pois é esse operador que indica a separação entre as cláusulas de inicialização, condição e incremento. Sem elas, o compilador não tem certeza de qual cláusula foi omitida.

A seguir, são apresentados três exemplos de comando **for** e, em cada um deles, uma das cláusulas é omitida.

Comando for sem inicialização

No exemplo da Figura 5.9, a variável *a* é utilizada nas cláusulas de condição e incremento do comando **for**. Como a variável *a* teve seu valor inicial definido através de um comando de leitura do teclado (**scanf()**), não é necessária a etapa de inicialização do comando **for** para definir o seu valor.

Comando for sem condição

 Ao omitir a condição do comando **for**, criamos um laço infinito.

Exemplo: comando for sem inicialização

```
01  #include <stdio.h>
02  #include <stdlib.h>
03  int main(){
04    int a,b,c;
05    printf("Digite o valor de a: ");
06    scanf("%d",&a);
07    printf("Digite o valor de b: ");
08    scanf("%d",&b);
09    for (; a <= b; a++){
10       printf("%d \n",a);
11    }
12    system("pause");
13    return 0;
14  }
```

FIGURA 5.9

Para o comando **for**, a ausência da cláusula de condição é considerada uma condição sempre verdadeira. Sendo a condição sempre verdadeira, não existe condição de parada para o comando **for**, que será executado infinitamente.

Exemplo: comando for sem condição

```
01  #include <stdio.h>
02  #include <stdlib.h>
03  int main(){
04    int a,b,c;
05    printf("Digite o valor de a: ");
06    scanf("%d",&a);
07    printf("Digite o valor de b: ");
08    scanf("%d",&b);
09    //o comando for abaixo e um laco infinito
10    for (c = a; ; c++){
11       printf("%d \n",c);
12    }
13    system("pause");
14    return 0;
15  }
```

FIGURA 5.10

Comando **for** sem incremento

Por último, temos um exemplo de comando **for** sem a cláusula de incremento. Nessa etapa do comando **for**, um novo valor é atribuído para uma ou mais variáveis utilizadas.

Nesse exemplo, a cláusula de incremento foi omitida da declaração do comando **for**. Para evitar a criação de um laço infinito (em que a condição de parada existe, mas nunca é atingida), foi colocado um comando de incremento (c + +) dentro da sequência de comandos do **for**. Perceba que, desse modo, o comando **for** fica mais parecido com o comando **while**, já que agora se pode definir em qual momento o incremento vai ser executado, e não apenas no final.

Exemplo: comando for sem incremento

```
01   #include <stdio.h>
02   #include <stdlib.h>
03   int main(){
04     int a,b,c;
05     printf("Digite o valor de a: ");
06     scanf("%d",&a);
07     printf("Digite o valor de b: ");
08     scanf("%d",&b);
09     for (c = a; c <= b; ){
10        printf("%d \n",c);
11        c++;
12     }
13     system("pause");
14     return 0;
15   }
```

FIGURA 5.11

> A cláusula de incremento é utilizada para **atribuir** um novo valor a uma ou mais variáveis durante o comando **for**. Essa atribuição não está restrita apenas ao operador de incremento (++).

```
01   #include <stdio.h>
02   #include <stdlib.h>
03   int main(){
04     int a,b,c;
05     printf("Digite o valor de a: ");
06     scanf("%d",&a);
07     printf("Digite o valor de b: ");
08     scanf("%d",&b);
09
10     //incremento de duas unidades
11     for (c = a; c <= b; c=c+2){
12        printf("%d \n",c);
13     }
14
15     //novo valor é lido do teclado
16     for (c = a; c <= b; scanf("%d",&c)){
17        printf("%d \n",c);
18     }
19     system("pause");
20     return 0;
21   }
```

Nesse exemplo, fica claro que a cláusula de incremento pode conter qualquer comando que altere o valor de uma das variáveis utilizadas pelo comando **for**.

5.3.2 Usando o operador de vírgula (,) no comando for

Na linguagem C, o operador ",") é um separador de comandos. Ele permite determinar uma lista de expressões que devem ser executadas sequencialmente, inclusive dentro do comando **for**.

O operador de vírgula (,) pode ser usado em qualquer uma das cláusulas.

```
01    #include <stdio.h>
02    #include <stdlib.h>
03    int main(){
04      int i,j;
05      for (i = 0, j = 100; i < j; i++, j--){
06          printf("i = %d e j = %d \n",i,j);
07      }
08      system("pause");
09      return 0;
10    }
```

Nesse exemplo, foram definidos dois comandos para a cláusula de inicialização: i = 0 e j = 100. Cada comando na inicialização é separado pelo operador de vírgula (,). A cláusula de inicialização só termina quando o operador de ponto e vírgula (;) é encontrado. Na fase de incremento, novamente, o valor das duas variáveis é modificado: o valor de i é incrementado (i + +), enquanto o de j é decrementado (j--). Novamente, cada comando na cláusula de incremento é separado pelo operador de vírgula (,).

 A variável utilizada no laço **for** não precisa ser necessariamente do tipo **int**. Pode-se, por exemplo, usar uma variável do tipo **char** para imprimir uma sequência de caracteres.

```
01    #include <stdio.h>
02    #include <stdlib.h>
03    int main(){
04      char c;
05      for (c = 'A'; c <= 'Z'; c++){
06          printf("Letra = %c\n",c);
07      }
08      system("pause");
09      return 0;
10    }
```

Nesse exemplo, utilizamos uma variável do tipo **char** para controle do laço. Essa variável se inicia com o caractere letra "A" e o laço é executado até que a variável do laço possua como valor o caractere "Z".

5.4 COMANDO DO-WHILE

O comando **do-while** é bastante semelhante ao comando **while** visto anteriormente. Sua principal diferença é com relação à avaliação da condição: enquanto o comando **while** avalia a condição para depois executar uma sequência de comandos, o comando **do-while** executa uma sequência de comandos para depois testar a condição.

A forma geral de um comando **do-while** é:

```
do{
   sequência de comandos;
} while(condição);
```

Na execução do comando **do-while**, é executada esta ordem de passos:

- A sequência de comandos é executada.
- A condição é avaliada:
  - Se a condição for considerada **verdadeira** (ou possuir valor **diferente** de zero), o fluxo do programa é desviado novamente para o comando **do**, de modo que a sequência de comandos seja executada novamente.
  - Se a condição for considerada **falsa** (ou possuir valor **igual** a zero), o laço termina (fim do comando **do-while**).

 O comando **do-while** é utilizado sempre que se desejar que a sequência de comandos seja executada pelo menos uma vez.

No comando **while**, a condição é sempre avaliada antes da sequência de comandos. Isso significa que a condição pode ser falsa logo na primeira repetição do comando **while**, o que fará com que a sequência de comandos não seja executada nenhuma vez. Portanto, o comando **while** pode repetir uma sequência de comandos **zero** ou mais vezes.

Já no comando **do-while**, a sequência de comandos é executada primeiro. Mesmo que a condição seja falsa logo na primeira repetição do comando **do-while**, a sequência de comandos terá sido executada pelo menos uma vez. Portanto, o comando **do-while** pode repetir uma sequência de comandos **uma** ou mais vezes.

 O comando **do-while** segue todas as recomendações definidas para o comando **if** quanto ao uso das chaves e definição da condição usada.

Na Figura 5.12, tem-se o exemplo de um programa que exibe um menu de opções para o usuário e espera que ele digite uma das suas opções.

```
Exemplo: comando do-while
01  #include <stdio.h>
02  #include <stdlib.h>
03  int main(){
04    int i;
05    do {
06       printf ("Escolha uma opcao:\n");
07       printf ("(1) Opção 1\n");
08       printf ("(2) Opção 2\n");
09       printf ("(3) Opção 3\n");
10       scanf("%d", &i);
11    } while ((i < 1) || (i > 3));
12    printf ("Voce escolheu a Opcao %d.\n",i);
13    system("pause");
14    return 0;
15  }
```

FIGURA 5.12

Relembrando a ideia de fluxogramas, é possível ter uma boa representação de como os comandos do exemplo anterior são executados um a um durante o desempenho do programa (Figura 5.13).

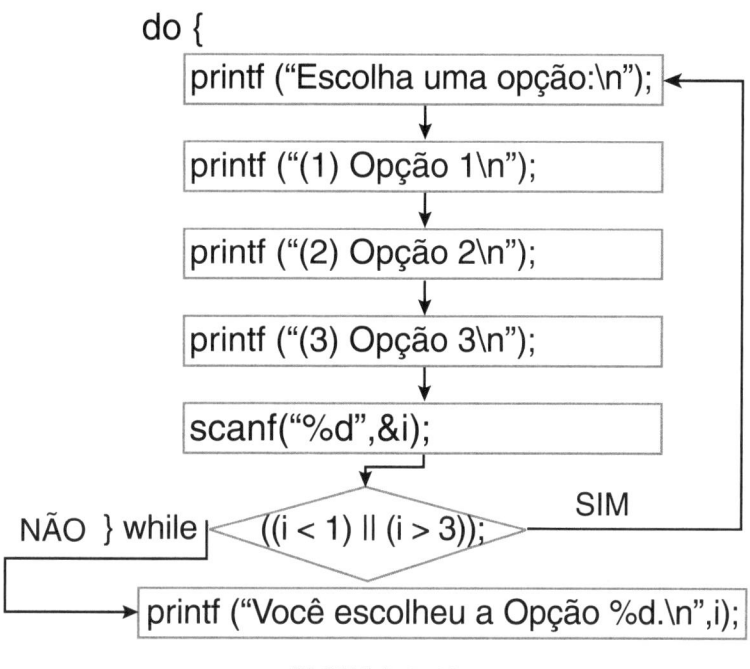

FIGURA 5.13

 Diferentemente do comando **if-else**, é necessário colocar um ponto e vírgula (;) depois da condição do comando **do-while**.

```
01    #include <stdio.h>
02    #include <stdlib.h>
03    int main(){
04      int i = 0;
05      do{
06        printf("Valor %d\n",i);
07        i++;
08      }while(i < 10);//Esse ponto e vírgula é necessário!
09      system("pause");
10      return 0;
11    }
```

No comando **do-while**, a sequência de comandos é definida antes do teste da condição, diferentemente dos outros comandos condicionais e de repetição. Isso significa que o teste da condição é o último comando da repetição **do-while**. Sendo assim, o compilador entende que a definição do comando **do-while** já terminou e exige que se coloque o operador de ponto e vírgula (;) após a condição.

 É responsabilidade do programador modificar o valor de algum dos elementos usados na condição para evitar que ocorra um laço infinito.

5.5 ANINHAMENTO DE REPETIÇÕES

Uma repetição aninhada é simplesmente um comando de repetição utilizado dentro do bloco de comandos de um outro comando de repetições. Basicamente, é um comando de repetição dentro de outro, semelhante ao que é feito com o comando **if**.

A forma geral de um comando de repetição aninhado é:

```
repetição(condição 1) {
  sequência de comandos;
  repetição(condição 2) {
    sequência de comandos;
    repetição...
  }
}
```

em que **repetição** representa um dos três possíveis comandos de repetição da linguagem C: **while**, **for** e **do-while**.

Em um aninhamento de repetições, o programa começa a testar as condições começando pela **condição 1** da primeira repetição. Se o resultado dessa condição for diferente de zero (verdadeiro), o programa executará o bloco de comando associados a ela, aí incluído o segundo comando de repetição. Note que os comandos da segunda repetição só serão executados se a condição da primeira for verdadeira. Esse processo se repete para cada comando de repetição que o programa encontrar dentro do bloco de comando que ele executar.

O aninhamento de comandos de repetição é muito útil quando se tem de percorrer dois conjuntos de valores que estão relacionados dentro de um programa. Por exemplo, para imprimir uma matriz identidade (composta apenas de 0s e 1s na diagonal principal) de tamanho 4×4 é preciso percorrer as quatro linhas da matriz e, para cada linha, percorrer as suas quatro colunas. Um único comando de repetição não é suficiente para realizar essa tarefa, como mostra o exemplo da Figura 5.14.

Exemplo: comandos de repetição aninhados	
Com for	Com while

```
01  #include <stdio.h>          #include <stdio.h>
02  #include <stdlib.h>         #include <stdlib.h>
03  int main(){                 int main(){
04    int i,j;                    int i=1,j;
05    for (i=1;i<5;i++){          while(i<5){
06      for (j=1; j<5; j++){        j = 1;
07        if(i==j)                  while(j<5){
08          printf("1 ");             if(i==j)
09        else                          printf("1 ");
10          printf("0 ");             else
11      }                               printf("0 ");
12      printf("\n");               j++;
13    }                           }
14    system("pause");           printf("\n");
15    return 0;                   i++;
16  }                           }
17                              system("pause");
18                              return 0;
19                            }
```

FIGURA 5.14

Note, no exemplo anterior, que a impressão de uma matriz identidade pode ser feita com dois comandos **for** ou dois comandos **while**. É possível ainda fazê-lo usando um comando de cada tipo.

 A linguagem C não proíbe que se misturem comandos de repetições de tipos diferentes no aninhamento de repetições.

5.6 COMANDO BREAK

Vimos, anteriormente, que o comando **break** pode ser utilizado em conjunto com o comando **switch**. Basicamente, sua função era interromper o comando **switch** assim que uma das sequências de comandos da cláusula **case** fosse executada. Caso o comando **break** não existisse, a sequência de comandos do **case** seguinte também seria executada, e assim por diante.

Na verdade, o comando **break** serve para quebrar a execução de um conjunto de comandos (como no caso do **switch**) ou interromper a execução de qualquer comando de repetição (**for**, **while** ou **do-while**). O comando **break** faz com que a execução do programa continue na primeira linha seguinte ao laço que está sendo interrompido.

 O comando **break** é utilizado para terminar de forma abrupta uma repetição. Por exemplo, se estivermos dentro de uma repetição e determinado resultado ocorrer, o programa deverá sair da repetição e continuar na primeira linha seguinte a ela.

Na Figura 5.15, tem-se o exemplo de um programa que lê dois números inteiros *a* e *b* digitados pelo usuário e imprime na tela todos os números inteiros entre *a* e *b*. Note que, no momento em que o valor de *a* se torna igual a 5, o comando **break** é executado e o laço termina.

Exemplo: comando break

```
01   #include <stdio.h>
02   #include <stdlib.h>
03   int main(){
04     int a,b;
05     printf("Digite o valor de a: ");
06     scanf("%d",&a);
07     printf("Digite o valor de b: ");
08     scanf("%d",&b);
09     while (a <= b){
10        a = a + 1;
11        if(a == 5)
12             break;
13        printf("%d \n",a);
14     }
15     system("pause");
16     return 0;
17   }
```

FIGURA 5.15

Relembrando o conceito de fluxogramas, é possível ter uma boa representação de como os comandos do exemplo anterior são executados um a um pelo programa (Figura 5.16).

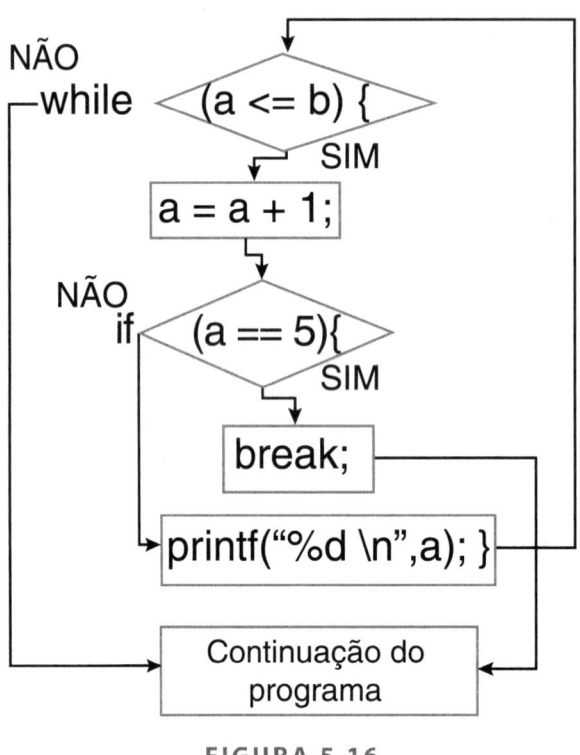

FIGURA 5.16

 O comando **break** deverá sempre ser colocado dentro de um comando **if** ou **else** que está dentro da repetição.

Isso ocorre porque o comando **break** serve para interromper a execução de qualquer comando de repetição. Porém, esse comando de repetição só deve ser interrompido se ocorrer determinado resultado. Isso significa que existe uma condição a ser testada com um comando **if** ou **else** antes de chamar o comando **break**. Um comando **break** colocado dentro da repetição e fora de um comando **if** ou **else** SEMPRE terminará a repetição em sua primeira execução.

5.7 COMANDO CONTINUE

O comando **continue** é muito parecido com o comando **break**. Tanto o **break** quanto o **continue** ignoram o restante da sequência de comandos da repetição que os sucedem. A diferença é que, enquanto o comando **break** termina o comando de repetição que está sendo executado, o comando **continue** interrompe apenas aquela repetição e passa para a próxima repetição do laço, se ela existir.

Por esse mesmo motivo, o comando **continue** só pode ser utilizado dentro de um laço, diferentemente do comando **break**, que pode ser usado em laços e no comando **switch**.

Quando o comando **continue** é executado, os comandos restantes da repetição são ignorados. O programa volta a testar a condição do laço para saber se ele deve ser executado novamente ou não.

Na Figura 5.17, tem-se o exemplo de um programa que lê dois números inteiros *a* e *b* digitados pelo usuário e imprime na tela todos os números inteiros entre *a* e *b*. Note que, no momento em que o valor de *a* se torna igual a 5, o comando **continue** é executado, e essa iteração do laço é ignorada. Consequentemente, o valor 5 não é impresso na tela.

Exemplo: comando continue

```
01  #include <stdio.h>
02  #include <stdlib.h>
03  int main(){
04    int a,b;
05    printf("Digite o valor de a: ");
06    scanf("%d",&a);
07    printf("Digite o valor de b: ");
08    scanf("%d",&b);
09    while (a <= b){
10       a = a + 1;
11       if(a == 5)
12            continue;
13       printf("%d \n",a);
14    }
15    system("pause");
16    return 0;
17  }
```

FIGURA 5.17

Relembrando o conceito de fluxogramas, é possível ter uma boa representação de como os comandos do exemplo anterior são executados um a um pelo programa (Figura 5.18).

 O comando **continue** deverá sempre ser colocado dentro de um comando **if** ou **else** que está dentro da repetição.

Isso ocorre porque o comando **continue** serve para ignorar a execução atual de qualquer comando de repetição. Porém, esse comando de repetição só deve ser ignorado se ocorrer determinado resultado. Isso significa que existe uma condição a ser testada com um comando **if** ou **else** antes de chamar o comando **continue**. Um comando **continue** colocado dentro da repetição e fora de um comando **if** ou **else** ignorará TODAS as execuções do comando de repetição, podendo levar até à criação de um LAÇO INFINITO.

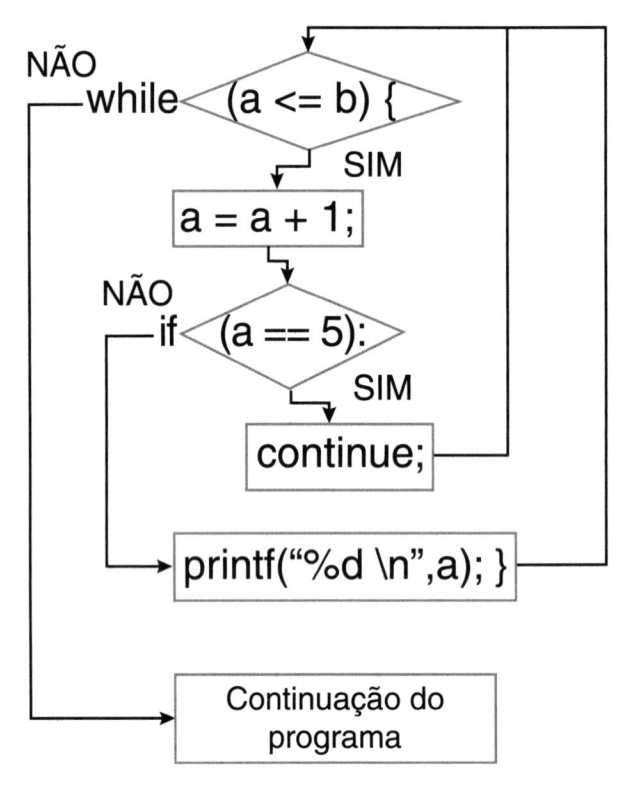

FIGURA 5.18

5.8 GOTO E LABEL

O comando **goto** é um salto condicional para um local especificado por uma palavra-chave no código. A forma geral de um comando **goto** é:

```
destino:
goto destino;
```

Nessa sintaxe, o comando **goto** (do inglês *go to*, literalmente, **"vá para"**) muda o fluxo do programa para um local previamente especificado pela expressão **destino**, em que **destino** é uma palavra definida pelo programador. Esse local pode ser à frente ou atrás no programa, mas deve ser dentro da mesma função.

Exemplo: goto *versus* for	
goto	for

```
01   #include <stdio.h>          #include <stdio.h>
02   #include <stdlib.h>         #include <stdlib.h>
03   int main(){                 int main(){
04     int i = 0;                  int i;
05     inicio:                     for(i = 0; i < 5; i++)
06     if(i < 5){                    printf("Numero %d\n",i);
07      printf("Numero %d\n",i);
08      i++;                       system("pause");
09      goto inicio;               return 0;
10     }                         }
11     system("pause");
12     return 0;
13   }
```

FIGURA 5.19

O teorema da programação estruturada prova que a instrução **goto** não é necessária para escrever programas; alguma combinação das três construções de programação (comandos sequenciais, condicionais e de repetição) é suficiente para executar qualquer cálculo. Além disso, o uso de **goto** pode deixar o programa muitas vezes ilegível.

Como se nota no exemplo anterior, o mesmo programa feito com o comando **for** é muito mais fácil de entender do que feito com o comando **goto**.

 Apesar de banido da prática de programação, o comando **goto** pode ser útil em determinadas circunstâncias. Ex.: sair de dentro de laços aninhados.

```
01   #include <stdio.h>
02   #include <stdlib.h>
03   int main(){
04     int i,j,k;
05     for(i = 0;  i < 5;  i++)
06       for(j = 0;  j < 5;  j++)
07         for(k = 0;  k < 5;  k++)
08           if(i == 2 && j == 3 && k == 1)
09             goto fim;
10           else
11             printf("Posicao [%d,%d,%d]\n",i,j,k);
12
13     fim:
14     printf("Fim do programa\n");
15
16     system("pause");
17     return 0;
18   }
```

No exemplo anterior, o comando **goto** é utilizado para sair de um aninhamento de três comandos de repetição. O mesmo poderia ser feito com três comandos **break**, um para cada comando de repetição. Como se pode ver, o comando **goto** é uma maneira muito mais simples de realizar essa tarefa.

5.9 EXERCÍCIOS

1) Faça um programa que leia um número inteiro positivo N e imprima todos os números naturais de 0 até N em ordem crescente.

2) Faça um programa que leia um número inteiro positivo N e imprima todos os números naturais de 0 até N em ordem decrescente.

3) Faça um programa que leia um número inteiro N e depois imprima os N primeiros números naturais ímpares.

4) Faça um programa que determine e mostre os cinco primeiros múltiplos de 3 considerando números maiores que 0.

5) Faça um programa que calcule e mostre a soma dos 50 primeiros números pares.

6) Faça um programa que mostre uma contagem regressiva na tela, iniciando em 10 e terminando em 0. Mostre uma mensagem "FIM!" após a contagem.

7) Elabore um programa que peça ao usuário para digitar 10 valores. Some esses valores e apresente o resultado na tela.

8) Faça um programa que leia 10 inteiros e imprima sua média.

9) Escreva um programa que leia 10 números e escreva o menor valor lido e o maior valor lido.

10) Faça um programa que leia 10 inteiros positivos, ignorando não positivos, e imprima sua média.

11) Faça um algoritmo que leia um número positivo e imprima seus divisores. Exemplo: Os divisores do número 66 são: 1, 2, 3, 6, 11, 22, 33 e 66.

12) Escreva um programa que leia um número inteiro e calcule a soma de todos os divisores desse número, com exceção dele próprio. Exemplo: A soma dos divisores do número 66 é 1 + 2 + 3 + 6 + 11 + 22 + 33 = 78.

13) Faça um programa que exiba a soma de todos os números naturais abaixo de 1.000 que são múltiplos de 3 ou 5.

14) Escreva um programa que leia um número inteiro, maior ou igual a zero, do usuário. Imprima o enésimo termo da sequência de Fibonacci. Essa sequência começa no termo de ordem zero, e, a partir do segundo termo, seu valor é dado pela soma dos dois termos anteriores. Alguns termos dessa sequência são: 0, 1, 1, 2, 3, 5, 8, 13, 21, 34.

15) Elabore um programa que faça a leitura de vários números inteiros até que se digite um número negativo. O programa tem de retornar o maior e o menor número lido.

16) Em matemática, o número harmônico designado por Hn define-se como o enésimo termo da série harmônica. Ou seja:

$$Hn = 1 + \frac{1}{2} + \frac{1}{3} + \frac{1}{4} \cdots + \frac{1}{n}$$

Apresente um programa que calcule o valor de qualquer Hn.

17) Escreva um programa que leia um número inteiro positivo N e em seguida imprima *N* linhas do chamado triângulo de Floyd:

```
1
2 3
4 5 6
8 9 10
11 12 13 14 15
16 17 18 19 20 21
```

18) Faça um programa que receba um número inteiro maior do que 1 e verifique se o número fornecido é primo ou não.

19) Faça um programa que calcule e escreva o valor de S:

$$S = \frac{1}{1} + \frac{3}{2} + \frac{5}{3} + \frac{7}{4} + \cdots + \frac{99}{55}$$

20) Faça um programa que leia um valor inteiro e positivo N, calcule o mostre o valor E, conforme a fórmula a seguir:

$$E = \frac{1}{1!} + \frac{1}{2!} + \frac{1}{3!} + \cdots + \frac{1}{N!}$$

21) Escreva um programa que leia certa quantidade de números, imprima o maior deles e quantas vezes o maior número foi lido. A quantidade de números a serem lidos deve ser fornecida pelo usuário.

Vetores e matrizes – arrays

A finalidade deste capítulo é apresentar o conceito de array dentro da linguagem C e como ele pode ser utilizado na declaração de vetores e matrizes. Ao final, o leitor será capaz de:

- Entender o porquê de se utilizar arrays.
- Criar um vetor.
- Acessar os elementos de um vetor.
- Criar uma matriz.
- Acessar os elementos de uma matriz.
- Criar um array com mais de duas dimensões.
- Inicializar um array.

6.1 POR QUE UTILIZAR

As variáveis declaradas até agora são capazes de armazenar um único valor por vez. Sempre que atribuímos um novo valor a uma variável, o valor anterior é perdido, como mostra o exemplo da Figura 6.1.

Exemplo: atribuindo um valor a uma variável

```
01    #include <stdio.h>
02    #include <stdlib.h>
03    int main(){
04      float x = 10;
05      printf("x = %f\n",x);
06      x = 20;
07      printf("x = %f\n",x);
08      system("pause");
09      return 0;
10    }

Saída   x = 10.000000
        x = 20.000000
```

FIGURA 6.1.

Isso ocorre porque cada variável está associada a uma única posição de memória, e dentro dela é possível armazenar apenas um valor do tipo especificado. Assim, para armazenar mais de um valor, é preciso usar mais de uma variável.

 Imagine o seguinte problema: leia as notas de uma turma de cinco estudantes e depois imprima as notas que são maiores do que a média da turma.

Um programa simples para resolver esse problema poderia ser o apresentado na Figura 6.2.

```
Exemplo: média das notas de cinco estudantes
01   #include <stdio.h>
02   #include <stdlib.h>
03   int main(){
04     float n1,n2,n3,n4,n5;
05     printf("Digite a nota de 5 estudantes: ");
06     scanf("%f",&n1);
07     scanf("%f",&n2);
08     scanf("%f",&n3);
09     scanf("%f",&n4);
10     scanf("%f",&n5);
11     float media = (n1+n2+n3+n4+n5)/5.0;
12     if(n1 > media) printf("nota: %f\n",n1);
13     if(n2 > media) printf("nota: %f\n",n2);
14     if(n3 > media) printf("nota: %f\n",n3);
15     if(n4 > media) printf("nota: %f\n",n4);
16     if(n5 > media) printf("nota: %f\n",n5);
17     system("pause");
18     return 0;
19   }
```

FIGURA 6.2

O programa anterior representa uma solução possível para o problema. O inconveniente dessa solução é a grande quantidade de variáveis para gerenciar e o uso repetitivo de comandos praticamente idênticos, como é o caso dos **ifs**.

 Essa solução é inviável para uma turma de 100 alunos.

Expandir o programa anterior para trabalhar com uma turma de 100 alunos significaria, basicamente, aumentar o número de variáveis para guardar as notas de cada aluno e repetir, ainda mais, um conjunto de comandos praticamente idênticos (os **ifs**). Desse modo, teríamos:

- Uma variável para armazenar a nota de cada aluno: 100 variáveis.
- Um comando de leitura para cada nota: 100 **scanf()**.

- Um somatório de 100 notas.
- Um comando de teste para cada aluno: 100 comandos **if**.
- Um comando de impressão na tela para cada aluno: 100 **printf()**.

Como se pode notar, temos uma solução extremamente engessada para o nosso problema. Modificar o número de alunos usado pelo programa implica reescrever todo o código repetindo comandos praticamente idênticos. Além disso, temos grande quantidade de variáveis para gerenciar, cada uma com o próprio nome, o que torna essa tarefa ainda mais difícil de ser realizada sem a ocorrência de erros. Surge então a necessidade de usar um array.

 Como as variáveis do programa têm relação entre si (todas armazenam notas de alunos), podemos declará-las usando um ÚNICO nome para todos os 100 alunos.

Um array ou "vetor" é a forma mais simples e comum de dados estruturados da linguagem C. Trata-se simplesmente de um conjunto de variáveis de um mesmo tipo, com a vantagem de estarem todas associadas ao mesmo nome e serem igualmente acessíveis por um índice. Na seção seguinte veremos como usá-lo.

6.2 ARRAY COM UMA DIMENSÃO – VETOR

A ideia de um array ou "vetor" é bastante simples: criar um conjunto de variáveis do mesmo tipo utilizando apenas um nome.

Relembrando o exemplo anterior, em que as variáveis que guardam as notas dos 100 alunos são todas do mesmo tipo, essa solução permitiria usar apenas um nome (**notas**, por exemplo) de variável para representar todas as notas dos alunos, em vez de um nome para cada variável.

6.2.1 Declarando um vetor

Em linguagem C, a declaração de um array segue esta forma geral:

```
tipo_dado nome_array[tamanho];
```

Esse comando define um array de nome *nome_array* contendo *tamanho* elementos adjacentes na memória. Cada elemento do array é do tipo *tipo_dado*. Pensando no exemplo anterior, poderíamos usar um array de inteiros contendo 100 elementos para guardar as notas dos 100 alunos. Ele seria declarado como mostrado a seguir:

```
float notas[100];
```

> ⚠️ O **tamanho** de um array deve ser sempre um valor ou expressão inteira e constante.

```
01  #include <stdio.h>
02  #include <stdlib.h>
03  #define N 100
04  int main(){
05    int n = 5;
06    float F[N+1];//Correto: expressão inteira e constante
07    char texto[30];//Correto: valor inteiro
08    int Vetor[n];//Errado: n é variável
09    int V[4.5];//Errado: 4.5 não é inteiro
10    system("pause");
11    return 0;
12  }
```

6.2.2 Acessando um elemento do vetor

Como a variável que armazena a nota de um aluno possui agora o mesmo nome que as demais notas dos outros alunos, o acesso ao valor de cada nota é feito utilizando um índice

```
float notas[100];
notas[0] = 81;
notas[1] = 55;
...
notas[99] = 72;
```

A Figura 6.3 mostra como essas notas estariam armazenadas. Note que, na posição "0" do array, está armazenado o valor "81", na posição "1" está armazenado o valor "55", e assim por diante.

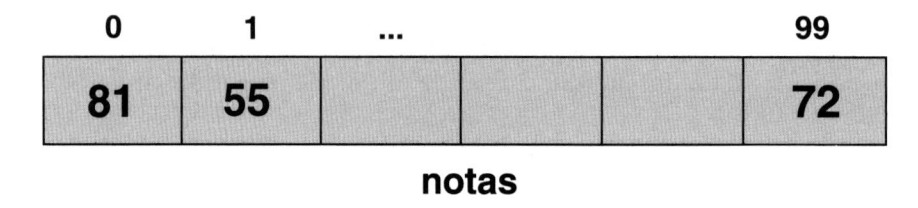

notas

FIGURA 6.3

> ℹ️ Para indicar qual índice do array queremos acessar, utiliza-se o operador de colchetes ([ ]): notas[índice].

```
01  #include <stdio.h>
02  #include <stdlib.h>
03  int main(){
04    int notas[100];
05    int i;
06    for (i = 0; i < 100; i++){
07      printf("Digite a nota do aluno %d",i);
08      scanf("%d",&notas[i]);
09    }
10    system("pause");
11    return 0;
12  }
```

Nesse exemplo, utilizamos um comando de repetição (o laço **for**) para executar o comando de leitura **scanf()** para ler cada uma das 100 notas armazenadas no nosso array. Note que, como o array possui um índice, podemos usar comandos de repetição para executar repetidamente um mesmo comando para cada posição do array. Desse modo, não é mais necessário reescrever um mesmo comando para a posição do array. Isso torna o código mais enxuto, facilitando a sua manutenção e minimizando a ocorrência de erros.

 O uso de arrays permite usar comandos de repetição sobre tarefas que devem ser realizadas, de forma idêntica, para cada posição do array, apenas modificando o índice do array.

Além disso, cada posição do array possui todas as características de uma variável. Isso significa que ela pode aparecer em comandos de entrada e saída de dados, expressões e atribuições. Por exemplo:

```
scanf("%d",&notas[5]);//comando de leitura
notas[0] = 10;//comando de atribuição
notas[1] = notas[5] + notas[0];//expressão
```

 Cada posição do array é uma variável, a qual é identificada por um índice. O tempo para acessar qualquer uma das posições do array é o mesmo.

Lembre-se: Cada posição do array é uma variável. Portanto, todas as posições do array são igualmente acessíveis, isto é, o tempo e o tipo de procedimento para acessar qualquer uma das posições do array são iguais aos de qualquer outra variável.

 Na linguagem C, a numeração do índice do array começa sempre do ZERO e termina sempre em N-1, em que N é o número de elementos definido na declaração do array.

Isso significa que, se o array para armazenar as notas dos alunos foi declarado como

```
float notas[100];
```

as notas dos alunos serão indexadas de 0 a 99:

```
notas[0];
notas[1];
...
notas[99];
```

Isso acontece pelo seguinte motivo: um array é um agrupamento de dados do mesmo tipo, adjacentes na memória. O nome do array indica onde esses dados começam na memória. O índice do array indica quantas posições se deve pular para acessar determinada posição. A Figura 6.4 exemplifica como o array está na memória.

MEMÓRIA			
ENDEREÇO	**VARIÁVEL**	**CONTEÚDO**	
123	notas	81	notas[0]
124		55	notas[1]
125		63	notas[2]
126		67	notas[3]
127		90	notas[4]
128			
129			

FIGURA 6.4

 Em um array de 100 elementos, índices menores do que 0 e maiores do que 99 também podem ser acessados. Porém, isso pode resultar nos mais variados erros durante a execução do programa.

Como foi explicado, um array é um agrupamento de dados adjacentes na memória, e o seu índice apenas indica quantas posições se deve pular para acessar determinada posição. Isso significa que, se tentarmos acessar o índice 100, o programa tentará acessar a centésima posição a partir da posição inicial (que é o nome do array). O mesmo vale para a posição de índice −1. Nesse caso, o programa tentará acessar uma posição anterior ao local onde o array começa na memória. O problema é que, apesar de essas posições existirem na memória e serem acessíveis, elas não pertencem ao array. Pior ainda, elas podem pertencer a outras variáveis do programa, e a alteração de seus valores pode resultar nos mais variados erros durante a execução do programa.

 É função do programador garantir que os limites do array estejam sendo respeitados.

Como vimos, arrays são como uma lista de variáveis indexadas. Porém, devemos tomar certos cuidados ao trabalhar com arrays, principalmente ao usarmos a operação de atribuição (=).

> Não se pode fazer atribuição de arrays inteiros, apenas de suas posições individualmente.

```
01   #include <stdio.h>
02   #include <stdlib.h>
03   int main(){
04      int v[5] = {1,2,3,4,5};
05      int v1[5];
06      v1 = v; //ERRADO!
07      int i;
08      for(i=0; i<5; i++)
09         v1[i] = v[i]; //CORRETO
10      system("pause");
11      return 0;
12   }
```

Isso ocorre porque a linguagem C não suporta a atribuição de um array para outro (linha 6). Para atribuir o conteúdo de um array a outro array, o correto é copiar seus valores, elemento por elemento, para o outro array (linha 9).

6.3 ARRAY COM DUAS DIMENSÕES – MATRIZ

Os arrays declarados até o momento possuem apenas uma dimensão e, portanto, são tratados como uma lista de variáveis. Porém, há casos em que uma estrutura com mais de uma dimensão é mais útil. Por exemplo, quando os dados são organizados em uma estrutura de linhas e colunas, como uma tabela. Para isso, usamos um array com duas dimensões, ou seja, uma "matriz".

6.3.1 Declarando uma matriz

Em linguagem C, a declaração de uma matriz segue esta forma geral:

```
tipo_dado nome_array[nro_linhas][nro_colunas];
```

Esse comando define um array de nome *nome_array* contendo *nro_linhas x nro_colunas* elementos do mesmo tipo e adjacentes na memória. Cada elemento do array é do tipo *tipo_dado*.

Por exemplo, para criar um array de inteiros que possua 100 linhas e 50 colunas, isto é, uma matriz de inteiros de tamanho *100 × 50*, usa-se a declaração a seguir:

```
int mat[100][50];
```

6.3.2 Acessando um elemento da matriz

Para acessar um elemento de um vetor, era preciso indicar qual índice do array queríamos ler ou escrever. Para isso, utilizávamos o operador de colchetes ([ ]). Em uma matriz, temos agora duas dimensões: as linhas e as colunas do array. Isso significa que, para acessar determinada posição da matriz, precisamos usar dois índices: o primeiro índice especifica a linha, e o segundo, a coluna da nossa matriz:

```
int mat[100][50];
mat[0][1] = 99;
```

A Figura 6.5 mostra como o valor anterior seria armazenado na matriz.

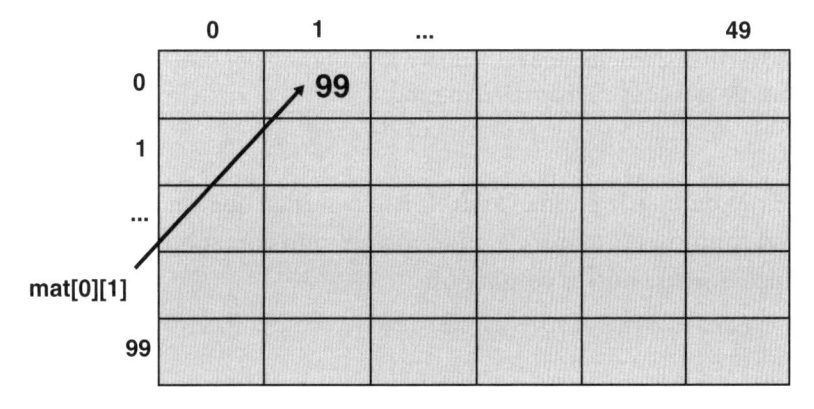

FIGURA 6.5

Note que cada índice possui o seu próprio par de colchetes ([ ]). Como no caso do vetor, cada dimensão começa no índice ZERO e termina sempre em N-1, em que N é o número de elementos definido para aquela dimensão da matriz.

Assim, em uma matriz declarada com 100 linhas e 50 colunas, a numeração das linhas vai de 0 até 99, enquanto a numeração das colunas vai de 0 até 49.

Como no caso dos vetores, podemos aqui também usar comandos de repetição sobre tarefas que devem ser realizadas, de forma idêntica, para cada posição da matriz apenas modificando os seus índices.

 Como uma matriz possui dois índices, precisamos de dois comandos de repetição para percorrer todos os seus elementos.

```
01  #include <stdio.h>
02  #include <stdlib.h>
03  int main(){
04    int mat[100][50];
05    int i,j;
06    for (i = 0; i < 100; i++){
07      for (j = 0; j < 50; j++){
08        printf("Digite o valor de mat[%d][%d]: ",i,j);
09        scanf("%d",&mat[i][j]);
10      }
11    }
12    system("pause");
13    return 0;
14  }
```

Nesse exemplo, utilizamos dois comandos de repetição (dois laços **for**) para executar o comando de leitura **scanf()** para ler cada uma das posições da matriz **mat**. Note que, como a matriz possui duas dimensões, precisamos usar duas variáveis (**i** e **j**) diferentes para indexar cada uma delas. Além disso, veja que um comando de repetição está dentro do outro. Isso ocorre porque cada linha da matriz possui 50 colunas, ou seja, para cada linha temos que variar o índice da coluna da matriz de 0 até 49. Do contrário, não teríamos percorrido todos os seus elementos.

 Cada posição da matriz é uma variável, a qual é identificada por dois índices. O tempo para acessar qualquer uma das posições da matriz é o mesmo.

Como cada posição da matriz é uma variável, isso significa que ela possui as mesmas características de uma variável comum. Portanto, ela pode aparecer em comandos de entrada e saída de dados, expressões e atribuições, entre outros comandos:

```
scanf("%d",&mat[5][0]);//comando de leitura
mat[0][0] = 10;//comando de atribuição
mat[1][2] = mat[5][0] + mat[0][0];//expressão
```

Lembre-se: Cada posição do array é uma variável. Portanto, todas as posições do array são igualmente acessíveis, isto é, o tempo e o tipo de procedimento para acessar qualquer uma das posições do array são iguais aos de qualquer outra variável.

6.4 ARRAY COM MAIS DE DUAS DIMENSÕES

Nas seções anteriores, vimos como criar arrays com uma dimensão (vetor) ou duas dimensões (matriz). No entanto, a linguagem C permite que se crie um array com mais de duas dimensões de maneira fácil. Para criar um vetor, utilizamos um par de colchetes. Já para a matriz, foram necessários dois pares de colchetes. Ou seja, cada dimensão do array é definida por um par de colchetes na sua declaração.

Na linguagem C, cada par de colchetes ([ ]) representa uma dimensão do array declarado.

```
01    #include <stdio.h>
02    #include <stdlib.h>
03    int main(){
04      //declara array de int com 1 dimensão
05      int vet[5];
06      //declara array de float com 2 dimensões
07      float mat[5][5];
08      //declara array de double com 3 dimensões
09      double cub[5][5][5];
10      //declara array de int com 4 dimensões
11      int X[5][5][5][5];
12      system("pause");
13      return 0;
14    }
```

Como se pode ver no exemplo anterior, cada par de colchetes adicionado ao nome de um array durante a sua declaração adiciona uma nova dimensão àquele array, independentemente do seu tipo.

O acesso ao valor de uma posição de um array é feito utilizando um índice para cada dimensão do array.

```
01    #include <stdio.h>
02    #include <stdlib.h>
03    int main(){
04      int cub[5][5][5];
05      int i,j,k;
06      //preenche o array de 3 dimensões com zeros
07      for (i=0; i < 5; i++){
08        for (j=0; j < 5; j++){
09          for (k=0; k < 5; k++){
10            cub[i][j][k] = 0;
11          }
12        }
13      }
14      system("pause");
15      return 0;
16    }
```

Nesse exemplo, são necessários três comandos de repetição (três laços **for**) para fazer a atribuição do valor zero a cada uma das posições do array **cub**. Note que, como o array possui três dimensões, precisamos usar três variáveis (**i**, **j** e **k**) diferentes para indexar cada uma delas. Além disso, veja que um comando de repetição está dentro do outro. Isso porque é como se a primeira dimensão do array armazenasse um outro array de duas dimensões e a segunda dimensão armazenasse um outro array de uma única dimensão. Do contrário, não teríamos percorrido todos os seus elementos.

Apesar de terem o comportamento de estruturas com mais de uma dimensão, os dados dos arrays, independentemente do número de dimensões que possuam, são sempre armazenados linearmente na memória (Figura 6.6). É o uso dos colchetes que cria a impressão de estarmos trabalhando com mais de uma dimensão.

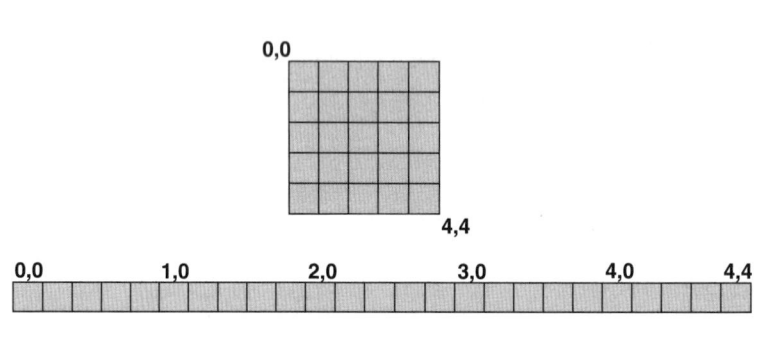

FIGURA 6.6

Por esse motivo, é importante ter em mente qual dimensão se move mais rapidamente na memória: sempre a mais à direita, independentemente do tipo ou do número de dimensões do array, como se pode ver a seguir marcado em sublinhado:

```
int vet[5]; // 1 dimensão
float mat[5][5]; // 2 dimensões
double cub[5][5][5]; // 3 dimensões
int X[5][5][5][5]; // 4 dimensões
```

 Basicamente, um array com duas ou mais dimensões funciona como qualquer outro. Basta lembrar que o índice que varia mais rapidamente é sempre o índice mais à direita.

6.5 INICIALIZAÇÃO DE ARRAYS

Vimos que arrays são variáveis. Assim, a declaração de um array apenas reserva espaço na memória e não associa a eles nenhum valor. Seu valor inicial é o lixo de memória contido no espaço reservado para ele. A depender do programa que estamos construindo, é preciso iniciar todas as posições do array com algum valor predefinido. Podemos, por exemplo, querer iniciar todas as suas posições com o valor zero, como mostra o exemplo da Figura 6.7.

Exemplo: zerando um array

```
01  #include <stdio.h>
02  #include <stdlib.h>
03  int main(){
04    int vet[5];
05    int i;
06    for (i = 0; i < 5; i++){
07      vet[i] = 0;
08    }
09    system("pause");
10    return 0;
11  }
```

FIGURA 6.7

Colocar o mesmo valor em todas as posições do array é uma tarefa bastante simples. Mas, e se quisermos colocar um valor diferente em cada posição? Nesse caso, será preciso acessar pelo índice essa posição e colocar o seu valor correspondente, como mostra o exemplo da Figura 6.8.

Exemplo: atribuindo valores a um array

```
01  #include <stdio.h>
02  #include <stdlib.h>
03  int main(){
04    int vet[5];
05    vet[0] = 15;
06    vet[1] = 12;
07    vet[2] = 9;
08    vet[3] = 1;
09    vet[4] = 35;
10    system("pause");
11    return 0;
12  }
```

FIGURA 6.8

Como se pode ver, essa forma de inicialização de array não é muito prática. Felizmente, a linguagem C possui outra forma, mais simples e prática, de inicializar um array durante sua declaração. Isso pode ser feito com qualquer array, independentemente do seu tipo ou do número de dimensões que ele possui. Para isso, usamos o operador de chaves ({ }).

 O operador de chaves permite definir uma lista de valores a serem atribuídos ao array durante a sua declaração: { dados }.

A forma geral de inicialização de um array utilizando o operador de chaves ({ }) é:

```
tipo_dado nome_array[tam1][tam2]...[tamN] = { dados };
```

Nessa declaração, dados são uma lista de valores (do mesmo tipo do array) separados por vírgula e delimitados pelo operador de chaves ({ }). Esses valores devem ser colocados na mesma ordem em que serão colocados dentro do array, começando da sua primeira posição, a posição zero.

 A inicialização de um array utilizando o operador de chaves ({ }) só pode ser feita durante sua declaração.

A inicialização de um array consiste em atribuir um valor inicial a cada posição do array. O operador de chaves apenas facilita essa tarefa, como mostra o exemplo da Figura 6.9.

Exemplo: inicializando um array	
Com o operador de { }	**Sem o operador de { }**

```
01   #include <stdio.h>          #include <stdio.h>
02   #include <stdlib.h>         #include <stdlib.h>
03   int main(){                 int main(){
04     int vet[5]={15,12,9,1,35};  int vet[5];
05                                 vet[0] = 15;
06     system("pause");           vet[1] = 12;
07     return 0;                  vet[2] = 9;
08   }                            vet[3] = 1;
09                                vet[4] = 35;
10
11                                system("pause");
12                                return 0;
13                              }
```

FIGURA 6.9

A inicialização de um array com uma única dimensão é bastante simples. Na Figura 6.10 podemos ver a inicialização de uma matriz.

Exemplo: inicializando uma matriz

```
01   #include <stdio.h>
02   #include <stdlib.h>
03   int main(){
04
05     float vetor[3] = {1.5,22.1,4.56};
06     int matriz1[3][4] = {1,2,3,4,5,6,7,8,9,10,11,12};
07     int matriz2[3][4] = {{1,2,3,4}, {5,6,7,8}, {9,10,11,12}};
08
09     system("pause");
10     return 0;
11   }
```

FIGURA 6.10

Note, nesse exemplo, que a inicialização de um array de duas dimensões pode ser feita de duas formas distintas:

- Na primeira matriz (**matriz1**), os valores iniciais são definidos utilizando um único par de chaves ({ }), igual ao que é feito com o array **vetor**. Nesse caso, os valores são atribuídos partindo da primeira para a última linha, e somente se muda de linha quando todas as colunas daquela linha já estiverem com um valor atribuído a si (começando da primeira coluna). Lembre-se: A dimensão que se move mais rapidamente na memória é sempre a mais à direita, independentemente do tipo ou número de dimensões do array.
- Na segunda matriz (**matriz2**), usamos mais de um par de chaves ({ }) para definir o conjunto de valores de cada uma das dimensões da matriz.

 As regras definidas para a inicialização de uma matriz são as mesmas para a inicialização de arrays que possuem mais de duas dimensões: podemos usar um único par de chaves ou um par de chaves para definir o conjunto de valores de cada uma de suas dimensões.

Para a inicialização de um array de caracteres, podemos usar o mesmo princípio definido na inicialização de outros tipos, como mostra o exemplo da Figura 6.11.

Exemplo: inicializando um array de caracteres

```
01   #include <stdio.h>
02   #include <stdlib.h>
03   int main(){
04     char str1[10] = {'J','o','a','o','\0'};
05     char str2[10] = "Joao";
06
07     system("pause");
08     return 0;
09   }
```

FIGURA 6.11

Percebe-se que essa forma de inicialização não é muito prática para arrays de caracteres, como mostrado no array **str1**. Por isso, a inicialização de um array de caracteres também pode ser feita por meio de aspas duplas, como mostrado na inicialização de **str2**. O mesmo princípio é válido para iniciar um array de caracteres de mais de uma dimensão. Note ainda que ambos os arrays foram definidos com tamanho 10, mas apenas quatro caracteres foram fornecidos na sua inicialização.

 Na inicialização de um array, não é necessário definir o valor de todas as suas posições. As posições não definidas serão inicializadas com o valor ZERO ou o caractere correspondente ao valor ZERO.

```
01   #include <stdio.h>
02   #include <stdlib.h>
03   int main(){
04     int i;
05     float v1[10] = {1,2,3};
06     int v2[10] = {11,22,33};
07     char str[10] = "joao";
08     for (i=0; i< 10; i++)
09       printf("%f %d %c\n",v1[i], v2[i], str[i]);
10
11     system("pause");
12     return 0;
13   }
```

6.5.1 Inicialização sem tamanho

A linguagem C também permite inicializar um array sem que tenhamos definido o seu tamanho. Nesse caso, simplesmente não colocamos o valor do tamanho do array entre os colchetes durante a sua declaração:

```
tipo_dado nome_array[ ] = { dados };
```

Nesse tipo de inicialização, o compilador da linguagem C vai contar quantos valores existem na lista de dados definida para a inicialização do array. Em seguida, ele vai considerar essa quantidade de valores como o tamanho do array. Note que isso ocorre na etapa de compilação do programa. Depois disso, o tamanho do array não poderá mais ser modificado. Na Figura 6.12 podemos ver um exemplo.

```
Exemplo: inicializando um array sem tamanho
01  #include <stdio.h>
02  #include <stdlib.h>
03  int main(){
04    // Declara um array com 10 posições
05    int vetor[] = {1,2,3,4,5,6,7,8,9,10};
06
07    system("pause");
08    return 0;
09  }
```

FIGURA 6.12

A inicialização sem tamanho é muito útil quando não queremos contar quantos caracteres serão necessários para inicializar um array de caracteres (também chamado de **string**), como mostra o exemplo da Figura 6.13.

```
Exemplo: inicializando uma string sem tamanho
01  #include <stdio.h>
02  #include <stdlib.h>
03  int main(){
04    //A string texto terá tamanho 13
05    //(12 caracteres + o caractere '\0')
06    char texto[] = "Linguagem C.";
07
08    system("pause");
09    return 0;
10  }
```

FIGURA 6.13

Note, nesse exemplo, que foram utilizados 12 caracteres para iniciar o array de **char texto**. Porém, o seu tamanho final será 13. Isso ocorre porque arrays de caracteres sempre possuem o elemento seguinte ao último caractere como sendo o caractere "\0". Mais detalhes sobre isso poderão ser vistos na próxima seção.

No caso da inicialização de arrays com mais de uma dimensão, é necessário sempre definir as dimensões que existem além da primeira. Apenas a primeira dimensão pode ficar sem tamanho definido. Na Figura 6.14 podemos ver um exemplo.

```
                 Exemplo: inicializando uma matriz sem tamanho
01   #include <stdio.h>
02   #include <stdlib.h>
03   int main(){
04     //O número de linhas de matriz será 5.
05     int matriz[][2] = {1,2,3,4,5,6,7,8,9,10};
06
07     system("pause");
08     return 0;
09   }
```

FIGURA 6.14

6.6 EXEMPLOS DE USO DE ARRAYS

Nesta seção são apresentados alguns exemplos de operações básicas de manipulação de vetores e matrizes na linguagem C.

6.6.1 Somando os elementos de um vetor

O exemplo da Figura 6.15 mostra como podemos facilmente somar todos os elementos de um vetor. No exemplo, estamos somando os elementos de um vetor contendo apenas cinco valores inteiros, mas o processo é o mesmo para vetores de qualquer tamanho.

```
                 Exemplo: somando os elementos de um vetor de cinco inteiros
01   #include <stdio.h>
02   #include <stdlib.h>
03   int main(){
04     int i, lista[5] = {3,51,18,2,45};
05     int soma = 0;
06     for(i=0; i < 5; i++)
07        soma = soma + lista[i];
08     printf("Soma = %d\n",soma);
09     system("pause");
10     return 0;
11   }
```

FIGURA 6.15

Para somar seus elementos, precisamos, antes de mais nada, de uma variável que armazenará o resultado da soma. Para isso, usamos a variável **soma**. Note que essa variável é inicializada com o valor 0. Fazemos isso para evitar que o lixo de memória inicialmente contido na variável declarada não atrapalhe o resultado final, e o valor 0 não altere a soma de quaisquer elementos.

Em seguida, é necessário percorrer todos os elementos do vetor por meio de um comando de **laço**. Nesse caso, usamos o comando **for**. Para cada elemento do vetor, simplesmente o somamos ao valor da variável **soma**, que passa agora a valer o seu valor anterior mais o valor da posição atual do vetor. Ao final do comando de laço, temos a soma dos elementos do vetor.

6.6.2 Encontrando o maior valor de um vetor

O exemplo da Figura 6.16 mostra como podemos facilmente encontrar o maior elemento de um vetor. No exemplo, estamos trabalhando com um vetor contendo apenas cinco valores inteiros, mas o processo é o mesmo para vetores de qualquer tipo ou tamanho, além de matrizes e arrays de mais de duas dimensões.

Exemplo: encontrar o maior valor contido em um vetor de cinco inteiros

```
01   #include <stdio.h>
02   #include <stdlib.h>
03   int main(){
04     int i, lista[5] = {3,18,2,51,45};
05     int Maior = lista[0];
06     for(i=1; i<5; i++){
07        if(Maior < lista[i])
08            Maior = lista[i];
09     }
10     printf("Maior = %d\n", Maior);
11     system("pause");
12     return 0;
13   }
```

FIGURA 6.16

Primeiramente, precisamos de uma variável auxiliar (**maior**) para armazenar o maior elemento do vetor. Note que ela deve ser do mesmo tipo que ele e deve ser inicializada com o valor de um dos elementos do vetor. No caso, usamos a primeira posição, de índice 0. A razão para isso é simples: essa variável auxiliar será comparada a todo o restante do vetor, portanto ela deverá conter um valor que exista nele. Do contrário, poderíamos induzir o programa a exibir um resultado errôneo. Por exemplo, se inicializássemos essa variável com o valor 0 e o vetor tivesse apenas valores negativos, o valor 0 seria considerado o maior elemento do vetor, o que não seria verdade.

Em seguida, passamos para a etapa de comparação: se o valor contido em uma das posições do vetor for maior do que o valor contido na variável auxiliar, esta deverá receber o valor dessa posição. Isso deve ser feito para cada posição do vetor, ou seja, devemos percorrê-lo todo com um comando de laço (o comando **for**, por exemplo) realizando a comparação.

Finalmente, note que esse processo serve também para encontrar o menor elemento do vetor, bastando para isso inverter a operação de comparação utilizada no comando **if**.

6.6.3 Calculando a média dos elementos de um vetor

O exemplo da Figura 6.17 mostra como podemos facilmente calcular a média dos elementos de um vetor. No exemplo, estamos trabalhando com um vetor contendo apenas cinco valores inteiros, mas o processo é o mesmo para vetores de qualquer tamanho.

Exemplo: calculando a média dos elementos de um vetor de cinco inteiros

```
01  #include <stdio.h>
02  #include <stdlib.h>
03  int main(){
04    int i, lista[5] = {3,51,18,2,45};
05    int soma = 0;
06    for(i=0; i < 5; i++)
07        soma = soma + lista[i];
08    float media = soma / 5.0;
09    printf("Media = %f\n",media);
10    system("pause");
11    return 0;
12  }
```

FIGURA 6.17

Para calcular a média dos elementos de um vetor, precisamos, antes de mais nada, somá-los. Isso pode ser facilmente feito com o exemplo mostrado anteriormente, no qual um comando de laço é utilizado para percorrer os elementos de um vetor e somá-los a uma variável auxiliar.

Em seguida, basta dividir a soma dos elementos pelo número total de elementos do vetor. O valor dessa divisão deve ser armazenado em uma variável de tipo ponto flutuante (como o **float**), para evitar arredondamentos.

6.6.4 Somando os elementos de uma matriz

O exemplo da Figura 6.18 mostra como podemos facilmente somar todos os elementos de uma matriz. No exemplo, estamos somando os elementos de uma matriz contendo apenas três linhas e três colunas de valores inteiros, mas o processo é o mesmo para matrizes de qualquer tamanho.

Exemplo: somando os elementos de uma matriz de inteiros

```
01  #include <stdio.h>
02  #include <stdlib.h>
03  int main(){
04    int mat[3][3] = {{1,2,3},{4,5,6},{7,8,9}};
05    int i, j, soma = 0;
06    for(i=0; i < 3; i++)
07        for(j=0; j < 3; j++)
08            soma = soma + mat[i][j];
09    printf("Soma = %d\n",soma);
10    system("pause");
11    return 0;
12  }
```

FIGURA 6.18

Basicamente, somar os elementos de uma matriz é similar a somar os elementos de um vetor. A diferença é que agora necessitamos de dois comandos de laço para percorrer todos os elementos da matriz. Para cada elemento da matriz, simplesmente o somamos ao valor de uma variável auxiliar (**soma**), que passa agora a valer o seu valor anterior mais o valor da posição atual da matriz. Note que essa variável **soma** foi previamente inicializada com 0. Fazemos isso para evitar que o lixo de memória inicialmente contido na variável declarada não atrapalhe o resultado final, e o valor 0 não altere a soma de quaisquer elementos.

6.7 EXERCÍCIOS

6.7.1 Vetores

1) Crie um programa que leia do teclado seis valores inteiros e em seguida mostre na tela os valores lidos.

2) Crie um programa que leia do teclado seis valores inteiros e em seguida mostre na tela os valores lidos na ordem inversa.

3) Faça um programa que leia cinco valores e os armazene em um vetor. Em seguida, mostre todos os valores lidos juntamente com a média dos valores.

4) Faça um programa que possua um array de nome A que armazene seis números inteiros. O programa deve executar os seguintes passos:
   a) Atribua os seguintes valores a esse array: 1, 0, 5, –2, –5, 7.
   b) Armazene em uma variável a soma dos valores das posições A[0], A[1] e A[5] do array e mostre na tela essa soma.
   c) Modifique o array na posição 4, atribuindo a essa posição o valor 100.
   d) Mostre na tela cada valor do array A, um em cada linha.

5) Faça um programa que leia um vetor de oito posições. Em seguida, leia também dois valores X e Y quaisquer correspondentes a duas posições no vetor. Seu programa deverá exibir a soma dos valores encontrados nas respectivas posições X e Y.

6) Escreva um programa que leia do teclado um vetor de 10 posições. Escreva na tela quantos valores pares foram armazenados nesse vetor.

7) Faça um programa que receba do usuário um vetor X com 10 posições. Em seguida deverão ser impressos o maior e o menor elemento desse vetor.

8) Faça um programa que preencha um vetor com 10 números reais. Em seguida, calcule e mostre na tela a quantidade de números negativos e a soma dos números positivos desse vetor.

9) Faça um programa que receba do usuário dois arrays, A e B, com 10 números inteiros cada. Crie um novo array C calculando C = A – B. Mostre na tela os dados do array C.

10) Faça um programa que preencha um vetor de tamanho 100 com os 100 primeiros números naturais que não são múltiplos de 7. Ao final, imprima esse vetor na tela.

11) Leia um conjunto de números reais, armazenando-o em vetor. Em seguida, calcule o quadrado de cada elemento desse vetor, armazenando esse resultado em outro vetor. Os conjuntos têm, no máximo, 20 elementos. Imprima os dois conjuntos de números.

12) Faça um programa que leia um vetor de 10 posições. Verifique se existem valores iguais e os escreva na tela.

13) Faça um programa para ler 10 números diferentes a serem armazenados em um vetor. Os números deverão ser armazenados no vetor na ordem em que forem lidos, sendo que, caso o usuário digite um número que já foi digitado, o programa deverá pedir a ele para digitar outro número. Note que cada valor digitado pelo usuário deve ser pesquisado no vetor, verificando se ele existe entre os números que já foram fornecidos. Exiba na tela o vetor final que foi digitado.

14) Faça um programa que calcule o desvio-padrão d de um vetor V contendo n números

$$d = \sqrt{\frac{1}{n-1}\sum_{i=0}^{n=1}(V[i]) - m}$$

em que m é a média desse vetor. Considere $n = 10$. O vetor v deve ser lido do teclado.

15) Leia um vetor com 10 números de ponto flutuante. Em seguida, ordene os elementos desse vetor e imprima o vetor na tela.

6.7.2 Matrizes

1) Faça um programa que leia uma matriz de tamanho 3×3. Imprima na tela o menor valor contido nessa matriz.

2) Faça um programa que leia uma matriz de tamanho 4×4. Imprima na tela o maior valor contido nessa matriz e a sua localização (linha e coluna).

3) Faça um programa que declare uma matriz de tamanho 5×5. Preencha com 1 a diagonal principal e com 0 os demais elementos. Ao final, escreva a matriz obtida na tela.

4) Leia uma matriz de tamanho 4×4. Em seguida, conte e escreva na tela quantos valores maiores do que 10 ela possui.

5) Leia uma matriz de tamanho 4×4. Em seguida, conte e escreva na tela quantos valores negativos ela possui.

6) Leia uma matriz de tamanho 3×3. Em seguida, imprima a soma dos valores contidos em sua diagonal principal.

7) Leia uma matriz de tamanho 3×3. Em seguida, imprima a soma dos valores contidos em sua diagonal secundária.

8) Calcular e imprimir na tela uma matriz de tamanho 10×10, em que seus elementos são da forma:

$$A[i][j] = \begin{cases} 2i + 7j - 2 \text{ se } i < j \\ 3i^2 - 1 \text{ se } i = j \\ 4i^3 + 5j^2 + 1 \text{ se } i > j \end{cases}$$

9) Faça um programa que permita ao usuário entrar com uma matriz de tamanho 3×3 de números inteiros. Em seguida, calcule um vetor contendo três posições, em que cada posição deverá armazenar a soma dos números de cada coluna da matriz. Exiba na tela esse array. Por exemplo, a matriz

5	−8	10
1	2	15
25	10	7

deverá gerar o vetor

| 31 | 4 | 32 |

10) Leia uma matriz de tamanho 10×3 com as notas de 10 alunos em três provas. Em seguida, calcule e escreva na tela o número de alunos cuja pior nota foi na prova 1, o número de alunos cuja pior nota foi na prova 2 e o número de alunos cuja pior nota foi na prova 3.

11) Faça um programa que leia uma matriz de tamanho 5×5. Calcule e imprima a soma dos elementos dessa matriz que estão acima da diagonal principal.

12) Faça um programa que leia uma matriz de tamanho 6×6. Calcule e imprima a soma dos elementos dessa matriz que estão abaixo da diagonal principal.

13) Faça um programa que leia uma matriz de tamanho 5×5. Calcule e imprima a soma dos elementos dessa matriz que não pertencem à diagonal principal nem à diagonal secundária.

14) Faça um programa que leia uma matriz de tamanho 5×5. Calcule a soma dos elementos dessa matriz que pertencem à diagonal principal ou secundária. Calcule também a soma dos elementos que não pertencem a nenhuma das duas diagonais. Imprima na tela a diferença entre os dois valores.

15) Faça um programa que leia uma matriz A de tamanho 5×5. Em seguida, calcule e imprima a matriz B, sendo que $B = A^2$.

Arrays de caracteres – strings

A finalidade deste capítulo é apresentar o conceito de string dentro da linguagem C e como ela pode ser utilizada na manipulação de palavras e textos dentro do programa. Ao final, o leitor será capaz de:

- Entender o conceito de string.
- Criar uma string.
- Inicializar uma string.
- Acessar os elementos de uma string.
- Ler uma string do teclado.
- Escrever uma string em tela.
- Utilizar as funções básicas de manipulação de strings.

7.1 DEFINIÇÃO E DECLARAÇÃO DE UMA STRING

String é o nome que usamos para definir uma sequência de caracteres adjacentes na memória do computador. Essa sequência de caracteres, que pode ser uma palavra ou frase, é armazenada na memória do computador na forma de um array do tipo **char**.

Por ser a string um array de caracteres, sua declaração segue as mesmas regras da declaração de um array convencional:

```
char str[6];
```

Essa declaração cria na memória do computador uma string (array de caracteres) de nome **str** e tamanho igual a **6**. No entanto, apesar de ser um array, devemos ficar atentos para o fato de que as strings têm no elemento seguinte a última letra da palavra/frase armazenada, um caractere "\0".

 O caractere '\0' indica o fim da sequência de caracteres.

Isso ocorre porque podemos definir uma string com tamanho maior do que a palavra armazenada. Imagine uma string definida com tamanho de 50 caracteres, mas utilizada apenas para armazenar a palavra "oi". Nesse caso, temos 48 posições não utilizadas e que estão preenchidas com **lixo de memória** (um valor qualquer). Obviamente, não queremos que todo esse lixo seja impresso quando essa string for exibida na tela. Assim, o caractere "\0" indica o fim da sequência de caracteres e o início das posições restantes da nossa string que não estão sendo utilizadas no momento:

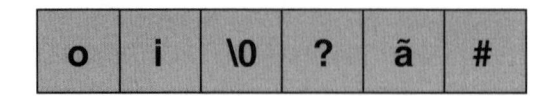

 Ao definir o tamanho de uma string, devemos considerar o caractere '\0'.

Como o caractere "\0" indica o final de nossa string, isso significa que, em uma string definida com tamanho de 50 caracteres, apenas 49 estarão disponíveis para armazenar o texto digitado pelo usuário.

7.1.1 Inicializando uma string

Uma string pode ser lida do teclado ou já ser definida com um valor inicial. Para sua inicialização, pode-se usar o mesmo princípio definido na inicialização de vetores e matrizes:

```
char str [10] = { 'J', 'o', 'a', 'o', '\0' };
```

Percebe-se que essa forma de inicialização não é muito prática. Por isso, a inicialização de strings também pode ser feita por meio de aspas duplas:

```
char str [10] = "Joao";
```

Essa forma de inicialização possui a vantagem de já inserir o caractere '\0' no final da string.

7.1.2 Acessando um elemento da string

Outro ponto importante na manipulação de strings é que, por se tratar de um array, cada caractere pode ser acessado individualmente por indexação como em qualquer outro vetor ou matriz:

```
char str[6] = "Teste";
```

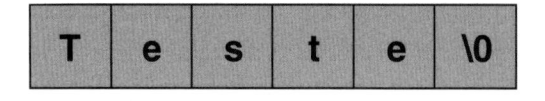

```
str[0] = 'L';
```

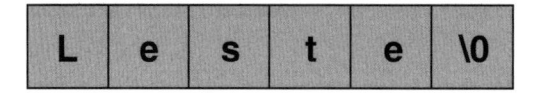

Na atribuição de strings usam-se **"aspas duplas"**, enquanto na de caracteres usam-se **'aspas simples'**.

7.2 TRABALHANDO COM STRINGS

O primeiro cuidado que temos que tomar ao trabalhar com strings é na operação de atribuição.

Strings são arrays. Portanto, não se pode fazer atribuição de strings.

```
01   #include <stdio.h>
02   #include <stdlib.h>
03   int main(){
04     char str1[20] = "Hello World";
05     char str2[20];
06
07     str1 = str2; //ERRADO!
08
09     system("pause");
10     return 0;
11   }
```

Isso ocorre porque uma string é um array, e a linguagem C não suporta a atribuição de um array para outro. Para atribuir o conteúdo de uma string a outra, o correto é copiar a string, elemento por elemento, para a outra string (Figura 7.1).

Esse exemplo permite copiar uma string, elemento por elemento, para outra string. Note que foi utilizada a mesma forma de indexação que seria feita com um array de qualquer outro tipo (**int**, **float** etc.). Infelizmente, esse tipo de manipulação de arrays não é muito prático quando estamos trabalhando com palavras.

Exemplo: copiando uma string

```
01   #include <stdio.h>
02   #include <stdlib.h>
03   int main(){
04     int i;
05     char str1[20] = "Hello World";
06     char str2[20];
07     for (i = 0; str1[i]!='\0'; i++)
08         str2[i] = str1[i];
09     str2[i] = '\0';
10     system("pause");
11     return 0;
12   }
```

FIGURA 7.1

 Felizmente, a biblioteca-padrão da linguagem C possui funções especialmente desenvolvidas para a manipulação de strings na biblioteca <string.h > .

A seguir, serão apresentadas algumas das funções mais utilizadas para leitura, escrita e manipulação de strings.

7.2.1 Lendo uma string do teclado

Usando a função **scanf()**

Existem várias maneiras de se fazer a leitura de uma sequência de caracteres do teclado. Uma delas é utilizando a já conhecida função **scanf()** com o formato de dados "%s":

```
char str[20];

scanf("%s",str);
```

 Quando usamos a função **scanf()** para ler uma string, o símbolo de & antes do nome da variável não é utilizado. Os colchetes também não são utilizados, pois queremos ler a string toda e não apenas uma letra.

Infelizmente, para muitos casos, a função **scanf()** não é a melhor opção para se ler uma string do teclado.

 A função **scanf()** lê apenas strings digitadas sem espaços, ou seja, palavras.

No caso de ter sido digitada uma frase (uma sequência de caracteres contendo espaços), apenas os caracteres digitados antes do primeiro espaço encontrado serão armazenados na string se a sua leitura for feita com a função **scanf()**.

Usando a função **gets()**

Uma alternativa mais eficiente para a leitura de uma string é a função **gets()**, a qual faz a leitura do teclado considerando todos os caracteres digitados (incluindo os espaços) até encontrar uma tecla enter:

```
char str[20];

gets(str);
```

Usando a função **fgets()**

Basicamente, para ler uma string do teclado utilizamos a função **gets()**. No entanto, existe outra função que, utilizada de forma adequada, também permite a leitura de strings do teclado. Essa função é a **fgets()**, cujo protótipo é:

```
char *fgets(char *str, int tamanho, FILE *fp);
```

A função **fgets()** recebe três parâmetros de entrada:

- **str**: a string a ser lida.
- **tamanho**: o limite máximo de caracteres a serem lidos.
- **fp**: a variável que está associada ao *arquivo* de onde a string será lida.

E retorna:

- **NULL**: no caso de erro ou fim do arquivo.
- O ponteiro para o primeiro caractere da string recuperada em str.

Note que a função **fgets()** utiliza uma variável FILE *fp, que está associada ao arquivo de onde a string será lida.

 Para ler do teclado, basta substituir FILE *fp por stdin, o qual representa o dispositivo de entrada-padrão (geralmente o teclado).

```
01    #include <stdio.h>
02    #include <stdlib.h>
03    int main(){
04      char nome[30];
05      printf("Digite um nome: ");
06      fgets (nome, 30, stdin);
07      printf("O nome digitado foi: %s",nome);
08      system("pause");
09      return 0;
10    }
```

Como a função **gets()**, a função **fgets()** lê a string do teclado até que um caractere de nova linha (enter) seja lido. Apesar de parecerem iguais, a função **fgets()** possui algumas diferenças e vantagens sobre a **gets()**.

 Na função **fgets()**, o caractere de nova linha ("\n") fará parte da string, o que não acontecia com a **gets()**.

A função **gets()** armazena tudo o que for digitado até o comando de enter. Já a função **fgets()** armazena tudo o que for digitado, incluindo o comando de enter ("\n").

 A função **fgets()** especifica o tamanho máximo da string de entrada.

Diferentemente da função **gets()**, a função **fgets()** lê a string até que um caractere de nova linha seja lido ou **"tamanho-1"** caracteres tenham sido lidos. Isso evita o estouro do buffer, que ocorre quando se tenta ler algo maior do que pode ser armazenado na string.

Limpando o buffer do teclado

Às vezes, podem ocorrer erros durante a leitura de caracteres ou strings do teclado. Para resolver esses pequenos erros, podemos limpar o buffer do teclado (entrada-padrão) usando a função **setbuf(stdin, NULL)** antes de realizar a leitura de caracteres ou strings (Figura 7.2).

Exemplo: limpando o buffer do teclado	
Leitura de caracteres	Leitura de strings

```
01   char ch;                      char str[10];
02   setbuf(stdin, NULL);          setbuf(stdin, NULL);
03   scanf("%c", &ch);             gets(str);
```

FIGURA 7.2

Basicamente, a função **setbuf()** preenche um buffer (primeiro parâmetro) com determinado valor (segundo parâmetro). No exemplo anterior, o buffer da entrada-padrão (**stdin**), ou seja, o teclado, é preenchido com o valor vazio (**NULL**). Na linguagem C, a palavra **NULL** é uma constante-padrão que significa um valor nulo. Um buffer preenchido com **NULL** é considerado limpo/vazio.

7.2.2 Escrevendo uma string na tela

Usando a função **printf()**

Basicamente, para escrever uma string na tela utilizamos a função **printf()** com o formato de dados "%s":

```
char str[20] = "Hello World";
printf("%s",str);
```

 Para escrever uma string, utilizamos o tipo de saída "%s". Os colchetes não são utilizados, pois queremos escrever a string toda e não apenas uma letra.

Usando a função **fputs()**

Existe outra função que, se utilizada de forma adequada, também permite a escrita de strings na tela. Essa função é a **fputs()**, cujo protótipo é:

```
int fputs(char *str,FILE *fp);
```

A função **fputs()** recebe dois parâmetros de entrada:

- **str**: a string (array de caracteres) a ser escrita na tela.
- **fp**: a variável que está associada ao *arquivo* onde a string será escrita.

E retorna:

- A constante **EOF** (em geral, –1), se houver erro na escrita.
- Um valor diferente de ZERO, se o texto for escrito com sucesso.

Note que a função **fputs()** utiliza uma variável FILE *fp, que está associada ao arquivo onde a string será escrita.

Para escrever no monitor, basta substituir *FILE *fp* por *stdout*, o qual representa o dispositivo de saída-padrão (geralmente a tela do monitor).

```
01   #include <stdio.h>
02   #include <stdlib.h>
03   int main(){
04     char texto[30] = "Hello World\n";
05     fputs(texto, stdout);
06     system("pause");
07     return 0;
08   }
```

7.3 FUNÇÕES PARA MANIPULAÇÃO DE STRINGS

A biblioteca padrão da linguagem C possui funções especialmente desenvolvidas para a manipulação de strings na biblioteca <string.h > . A seguir são apresentadas algumas das mais utilizadas.

7.3.1 Tamanho de uma string

Para obter o tamanho de uma string, usa-se a função **strlen()**, cujo protótipo é:

```
int strlen(char *str);
```

Basicamente, a função **strlen()** recebe como parâmetro uma string e retorna o número de caracteres armazenados na string:

```
char str[15] = "teste";
printf("%d",strlen(str));
```

Nesse caso, a função retornará 5, que é o número de caracteres na palavra "teste", e não 15, que é o tamanho do array de caracteres.

A função **strlen()** retorna o número de caracteres que existem antes do caractere '\0', e não o tamanho do array no qual a string está armazenada.

7.3.2 Copiando uma string

Vimos que uma string é um array e que a linguagem C não suporta a atribuição de um array para outro. Nesse sentido, a única maneira de atribuir o conteúdo de uma string a outra é a cópia, elemento por elemento, de uma string para outra. A linguagem C possui uma função que realiza essa tarefa para nós, a função **strcpy()**:

```
char* strcpy(char *destino, char *origem);
```

Basicamente, a função **strcpy()** copia a sequência de caracteres contida em *origem* para o array de caracteres *destino* e retorna o endereço da string *destino* (Figura 7.3).

```
Exemplo: strcpy()
01  #include <stdio.h>
02  #include <stdlib.h>
03  int main(){
04    char str1[100], str2[100];
05    printf("Entre com uma string: ");
06    gets(str1);
07    strcpy(str2, str1);
08    printf("String 1: %s\n",str1);
09    printf("String 2: %s\n",str2);
10    system("pause");
11    return 0;
12  }
```

FIGURA 7.3

 Para evitar estouro de buffer, o tamanho do array *destino* deve ser longo o suficiente para conter a sequência de caracteres contida em *origem*.

7.3.3 Concatenando strings

A operação de concatenação é outra tarefa bastante comum ao se trabalhar com strings. Basicamente, essa operação consiste em copiar uma string para o final de outra string. Na linguagem C, para fazer a concatenação de duas strings, usa-se a função **strcat()**:

```
char* strcat(char *destino, char *origem);
```

Basicamente, a função **strcat()** copia a sequência de caracteres contida em *origem* para o final da string *destino* e retorna o endereço da string *destino*. O primeiro caractere da string contida em *origem* é colocado no lugar do caractere '\0' da string *destino* (Figura 7.4).

```
Exemplo: strcat()
01  #include <stdio.h>
02  #include <stdlib.h>
03  int main(){
04    char str1[15] = "bom ";
05    char str2[15] = "dia";
06    strcat(str1,str2);
07    printf("%s",str1);
08    system("pause");
09    return 0;
10  }
```

FIGURA 7.4

Para evitar estouro de buffer, o tamanho do array *destino* deve ser longo o suficiente para conter a sequência de caracteres contida em ambas as strings: *origem* e *destino*.

7.3.4 Comparando duas strings

Da mesma maneira como o operador de atribuição não funciona para strings, o mesmo ocorre com operadores relacionais usados para comparar duas strings. Desse modo, para saber se duas strings são iguais usa-se a função **strcmp()**:

```
int strcmp(char *str1, char *str2);
```

A função **strcmp()** compara posição a posição as duas strings (str1 e str2) e retorna um valor inteiro igual a zero, no caso de as duas strings serem iguais. Um valor de retorno diferente de zero significa que as strings são diferentes (Figura 7.5).

Exemplo: strcmp()

```
01   #include <stdio.h>
02   #include <stdlib.h>
03   int main(){
04     char str1[100], str2[100];
05     printf("Entre com uma string: ");
06     gets(str1);
07     printf("Entre com outra string: ");
08     gets(str2);
09     if(strcmp(str1,str2) == 0)
10        printf("Strings iguais\n");
11     else
12        printf("Strings diferentes\n");
13     system("pause");
14     return 0;
15   }
```

FIGURA 7.5

 A função **strcmp()** é **case-sensitive**. Isso significa que letras maiúsculas e minúsculas tornam as strings diferentes.

7.4 EXERCÍCIOS

1) Faça um programa que leia uma string e a imprima na tela.

2) Faça um programa que leia uma string e imprima as quatro primeiras letras dela.

3) Sem usar a função **strlen()**, faça um programa que leia uma string e imprima quantos caracteres ela possui.

4) Faça um programa que leia uma string e a imprima de trás para a frente.

5) Faça um programa que leia uma string e a inverta. A string invertida deve ser armazenada na mesma variável. Em seguida, imprima a string invertida.

6) Leia uma string do teclado e conte quantas vogais (a, e, i, o, u) ela possui. Entre com um caractere (vogal ou consoante) e substitua todas as vogais da palavra dada por esse caractere. Ao final, imprima a nova string e o número de vogais que ela possui.

7) Faça um programa que leia uma string e imprima uma mensagem dizendo se ela é um palíndromo ou não. Um palíndromo é uma palavra que tem a propriedade de poder ser lida tanto da direita para a esquerda como da esquerda para a direita. Exemplos: ovo, arara, rever, asa, osso etc.

8) Construa um programa que leia duas strings do teclado. Imprima uma mensagem informando se a segunda string lida está contida dentro da primeira.

9) Construa um programa que leia duas strings do teclado. Imprima uma mensagem informando quantas vezes a segunda string lida está contida dentro da primeira.

10) Escreva um programa que leia uma string do teclado e converta todos os seus caracteres em maiúscula. Dica: subtraia 32 dos caracteres cujo código ASCII está entre 97 e 122.

11) Escreva um programa que leia uma string do teclado e converta todos os seus caracteres em minúscula. Dica: some 32 dos caracteres cujo código ASCII está entre 65 e 90.

12) Escreva um programa que leia o nome e o valor de determinada mercadoria de uma loja. Sabendo que o desconto para pagamento à vista é de 10% sobre o valor total, calcule o valor a ser pago à vista. Escreva o nome da mercadoria, o valor total, o valor do desconto e o valor a ser pago à vista.

13) Escreva um programa que recebe uma string S e dois valores inteiros não negativos i e j. Em seguida, imprima os caracteres contidos no segmento que vai de i a j da string S.

14) O código de César é uma das técnicas de criptografia mais simples e conhecidas. É um tipo de substituição no qual cada letra do texto é substituída por outra, que se apresenta n posições após ela no alfabeto. Por exemplo, com uma troca de três posições, a letra A seria substituída por D, B se tornaria E e assim por diante. Escreva um programa que faça uso desse código de César para três posições. Entre com uma string e imprima a string codificada. Exemplo:String: a ligeira raposa marrom saltou sobre o cachorro cansado. Nova string: d oljhlud udsrvd pduurp vdowrx vreuh r fdfkruur fdqvdgr

15) Escreva um programa que leia duas strings e as imprima em ordem alfabética, a ordem em que elas apareceriam em um dicionário.

Tipos definidos pelo programador

Os tipos de variáveis vistos até agora podem ser classificados em duas categorias:

- Tipos básicos: **char**, **int**, **float**, **double** e **void**.
- Tipos compostos homogêneos: **array**.

Dependendo da situação que desejamos modelar em nosso programa, esses tipos podem não ser suficientes. Por esse motivo, a linguagem C permite criar novos tipos de dados a partir dos tipos básicos. Para criar um novo tipo de dado, um dos seguintes comandos pode ser utilizado:

- Estruturas: comando **struct**
- Uniões: comando **union**
- Enumerações: comando **enum**
- Renomear um tipo existente: comando **typedef**

Assim, a finalidade deste capítulo é apresentar ao leitor os mecanismos envolvidos na criação de um novo tipo dentro da linguagem C e como ele pode ser utilizado dentro do programa. Ao final, o leitor será capaz de:

- Reconhecer um novo tipo de dado.
- Criar um novo tipo de dado.
- Acessar os elementos desse novo tipo de dado.
- Distinguir entre os tipos de dados possíveis.

8.1 ESTRUTURAS: STRUCT

Uma estrutura pode ser vista como um conjunto de variáveis sob o mesmo nome, e cada uma delas pode ter qualquer tipo (ou o mesmo tipo). A ideia básica por trás da estrutura é criar apenas um tipo de dado que contenha vários membros, que nada mais são do que outras variáveis. Em outras palavras, estamos criando uma variável que contém dentro de si outras variáveis.

8.1.1 Declarando uma estrutura

A forma geral da definição de uma nova estrutura utiliza o comando **struct**:

```
struct nome_struct{
   tipo1 campo1;
   tipo2 campo2;
   ...
   tipoN campoN;
};
```

A principal vantagem do uso de estruturas é que agora podemos agrupar de forma organizada vários tipos de dados diferentes dentro de uma única variável.

 As estruturas podem ser declaradas em qualquer escopo do programa (global ou local).

Apesar disso, a maioria das estruturas é declarada no escopo global. Por se tratar de um novo tipo de dado, muitas vezes é interessante que todo o programa tenha acesso à estrutura. Daí a necessidade de usar o escopo global.

Na Figura 8.1, tem-se o exemplo de uma estrutura declarada para representar o cadastro de uma pessoa.

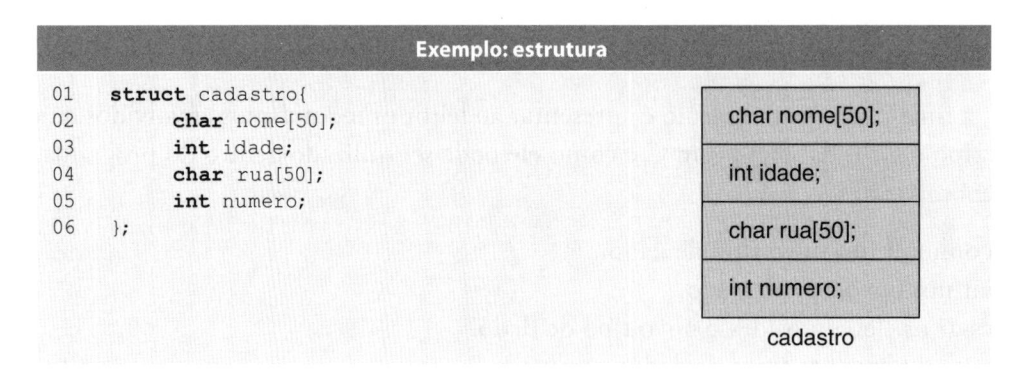

FIGURA 8.1

Note que os campos da estrutura são definidos da mesma forma que as variáveis. Como na declaração de variáveis, os nomes dos membros de uma estrutura devem ser diferentes um do outro. Porém, estruturas diferentes podem ter membros com nomes iguais (Figura 8.2).

Exemplo: estrutura	

```
01    struct cadastro{              struct aluno{
02        char nome[50];                char nome[50];
03        int idade;                    int matricula;
04        char rua[50];                 float nota1,nota2,nota3;
05        int numero;
06    };                             };
```

FIGURA 8.2

 Depois do símbolo de fechar chaves (}) da estrutura, é necessário colocar um ponto e vírgula (;).

Isso é necessário porque a estrutura também pode ser declarada no escopo local. Por questões de simplificação e por se tratar de um novo tipo, é possível, logo na definição da **struct**, definir algumas variáveis desse tipo. Para isso, basta colocar os nomes das variáveis declaradas após o comando de fechar chaves (}) da estrutura e antes do ponto e vírgula (;):

```
struct cadastro{
    char nome[50];
    int idade;
    char rua[50];
    int numero;
} cad1, cad2;
```

Nesse exemplo, duas variáveis (*cad1* e *cad2*) são declaradas junto com a definição da estrutura.

8.1.2 Declarando uma variável do tipo da estrutura

Uma vez definida a estrutura, uma variável pode ser declarada de modo similar aos tipos já existentes:

```
struct cadastro c;
```

 Por ser um tipo definido pelo programador, usa-se a palavra **struct** antes do tipo da nova variável declarada.

O uso de estruturas facilita muito a vida do programador na manipulação dos dados do programa. Imagine ter de declarar quatro cadastros para quatro pessoas diferentes:

```
char nome1[50], nome2[50], nome3[50], nome4[50];
int idade1, idade2, idade3, idade4;
char rua1[50], rua2[50], rua3[50], rua4[50];
int numero1, numero2, numero3, numero4;
```

Utilizando uma estrutura, o mesmo pode ser feito da seguinte maneira:

```
struct cadastro c1, c2, c3, c4;
```

8.1.3 Acessando os campos de uma estrutura

Uma vez definida uma variável do tipo da estrutura, é preciso poder acessar seus campos (ou variáveis) para se trabalhar.

 Cada campo (variável) da estrutura pode ser acessado usando o operador "." (**ponto**).

O operador de acesso aos campos da estrutura é o **ponto** (.). Ele é usado para referenciar os campos de uma estrutura. O exemplo da Figura 8.3 mostra como os campos da estrutura *cadastro*, definida anteriormente, podem ser facilmente acessados.

```
Exemplo: acessando as variáveis de dentro da estrutura
01  #include <stdio.h>
02  #include <stdlib.h>
03  #include <string.h>
04  struct cadastro{
05    char nome[50];
06    int idade;
07    char rua[50];
08    int numero;
09  };
10  int main(){
11    struct cadastro c;
12    //Atribui a string "Carlos" para o campo nome
13    strcpy(c.nome,"Carlos");
14
15    //Atribui o valor 18 para o campo idade
16    c.idade = 18;
17
18    //Atribui a string "Avenida Brasil" para o campo rua
19    strcpy(c.rua,"Avenida Brasil");
20
21    //Atribui o valor 1082 para o campo numero
22    c.numero = 1082;
23
24    system("pause");
25    return 0;
26  }
```

FIGURA 8.3

Como se pode ver, cada campo da estrutura é tratado levando em consideração o tipo que foi usado para declará-la. Como os campos *nome* e *rua* são **strings**, foi preciso usar a função **strcpy()** para copiar o valor para esses campos.

 E se quiséssemos ler os valores dos campos da estrutura do teclado?

Nesse caso, basta ler cada variável da estrutura independentemente, respeitando seus tipos, como é mostrado no exemplo da Figura 8.4.

Exemplo: lendo do teclado as variáveis da estrutura

```
01   #include <stdio.h>
02   #include <stdlib.h>
03   struct cadastro{
04    char nome[50];
05    int idade;
06    char rua[50];
07    int numero;
08   };
09   int main(){
10    struct cadastro c;
11    //Lê do teclado uma string e armazena no campo nome
12    gets(c.nome);
13
14    //Lê do teclado um valor inteiro e armazena no campo idade
15    scanf("%d",&c.idade);
16
17    //Lê do teclado uma string e armazena no campo rua
18    gets(c.rua);
19
20    //Lê do teclado um valor inteiro e armazena no campo numero
21    scanf("%d",&c.numero);
22    system("pause");
23    return 0;
24   }
```

FIGURA 8.4

Note que cada variável dentro da estrutura pode ser acessada como se apenas ela existisse, não sofrendo nenhuma interferência das outras.

 Lembre-se: Uma estrutura pode ser vista como um simples agrupamento de dados.

Como cada campo é independente dos demais, outros operadores podem ser aplicados a cada campo. Por exemplo, pode-se comparar a idade de dois cadastros.

8.1.4 Inicialização de estruturas

Assim como nos arrays, uma estrutura também pode ser inicializada, independentemente do tipo das variáveis contidas nela. Para tanto, na declaração da variável do tipo da estrutura, basta definir uma lista de valores separados por vírgula e delimitados pelo operador de chaves ({ }).

```
struct cadastro c = { "Carlos",18,"Avenida Brasil",1082};
```

Nesse caso, como nos arrays, a ordem é mantida. Isso significa que o primeiro valor da inicialização será atribuído à primeira variável membro (*nome*) da estrutura, e assim por diante.

Elementos omitidos durante a inicialização são inicializados com 0. Se for uma string, será inicializada com uma string vazia ("").

```
struct cadastro c = { "Carlos",18 };
```

Nesse exemplo, o campo *rua* é inicializado com "" e *numero* com zero.

8.1.5 Array de estruturas

Voltemos ao problema do cadastro de pessoas. Vimos que o uso de estruturas facilita muito a vida do programador na manipulação dos dados do programa. Imagine ter de declarar quatro cadastros para quatro pessoas diferentes:

```c
char nome1[50], nome2[50], nome3[50], nome4[50];
int idade1, idade2, idade3, idade4;
char rua1[50], rua2[50], rua3[50], rua4[50];
int numero1, numero2, numero3, numero4;
```

Utilizando uma estrutura, o cadastro pode ser feito da seguinte maneira:

```c
struct cadastro c1, c2, c3, c4;
```

A representação desses quatro cadastros pode ser ainda mais simplificada, se utilizarmos o conceito de arrays:

```c
struct cadastro c[4];
```

Desse modo, cria-se um array de estruturas, em que cada posição do array é uma estrutura do tipo cadastro.

 A declaração de um array de estruturas é similar à declaração de um array de um tipo básico.

A combinação de arrays e estruturas permite que se manipulem, de modo muito mais prático, diversas variáveis de estrutura. Como vimos no uso de arrays, a utilização de um índice permite que usemos o comando de repetição para executar uma mesma tarefa para diferentes posições do array. Agora, os quatro cadastros anteriores podem ser lidos com o auxílio de um comando de repetição (Figura 8.5).

```c
                Exemplo: lendo um array de estruturas do teclado
01  #include <stdio.h>
02  #include <stdlib.h>
03  struct cadastro{
04    char nome[50];
05    int idade;
06    char rua[50];
07    int numero;
08  };
09  int main(){
10    struct cadastro c[4];
11    int i;
12    for(i=0; i<4; i++){
13      gets(c[i].nome);
14      scanf("%d",&c[i].idade);
15      gets(c[i].rua);
16      scanf("%d",&c[i].numero);
17    }
18    system("pause");
19    return 0;
20  }
```

FIGURA 8.5

Em um array de estruturas, o operador de ponto (.) vem depois dos colchetes ([ ]) do índice do array.

Essa ordem deve ser respeitada, pois o índice do array é que indica qual posição do array queremos acessar, onde cada posição é uma estrutura. Somente depois de definidas as estruturas contidas no array que queremos acessar é que podemos acessar os seus campos.

8.1.6 Atribuição entre estruturas

As únicas operações possíveis em uma estrutura são as de acesso aos membros da estrutura, por meio do operador ponto (.) e as de cópia ou atribuição (=). A atribuição entre duas variáveis de estrutura faz com que os conteúdos das variáveis contidas dentro de uma estrutura sejam copiados para a outra.

 Atribuições entre estruturas só podem ser feitas quando as estruturas são AS MESMAS, ou seja, quando possuem o mesmo nome!

No exemplo da Figura 8.6, *p2* é atribuído a *p1*. Essa operação está correta, pois ambas as variáveis são do tipo **ponto**. Sendo assim, o valor de *p2.x* é copiado para *p1.x* e o valor de *p2.y* é copiado para *p1.y*.

```
                    Exemplo: atribuição entre estruturas
01    #include <stdio.h>
02    #include <stdlib.h>
03    struct ponto {
04      int x;
05      int y;
06    };
07
08    struct novo_ponto {
09      int x;
10      int y;
11    };
12
13    int main(){
14      struct ponto p1, p2= {1,2};
15      struct novo_ponto p3= {3,4};
16
17      p1 = p2;
18      printf("p1 = %d e %d", p1.x,p1.y);
19
20      //ERRO! TIPOS DIFERENTES
21      p1 = p3;
22      printf("p1 = %d e %d", p1.x,p1.y);
23
24      system("pause");
25      return 0;
26    }
```

FIGURA 8.6

Já na segunda atribuição (*p1 = p3;*) ocorre um erro porque os tipos das estruturas das variáveis são diferentes: uma pertence ao tipo **struct** ponto, enquanto a outra pertence ao tipo **struct** novo_ponto. Note que o mais importante é o nome do tipo da estrutura, e não as variáveis dentro dela.

> ⓘ No caso de trabalharmos com arrays de estruturas, a atribuição entre diferentes elementos do array também é válida.

```
01  #include <stdio.h>
02  #include <stdlib.h>
03  struct cadastro{
04    char nome[50];
05    int idade;
06    char rua[50];
07    int numero;
08  };
09  int main(){
10    struct cadastro c[10];
11    ...
12    c[1] = c[2];  //CORRETO
13
14    system("pause");
15    return 0;
16  }
```

Um array ou "vetor" é um conjunto de variáveis do mesmo tipo utilizando apenas um nome. Como todos os elementos do array são do mesmo tipo, a atribuição entre elas é possível, mesmo que o tipo do array seja uma estrutura.

8.1.7 Estruturas aninhadas

Uma estrutura pode agrupar um número arbitrário de variáveis de tipos diferentes. Uma estrutura também é um tipo de dado, com a diferença de que se trata de um tipo de dado criado pelo programador. Sendo assim, podemos declarar uma estrutura que possua uma variável do tipo de outra estrutura previamente definida. A uma estrutura que contenha outra estrutura dentro dela damos o nome **estruturas aninhadas**. O exemplo da Figura 8.7 exemplifica bem isso.

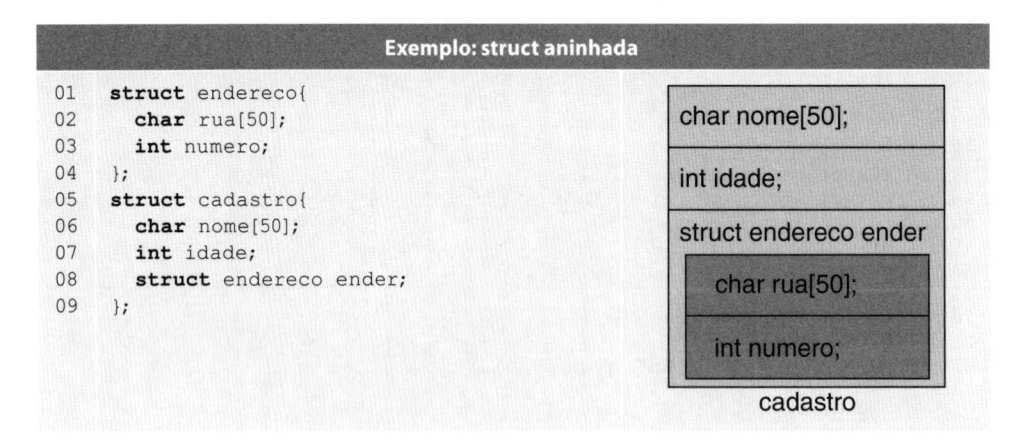

FIGURA 8.7

Nesse exemplo, temos duas estruturas: uma chamada **endereco** e outra chamada **cadastro**. Note que a estrutura **cadastro** possui uma variável *ender* do tipo **struct endereco**. Trata-se de uma estrutura aninhada dentro de outra.

No caso da estrutura **cadastro**, o acesso aos dados da variável do tipo **struct endereco** é feito utilizando-se novamente o operador "." (ponto).

Lembre-se: Cada campo (variável) da estrutura pode ser acessado usando o operador "." (ponto). Assim, para acessar a variável *ender*, é preciso usar o operador ponto (.). No entanto, a variável *ender* também é uma estrutura. Sendo assim, o operador ponto (.) é novamente utilizado para acessar as variáveis dentro dessa estrutura. Esse processo se repete sempre que houver uma nova estrutura aninhada. O exemplo da Figura 8.8 mostra como a estrutura aninhada **cadastro** poderia ser facilmente lida do teclado.

Exemplo: lendo do teclado as variáveis da estrutura

```
01  #include <stdio.h>
02  #include <stdlib.h>
03  struct endereco{
04   char rua[50];
05   int numero;
06  };
07  struct cadastro{
08   char nome[50];
09   int idade;
10   struct endereco ender;
11  };
12  int main(){
13   struct cadastro c;
14   //Lê do teclado uma string e armazena no campo nome
15   gets(c.nome);
16
17   //Lê do teclado um valor inteiro e armazena no campo idade
18   scanf("%d",&c.idade);
19
20   //Lê do teclado uma string
21   //e armazena no campo rua da variável ender
22   gets(c.ender.rua);
23
24   //Lê do teclado um valor inteiro
25   //e armazena no campo numero da variável ender
26   scanf("%d",&c.ender.numero);
27
28   system("pause");
29   return 0;
30  }
```

FIGURA 8.8

8.2 UNIÕES: UNION

Uma união pode ser vista como uma lista de variáveis, e cada uma delas pode ter qualquer tipo. A ideia básica por trás da união é similar à da estrutura: criar apenas um tipo de dado que contenha vários membros, que nada mais são do que outras variáveis.

Tanto a declaração quanto o acesso aos elementos de uma união são similares aos de uma estrutura.

8.2.1 Declarando uma união

A forma geral da definição de união utiliza o comando **union**:

```
union nome_union{
   tipo1 campo1;
   tipo2 campo2;
   ...
   tipoN campoN;
};
```

8.2.2 Diferença entre estrutura e união

Até aqui, uma união se parece muito com uma estrutura. No entanto, diferentemente das estruturas, todos os elementos contidos na união ocupam o mesmo espaço físico na memória. Uma estrutura reserva espaço de memória para todos os seus elementos, enquanto uma **union** reserva espaço de memória para o seu maior elemento e compartilha essa memória com os demais.

 Numa **struct** é alocado espaço suficiente para armazenar todos os seus elementos, enquanto numa **union** é alocado espaço para armazenar o maior dos elementos que a compõem.

Tome como exemplo a seguinte declaração de união:

```
union tipo{
   short int x;
   unsigned char c;
};
```

Essa união possui o nome **tipo** e duas variáveis: *x*, do tipo **short int** (dois bytes), e *c*, do tipo **unsigned char** (um byte). Assim, uma variável declarada desse tipo

```
union tipo t;
```

ocupará dois bytes na memória, que é o tamanho do maior dos elementos da união (**short int**).

 Em uma união, apenas um membro pode ser armazenado de cada vez.

Isso acontece porque o espaço de memória é compartilhado. Portanto, é de total responsabilidade do programador saber qual dado foi mais recentemente armazenado em uma união.

Como todos os elementos de uma união se referem a um mesmo local na memória, a modificação de um dos elementos afetará o valor de todos os demais. Numa união, é impossível armazenar valores independentes.

```
01    #include <stdio.h>
02    #include <stdlib.h>
03    union tipo{
04      short int x;
05      unsigned char c;
06    };
07    int main(){
08      union tipo t;
09      t.x = 1545;
10      printf("x = %d\n",t.x);
11      printf("c = %d\n",t.c);
12      t.c = 69;
13      printf("x = %d\n",t.x);
14      printf("c = %d\n",t.c);
15      system("pause");
16      return 0;
17    }
```

```
Saída  x = 1545
       c = 9
       x = 1605
       c = 69
```

Nesse exemplo, a variável *x* é do tipo **short** int e ocupa 16 bits (dois bytes) de memória. Já a variável *c* é do tipo **unsigned char** e ocupa os oito primeiros bits (um byte) de *x*. Quando atribuímos o valor 1545 à variável *x*, a variável *c* recebe a porção de *x* equivalente ao número 9 (Figura 8.9).

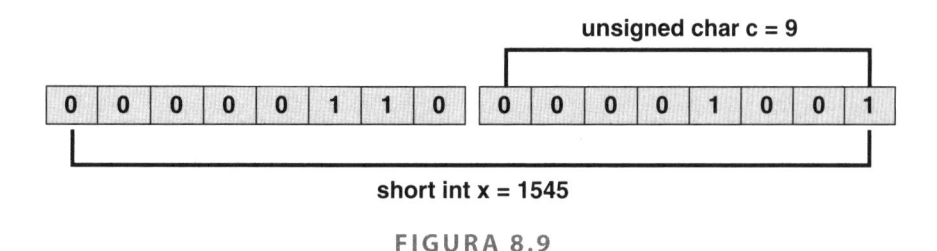

FIGURA 8.9

Do mesmo modo, se modificarmos o valor da variável *c* para 69, estaremos automaticamente modificando o valor da variável *x* para 1605 (Figura 8.10).

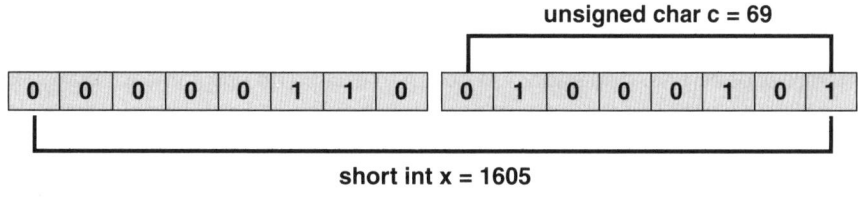

FIGURA 8.10

 Um dos usos mais comuns de uma união é unir um tipo básico a um array de tipos menores.

Tome como exemplo a seguinte declaração de união:

```
union tipo{
    short int x;
    unsigned char c[2];
};
```

Sabemos que a variável *x* ocupa dois bytes na memória. Como cada posição da variável *c* ocupa apenas um byte, podemos acessar facilmente cada uma das partes da variável *x* sem precisar recorrer a operações de manipulação de bits (operações lógicas e de deslocamento de bits) (Figura 8.11).

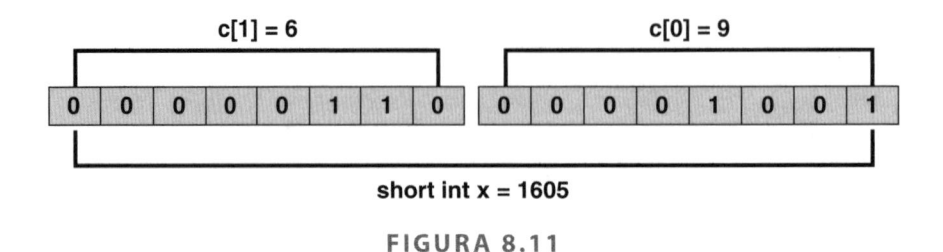

FIGURA 8.11

8.3 ENUMERAÇÕES: ENUM

Uma enumeração pode ser vista como uma lista de constantes, em que cada constante possui um nome significativo. A ideia básica por trás da enumeração é criar apenas um tipo de dado que contenha várias constantes, e uma variável desse tipo só poderá receber como valor uma dessas constantes.

8.3.1 Declarando uma enumeração

A forma geral da definição de uma enumeração utiliza o comando **enum**:

```
enum nome_enum { lista_de_identificadores };
```

Nessa declaração, **lista_de_identificadores** é uma lista de palavras separadas por vírgula e delimitadas pelo operador de chaves ({ }). Essas palavras constituem as constantes definidas pela enumeração. Por exemplo, o comando

```
enum semana {Domingo, Segunda, Terca, Quarta, Quinta, Sexta, Sabado };
```

cria uma enumeração de nome **semana**, cujos valores constantes são os nomes dos dias da semana.

 As enumerações podem ser declaradas em qualquer escopo do programa (global ou local).

Apesar disso, a maioria das enumerações é declarada no escopo global. Por se tratar de um novo tipo de dado, muitas vezes é interessante que todo o programa tenha acesso à enumeração. Daí a necessidade de usar o escopo global.

 Depois do símbolo de fechar chaves (}) da enumeração, é necessário colocar um ponto e vírgula (;).

Isso é necessário porque a enumeração pode ser também declarada no escopo local. Por questões de simplificação e por se tratar de um novo tipo, é possível logo na definição da enumeração definir algumas variáveis desse tipo. Para isso, basta colocar os nomes das variáveis declaradas após o comando de fechar chaves (}) da enumeração e antes do ponto e vírgula (;):

```
enum semana {Domingo, Segunda, Terca, Quarta, Quinta, Sexta, Sabado}
s1, s2;
```

Nesse exemplo, duas variáveis (*s1* e *s2*) são declaradas junto com a definição da enumeração.

8.3.2 Declarando uma variável do tipo da enumeração

Uma vez definida a enumeração, uma variável pode ser declarada de modo similar aos tipos já existentes

```
enum semana s;
```

e inicializada como qualquer outra variável, usando, para isso, uma das constantes da enumeração

```
s = Segunda;
```

 Por ser um tipo definido pelo programador, usa-se a palavra ***enum*** antes do tipo da nova variável declarada.

8.3.3 Enumerações e constantes

Para o programador, uma enumeração pode ser vista como uma lista de constantes, em que cada constante possui um nome significativo. Porém, para o compilador, cada uma das constantes é representada por um valor inteiro, e o valor da primeira constante da enumeração é 0. Desse modo, uma enumeração pode ser usada em qualquer expressão válida com inteiros, como mostra o exemplo da Figura 8.12.

```
                                Exemplo
01    #include <stdio.h>
02    #include <stdlib.h>
03    enum semana {Domingo, Segunda, Terca, Quarta, Quinta,
04     Sexta, Sabado};
05    int main(){
06      enum semana s1, s2, s3;
07      s1 = Segunda;
08      s2 = Terca;
09      s3 = s1 + s2;
10      printf("Domingo = %d\n",Domingo);
11      printf("s1 = %d\n",s1);
12      printf("s2 = %d\n",s2);
13      printf("s3 = %d\n",s3);
14      system("pause");
15      return 0;
16    }

Saída   Domingo = 0
        s1 = 1
        s2 = 2
        s3 = 3
```

FIGURA 8.12

Nesse exemplo, as constantes **Domingo**, **Segunda** e **Terca** possuem, respectivamente, os valores 0, 1 e 2. Como o compilador trata cada uma das constantes internamente como um valor inteiro, é possível somar as enumerações, ainda que isso não faça muito sentido.

> (i) Na definição da enumeração, pode-se definir qual valor aquela constante possuirá.

```
01    #include <stdio.h>
02    #include <stdlib.h>
03    enum semana {Domingo = 1, Segunda, Terca, Quarta=7, Quinta,
04        Sexta, Sabado};
05    int main(){
06      printf("Domingo = %d\n",Domingo);
07      printf("Segunda = %d\n",Segunda);
08      printf("Terca = %d\n",Terca);
09      printf("Quarta = %d\n",Quarta);
10      printf("Quinta = %d\n",Quinta);
11      printf("Sexta = %d\n",Sexta);
12      printf("Sabado = %d\n",Sabado);
13      system("pause");
14      return 0;
15    }
```

```
Saída    Domingo = 1
         Segunda = 2
         Terca = 3
         Quarta = 7
         Quinta = 8
         Sexta = 9
         Sabado = 10
```

Nesse exemplo, a constante **Domingo** foi inicializada com o valor 1. As constantes da enumeração que não possuem valor definido são definidas automaticamente como o valor do elemento anterior acrescido de um. Assim, **Segunda** é inicializada com 2 e **Terca** com 3. Para a constante **Quarta** foi definido o valor 7. Assim, as constantes definidas na sequência após a constante **Quarta** possuirão os valores 8, 9 e 10.

> (i) Na definição da enumeração, pode-se também atribuir valores da tabela ASCII para as constantes.

```
01    #include <stdio.h>
02    #include <stdlib.h>
03    enum escapes {retrocesso='\b', tabulacao='\t', novalinha='\n'};
04    int main(){
05      enum escapes e = novalinha;
06      printf("Teste %c de %c escrita\n",e,e);
07      e = tabulacao;
08      printf("Teste %c de %c escrita\n",e,e);
09      system("pause");
10      return 0;
11    }
```

```
Saída    Teste
         de
         Escrita
         Teste    de    escrita
```

8.4 COMANDO TYPEDEF

A linguagem C permite que o programador defina os seus próprios tipos com base em outros tipos de dados existentes. Para isso, utiliza-se o comando **typedef**, cuja forma geral é:

```
typedef tipo_existente novo_nome;
```

em que **tipo_existente** é um tipo básico ou definido pelo programador (por exemplo, uma **struct**) e **novo_nome** é o nome para o novo tipo que estamos definindo.

 O comando typedef NÃO cria um novo tipo. Ele apenas permite que você defina um sinônimo para um tipo já existente.

Pegue como exemplo o seguinte comando:

```
typedef int inteiro;
```

O comando **typedef** não cria um novo tipo chamado *inteiro*. Ele apenas cria um sinônimo (*inteiro*) para o tipo **int**. Esse novo nome se torna equivalente ao tipo já existente.

 No comando typedef, o sinônimo e o tipo existente são equivalentes.

```
01    #include <stdio.h>
02    #include <stdlib.h>
03    typedef int inteiro;
04    int main(){
05      int x = 10;
06      inteiro y = 20;
07      y = y + x;
08      printf("Soma = %d\n",y);
09      system("pause");
10      return 0;
11    }
```

Nesse exemplo, as variáveis do tipo **int** e **inteiro** são usadas de maneira conjunta. Isso ocorre porque elas são, na verdade, do mesmo tipo (**int**). O comando **typedef** apenas disse ao compilador para reconhecer **inteiro** como outro nome para o tipo **int**.

 O comando **typedef** pode ser usado para simplificar a declaração de um tipo definido pelo programador (**struct**, **union** etc.) ou de um ponteiro.

Imagine a seguinte declaração de uma **struct**:

```
struct cadastro{
   char nome[50];
   int idade;
   char rua[50];
   int numero;
};
```

Para declarar uma variável desse tipo na linguagem C, a palavra-chave **struct** é necessária. Assim, a declaração de uma variável *c* dessa estrutura seria:

```
struct cadastro c;
```

 O comando **typedef** tem como objetivo atribuir nomes alternativos aos tipos já existentes, na maioria das vezes aqueles cujo padrão de declaração é pesado e potencialmente confuso.

O comando **typedef** pode ser usado para eliminar a necessidade da palavra-chave **struct** na declaração de variáveis. Por exemplo, usando o comando

```
typedef struct cadastro cad;
```

podemos declarar uma variável desse tipo apenas com a palavra **cad**:

```
cad c;
```

 O comando **typedef** pode ser combinado com a declaração de um tipo definido pelo programador (**struct**, **union** etc.) em uma única instrução.

Tome como exemplo a **struct** cadastro declarada anteriormente:

```
typedef struct cadastro{
   char nome[50];
   int idade;
   char rua[50];
   int numero;
} cad;
```

Note que a definição da estrutura está inserida no meio do comando **typedef**, formando, portanto, uma única instrução. Além disso, como estamos associando um novo nome à nossa **struct**, seu nome original pode ser omitido da declaração da **struct**:

```
typedef struct{
   char nome[50];
   int idade;
   char rua[50];
   int numero;
} cad;
```

O comando **typedef** deve ser usado com cuidado porque ele pode produzir declarações confusas.

```
01  #include <stdio.h>
02  #include <stdlib.h>
03  typedef unsigned int positivos[5];
04  int main(){
05    positivos v;
06    int i;
07    for (i = 0; i < 5; i++){
08        printf("Digite o valor de v[%d]:",i);
09        scanf("%d",&v[i]);
10    }
11
12    for (i = 0; i < 5; i++)
13        printf("Valor de v[%d]: %d\n",i,v[i]);
14
15    system("pause");
16    return 0;
17  }
```

Nesse exemplo, o comando **typedef** é usado para criar um sinônimo (**positivos**) para o tipo "array de cinco inteiros positivos" (**unsigned int** [5]). Apesar de válida, essa declaração é um tanto confusa, já que o novo nome (**positivos**) não dá nenhum indicativo de que a variável declarada (**v**) seja um array, nem seu tamanho.

8.5 EXERCÍCIOS

1) Implemente um programa que leia o nome, a idade e o endereço de uma pessoa e armazene esses dados em uma estrutura. Em seguida, imprima na tela os dados da estrutura lida.

2) Crie uma estrutura para representar as coordenadas de um ponto no plano (posições X e Y). Em seguida, declare e leia do teclado um ponto e exiba a distância dele até a origem das coordenadas, isto é, a posição (0,0).

3) Crie uma estrutura para representar as coordenadas de um ponto no plano (posições X e Y). Em seguida, declare e leia do teclado dois pontos e exiba a distância entre eles.

4) Crie uma estrutura chamada Retângulo. Essa estrutura deverá conter o ponto superior esquerdo e o ponto inferior direito do retângulo. Cada ponto é definido por uma estrutura Ponto, a qual contém as posições X e Y. Faça um programa que declare e leia uma estrutura Retângulo e exiba a área e o comprimento da diagonal e o perímetro desse retângulo.

5) Usando a estrutura Retângulo do exercício anterior, faça um programa que declare e leia uma estrutura Retângulo e um Ponto, e informe se esse ponto está ou não dentro do retângulo.

6) Crie uma estrutura representando um aluno de uma disciplina. Essa estrutura deve conter o número de matrícula do aluno, seu nome e as notas de três provas. Agora, escreva um programa que leia os dados de cinco alunos e os armazene nessa estrutura. Em seguida, exiba o nome e as notas do aluno que possui a maior média geral dentre os cinco.

7) Crie uma estrutura representando uma hora. Essa estrutura deve conter os campos hora, minuto e segundo. Agora, escreva um programa que leia um vetor de cinco posições dessa estrutura e imprima a maior hora.

8) Crie uma estrutura capaz de armazenar o nome e a data de nascimento de uma pessoa. Agora, escreva um programa que leia os dados de seis pessoas. Calcule e exiba os nomes da pessoa mais nova e da mais velha.

9) Crie uma estrutura representando um atleta. Essa estrutura deve conter o nome do atleta, seu esporte, idade e altura. Agora, escreva um programa que leia os dados de cinco atletas. Calcule e exiba os nomes do atleta mais alto e do mais velho.

10) Usando a estrutura "atleta" do exercício anterior, escreva um programa que leia os dados de cinco atletas e os exiba por ordem de idade, do mais velho para o mais novo.

11) Escreva um programa que contenha uma estrutura representando uma data válida. Essa estrutura deve conter os campos dia, mês e ano. Em seguida, leia duas datas e armazene nessa estrutura. Calcule e exiba o número de dias que decorreram entre as duas datas.

12) Crie uma enumeração representando os dias da semana. Agora, escreva um programa que leia um valor inteiro do teclado e exiba o dia da semana correspondente.

13) Crie uma enumeração representando os meses do ano. Agora, escreva um programa que leia um valor inteiro do teclado e exiba o nome do mês correspondente e quantos dias ele possui.

14) Crie uma enumeração representando os itens de uma lista de compras. Agora, escreva um programa que leia um valor inteiro do teclado e exiba o nome do item comprado e o seu preço.

15) Crie uma união contendo dois tipos básicos diferentes. Agora, escreva um programa que inicialize um dos tipos dessa união e exiba em tela o valor do outro tipo.

Funções

U ma função nada mais é do que um bloco de código (ou seja, declarações e outros comandos) que pode ser nomeado e chamado de dentro de um programa. Em outras palavras, uma função é uma sequência de comandos que recebe um nome e pode ser chamada de qualquer parte do programa, quantas vezes forem necessárias, durante a sua execução.

A linguagem C possui muitas funções já implementadas, e as temos utilizado constantemente. Um exemplo são as funções básicas de entrada e saída: **scanf()** e **printf()**. O programador não precisa saber o código contido dentro das funções de entrada e saída para utilizá-las. Basta saber seu nome e como utilizá-la.

Assim, a finalidade deste capítulo é apresentar os conceitos e detalhes necessários para um programador criar suas próprias funções dentro da linguagem C. Ao final, o leitor será capaz de:

- Declarar uma nova função.
- Definir os parâmetros de uma função.
- Definir o retorno de uma função.
- Fazer a passagem de parâmetros por valor para a função.
- Fazer a passagem de parâmetros por referência para a função.
- Utilizar o operador de seta.
- Utilizar o conceito de recursão em funções.

9.1 DEFINIÇÃO E ESTRUTURA BÁSICA

Duas são as principais razões para o uso de funções:

- Estruturação dos programas.
- Reutilização de código.

Por **estruturação dos programas** entende-se que agora o programa será construído a partir de pequenos blocos de código (isto é, funções), cada um deles com uma tarefa específica e bem-definida. Isso facilita a compreensão do programa.

 Programas grandes e complexos são construídos bloco a bloco com a ajuda de funções.

Já por **reutilização de código** entende-se que uma função é escrita para realizar determinada tarefa. Pode-se definir, por exemplo, uma função para calcular o fatorial de um número. O código para essa função vai aparecer uma única vez em todo o programa, mas a função que calcula o fatorial poderá ser utilizada diversas vezes e em pontos diferentes do programa.

 O uso de funções evita a cópia desnecessária de trechos de código que realizam a mesma tarefa, diminuindo assim o tamanho do programa e a ocorrência de erros.

9.1.1 Declarando uma função

Em linguagem C, a declaração de uma função pelo programador segue esta forma geral:

```
tipo_retornado nome_função (lista_de_parâmetros){
   sequência de declarações e comandos
}
```

O **nome_função** é como aquele trecho de código será conhecido dentro do programa. Para definir esse nome, valem basicamente as mesmas regras para se definir uma variável.

Local de declaração de uma função

Com relação ao local de declaração de uma função, ela deve ser definida ou declarada antes de ser utilizada, ou seja, antes da cláusula **main**(), como mostra o exemplo da Figura 9.1.

Exemplo: função declarada *antes* da cláusula main.

```
01   #include <stdio.h>
02   #include <stdlib.h>
03
04   int Square (int a){
05     return (a*a);
06   }
07
08   int main(){
09     int n1,n2;
10     printf("Entre com um numero: ");
11     scanf("%d", &n1);
12     n2 = Square(n1);
13     printf("O seu quadrado vale: %d\n", n2);
14     system("pause");
15     return 0;
16   }
```

FIGURA 9.1

Pode-se também declarar uma função depois da cláusula **main**(). Nesse caso, é preciso declarar antes o protótipo da função:

```
tipo_retornado nome_função (lista_de_parâmetros);
```

O protótipo de uma função é uma declaração de função que omite o corpo, mas especifica o seu nome, tipo de retorno e lista de parâmetros, como mostra o exemplo da Figura 9.2.

Exemplo: função declarada *depois* da cláusula main.

```
01    #include <stdio.h>
02    #include <stdlib.h>
03    //protótipo da função
04    int Square (int a);
05
06    int main(){
07      int n1,n2;
08      printf("Entre com um numero: ");
09      scanf("%d", &n1);
10      n2 = Square(n1);
11      printf("O seu quadrado vale: %d\n", n2);
12      system("pause");
13      return 0;
14    }
15
16    int Square (int a){
17      return (a*a);
18    }
```

FIGURA 9.2

 O protótipo de uma função não precisa incluir os nomes das variáveis passadas como parâmetros. Apenas os seus tipos já são suficientes.

A inclusão do nome de cada parâmetro no protótipo de uma função é tarefa opcional. Podemos declarar o seu protótipo apenas com os tipos dos parâmetros que serão passados para a função. Os nomes dos parâmetros são importantes apenas na implementação da função. Assim, ambos os protótipos a seguir são válidos para uma mesma função:

```
int Square(int a);
int Square(int );
```

Funcionamento de uma função

Independentemente de onde uma função seja declarada, seu funcionamento é basicamente o mesmo:

- O código do programa é executado até encontrar uma chamada de função.
- O programa é então interrompido temporariamente, e o fluxo do programa passa para a função chamada.
- Se houver parâmetros na função, os valores da chamada da função são copiados para os parâmetros no código da função.
- Os comandos da função são executados.
- Quando a função termina (seus comandos acabaram ou o comando **return** foi encontrado), o programa volta ao ponto em que foi interrompido para continuar sua execução normal.

- Se houver um comando **return**, o valor dele será copiado para a variável que foi escolhida para receber o retorno da função.

Na Figura 9.3, é possível ter uma boa representação de como uma chamada de função ocorre.

```
int Square (int a){          int a = n1
    return (a*a);
}

int main (){
    int n1, n2;
    printf ("Entre com um numero: ");
    scanf ("%d", &n1);
    n2 = Square(n1);          Chama função Square
n2 = return
    printf ("O seu quadrado vale: %d\n", n2);
    system ("pause");
    return 0;
}
```

FIGURA 9.3

Nas seções a seguir, cada um dos itens que define uma função será apresentado em detalhes.

9.1.2 Parâmetros de uma função

Os parâmetros de uma função são o que o programador utiliza para passar a informação de um trecho de código para dentro da função. Basicamente, os parâmetros de uma função são uma lista de variáveis, separadas por vírgula, em que são especificados o tipo e o nome de cada variável passada para a função.

 Por exemplo, a função **sqrt()** possui a seguinte lista de parâmetros: **double sqrt (double x);**

Declarando os parâmetros de uma função

Em linguagem C, a declaração dos parâmetros de uma função segue esta forma geral:

```
tipo_retornado nome_função (tipo nome1, tipo nome2, ..., tipo nomeN){
    sequência de declarações e comandos
}
```

> ⚠ Diferentemente do que acontece na declaração de variáveis, na qual muitas podem ser declaradas com o mesmo especificador de tipo, na declaração de parâmetros de uma função é necessário especificar o tipo de cada variável.

```
01    //Declaração CORRETA de parâmetros
02    int soma(int x, int y){
03        return x + y;
04    }
05
06    //Declaração ERRADA de parâmetros
07    int soma(int x, y){
08        return x + y;
09    }
```

Funções sem lista de parâmetros

Dependendo da função, ela pode não possuir nenhum parâmetro. Nesse caso, pode-se optar por duas soluções:

- Deixar a lista de parâmetros vazia: **void** imprime().
- Colocar **void** entre parênteses: **void** imprime**(void)**.

 Mesmo se não houver parâmetros na função, os parênteses ainda são necessários.

Apesar de as duas declarações estarem corretas, existe uma diferença entre elas. Na primeira declaração, não é especificado nenhum parâmetro, portanto a função pode ser chamada passando-se valores para ela. O compilador não vai verificar se a função é realmente chamada sem argumentos, e a função não conseguirá ter acesso a esses parâmetros. Já na segunda declaração, nenhum parâmetro é esperado. Nesse caso, o programa acusará um erro se o programador tentar passar um valor para essa função.

 Colocar **void** na lista de parâmetros é diferente de não colocar nenhum parâmetro.

O exemplo da Figura 9.4 ilustra bem essa situação.

Exemplo: função sem parâmetros	
Sem void	**Com void**

```
01   #include <stdio.h>          #include <stdio.h>
02   #include <stdlib.h>         #include <stdlib.h>
03
04   void imprime(){             void imprime(void){
05     printf("Teste de funcao\n");   printf("Teste de funcao\n");
06   }                           }
07
08   int main(){                 int main(){
09     imprime();                  imprime();
10     imprime(5);                 imprime(5);//ERRO
11     imprime(5,'a');             imprime(5,'a');//ERRO
12
13     system("pause");            system("pause");
14     return 0;                   return 0;
15   }                           }
```

FIGURA 9.4

Os parâmetros das funções também estão sujeitos ao escopo das variáveis. O escopo é o conjunto de regras que determinam o uso e a validade de variáveis nas diversas partes do programa.

 O parâmetro de uma função é uma variável local da função e, portanto, só pode ser acessado dentro da função.

9.1.3 Corpo da função

Pode-se dizer que o corpo de uma função é a sua alma. É no corpo de uma função que se define a tarefa que ela vai realizar quando for chamada.

Basicamente, o corpo da função é formado por:

- Sequência de declarações: variáveis, constantes, arrays etc.
- Sequência de comandos: comandos condicionais, de repetição, chamada de outras funções etc.

Para melhor entender o corpo da função, considere que todo programa possui ao menos uma função: a função **main()**. A função main é a função "principal" do programa, o "corpo" do programa. Note que, nos exemplos usados até agora, a função main é sempre do tipo int, e sempre retorna o valor 0:

```
int main(){
    sequência de declarações e comandos
    return 0;
}
```

Basicamente, é no corpo da função que as entradas (parâmetros) são processadas, as saídas são geradas ou outras ações são feitas. Além disso, a função main se encarrega de realizar a comunicação com o usuário, ou seja, é ela que realiza as operações de entrada e saída de dados (funções **scanf()** e **printf()**). Desse modo, tudo o que temos dentro de uma função **main()** pode ser feito em uma função desenvolvida pelo programador.

 Tudo o que temos dentro da função main pode ser feito em uma função desenvolvida pelo programador.

Uma função é construída com o intuito de realizar uma tarefa específica e bem-definida. Por exemplo, uma função para calcular o fatorial deve ser construída de modo a receber determinado número como parâmetro e retornar (usando o comando **return**) o valor calculado. As operações de entrada e saída de dados (funções **scanf()** e **printf()**) devem ser feitas em quem chamou a função (por exemplo, na **main()**). Isso assegura que a função construída possa ser utilizada nas mais diversas aplicações, garantindo a sua generalidade.

 De modo geral, evita-se fazer operações de leitura e escrita dentro de uma função.

Os exemplos das Figuras 9.5 e 9.6 ilustram bem essa situação. No primeiro exemplo temos o cálculo do fatorial realizado dentro da função main (Figura 9.5).

Exemplo: cálculo do fatorial dentro da função main()

```
01   #include <stdio.h>
02   #include <stdlib.h>
03
04   int main(){
05     printf("Digite um numero inteiro positivo:");
06     int x;
07     scanf("%d",&x);
08     int i,f = 1;
09     for(i=1; i<=x; i++)
10        f = f * i;
11
12     printf("O fatorial de %d eh: %d\",x,f);
13     system("pause");
14     return 0;
15   }
```

FIGURA 9.5

Perceba que, nesse exemplo, não foi feito nada de diferente do que temos até o momento. Já no exemplo da Figura 9.6, uma função específica para o cálculo do fatorial foi construída.

Exemplo: cálculo do fatorial em uma função própria

```
01   #include <stdio.h>
02   #include <stdlib.h>
03
04   int fatorial (int n){
05     int i,f = 1;
06     for (i=1; i<=n; i++)
07        f = f * i;
08
09     return f;
10   }
11
12   int main(){
13     printf("Digite um numero inteiro positivo:");
14     int x;
15     scanf("%d",&x);
16     int fat = fatorial(x);
17     printf("O fatorial de %d eh: %d\n",x,fat);
18
19     system("pause");
20     return 0;
21   }
```

FIGURA 9.6

Note que, dentro da função responsável pelo cálculo do fatorial, apenas o trecho do código responsável pelo cálculo do fatorial está presente. As operações de entrada e saída de dados (funções **scanf()** e **printf()**) são feitas em quem chamou a função **fatorial()**, ou seja, na função **main().**

Operações de leitura e escrita não são proibidas dentro de uma função. Apenas não devem ser usadas se esse não for o foco da função.

Uma função deve conter apenas o trecho de código responsável por fazer aquilo que é o objetivo da função. Isso não impede que operações de leitura e escrita sejam utilizadas dentro dela. Elas só não devem ser usadas quando os valores podem ser passados para a função por meio dos parâmetros.

Na Figura 9.7 temos um exemplo de função que realiza operações de leitura e escrita.

```
Exemplo: função contendo operações de leitura e escrita
01  #include <stdio.h>
02  #include <stdlib.h>
03  int menu(){
04    int i;
05    do {
06        printf("Escolha uma opção:\n");
07        printf("(1) Opcao 1\n");
08        printf("(2) Opcao 2\n");
09        printf("(3) Opcao 3\n");
10        scanf("%d", &i);
11    } while ((i < 1) || (i > 3));
12
13    return i;
14  }
15
16  int main(){
17    int op = menu();
18    printf("Vc escolheu a Opcao %d.\n",op);
19    system("pause");
20    return 0;
21  }
```

FIGURA 9.7

Nessa função, um menu de opções é apresentado ao usuário, que tem de escolher entre uma delas. A função se encarrega de verificar se a opção digitada é válida e, caso não seja, solicitar uma nova opção ao usuário.

9.1.4 Retorno da função

O retorno da função é a maneira como uma função devolve o resultado (se ele existir) da sua execução para quem a chamou. Nas seções anteriores, vimos que uma função segue esta forma geral:

```
tipo_retornado nome_função (lista_de_parâmetros){
   sequência de declarações e comandos
}
```

A expressão **tipo_retornado** estabelece o tipo de valor que a função vai devolver para quem a chamar. Uma função pode retornar qualquer tipo válido na linguagem C:

- Tipos básicos predefinidos: int, char, float, double, **void** e ponteiros.
- Tipos definidos pelo programador: struct, array (indiretamente) etc.

Funções sem retorno de valor

 Uma função também pode NÃO retornar um valor. Para isso, basta colocar o tipo **void** como valor retornado.

O tipo **void** é conhecido como tipo *vazio*. Uma função declarada com o tipo **void** vai apenas executar um conjunto de comando e não devolverá nenhum valor para quem a chamar. Veja o exemplo da Figura 9.8.

```
01   #include <stdio.h>
02   #include <stdlib.h>
03   void imprime(int n){
04     int i;
05     for (i=1; i<=n; i++)
06         printf("Linha %d \n",i);
07   }
08
09   int main(){
10     imprime(5);
11
12     system("pause");
13     return 0;
14   }
```

Exemplo: função com tipo void

FIGURA 9.8

Nesse exemplo, a função **imprime** apenas imprimirá uma mensagem na tela **n** vezes. Não há o que devolver para a função **main**(). Portanto, podemos declará-la como **void**.

 Para executar uma função do tipo **void**, basta colocar no código onde a função será chamada o nome da função e seus parâmetros.

Funções com retorno de valor

Se a função não for do tipo **void**, ela deverá retornar um valor. O comando **return** é utilizado para retornar esse valor para o programa:

```
return expressão;
```

A expressão da cláusula **return** tem de ser compatível com o tipo de retorno declarado para a função.

A *expressão* do comando **return** consiste em qualquer constante, variável ou expressão aritmética que o programador deseje retornar para o trecho do programa que chamou a função. Essa expressão pode até mesmo ser outra função, como a função **sqrt()**:

```
return sqrt(x);
```

 Para executar uma função que tenha o comando **return**, basta atribuir a chamada da função (nome da função e seus parâmetros) a uma variável compatível com o tipo do retorno.

O exemplo da Figura 9.9 mostra uma função que recebe dois parâmetros inteiros e retorna a sua soma para a função **main()**.

```
Exemplo: função com retorno
01   #include <stdio.h>
02   #include <stdlib.h>
03   int soma(int x, int y){
04     return x + y;
05   }
06
07   int main(){
08     int a,b,c;
09     printf("Digite a: ");
10     scanf("%d", &a);
11     printf("Digite b: ");
12     scanf("%d", &b);
13     printf("Soma = %d\n",soma(a,b));
14     system("pause");
15     return 0;
16   }
```

FIGURA 9.9

Note, nesse exemplo, que a chamada da função foi feita dentro da função **printf()**. Isso é possível porque a função retorna um valor inteiro (**x + y**) e a função **printf()** espera imprimir um valor inteiro (**%d**).

 Uma função pode ter mais de uma declaração **return**.

O uso de vários comandos **return** é útil quando o retorno da função está relacionado com uma condição dentro dela. Veja o exemplo da Figura 9.10.

Exemplo: função com vários return

```
01   int maior(int x, int y){
02     if(x > y)
03         return x;
04     else
05         return y;
06   }
```

FIGURA 9.10

Nesse exemplo, a função será executada e, dependendo dos valores de x e y, uma das cláusulas **return** será executada. No entanto, é conveniente limitar as funções a usar somente um comando **return**. O uso de vários comandos **return**, especialmente em funções grandes e complexas, aumenta a dificuldade de se compreender o que realmente está sendo feito pela função. Na maioria dos casos, pode-se reescrever uma função para que ela utilize somente um comando **return**, como é mostrado na Figura 9.11.

Exemplo: substituindo os vários return da função

```
01   int maior(int x, int y){
02     int z;
03     if(x > y)
04         z = x;
05     else
06         z = y;
07     return z;
08   }
```

FIGURA 9.11

Nesse exemplo, os vários comandos **return** foram substituídos por uma variável que será retornada no final da função.

 Quando se chega a um comando **return**, a função é encerrada imediatamente.

O comando **return** é utilizado para retornar um valor para o programa. No entanto, esse comando também é usado para terminar a execução de uma função, similar ao comando **break** em um laço ou **switch** (Figura 9.12).

Exemplo: finalizando a função com return

```
01   int maior(int x, int y){
02     if(x > y)
03         return x;
04     else
05         return y;
06     printf("Fim da funcao\n");
07   }
```

FIGURA 9.12

Nesse exemplo, a função vai terminar quando um dos comandos **return** for executado. A mensagem "Fim da funcao" jamais será impressa na tela porque seu comando se encontra depois do comando **return**. Nesse caso, a função **printf()** será ignorada.

> O comando **return** pode ser usado sem um valor associado a ele para terminar uma função do tipo **void**.

```
01   #include <stdio.h>
02   #include <stdlib.h>
03   #include <math.h>
04   void imprime_log(float x){
05     if(x <= 0)
06         return;//termina a função
07     printf("Log = %f\n",log(x));
08   }
09   int main(){
10     float x;
11     printf("Digite x: ");
12     scanf("%f", &f);
13     imprime_log(x);
14     system("pause");
15     return 0;
16   }
```

Na função contida no exemplo anterior, se o valor de x é negativo ou zero, o comando **return** faz com que a função termine antes que o comando **printf()** seja executado, mas nenhum valor é retornado.

> O valor retornado por uma função não pode ser um array.

Lembre-se: A linguagem C não suporta a atribuição de um array para outro. Por esse motivo, não se pode ter um array como retorno de uma função.

> É possível retornar um array indiretamente, desde que ele faça parte de uma estrutura.

```
01   #include <stdio.h>
02   #include <stdlib.h>
03
04   struct vetor{
05     int v[5];
06   };
07
08   struct vetor retorna_array(){
09     struct vetor v = {1,2,3,4,5};
10     return v;
11   }
12
13   int main(){
14     int i;
15     struct vetor vet = retorna_array();
16     for (i=0; i<5; i++)
17       printf("Valores: %d \n",vet.v[i]);
18     system("pause");
19     return 0;
20   }
```

A linguagem C não suporta a atribuição de um array para outro, mas permite a atribuição entre estruturas. Isto faz com que os conteúdos das variáveis contidas dentro de uma estrutura sejam copiados para outra. Desse modo, é possível retornar um array desde que ele esteja dentro de uma estrutura.

9.2 TIPOS DE PASSAGEM DE PARÂMETROS

Já vimos que, na linguagem C, os parâmetros de uma função são o mecanismo que o programador utiliza para passar a informação de um trecho de código para dentro da função. Mas existem dois tipos de passagem de parâmetro: passagem **por valor** e **por referência**.

Nas seções seguintes, cada um dos tipos de passagem de parâmetros será explicado em detalhes.

9.2.1 Passagem por valor

Na linguagem C, os argumentos para uma função são sempre passados por valor (by value), ou seja, uma cópia do dado é feita e passada para a função. Esse tipo de passagem de parâmetro é o padrão para todos os tipos básicos predefinidos (**int**, **char**, **float** e **double**) e estruturas definidas pelo programador (**struct**).

 Mesmo que o valor de uma variável mude dentro da função, nada acontece com o valor de fora da função.

```
01    #include <stdio.h>
02    #include <stdlib.h>
03
04    void soma_mais_um(int n){
05      n = n + 1;
06      printf("Dentro da funcao: x = %d\n",n);
07    }
08
09    int main(){
10      int x = 5;
11      printf("Antes da funcao: x = %d\n",x);
12      soma_mais_um(x);
13      printf("Depois da funcao: x = %d\n",x);
14      system("pause");
15      return 0;
16    }
```

```
Saída    Antes da funcao: x = 5
         Dentro da funcao: x = 6
         Depois da funcao: x = 5
```

Nesse exemplo, no momento em que a função **soma_mais_um**() é chamada, o valor de *x* é **copiado** para o parâmetro *n* da função. O parâmetro *n* é uma variável local da função. Então, tudo o que acontecer com ele (*n*) não se reflete no valor **original** da variável *x*. Quando a função termina, a variável *n* é destruída e seu valor é descartado. O fluxo do programa é devolvido ao ponto em que a função foi inicialmente chamada, onde a variável *x* mantém o seu valor **original**.

> Na passagem de parâmetros por valor, quaisquer modificações que a função fizer nos parâmetros existem apenas dentro da própria função.

9.2.2 Passagem por referência

Na passagem de parâmetros por valor, as funções não podem modificar o valor original de uma variável passada para a função. Mas existem casos em que é necessário que toda modificação feita nos valores dos parâmetros dentro da função seja repassada para quem a chamou. Um exemplo bastante simples disso é a função **scanf()**: sempre que desejamos ler algo do teclado, passamos para a função **scanf()** o nome da variável onde o dado será armazenado. Essa variável tem seu valor modificado dentro da função **scanf()**, e seu valor pode ser acessado no programa principal.

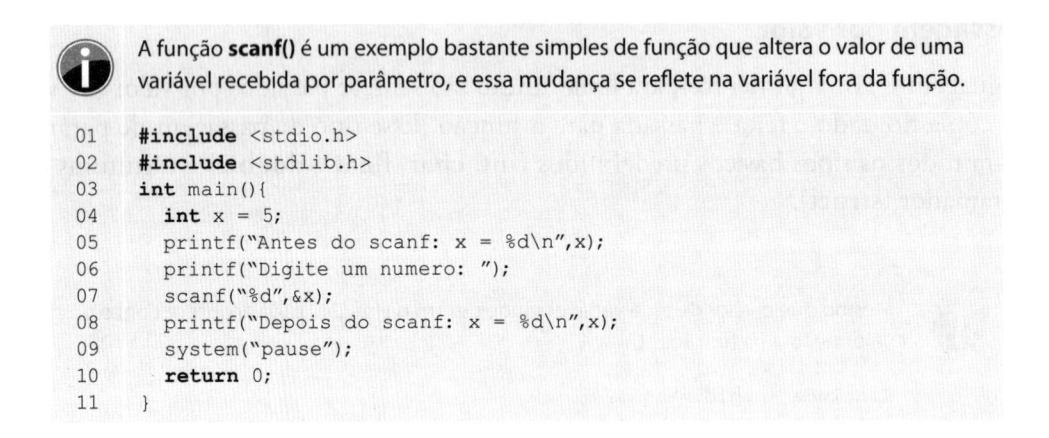

> A função **scanf()** é um exemplo bastante simples de função que altera o valor de uma variável recebida por parâmetro, e essa mudança se reflete na variável fora da função.

```
01   #include <stdio.h>
02   #include <stdlib.h>
03   int main(){
04     int x = 5;
05     printf("Antes do scanf: x = %d\n",x);
06     printf("Digite um numero: ");
07     scanf("%d",&x);
08     printf("Depois do scanf: x = %d\n",x);
09     system("pause");
10     return 0;
11   }
```

Quando se quer que o valor da variável mude dentro da função e essa mudança se reflita fora da função, usam-se passagens de parâmetros **por referência**.

> Na passagem de parâmetros por referência não se passam para a função os valores das variáveis, mas os *endereços das variáveis na memória*.

Na passagem de parâmetros por referência, o que é enviado para a função é o endereço de memória onde a variável está armazenada, e não uma simples cópia de seu valor. Assim, utilizando o endereço da variável na memória, qualquer alteração que a variável sofra dentro da função será também refletida fora da função.

> Para passar um parâmetro por referência, usa-se o operador "*" na frente do nome do parâmetro durante a declaração da função.

Para passar para a função um parâmetro por referência, a função precisa usar ponteiros. Um ponteiro é um tipo especial de variável que armazena um endereço de memória, da mesma maneira como uma variável armazena um valor. Mais detalhes sobre o uso de ponteiros serão apresentados no próximo capítulo.

O exemplo da Figura 9.13 mostra a mesma função declarada usando a passagem de parâmetro de valor e por referência.

Exemplo: passagem por valor e referência	
Por valor	**Por referência**

```
01   void soma_mais_um(int n){          void soma_mais_um(int *n){
02      n = n + 1;                          *n = *n + 1;
03   }                                   }
04
```

FIGURA 9.13

Note, nesse exemplo, que a diferença entre os dois tipos de passagem de parâmetro é o uso do operador "*" na passagem por referência. Consequentemente, toda vez que a variável passada por referência for usada dentro da função, o operador "*" deverá ser usado na frente do nome da variável.

 Na chamada da função, é necessário utilizar o operador "&" na frente do nome da variável que será passada por referência para a função.

Lembre-se do exemplo da função **scanf()**. A função **scanf()** é um exemplo de função que altera o valor de uma variável, e essa mudança se reflete fora da função. Quando chamamos a função **scanf()**, é necessário colocar o operador "&" na frente do nome da variável que será lida do teclado. O mesmo vale para outras funções que usam passagem de parâmetro por referência.

 Na passagem de uma variável por referência é necessário usar o operador "*" sempre que se desejar acessar o conteúdo da variável dentro da função.

```
01      #include <stdio.h>
02      #include <stdlib.h>
03
04      void soma_mais_um(int *n){
05        *n = *n + 1;
06          printf("Dentro da funcao: x = %d\n",*n);
07      }
08
09      int main(){
10        int x = 5;
11        printf("Antes da funcao: x = %d\n",x);
12        soma_mais_um(&x);
13        printf("Depois da funcao: x = %d\n",x);
14        system("pause");
15        return 0;
16      }

Saída    Antes da funcao: x = 5
         Dentro da funcao: x = 6
         Depois da funcao: x = 6
```

Nesse exemplo, no momento em que a função **soma_mais_um** é chamada, o endereço de *x* (&x) é **copiado** para o parâmetro *n* da função. O parâmetro *n* é um ponteiro dentro da função que guarda o endereço no qual o valor de *x* está fora da função. Sempre que alteramos o valor de **n* (conteúdo da posição de memória guardada, ou seja, *x*), o valor de *x* fora da função também é modificado.

Na Figura 9.14 temos outro exemplo que mostra a mesma função declarada usando a passagem de parâmetro de valor e por referência.

Exemplo: passagem por valor e referência	
Por valor	**Por referência**

```
01  #include <stdio.h>          #include <stdio.h>
02  #include <stdlib.h>         #include <stdlib.h>
03
04  void Troca(int a,int b){    void Troca(int*a,int*b){
05    int temp;                   int temp;
06    temp = a;                   temp = *a;
07    a = b;                      *a = *b;
08    b = temp;                   *b = temp;
09    printf("Dentro: %d e %d\n",a,b);   printf("Dentro: %d e %d\n",*a,*b);
10  }                           }
11
12  int main(){                 int main(){
13    int x = 2;                  int x = 2;
14    int y = 3;                  int y = 3;
15    printf("Antes: %d e %d\n",x,y);    printf("Antes: %d e %d\n",x,y);
16    Troca(x,y);                 Troca(&x,&y);
17    printf("Depois: %d e %d\n",x,y);   printf("Depois: %d e %d\n",x,y);
18    system("pause");            system("pause");
19    return 0;                   return 0;
20  }                           }

    Saída                       Saída
    Antes: 2 e 3                Antes: 2 e 3
    Dentro: 3 e 2               Dentro: 3 e 2
    Depois: 2 e 3               Depois: 3 e 2
```

FIGURA 9.14

9.2.3 Passagem de arrays como parâmetros

Para utilizar arrays como parâmetros de funções, alguns cuidados simples são necessários. Além do parâmetro do array que será utilizado na função, é preciso declarar um segundo parâmetro (em geral, uma variável inteira) para passar para a função o tamanho do array **separadamente**.

 Arrays são sempre passados *por referência* para uma função.

Quando passamos um array por parâmetro, independentemente do seu tipo, o que é de fato passado para a função é o endereço do primeiro elemento do array.

A passagem de arrays por referência evita a cópia desnecessária de grande quantidade de dados para outras áreas de memória durante a chamada da função, o que afetaria o desempenho do programa.

Na passagem de um array como parâmetro de uma função podemos declarar a função usando uma das maneiras mostradas a seguir, todas equivalentes:

```
void imprime(int *m, int n);
void imprime(int m[], int n);
void imprime(int m[5], int n);
```

 Mesmo especificando o tamanho de um array no seu parâmetro da função, a semântica é a mesma das outras declarações, pois não existe checagem dos limites do array em tempo de compilação.

O exemplo da Figura 9.15 mostra como um array de uma única dimensão pode ser passado como parâmetro para uma função.

Exemplo: passagem de array como parâmetro

```
01   #include <stdio.h>
02   #include <stdlib.h>
03
04   void imprime (int *n, int m){
05     int i;
06     for (i=0; i<m;i++)
07         printf("%d \n", n[i]);
08   }
09
10   int main(){
11     int v[5] = {1,2,3,4,5};
12     imprime(v,5);
13     system("pause");
14     return 0;
15   }
```

FIGURA 9.15

Note, nesse exemplo, que apenas o nome do array é passado para a função, sem colchetes e sem índice. Isso significa que estamos passando o array inteiro. Se usássemos o colchete, estaríamos passando o valor de uma posição do array e não o seu endereço, o que resultaria em erro. Note também que não precisamos utilizar o operador "&". Isso acontece porque o nome do array é o seu endereço na memória. Diferentemente de outras variáveis passadas por referência, dentro da função não precisamos usar o operador "*" para acessar o conteúdo de determinada posição do array. Podemos continuar usando os colchetes e o seu índice. Isso ocorre devido às propriedades em comum dos arrays e ponteiros, que serão apresentadas no próximo capítulo.

 Na chamada da função, passamos para ela somente o nome do array, sem os colchetes, sem o índice e sem o operador "&": o programa "já sabe" que um array será enviado, pois isso já foi definido no protótipo da função. Dentro da função, não precisamos usar o operador "*" para acessar o conteúdo de uma posição do array, podemos continuar usando os colchetes.

Vimos que, para arrays, não é necessário especificar o número de elementos para a função no parâmetro do array:

```
void imprime(int *m, int n);
void imprime(int m[], int n);
```

 Arrays com mais de uma dimensão (por exemplo, matrizes) precisam da informação do tamanho das dimensões extras.

Para arrays com mais de uma dimensão é necessário especificar o tamanho de todas as dimensões, exceto a primeira. Sendo assim, uma declaração possível para uma função que receba uma matriz de quatro linhas e cinco colunas seria a apresentada a seguir:

```
void imprime(int m[][5], int n);
```

A declaração de arrays com uma dimensão e com mais de uma dimensão é diferente porque, na passagem de um array para uma função, o compilador precisa saber o tamanho de cada elemento, não o número de elementos.

 Um array bidimensional pode ser entendido como um array de arrays.

Para a linguagem C, um array bidimensional pode ser entendido como um array de arrays. Sendo assim, o seguinte array

```
int m[4][5];
```

pode ser entendido como um array de quatro elementos, em que cada elemento é um array de cinco posições inteiras. Logo, o compilador precisa saber o tamanho de um dos elementos (por exemplo, o número de colunas da matriz) no momento da declaração da função:

```
void imprime(int m[][5], int n);
```

Nessa notação, informamos ao compilador que estamos passando um array, onde cada elemento dele é outro array de cinco posições inteiras. Nesse caso, o array terá sempre cinco colunas, mas poderá ter quantas linhas quiser (parâmetro **n**).

Isso é necessário para que o programa saiba que o array possui mais de uma dimensão e mantenha a notação de um conjunto de colchetes por dimensão.

O exemplo da Figura 9.16 mostra como um array de duas dimensões pode ser passado como parâmetro para uma função.

Exemplo: passagem de matriz como parâmetro

```
01   #include <stdio.h>
02   #include <stdlib.h>
03
04   void imprime_matriz(int m[][2], int n){
05     int i,j;
06     for (i=0; i<n;i++)
07       for (j=0; j< 2;j++)
08           printf("%d \n", m[i][j]);
09   }
10
11   int main(){
12     int mat[3][2] = {{1,2},{3,4},{5,6}};
13     imprime_matriz(mat,3);
14     system("pause");
15     return 0;
16   }
```

FIGURA 9.16

As notações a seguir funcionam para arrays com mais de uma dimensão. Mas o array é tratado como se tivesse apenas uma dimensão dentro da função

```
void imprime(int *m, int n);
void imprime(int m[], int n);
```

O exemplo da Figura 9.17 mostra como um array de duas dimensões pode ser passado como um array de uma única dimensão para uma função.

Exemplo: matriz como array de uma dimensão

```
01   #include <stdio.h>
02   #include <stdlib.h>
03
04   void imprime_matriz(int *m, int n){
05     int i;
06     for (i=0; i<n;i++)
07         printf("%d \n", m[i]);
08   }
09
10   int main(){
11     int mat[3][2] = {{1,2},{3,4},{5,6}};
12     imprime_matriz(&mat[0][0],6);
13     system("pause");
14     return 0;
15   }
```

FIGURA 9.17

Note que, nesse exemplo, em vez de passarmos o nome do array, passamos o endereço do primeiro elemento (&mat[0][0]). Isso faz com que percamos a notação de dois colchetes para a matriz e ela seja tratada como se tivesse apenas uma dimensão.

9.2.4 Passagem de estruturas como parâmetros

Vimos anteriormente que uma estrutura pode ser vista como um conjunto de variáveis sob um mesmo nome, ou, em outras palavras, a estrutura é uma variável que contém dentro de si outras variáveis. Sendo assim, uma estrutura pode ser passada como parâmetro para uma função de duas formas distintas:

- Toda a estrutura.
- Apenas determinados campos da estrutura.

 As regras de passagem de uma estrutura como parâmetro para uma função são as mesmas usadas para passar uma união ou uma enumeração como parâmetro.

Passagem de uma estrutura por valor

Para passar uma estrutura como parâmetro de uma função, basta declarar na lista de parâmetros um parâmetro com o mesmo tipo da estrutura. Dessa forma, teremos acesso a todos os campos da estrutura dentro da função, como mostra o exemplo da Figura 9.18.

```
Exemplo: estrutura passada por valor
01   #include <stdio.h>
02   #include <stdlib.h>
03   struct ponto {
04     int x, y;
05   };
06   void imprime(struct ponto p){
07     printf("x = %d\n",p.x);
08     printf("y = %d\n",p.y);
09   }
10   int main(){
11     struct ponto p1 = {10,20};
12     imprime(p1);
13
14     system("pause");
15     return 0;
16   }
```

FIGURA 9.18

Passagem de um campo da estrutura por valor

Dependendo da aplicação, pode ser que não seja necessário passar todos os valores da estrutura para a função. Nesse caso, a função é declarada sem levar em conta a estrutura nos seus parâmetros. Mas é necessário que o parâmetro da função seja compatível com o campo da função que será passado como parâmetro, como mostra o exemplo da Figura 9.19.

Exemplo: campo da estrutura passado por valor

```
01   #include <stdio.h>
02   #include <stdlib.h>
03   struct ponto {
04     int x, y;
05   };
06   void imprime _ valor(int n){
07     printf("Valor = %d\n",n);
08   }
09   int main(){
10     struct ponto p1 = {10,20};
11     imprime _ valor(p1.x);
12     imprime _ valor(p1.y);
13     system("pause");
14     return 0;
15   }
```

FIGURA 9.19

Passagem de um campo da estrutura por referência

Como visto anteriormente, podemos passar um único campo da estrutura por valor para a função. Isso significa que também podemos passar esse mesmo campo por referência. Nesse caso, o parâmetro da função deverá novamente ser compatível com o campo da função que será passado como parâmetro, adicionado do operador "*", como mostra o exemplo da Figura 9.20.

Exemplo: campo da estrutura passada por referênca

```
01   #include <stdio.h>
02   #include <stdlib.h>
03   struct ponto {
04     int x, y;
05   };
06   void soma _ imprime _ valor(int *n){
07     *n = *n + 1;
08     printf("Valor = %d\n",*n);
09   }
10   int main(){
11     struct ponto p1 = {10,20};
12     soma _ imprime _ valor(&p1.x);
13     soma _ imprime _ valor(&p1.y);
14     system("pause");
15     return 0;
16   }
```

FIGURA 9.20

De fato, como se pode ver, para a passagem de um campo da estrutura por referência valem todas as regras vistas para a passagem de parâmetros por referência.

Passagem de uma estrutura por referência

Vimos anteriormente que, para passar um parâmetro por referência, usa-se o operador "*" na frente do nome do parâmetro durante a declaração da função. Isso também é válido para uma estrutura, mas alguns cuidados devem ser tomados ao acessar seus campos dentro da função. Para acessar o valor de um campo de uma estrutura passada por referência, devemos seguir este conjunto de passos:

1. Utilizar o operador "*" na frente do nome da variável que representa a estrutura.

2. Colocar o operador "*" e o nome da variável entre parênteses ().

3. Por fim, acessar o campo da estrutura utilizando o operador ponto ".".

O exemplo da Figura 9.21 mostra como os campos de uma estrutura passada por referência devem ser acessados.

Exemplo: estrutura passada por referência

```
01  #include <stdio.h>
02  #include <stdlib.h>
03  struct ponto {
04    int x, y;
05  };
06  void atribui(struct ponto *p){
07    (*p).x = 10;
08    (*p).y = 20;
09  }
10  int main(){
11    struct ponto p1;
12    atribui(&p1);
13    printf("x = %d\n",p1.x);
14    printf("y = %d\n",p1.y);
15    system("pause");
16    return 0;
17  }
```

FIGURA 9.21

Note, nesse exemplo, que a função **atribui** recebe uma **struct ponto** por referência, "*p". Para acessar qualquer um dos seus campos (**x** ou **y**), é necessário utilizar o operador "*" na frente do nome da variável que representa a estrutura, "*p", e em seguida colocar o operador "*" e o nome da variável entre parênteses, "(*p)". Somente depois de feito isso é que podemos acessar um dos campos da estrutura com o operador ponto "." (linhas 7 e 8).

 Ao acessar uma estrutura passada por referência, não podemos esquecer de colocar os parênteses antes de acessar o seu campo.

O uso dos parênteses serve para diferenciar o que foi passado por referência do que é ponteiro. Um ponteiro é um tipo especial de variável que armazena um endereço de memória, da mesma maneira como uma variável armazena um valor (mais detalhes sobre o uso de ponteiros serão apresentados no próximo capítulo). A expressão

```
(*p).x
```

indica que a variável **p** é na verdade o ponteiro, ou melhor, a variável que foi passada por referência. Isso ocorre porque o asterisco está junto de **p** e isolado de **x** por meio dos parênteses. Já as notações a seguir são equivalentes

```
*p.x
*(p.x)
```

e ambas indicam que a variável **x** é na verdade o ponteiro, e não **p**. Isso ocorre porque o operador ponto "." tem prioridade e é executado primeiro. Logo, o operador asterisco "*" atuará sobre o campo da estrutura, e não sobre a variável da estrutura.

9.2.5 Operador seta

De modo geral, uma estrutura é sempre passada por valor para uma função. Mas ela também pode ser passada por referência sempre que desejarmos alterar algum dos valores de seus campos.

Durante o estudo dos tipos definidos pelo programador, vimos que o operador "." (ponto) era utilizado para acessar os campos de uma estrutura. Se essa estrutura for passada por referência para uma função, será necessário usar os operadores "*" e "." para acessar os valores originais dos campos da estrutura.

- Operador "*": acessa o conteúdo da posição de memória (valor da variável fora da função) dentro da função.
- Operador ".": acessa os campos de uma estrutura.

 O operador **seta** (->) substitui o uso conjunto dos operadores "*" e "." no acesso ao campo de uma estrutura passada por referência para uma função.

O operador **seta** (->) é utilizado quando uma referência para uma estrutura (struct) é passada para uma função. Ele permite acessar o valor do campo da estrutura fora da função sem utilizar o operador "*". O exemplo da Figura 9.22 mostra como os campos de uma estrutura passada por referência podem ser acessados com ou sem o uso do operador seta "->".

Exemplo: passagem de estrutura por referência	
Sem operador seta	**Com operador seta**

```
01   struct ponto {                  struct ponto {
02     int x, y;                       int x, y;
03   };                               };
04
05   void atribui(struct ponto *p){  void atribui(struct ponto *p){
06     (*p).x = 10;                    p->x = 10;
07     (*p).y = 20;                    p->y = 20;
08   }                                }
```

FIGURA 9.22

O operador **seta** "->" também pode ser usado para acessar o valor do campo de uma união ou uma enumeração passada por referência para a função.

9.3 RECURSÃO

Na linguagem C, uma função pode chamar outra função, como mostra o exemplo da Figura 9.23. A função **main()** pode chamar qualquer função, seja ela da biblioteca da linguagem (como a função **printf()**) ou definida pelo programador (função **imprime()**). O mesmo vale para as funções definidas pelo programador: elas também podem chamar outras funções, sejam elas da biblioteca da linguagem ou definidas pelo programador.

```
Exemplo: chamadas de função
01   #include <stdio.h>
02   #include <stdlib.h>
03   void imprime(int n){
04     int i;
05     for (i=1; i<=n; i++)
06         printf("Linha %d \n",i);
07   }
08
09   int main(){
10     imprime(5);
11     printf("Fim do programa!\n");
12
13     system("pause");
14     return 0;
15   }
```

FIGURA 9.23

Uma função pode, inclusive, chamar a si própria. A isso chamamos recursividade, que é o processo de repetir alguma coisa de maneira similar. Uma função assim é chamada de *função recursiva*.

 A recursão também é chamada de definição circular. Ela ocorre quando algo é definido em termos de si mesmo.

9.3.1 Solução recursiva

Para entender como funciona a recursão, imagine o seguinte problema:

 Como esvaziar um vaso contendo três flores?

Para esvaziar um vaso contendo três flores, primeiro verificamos se o vaso está vazio. Se o vaso não está vazio, tiramos uma flor. Temos agora que esvaziar o vaso contendo duas flores.

Como esvaziar um vaso contendo duas flores?

Para esvaziar um vaso contendo duas flores, primeiro verificamos se o vaso está vazio. Se o vaso não está vazio, tiramos uma flor. Temos agora que esvaziar o vaso contendo uma flor.

 Como esvaziar um vaso contendo uma flor?

Para esvaziar o vaso contendo uma flor, primeiro verificamos se o vaso está vazio. Se o vaso não está vazio, tiramos uma flor. Temos agora que esvaziar o vaso contendo zero flores.

 Como esvaziar um vaso contendo zero flores?

Para esvaziar o vaso contendo zero flores, primeiro verificamos se o vaso está vazio. Como ele já está vazio, o processo termina.

Todo esse processo de remover flores é muito repetitivo. Vamos então generalizar a ideia.

 Como esvaziar um vaso contendo N flores?

Solução: Para esvaziar um vaso contendo N flores, primeiro verificamos se o vaso está vazio. Se o vaso não está vazio, tiramos uma flor. Temos agora que esvaziar um vaso contendo $N - 1$ flores.

Essa solução para o problema do vaso de flores pode agora ser facilmente implementada, como mostra o exemplo da Figura 9.24. Perceba que definimos a função que esvazia o vaso, **esvaziarVaso**(), em termos de si mesma. Trata-se, portanto, de uma função recursiva.

Exemplo: função recursiva para esvaziar vaso de flores

```
01    void esvaziarVaso(int flores){
02      if(flores > 0){
03          //remove uma flor
04          esvaziarVaso(flores - 1);
05      }
06    }
```

FIGURA 9.24

Um exemplo clássico de função recursiva é o cálculo do fatorial de um número.

 Como calcular o fatorial de 4 (definido como 4!)?

Solução: Para calcular o fatorial de 4, multiplica-se o número 4 pelo fatorial de 3 (definido como 3!). Nesse ponto, já é possível perceber que esse problema é muito semelhante ao do vaso de flores. Generalizando esse processo, temos que o fatorial de N é igual a N multiplicado pelo fatorial de (N − 1), ou seja, N! = N * (N − 1)!. No caso do vaso de flores, o processo termina quando não há mais flores no vaso. No caso do fatorial, o processa termina quando atingimos o número zero. Nesse caso, o valor do fatorial de 0 (0!) é definido como igual a 1. Temos então que a função fatorial é definida matematicamente como:

```
0! = 1
N! = N * (N − 1)!
```

Note novamente que o fatorial de **N**, **N!**, é definido em termos do fatorial de **N − 1**, **(N − 1)!**, ou seja, trata-se de uma definição circular do problema: precisamos saber o fatorial de um número para calcular o de outro. Esse processo continua até que se chegue a um caso mais simples e que é a base do cálculo do fatorial: o fatorial de zero, **0!**. Nesse momento, a recursão para porque temos um valor constante já definido para o fatorial. Na Figura 9.25, é possível ver a função recursiva para o cálculo do fatorial:

Exemplo: função recursiva para cálculo do fatorial

```
01   int fatorial (int n){
02     if(n == 0)
03         return 1;
04     else
05         return n*fatorial(n-1);
06   }
```

FIGURA 9.25

9.3.2 Como funciona a recursividade

A ideia básica da recursão é **dividir e conquistar**:

- Divide-se um problema maior em um conjunto de problemas menores.
- Esses problemas menores são então resolvidos de forma independente.
- As soluções dos problemas menores são combinadas para gerar a solução final.

Essa lógica fica evidente no cálculo do fatorial. O fatorial de um número **N** é o produto de todos os números inteiros entre 1 e N. Por exemplo, o fatorial de 4 é **1 * 2 * 3 * 4**. Aplicando a ideia da recursão, temos que:

- O fatorial de 4 é definido em função do fatorial de 3.
- O fatorial de 3 é definido em função do fatorial de 2.
- O fatorial de 2 é definido em função do fatorial de 1.

- O fatorial de 1 é definido em função do fatorial de 0.
- O fatorial de 0 é definido como igual a 1.

Perceba que o cálculo do fatorial prossegue até chegarmos ao fatorial de 0, nosso **caso-base**, que é igual a 1.

 Quando a função recursiva chega ao seu **caso-base**, ela para.

Vamos chamar essa primeira etapa do cálculo de **caminho de ida da recursão**, que é onde as chamadas da função são executadas até chegar ao caso-base. Quando a recursão para, é chegado o momento de fazer o **caminho de volta da recursão** que, basicamente, consiste em fazer o caminho inverso devolvendo o valor obtido para quem fez aquela chamada da função, e assim por diante, até chegarmos à primeira chamada da função, como mostra a Figura 9.26.

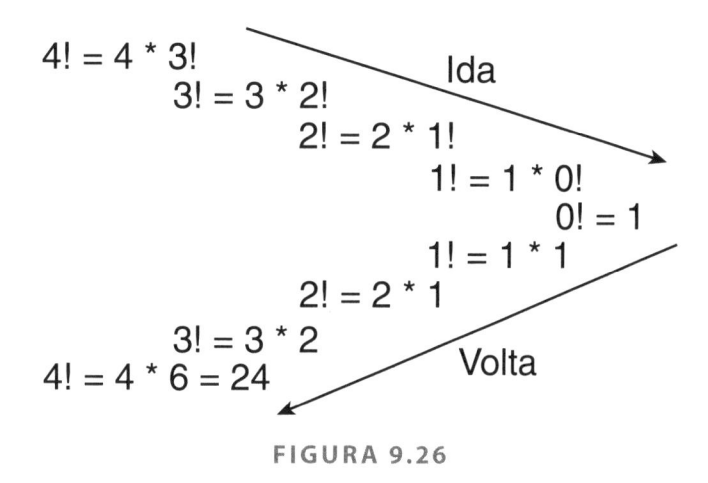

$$4! = 4 * 3!$$
$$3! = 3 * 2!$$
$$2! = 2 * 1!$$
Ida
$$1! = 1 * 0!$$
$$0! = 1$$
$$1! = 1 * 1$$
$$2! = 2 * 1$$
$$3! = 3 * 2$$
$$4! = 4 * 6 = 24$$
Volta

FIGURA 9.26

Os mesmos princípios de **caso-base**, **caminho de ida da recursão** e **caminho de volta da recursão**, presentes no exemplo matemático da recursão, estão também presentes na recursão de uma função computacional. Considere o exemplo da Figura 9.27.

```
                    Exemplo: calculando o fatorial
01    #include <stdio.h>
02    #include <stdlib.h>
03    int fatorial (int n){
04      if(n == 0)
05          return 1;
06      else
07          return n*fatorial(n-1);
08    }
09    int main(){
10      int x;
11      x = fatorial(4);
12      printf("4! = %d\n",x);
13      system("pause");
14      return 0;
15    }
```

FIGURA 9.27

Sempre que fazemos uma chamada de função, seja ela qual for, o código atualmente em execução é pausado, e a função chamada é carregada na memória. Assim, a função main() é pausada quando chama a função fatorial(). Note que a função fatorial() também chama a si própria. Nesse caso, ela é pausada e carrega na memória uma cópia de si mesma, mas com valor de parâmetro diferente (n − 1). Esse processo se repete até que a função seja chamada com o valor de n igual a 0. Esse é o **caso-base** em que a função para de chamar a si mesma, como mostra a Figura 9.28.

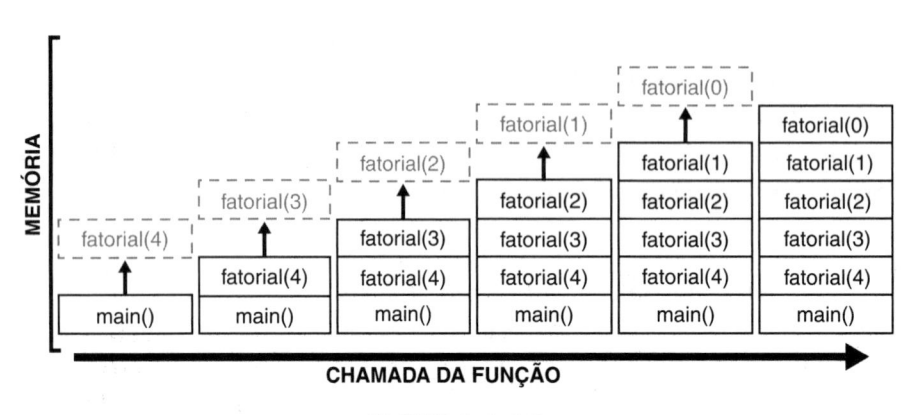

CHAMADA DA FUNÇÃO

FIGURA 9.28

Uma vez que chegamos ao **caso-base**, é hora de fazer o **caminho de volta da recursão**. Sempre que uma função termina de executar, ela devolve (se existir) seu resultado para quem a chamou e, em seguida, é removida da memória. Assim, a chamada da função fatorial(0) devolverá o valor 1 para a função à chamada da função fatorial(1), que vai devolver o valor 1*1 para a chamada da função fatorial(2), e assim por diante, como mostra a Figura 9.29.

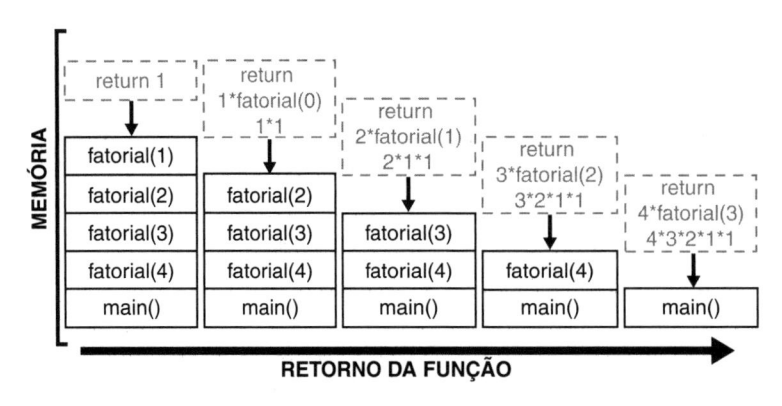

RETORNO DA FUNÇÃO

FIGURA 9.29

Saber identificar o **caso-base**, o **caminho de ida da recursão** e o **caminho de volta da recursão** torna a construção de uma função recursiva bastante simples.

9.3.3 Cuidados na implementação da recursividade

O exemplo da Figura 9.30 apresenta as funções com e sem recursão para o cálculo do fatorial.

Exemplo: fatorial	
Com recursão	**Sem recursão**

```
01   int fatorial (int n){          int fatorial (int n){
02    if(n == 0)                      if(n == 0)
03     return 1;                       return 1;
04    else                            else {
05     return n*fatorial(n-1);         int i, f = 1;
06   }                                 for (i=2; i <= n;i++)
07                                       f = f * i;
08                                     return f;
09                                    }
10                                  }
```

FIGURA 9.30

Em geral, as formas recursivas dos algoritmos são consideradas "mais enxutas" e "mais elegantes" do que suas formas iterativas. Isso facilita a interpretação do código. Porém, esses algoritmos apresentam mais dificuldade na detecção de erros e podem ser ineficientes.

 Todo cuidado é pouco ao se fazerem funções recursivas, pois duas coisas devem ficar bem estabelecidas: o *critério de parada* e o *parâmetro da chamada recursiva*.

Durante a implementação de uma função recursiva temos de ter em mente duas coisas: o **critério de parada** e o **parâmetro da chamada recursiva**:

- **Critério de parada**: determina quando a função deve parar de chamar a si mesma. Se ele não existir, a função continuará executando até esgotar a memória do computador. No cálculo de fatorial, o critério de parada ocorre quando tentamos calcular o fatorial de zero: 0! = 1.
- **Parâmetro da chamada recursiva**: quando chamamos a função dentro dela mesma, devemos sempre mudar o valor do parâmetro passado, de forma que a recursão chegue a um término. Se o valor do parâmetro for sempre o mesmo, a função continuará executando até esgotar a memória do computador. No cálculo de fatorial, a mudança no parâmetro da chamada recursiva ocorre quando definimos o fatorial de N em termos no fatorial de $(N-1)$: $N! = N * (N-1)!$.

O exemplo da Figura 9.31 deixa bem claros o **critério de parada** e o **parâmetro da chamada recursiva** na função recursiva implementada em linguagem C.

Exemplo: fatorial

```
01   int fatorial (int n){
02    if(n == 0) //critério de parada
03        return 1;
04    else //parâmetro do fatorial sempre muda
05        return n*fatorial(n - 1);
06   }
```

FIGURA 9.31

Note que a implementação da função recursiva do fatorial em linguagem C segue exatamente o que foi definido matematicamente.

 Algoritmos recursivos tendem a necessitar de mais tempo e/ou espaço do que algoritmos iterativos.

Sempre que chamamos uma função, é necessário espaço de memória para armazenar os parâmetros, as variáveis locais e o endereço de retorno da função. Em uma função recursiva, essas informações são armazenadas para cada chamada da recursão, sendo, portanto, a memória necessária para armazená-las proporcional ao número de chamadas da recursão. Por exemplo, para calcular o fatorial do número 4 são necessárias cinco chamadas da função fatorial.

Além disso, todas essas tarefas de alocar e liberar memória, copiar informações etc. envolvem tempo computacional, de modo que uma função recursiva gasta mais tempo que sua versão iterativa (sem recursão).

Outro exemplo clássico de recursão é a sequência de Fibonacci:

0, 1, 1, 2, 3, 5, 8, 13, 21, 34, 55, 89, ...

A sequência de Fibonacci é definida como uma função recursiva utilizando a fórmula a seguir:

$$F(n) = \begin{cases} 0, & \text{se } n = 0 \\ 1, & \text{se } n = 1 \\ F(n-1) + F(n-2), & \text{outros casos} \end{cases}$$

O exemplo da Figura 9.32 apresenta as funções com e sem recursão para o cálculo da sequência de Fibonacci.

Exemplo: sequência de Fibonacci	
Com recursão	**Sem recursão**

```
01   int fibo(int n){                int fibo(int n){
02     if(n == 0 || n == 1)            int i,t,c,a=0, b=1;
03       return n;                     for(i=0;i<n;i++){
04     else                              c = a + b;
05       return fibo(n-1) + fibo(n-2);   a = b;
06   }                                   b = c;
07                                     }
08                                     return a;
09                                   }
```

FIGURA 9.32

Como se nota, a solução recursiva para a sequência de Fibonacci é muito elegante. Infelizmente, ela contém duas chamadas para si mesma. Isso significa que ela contém duas chamadas recursivas. Logo, sua elegância não significa eficiência, como se verifica na Figura 9.33.

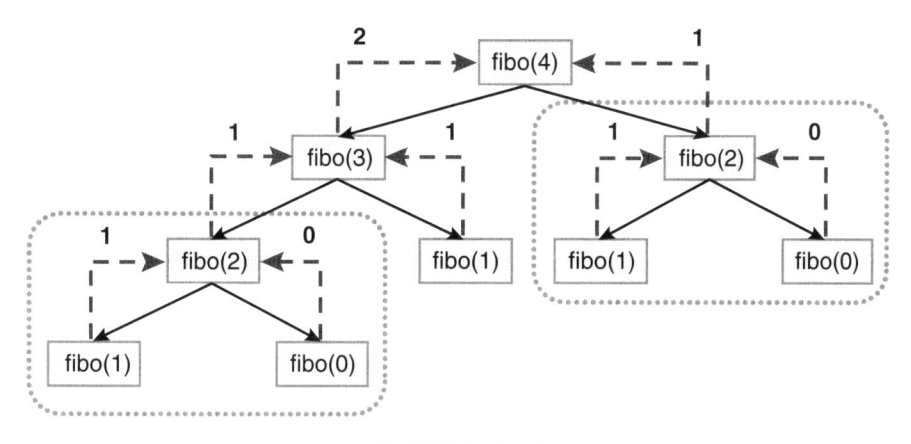

FIGURA 9.33

Nessa figura, as setas inteiras indicam quando uma nova chamada da função é realizada, enquanto as setas tracejadas indicam o processo inverso, ou seja, quando a função passa a devolver para quem a chamou o valor do comando **return**. O maior problema dessa solução recursiva está nas caixas pontilhadas. Nelas, fica claro que parte do cálculo é realizada duas vezes pelas duas chamadas recursivas: **um grande desperdício de tempo e espaço**!

Se, em vez de calcularmos **fibo(4)**, quisermos calcular **fibo(5)**, teremos um desperdício ainda maior de tempo e espaço, como mostra a Figura 9.34.

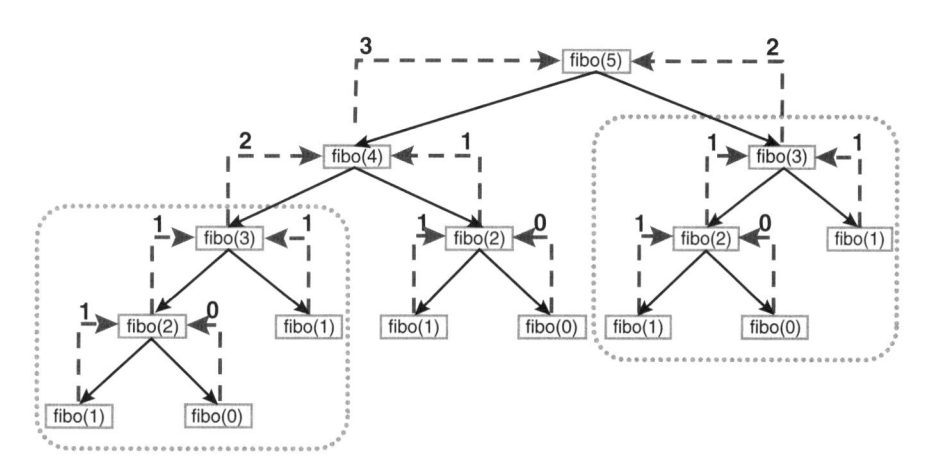

FIGURA 9.34

Por esse motivo, deve-se ter muito cuidado com o uso da recursão na programação.

 Recursão é realmente um tópico difícil de entender em programação. Para compreender melhor, releia a Seção 9.3.

9.4 EXERCÍCIOS

9.4.1 Passagem por valor

1) Escreva uma função que receba por parâmetro dois números e retorne o maior deles.

2) Faça uma função que receba um número inteiro de 1 a 12 e imprima em tela o mês e a sua quantidade de dias de acordo com o número digitado pelo usuário. Exemplo: Entrada = 4. Saída = abril.

3) Escreva uma função que receba por parâmetro uma temperatura em graus Fahrenheit e a retorne convertida em graus Celsius. A fórmula de conversão é: C = (F − 32.0) * (5.0/9.0), sendo F a temperatura em Fahrenheit e C a temperatura em Celsius.

4) Escreva uma função que receba por parâmetro a altura e o raio de um cilindro circular e retorne o volume desse cilindro. O volume de um cilindro circular é calculado por meio da seguinte fórmula:

$$V = \pi * raio^2 * altura,$$

em que π = 3.1414592

5) Escreva uma função para o cálculo do volume de uma esfera

$$V = 4 / 3\pi * r^3,$$

em que π = 3.1414592 valor do raio r deve ser passado por parâmetro.

6) Escreva uma função que receba o peso (quilos) e a altura (metros) de uma pessoa. Calcule e retorne o IMC (Índice de Massa Corporal) dessa pessoa:

$$IMC = peso / (altura * altura)$$

7) Elabore uma função que receba três números inteiros como parâmetro, representando horas, minutos e segundos. A função deve retornar esse horário convertido em segundos.

8) Elabore uma função para verificar se um número é um quadrado perfeito. Um quadrado perfeito é um número inteiro não negativo que pode ser expresso como o quadrado de outro número inteiro. Exemplos: 1, 4, 9.

9) Elabore uma função que receba três notas de um aluno como parâmetros e uma letra. Se a letra for "A", a função deverá calcular a média aritmética das notas do aluno; se for "P", deverá calcular a média ponderada, com pesos 5, 3 e 2. Retorne a média calculada para o programa principal.

10) Escreva uma função que receba dois valores numéricos e um símbolo. Esse símbolo representará a operação que se deseja efetuar com os números. Assim, se o símbolo for " + ", deverá ser realizada uma adição, se for " − ", uma subtração, se for "/", uma divisão, e, se for "*", será efetuada uma multiplicação. Retorne o resultado da operação para o programa principal.

11) Escreva uma função que receba por parâmetros dois valores inteiros x e y e calcule e retorne o resultado de x^y para o programa principal. Não use nenhuma função pronta para isso.

12) Escreva uma função que receba um número inteiro positivo e retorne o maior fator primo desse número.

13) Escreva uma função que receba um número inteiro positivo *n*. Calcule e retorne o somatório de 1 até *n*: 1 + 2 + 3 + ... + *n*.

14) Escreva uma função que receba um número inteiro positivo *n*. Calcule e retorne o seu fatorial *n!*: n! = n * (– 1) * (n – 2) * ... * 1.

15) Elabore uma função que receba como parâmetro um valor inteiro *n* e gere como saída *n* linhas com pontos de exclamação, conforme o exemplo a seguir, em que usamos *n = 5*:

!

!!

!!!

!!!!

!!!!!

16) Elabore uma função que receba como parâmetro um valor inteiro *n* e gere como saída um triângulo lateral formado por asteriscos conforme o exemplo a seguir, em que usamos *n = 4*:

*

**

***

****

***

**

*

17) Faça uma função que receba um inteiro N como parâmetro. Calcule e retorne o resultado da seguinte série S:

$$S = \frac{2}{4} + \frac{5}{5} + \frac{10}{6} + \cdots + \frac{N^2 + 1}{N + 3}$$

18) Faça uma função que receba como parâmetro o valor de um ângulo em graus e calcule o valor do seno desse ângulo usando a sua respectiva série de Taylor:

$$\text{Sen } x = \sum_{n=0}^{5} \frac{(-1)^n}{(2n+1)!} x^{2n+1} = x - \frac{x^3}{3!} + \frac{x^5}{5!} \cdots$$

em que x é o valor do ângulo em radianos. Considere π = 3.1414592 e n variando de 0 até 5.

19) Faça uma função que receba como parâmetro o valor de um ângulo em graus e calcule o valor do cosseno desse ângulo usando a sua respectiva série de Taylor:

$$COS\ x = \sum_{n=0}^{5} \frac{(-1)^n}{(2n)!} x^{2n} = x - \frac{x^2}{2!} + \frac{x^4}{4!} \cdots$$

em que x é o valor do ângulo em radianos. Considerar $\pi = 3.1414592$ e n variando de 0 até 5.

20) Faça uma função que calcule e retorne o número neperiano e, $e = 2{,}71828183$, usando a série a seguir:

$$e = \sum_{n=0}^{N} \frac{1}{n!} = \frac{1}{0!} + \frac{1}{1!} + \frac{1}{2!} + \frac{1}{3!} \cdots$$

A função deve ter como parâmetro o número de termos que serão somados, N. Note que quanto maior esse número, mais próxima do valor e estará a resposta.

9.4.2 Passagem por referência

1) Escreva uma função que, dado um número real passado como parâmetro, retorne a parte inteira e a parte fracionária desse número por referência.

2) Escreva uma função para o cálculo do volume e da área de uma esfera

$$V = 4/3\pi + r^3, A = 4\pi * r^2$$

em que $\pi = 3.1414592$. O valor do raio r deve ser passado por parâmetro, e os valores calculados devem ser retornados por referência.

3) Escreva uma função que receba um array de 10 elementos e retorne a sua soma.

4) Escreva uma função que receba um array contendo a nota de 10 alunos e retorne a média dos alunos.

5) Escreva uma função que calcule o desvio-padrão d de um vetor V contendo n números

$$d = \sqrt{\frac{1}{n-1} \sum_{i=0}^{n-1} (V[i] - n)}$$

em que m é a média desse vetor.

6) Crie uma função que receba uma matriz A contendo cinco linhas e cinco colunas. Calcule na própria matriz A a sua transposta (se B é a matriz transposta de A, então A[i][j] = B[j][i]).

7) Crie uma função que receba uma matriz A contendo 10 linhas e 10 colunas e retorne a soma dos seus elementos.

8) Faça uma função que receba, por parâmetro, uma matriz A contendo seis linhas e seis colunas. Essa função deve retornar, por referência, a soma dos elementos da sua diagonal principal e da sua diagonal secundária.

9) Crie uma estrutura representando um aluno de uma disciplina. Essa estrutura deve conter o número de matrícula do aluno, seu nome e as notas de três provas. Agora, escreva uma função

que receba um vetor de tamanho N dessa estrutura. Essa função deve retornar o índice do aluno que possui a maior média geral entre todos os alunos.

10) Escreva uma função que receba uma string e retorne se ela é um palíndromo (1) ou não (0). Um palíndromo é uma palavra que tem a propriedade de poder ser lida tanto da direita para a esquerda como da esquerda para a direita. Exemplos: ovo, arara, rever, asa, osso etc.

11) Escreva uma função que receba uma string e converta todos os seus caracteres em maiúscula. Dica: subtraia 32 dos caracteres cujo código ASCII está entre 97 e 122.

12) Escreva uma função que receba como parâmetro um vetor contendo N valores inteiros. Essa função deve retornar, por referência, dois valores: a soma dos números pares e ímpares.

13) Crie uma função que receba um vetor de tamanho N e ordene os seus valores.

14) Elabore uma função que receba por parâmetros os coeficientes de uma equação do segundo grau. Em seguida, calcule e mostre as raízes dessa equação. Lembre-se de que as raízes são calculadas como

$$x = \frac{-b + \sqrt{\Delta}}{2 * a}$$

em que $\Delta = b^2 - 4 * a * c$ e $ax^2 + bx + c = 0$ representa uma equação do segundo grau. A variável a tem de ser diferente de zero. Caso seja igual, imprima a mensagem "Não é equação de segundo grau" e retorne o valor -1. Do contrário, retorne o número de raízes e as raízes (por referência) se elas existirem:

- Se $\Delta < 0$, não existe real. Número de raízes: 0.
- Se $\Delta = 0$, existe uma raiz real. Número de raízes: 1.
- Se $\Delta > 0$, existem duas raízes reais. Número de raízes: 2

15) Elabore uma função que receba um vetor contendo N valores e retorne por referência o maior e o menor elemento desse vetor.

16) Elabore uma função que receba um vetor contendo N valores e retorne por referência o maior elemento do vetor e o número de vezes que esse elemento ocorreu no vetor.

9.4.3 Recursão

1) Escreva uma função recursiva que calcule a soma dos primeiros n cubos:

$$S = 1^3 + 2^3 + ... + n^3$$

2) Crie uma função recursiva que receba um número inteiro N e retorne o somatório dos números de 1 a N.

3) Crie uma função recursiva que receba um número inteiro N e imprima todos os números naturais de 0 até N em ordem crescente.

4) Crie uma função recursiva que receba um número inteiro N e imprima todos os números naturais de 0 até N em ordem decrescente.

5) Crie uma função recursiva que retorne a soma dos elementos de um vetor de inteiros.

6) Crie uma função recursiva que retorne a média dos elementos de um vetor de inteiros.

7) Escreva uma função recursiva que receba por parâmetro dois valores inteiros x e y e calcule e retorne o resultado de x^y para o programa principal.

8) A multiplicação de dois números inteiros pode ser feita através de somas sucessivas (por exemplo, 2 * 3 = 2 + 2 + 2). Crie uma função recursiva que calcule a multiplicação por somas sucessivas de dois inteiros.

9) Escreva uma função recursiva que receba um número inteiro positivo n. Calcule e retorne o seu fatorial $n!$:

$$n! = n * (n-1) * (n-2) * \ldots * 1$$

10) Escreva uma função recursiva que receba um número inteiro, maior ou igual a zero, e retorne o enésimo termo da sequência de Fibonacci. Essa sequência começa no termo de ordem zero e, a partir do segundo termo, seu valor é dado pela soma dos dois termos anteriores. Alguns termos dessa sequência são: 0, 1, 1, 2, 3, 5, 8, 13, 21, 34.

11) Escreva uma função recursiva que receba um valor inteiro e o retorne invertido. Exemplo:

Número lido = 123.
Número retornado = 321.

12) Escreva uma função recursiva que receba um valor inteiro em base decimal e o imprima em base binária.

13) Faça uma função recursiva que calcule o valor da série S descrita a seguir para um valor n maior do que zero a ser fornecido como parâmetro para ela:

$$S = 2 + \frac{5}{2} + \frac{10}{3} + \cdots + \frac{1+n^2}{n}$$

14) Crie uma função recursiva que retorne o menor elemento em um vetor.

15) Em matemática, o número harmônico designado por Hn define-se como o enésimo termo da série harmônica. Ou seja:

$$Hn = 1 + \frac{1}{2} + \frac{1}{3} + \frac{1}{4} + \cdots + \frac{1}{n}$$

Escreva uma função recursiva que calcule o valor de qualquer Hn.

Ponteiros

A finalidade deste capítulo é apresentar o conceito de ponteiros dentro da linguagem C. Ao final, o leitor será capaz de:

- Declarar um ponteiro.
- Diferenciar um ponteiro de uma variável comum.
- Associar o ponteiro a um endereço de memória.
- Associar o ponteiro a um endereço de memória inexistente.
- Acessar o conteúdo apontado por um ponteiro.
- Realizar operações com ponteiros.
- Utilizar ponteiros genéricos.
- Entender a relação dos ponteiros com os arrays.
- Utilizar o conceito de ponteiro para ponteiro.

10.1 DEFINIÇÃO

Toda informação que manipulamos dentro de um programa (esteja ela guardada em uma variável, array, estrutura etc.) obrigatoriamente está armazenada na memória do computador. Quando criamos uma variável, o computador reserva um espaço de memória no qual podemos guardar o valor associado a ela. Ao nome que damos a ela o computador associa o endereço do espaço que ele reservou na memória para guardá-la. De modo geral, interessa ao programador saber o nome das variáveis. Já o computador precisa saber onde elas estão na memória, ou seja, precisa dos seus endereços.

 Ponteiros são um tipo especial de variáveis que permitem armazenar endereços de memória em vez de dados numéricos (como os tipos **int**, **float** e **double**) ou caracteres (como o tipo **char**).

Por meio dos ponteiros, podemos acessar o endereço de uma variável e manipular o valor que está armazenado lá dentro. Eles são uma ferramenta extremamente útil dentro da linguagem C. Por exemplo, quando trabalhamos com arrays, estamos utilizando ponteiros.

Apesar de suas vantagens, muitos programadores têm medo de usar ponteiros porque existem muitos perigos na sua utilização.

Isso ocorre porque os ponteiros permitem que um programa acesse objetos que não foram explicitamente declarados com antecedência e, consequentemente, permitem grande variedade de erros de programação. Outro grande problema dos ponteiros é que eles podem ser *apontados para endereços* (ou seja, **armazenar o endereço de uma posição de memória**) não utilizados ou para dados dentro da memória que estão sendo usados para outros propósitos. Apesar dos perigos no uso de ponteiros, seu poder é tão grande que existem tarefas que são difíceis de ser implementadas sem a utilização de ponteiros.

A seguir, serão apresentados os conceitos e detalhes necessários para um programador utilizar um ponteiro com sabedoria.

10.2 DECLARAÇÃO

Ponteiros são um tipo especial de variáveis que permitem armazenar endereços de memória em vez de dados numéricos (como os tipos **int**, **float** e **double**) ou caracteres (como o tipo **char**). É importante sempre lembrar:

- Variável: é um espaço reservado de memória usado para guardar um valor que pode ser modificado pelo programa.
- Ponteiro: é um espaço reservado de memória usado para guardar um endereço de memória.

 Na linguagem C, um ponteiro pode ser declarado para qualquer tipo de variável (**char**, **int**, **float**, **double** etc.), inclusive para aquelas criadas pelo programador (**struct** etc.).

Em linguagem C, a declaração de um ponteiro pelo programador segue esta forma geral:

```
tipo_do_ponteiro *nome_do_ponteiro;
```

É o operador *asterisco* (*) que informa ao compilador que aquela variável não vai guardar um valor, mas um endereço de memória para aquele tipo especificado.

```
01   #include <stdio.h>
02   #include <stdlib.h>
03   int main(){
04      //Declara um ponteiro para int
05      int *p;
06      //Declara um ponteiro para float
07      float *x;
08      //Declara um ponteiro para char
09      char *y;
10      //Declara uma variável do tipo int e um ponteiro para int
11      int soma, *p2,;
12      system("pause");
13      return 0;
14   }
```

Na linguagem C, quando declaramos um ponteiro, informamos ao compilador para que tipo de variável poderemos apontá-lo. Um ponteiro do tipo **int*** só pode apontar para uma variável do tipo **int** (ou seja, esse ponteiro só poderá guardar o endereço de uma variável **int**).

 Apesar de usar o mesmo símbolo, o operador * (**multiplicação**) não é o mesmo operador que o * (**referência de ponteiros**).

```
01   #include <stdio.h>
02   #include <stdlib.h>
03   int main(){
04      int x = 3, y = 5, z;
05      z = y * x;
06      int *p;
07
08      system("pause");
09      return 0;
10   }
```

No exemplo anterior, o operador *asterisco* (*) é usado de duas maneiras distintas:

- Na linha 5: trata-se de um operador binário, ou seja, que atua sobre dois valores/variáveis (nesse caso, é a multiplicação deles).
- Na linha 6: trata-se de um operador unário prefixado, ou seja, atua sobre uma única variável (nesse caso, é a declaração de um ponteiro).

 Lembre-se: o significado do operador *asterisco* (*) depende de como ele é utilizado dentro do programa.

10.3 MANIPULANDO PONTEIROS

10.3.1 Inicialização e atribuição

Ponteiros apontam para uma posição de memória. Sendo assim, a simples declaração de um ponteiro não o faz útil ao programa. Precisamos indicar para que endereço de memória ele aponta.

 Ponteiros não inicializados apontam para um lugar indefinido.

Quando um ponteiro é declarado, ele não possui um endereço associado (Figura 10.1). Qualquer tentativa de uso desse ponteiro causa um comportamento indefinido no programa.

Isso ocorre porque seu valor não é um endereço válido ou porque sua utilização pode danificar partes diferentes do sistema. Por esse motivo, os ponteiros devem ser inicializados (apontados para algum lugar conhecido) antes de serem usados.

MEMÓRIA		
ENDEREÇO	VARIÁVEL	CONTEÚDO
119		
120	int *p	???
121		

int *p;

FIGURA 10.1

Apontando um ponteiro para nenhum lugar

 Um ponteiro pode ter um valor especial **NULL**, que é o endereço de nenhum lugar.

A constante **NULL** está definida na biblioteca **stdlib.h**. Trata-se de um valor reservado que indica que aquele ponteiro aponta para uma posição de memória inexistente (Figura 10.2). O valor da constante **NULL** é **ZERO** na maioria dos computadores.

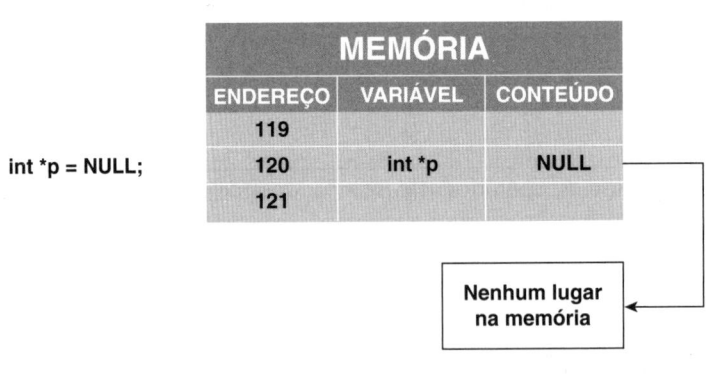

int *p = NULL;

MEMÓRIA		
ENDEREÇO	VARIÁVEL	CONTEÚDO
119		
120	int *p	NULL
121		

Nenhum lugar na memória

FIGURA 10.2

 Não confunda um ponteiro apontando para **NULL** com um ponteiro não inicializado. O primeiro possui valor fixo, enquanto um ponteiro não inicializado pode possuir qualquer valor.

Apontando um ponteiro para algum lugar da memória

Vimos que a constante **NULL** permite apontar um ponteiro para uma posição de memória inexistente. Mas como fazer para atribuir uma posição de memória válida para o ponteiro?

Basicamente, podemos fazer nosso ponteiro apontar para uma variável que já exista no programa. Lembre-se: Quando criamos uma variável, o computador reserva um espaço de memória. Ao nome que damos a essa variável o computador associa o endereço do espaço que ele reservou na memória para guardar a variável.

Para saber o endereço onde uma variável está guardada na memória, usa-se o operador & na frente do nome da variável.

Para saber o endereço de uma variável do nosso programa na memória, usamos o operador &.

```
01   #include <stdio.h>
02   #include <stdlib.h>
03   int main(){
04     //Declara uma variável int contendo o valor 10
05     int count = 10;
06     //Declara um ponteiro para int
07     int *p;
08     //Atribui ao ponteiro o endereço da variável int
09     p = &count;
10
11     system("pause");
12     return 0;
13   }
```

Nesse exemplo, são declarados uma variável tipo **int** (*count*) e um ponteiro para o mesmo tipo (*p*). Na linha 9, o ponteiro *p* é inicializado com o endereço da variável *count*. Note que usamos o **operador de endereçamento** (&) para a inicialização do ponteiro. Isso significa que o ponteiro *p* passa a conter o endereço de *count*, não o seu valor. Para melhor entender esse conceito, veja a Figura 10.3.

MEMÓRIA		
ENDEREÇO	VARIÁVEL	CONTEÚDO
119		
120	int *p	122
121		
122	int count	
123		

FIGURA 10.3

Tendo um ponteiro armazenado um endereço de memória, como saber o valor guardado dentro dessa posição? Simples: para acessar o conteúdo da posição de memória para a qual o ponteiro aponta, usa-se o operador *asterisco* (*) na frente do nome do ponteiro.

 Para acessar o valor guardado dentro de uma posição na memória apontada por um ponteiro, basta usar o operador *asterisco* (*).

```
01      #include <stdio.h>
02      #include <stdlib.h>
03      int main(){
04        //Declara uma variável int contendo o valor 10
05        int count = 10;
06        //Declara um ponteiro para int
07        int *p;
08        //Atribui ao ponteiro o endereço da variável int
09        p = &count;
10        printf("Conteudo apontado por p: %d \n",*p);
11        //Atribui um novo valor à posição de memória
          apontada por p
12        *p = 12;
13        printf("Conteudo apontado por p: %d \n",*p);
14        printf("Conteudo de count: %d \n",count);
15
16        system("pause");
17        return 0;
18      }
```

```
Saída    Conteudo apontado por p: 10
         Conteudo apontado por p: 12
         Conteudo de count: 12
```

Note, nesse exemplo, que utilizamos o operador *asterisco* (*) sempre que queremos acessar o valor contido na posição de memória apontada por *p*. Note também que, se alterarmos o valor contido nessa posição de memória (**linha 12**), alteramos o valor da variável *count*.

Os operadores "*" e "&"

Ao se trabalhar com ponteiros, duas tarefas básicas serão sempre executadas:

- Acessar o endereço de memória de uma variável.
- Acessar o conteúdo de um endereço de memória.

Para realizar essas tarefas, vamos sempre utilizar apenas dois operadores: o operador "*" e o operador "&".

Exemplo: operador "*" *versus* operador "&"	
"*"	Declara um ponteiro: `int *x;`
	Conteúdo para onde o ponteiro aponta: `int y = *x;`
"&"	Endereço onde uma variável está guardada na memória: `&y`

FIGURA 10.4

Atribuição entre ponteiros

Devemos estar sempre atentos à operação de atribuição quando estamos trabalhando com ponteiros. Não só com relação ao uso corretos dos operadores, mas também em respeito ao que estamos atribuindo ao ponteiro.

 De modo geral, um ponteiro só pode receber o endereço de memória de uma variável do mesmo tipo do ponteiro.

Isso ocorre porque diferentes tipos de variáveis ocupam espaços de memória de tamanhos diferentes. Na verdade, nós podemos, por exemplo, atribuir a um ponteiro de inteiro (**int** *) o endereço de uma variável do tipo **float**. O compilador não vai acusar nenhum erro. No entanto, o compilador assume que qualquer endereço que esse ponteiro armazene **obrigatoriamente** apontará para uma variável do tipo **int**. Consequentemente, qualquer tentativa de uso desse ponteiro causa um comportamento indefinido no programa. Veja o exemplo da Figura 10.5.

Exemplo: atribuição de ponteiros

```
01      #include <stdio.h>
02      #include <stdlib.h>
03      int main(){
04        int *p, *p1, x = 10;
05        float y = 20.0;
06        p = &x;
07        printf("Conteudo apontado por p: %d \n",*p);
08        p1 = p;
09        printf("Conteudo apontado por p1: %d \n",*p1);
10        p = &y;
11        printf("Conteudo apontado por p: %d \n",*p);
12        printf("Conteudo apontado por p: %f \n",*p);
13        printf("Conteudo apontado por p: %f \n",*((float*)p));
14        system("pause");
15        return 0;
16      }
```

```
Saída    Conteudo apontado por p: 10
         Conteudo apontado por p1: 10
         Conteudo apontado por p: 1101004800
         Conteudo apontado por p: 0.000000
         Conteudo apontado por p: 20.000000
```

FIGURA 10.5

Nesse exemplo, um endereço de uma variável do tipo **float** é atribuído a um ponteiro do tipo **int** (linha 10). Note que qualquer tentativa de acessar o seu conteúdo se mostra falha (linhas 11 e 12). Só conseguimos acessar corretamente o conteúdo quando utilizamos o operador de *typecast* sobre o ponteiro, antes de acessar o seu conteúdo (linha 13).

> Um ponteiro pode receber o endereço apontado por outro ponteiro se ambos forem do mesmo tipo.

Se dois ponteiros são do mesmo tipo, eles podem guardar endereços de memória para o mesmo tipo de dado. Logo, a atribuição entre eles é possível. Isso é mostrado no exemplo anterior (linhas 8 e 9).

 Um ponteiro pode receber um valor hexadecimal representando um endereço de memória diretamente. Isso é muito útil quando se trabalha, por exemplo, com microcontroladores.

```
01      #include <stdio.h>
02      #include <stdlib.h>
03      int main(){
04        //Endereço hexadecimal da porta serial
05        int *p = 0x3F8;
06        //O valor em decimal é convertido para seu valor
          hexadecimal: 0x5DC
07        int *p1 = 1500;
08        printf("Endereco em p: %p \n",p);
09        printf("Endereco em p1: %p \n",p1);
10        system("pause");
11        return 0;
12      }
```

```
Saída    Endereco em p: 000003F8
         Endereco em p1: 000005DC
```

Na linguagem C, um valor hexadecimal deve começar com "**0x**" (um zero seguido de um x), seguido pelo valor em formato hexadecimal, que pode ser formado por:

- Dígitos: 0, 1, 2, 3, 4, 5, 6, 7, 8, 9.
- Letras: A, B, C, D, E, F.

Deve-se tomar muito cuidado com esse tipo de utilização de ponteiros, principalmente quando queremos acessar o conteúdo daquela posição de memória. Afinal de contas, o que existe na posição de memória **0x5DC**? Esse é um erro muito comum.

10.3.2 Aritmética com ponteiros

As operações aritméticas utilizando ponteiros são bastante limitadas, o que facilita o seu uso. Basicamente, apenas duas operações aritméticas podem ser utilizadas nos endereços armazenados pelos ponteiros: adição e subtração.

> Sobre o valor de endereço armazenado por um ponteiro podemos apenas **somar** e **subtrair** valores INTEIROS.

```
01    #include <stdio.h>
02    #include <stdlib.h>
03    int main(){
04       int *p = 0x5DC;
05       printf("p = Hexadecimal: %p Decimal: %d \n",p,p);
06       //Incrementa p em uma posição
07       p++;
08       printf("p = Hexadecimal: %p Decimal: %d \n",p,p);
09       //Incrementa p em 15 posições
10       p = p + 15;
11       printf("p = Hexadecimal: %p Decimal: %d \n",p,p);
12       //Decrementa p em 2 posições
13       p = p - 2;
14       printf("p = Hexadecimal: %p Decimal: %d \n",p,p);
15       system("pause");
16       return 0;
17    }
```

```
Saída    p = Hexadecimal: 000005DC Decimal: 1500
         p = Hexadecimal: 000005E0 Decimal: 1504
         p = Hexadecimal: 0000061C Decimal: 1564
         p = Hexadecimal: 00000614 Decimal: 1556
```

As operações de adição e subtração no endereço permitem avançar ou retroceder nas posições de memória do computador. Esse tipo de operação é bastante útil quando trabalhamos com arrays, por exemplo. Lembre-se: um array nada mais é do que um conjunto de elementos adjacentes na memória.

Além disso, todas as operações de adição e subtração no endereço devem ser inteiras. Afinal de contas, não dá para andar apenas **MEIA** posição na memória.

No entanto, é possível notar no exemplo anterior que a operação de incremento **p + +** (linha 7) não incrementou em uma posição o endereço, mas em quatro posições: ele foi da posição 1500 para a 1504. Isso aconteceu porque nosso ponteiro é do tipo inteiro (**int** *).

 As operações de adição e subtração no endereço dependem do tipo de dado que o ponteiro aponta.

Suponha um ponteiro para inteiro, **int** *p. Esse ponteiro deverá receber um endereço de um valor inteiro. Quando declaramos uma variável inteira (**int x**), o computador reserva um espaço de 4 bytes na memória para essa variável. Assim, nas operações de adição e subtração são adicionados/subtraídos 4 bytes por incremento/decremento, pois esse é o tamanho de um inteiro na memória e, portanto, é também o valor mínimo necessário para sair dessa posição reservada de memória. Se o ponteiro fosse para o tipo **double**, as operações de incremento/decremento mudariam a posição de memória em 8 bytes.

 Sobre o conteúdo apontado pelo ponteiro, valem todas as operações aritméticas que o tipo do ponteiro suporta.

```
01    #include <stdio.h>
02    #include <stdlib.h>
03    int main(){
04      int *p, x = 10;
05      p = &x;
06      printf("Conteudo apontado por p: %d \n",*p);
07      *p = (*p)++;
08      printf("Conteudo apontado por p: %d \n",*p);
09      *p = (*p) * 10;
10      printf("Conteudo apontado por p: %d \n",*p);
11      system("pause");
12      return 0;
13    }
```

```
Saída   Conteudo apontado por p: 10
        Conteudo apontado por p: 11
        Conteudo apontado por p: 110
```

Quando utilizamos o operador *asterisco* (*) na frente do nome do ponteiro, estamos acessando o conteúdo da posição de memória para a qual o ponteiro aponta. Em resumo, estamos acessando o valor guardado na variável para a qual o ponteiro aponta. Sobre esse valor, valem todas as operações que o tipo do ponteiro suporta.

10.3.3 Operações relacionais com ponteiros

A linguagem C permite comparar os endereços de memória armazenados por dois ponteiros utilizando uma expressão relacional. Por exemplo, os operadores == e != são usados para saber se dois ponteiros são iguais ou diferentes.

 Dois ponteiros são considerados iguais se eles apontam para a mesma posição de memória.

```
01    #include <stdio.h>
02    #include <stdlib.h>
03    int main(){
04      int *p, *p1, x, y;
05      p = &x;
06      p1 = &y;
07      if(p == p1)
08          printf("Ponteiros iguais\n");
09      else
10          printf("Ponteiros diferentes\n");
11      system("pause");
12      return 0;
13    }
```

Já os operadores $>$, $<$, $>=$ e $<=$ são usados para saber se um ponteiro aponta para uma posição mais adiante na memória do que outro. Novamente, esse tipo de operação é bastante útil quando trabalhamos com arrays, por exemplo. Lembre-se: um array nada mais é do que um conjunto de elementos adjacentes na memória.

```
                    Exemplo: comparando ponteiros
01   #include <stdio.h>
02   #include <stdlib.h>
03   int main(){
04     int *p, *p1, x, y;
05     p = &x;
06     p1 = &y;
07     if(p > p1)
08         printf("O ponteiro p aponta para uma posicao a
       frente de p1\n");
09     else
10         printf("O ponteiro p NAO aponta para uma posicao
       a frente de p1"\n");
11     system("pause");
12     return 0;
13   }
```

FIGURA 10.6

Como no caso das operações aritméticas, quando utilizamos o operador *asterisco* (*) na frente do nome do ponteiro, estamos acessando o conteúdo da posição de memória para a qual o ponteiro aponta. Em resumo, estamos acessando o valor guardado na variável para a qual o ponteiro aponta. Sobre esse valor, valem todas as operações relacionais que o tipo do ponteiro suporta.

```
                Exemplo: comparando o conteúdo dos ponteiros
01   #include <stdio.h>
02   #include <stdlib.h>
03   int main(){
04     int *p, *p1, x = 10, y = 20;
05     p = &x;
06     p1 = &y;
07     if(*p > *p1)
08         printf("O conteudo de p e maior do que o
       conteudo de p1\n");
09     else
10         printf("O conteudo de p NAO e maior do que o
       conteudo de p1\n");
11     system("pause");
12     return 0;
13   }
```

FIGURA 10.7

10.4 PONTEIROS GENÉRICOS

Normalmente, um ponteiro aponta para um tipo específico de dado. Porém, pode-se criar um ponteiro *genérico*. Esse tipo de ponteiro pode apontar para todos os tipos de dados existentes ou que ainda serão criados. Em linguagem C, a declaração de um ponteiro genérico segue esta forma geral:

```
void *nome_do_ponteiro;
```

 Um ponteiro genérico é um ponteiro que pode apontar para qualquer tipo de dado, inclusive para outro ponteiro.

```
01   #include <stdio.h>
02   #include <stdlib.h>
03   int main(){
04     void *pp;
05     int *p1, p2 = 10;
06     p1 = &p2;
07     //recebe o endereço de um inteiro
08     pp = &p2;
09     printf("Endereco em pp: %p \n",pp);
10     //recebe o endereço de um ponteiro para inteiro
11     pp = &p1;
12     printf("Endereco em pp: %p \n",pp);
13     //recebe o endereço guardado em p1 (endereço de p2)
14     pp = p1;
15     printf("Endereco em pp: %p \n",pp);
16     system("pause");
17     return 0;
18   }
```

Note que o ponteiro genérico permite guardar o endereço de qualquer tipo de dado. Essa vantagem também carrega uma desvantagem: sempre que tivermos de acessar o conteúdo de um ponteiro genérico, será necessário utilizar o operador de *typecast* sobre ele antes de acessar o seu conteúdo.

 Sempre que se trabalhar com um ponteiro genérico é preciso convertê-lo para o tipo de ponteiro com o qual se deseja trabalhar antes de acessar o seu conteúdo.

```
01   #include <stdio.h>
02   #include <stdlib.h>
03   int main(){
04     void *pp;
05     int p2 = 10;
06     // ponteiro genérico recebe o endereço de um
       inteiro
07     pp = &p2;
08     //tenta acessar o conteúdo do ponteiro genérico
09     printf("Conteudo: %d\n",*pp); //ERRO
10     //converte o ponteiro genérico pp para (int *)
       antes de acessar seu conteúdo.
11     printf("Conteudo: %d\n",*(int*)pp); //CORRETO
12     system("pause");
13     return 0;
14   }
```

Nesse exemplo, como o compilador não sabe qual o tipo do ponteiro genérico, acessar o seu conteúdo gera um tipo de erro. Somente é possível acessar o seu conteúdo depois de uma operação de *typecast*.

Outro cuidado que devemos ter com ponteiros genéricos: como ele não possui tipo definido, deve-se tomar cuidado ao realizar operações aritméticas.

> As operações aritméticas não funcionam em ponteiros genéricos da mesma forma como em ponteiros de tipos definidos. Elas são sempre realizadas com base em uma unidade de memória (1 byte).

```
01    #include <stdio.h>
02    #include <stdlib.h>
03    int main(){
04      void *p = 0x5DC;
05      printf("p = Hexadecimal: %p Decimal: %d \n",p,p);
06      //Incrementa p em uma posição
07      p++;
08      printf("p = Hexadecimal: %p Decimal: %d \n",p,p);
09      //Incrementa p em 15 posições
10      p = p + 15;
11      printf("p = Hexadecimal: %p Decimal: %d \n",p,p);
12      //Decrementa p em 2 posições
13      p = p - 2;
14      printf("p = Hexadecimal: %p Decimal: %d \n",p,p);
15      system("pause");
16      return 0;
17    }
```

```
Saída   p = Hexadecimal: 000005DC Decimal: 1500
        p = Hexadecimal: 000005DD Decimal: 1501
        p = Hexadecimal: 000005EC Decimal: 1516
        p = Hexadecimal: 000005EA Decimal: 1514
```

Nesse exemplo, como o compilador não sabe qual o tipo do ponteiro genérico, nas operações de adição e subtração é adicionado/subtraído um total de 1 byte por incremento/decremento, pois esse é o tamanho de uma unidade de memória. Portanto, se o endereço guardado for, por exemplo, de um inteiro, o incremento de uma posição no ponteiro genérico (1 byte) não levará ao próximo inteiro (4 bytes).

10.5 PONTEIROS E ARRAYS

Ponteiros e arrays possuem uma ligação muito forte dentro da linguagem C. Arrays são agrupamentos de dados do mesmo tipo na memória. Quando declaramos um array, informamos ao computador para reservar certa quantidade de memória a fim de armazenar os elementos do array de forma **sequencial**. Como resultado dessa operação, o computador nos devolve um ponteiro que aponta para o começo dessa sequência de bytes na memória.

 O **nome** do array é apenas um ponteiro que aponta para o primeiro elemento do array.

Na linguagem C, o nome de um array **sem índice** guarda o endereço para o começo do array na memória, ou seja, ele guarda o endereço do início de uma área de armazenamento dentro da memória. Isso significa que as operações envolvendo arrays podem ser feitas utilizando ponteiros e aritmética de ponteiros.

Exemplo: acessando arrays utilizando ponteiros	
Usando array	Usando ponteiro

```
01   #include <stdio.h>              #include <stdio.h>
02   #include <stdlib.h>             #include <stdlib.h>
03   int main(){                     int main(){
04     int vet[5]= {1,2,3,4,5};        int vet[5]= {1,2,3,4,5};
05     int *p = vet;                   int *p = vet;
06     int i;                          int i;
07     for (i = 0;i < 5;i++)           for (i = 0;i < 5;i++)
08       printf("%d\n",p[i]);            printf("%d\n",*(p+i));
09     system("pause");                system("pause");
10     return 0;                       return 0;
11   }                               }
```

FIGURA 10.8

Nesse exemplo, temos o mesmo código utilizando a notação de colchetes e de aritmética de ponteiros para acessar os elementos de um array. Note que, para acessar o elemento na posição *i* do array, podemos escrever **p[i]** ou ***(p + i)**.

Quanto à atribuição do endereço do array para o ponteiro, podemos fazê-la de duas formas:

```
int *p = vet;
int *p = &vet[0];
```

Na primeira forma, o nome do array é utilizado para retornar o endereço onde ele começa na memória. Já na segunda forma, utilizamos o operador de endereço (&) para retornar o endereço da primeira posição do array.

 O operador **colchetes** [ ] substitui o uso conjunto de operações aritméticas e de acesso ao conteúdo (operador "*") no acesso ao conteúdo de uma posição de um array.

Durante o estudo de ponteiros, vimos que o operador *asterisco* (*) é utilizado para acessar o valor guardado dentro de uma posição na memória apontada por um ponteiro. Além disso, operações aritméticas podem ser usadas para avançar sequencialmente na memória. Lembre-se: Um array é um agrupamento sequencial de dados do mesmo tipo na memória. Sendo assim, o operador **colchete** apenas simplifica o uso conjunto de operações aritméticas e de acesso ao conteúdo (operador "*") no acesso ao conteúdo de uma posição de um array.

Na Figura 10.9 temos um exemplo mostrando as equivalências entre arrays e ponteiros.

Exemplo: equivalências entre arrays e ponteiros

```
01  #include <stdio.h>
02  #include <stdlib.h>
03  int main(){
04    int vet[5] = {1,2,3,4,5};
05    int *p, indice = 2;
06    p = vet;
07    //vet[0] é equivalente a *p;
08    printf("%d\n",*p);
09    printf("%d\n",vet[0]);
10    //vet[indice] é equivalente a *(p+indice);
11    printf("%d\n",vet[indice]);
12    printf("%d\n",*(p+indice));
13    //vet é equivalente a &vet[0];
14    printf("%d\n",vet);
15    printf("%d\n",&vet[0]);
16    //&vet[indice] é equivalente a (vet+indice);
17    printf("%d\n",&vet[indice]);
18    printf("%d\n",(vet+indice));
19    system("pause");
20    return 0;
21  }
```

FIGURA 10.9

No exemplo anterior, note que o valor entre colchetes é o deslocamento a partir da posição inicial. Nesse caso, **p[indice]** equivale a *(**p + indice**).

 Um ponteiro também pode ser usado para acessar os dados de uma string.

Lembre-se: *String* é o nome que usamos para definir uma sequência de caracteres adjacentes na memória do computador. Essa sequência de caracteres, que pode ser uma palavra ou frase, é armazenada na memória do computador na forma de um array do tipo **char**.

10.5.1 Ponteiros e arrays multidimensionais

Apesar de terem o comportamento de estruturas com mais de uma dimensão, os dados dos arrays multidimensionais são armazenados linearmente na memória (Figura 10.10). É o uso dos colchetes que cria a impressão de estarmos trabalhando com mais de uma dimensão. Por exemplo, a matriz

```
int mat[5][5];
```

apesar de ser bidimensional, é armazenada como um simples array na memória:

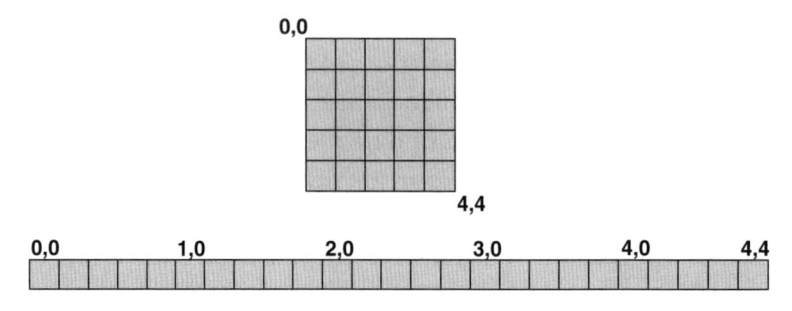

FIGURA 10.10

Podemos acessar os elementos de um array multidimensional usando a notação tradicional de colchetes (*mat[linha][coluna]*) ou a notação por ponteiros:

```
*(*(mat + linha) + coluna)
```

Para entender melhor o que está acontecendo, vamos trocar

```
*(mat + linha)
```

por um valor *X*. Desse modo, a expressão fica

```
*(X + coluna)
```

É possível agora perceber que *X* é como um ponteiro e que o seu conteúdo é o endereço de outra posição de memória. Em outras palavras, o valor de *linhas* é o deslocamento na memória do primeiro ponteiro (ou primeira dimensão da matriz), enquanto o valor de *colunas* é o deslocamento na memória do segundo ponteiro (ou segunda dimensão da matriz).

 Ponteiros permitem percorrer as várias dimensões de um array multidimensional como se existisse apenas uma dimensão. As dimensões mais à direita mudam mais rápido.

Na primeira forma, o nome do array é utilizado para retornar o endereço onde ele começa na memória. Isso é muito útil quando queremos construir uma função que possa percorrer um array independentemente do número de dimensões que ele possua. Para realizar essa tarefa, utilizamos o operador de endereço (&) para retornar o endereço da primeira posição do array, como mostra o exemplo da Figura 10.11.

Exemplo: acessando um array multidimensional utilizando ponteiros	
Usando array	**Usando ponteiro**

```
01   #include <stdio.h>          #include <stdio.h>
02   #include <stdlib.h>         #include <stdlib.h>
03   int main(){                 int main(){
04     int mat[2][2] = {{1,2},{3,4}};   int mat[2][2] = {{1,2},{3,4}};
05     int i,j;                    int * p = &mat[0][0];
06     for(i=0;i<2;i++)            int i;
07       for(j=0;j<2;j++)          for(i=0;i<4;i++)
08         printf("%d\n", mat[i][j]);   printf("%d\n", *(p+i));
09     system("pause");           system("pause");
10     return 0;                  return 0;
11   }                          }
12
```

FIGURA 10.11

10.5.2 Array de ponteiros

A linguagem C também permite que declaremos arrays de ponteiros como fazemos com qualquer outro tipo de dado. A declaração de um array de ponteiros segue esta forma geral:

```
tipo_dado *nome_array[tamanho];
```

Esse comando define um array de nome *nome_array* contendo *tamanho* elementos adjacentes na memória. Cada elemento do array é do tipo *tipo_dado**, ou seja, é um ponteiro para *tipo_dado*. Assim, a declaração de um array de ponteiros para inteiros de tamanho 10 seria:

```c
int *p[10];
```

Quanto ao seu uso, não existem diferenças entre um array de ponteiros e um ponteiro. Basta lembrar que um array é sempre indexado. Assim, para atribuir o endereço de uma variável *x* a uma posição do array de ponteiros, escrevemos:

```c
p[indice] = &x;
```

E para retornar o conteúdo guardado nessa posição de memória:

```c
*p[índice]
```

 Cada posição de um array de ponteiros pode armazenar o endereço de uma variável ou o endereço da posição inicial de um outro array.

```c
01  #include <stdio.h>
02  #include <stdlib.h>
03  int main(){
04     int *pvet[2];
05     int x = 10, y[2] = {20,30};
06     pvet[0] = &x;
07     pvet[1] = y;
08     //imprime os endereços das variaveis
09     printf("Endereco pvet[0]: %p\n",pvet[0]);
10     printf("Endereco pvet[1]: %p\n",pvet[1]);
11     //imprime o conteúdo de uma variável
12     printf("Conteudo em pvet[0]: %d\n",*pvet[0]);
13     //imprime uma posição do vetor
14     printf("Conteudo pvet[1][1]: %d\n",pvet[1][1]);
15     system("pause");
16     return 0;
17  }
```

10.6 PONTEIRO PARA PONTEIRO

Ao longo desta seção, vimos que toda informação que manipulamos dentro de um programa está obrigatoriamente armazenada na memória do computador e, portanto, possui um endereço de memória associado a ela. Ponteiros, como qualquer outra variável, também ocupam um espaço na memória do computador e possuem o endereço desse espaço de memória associado ao seu nome. Como não existem diferenças entre a maneira como uma variável e um ponteiro são guardados na memória, é possível criar um ponteiro que aponte para o endereço de outro ponteiro.

A linguagem C permite criar ponteiros com diferentes níveis de apontamento, isto é, ponteiros que apontam para outros ponteiros.

Em linguagem C, a declaração de um ponteiro para ponteiro criado pelo programador segue esta forma geral:

```
tipo_do_ponteiro **nome_do_ponteiro;
```

Note que agora usamos dois *asteriscos* (*) para informar ao compilador que aquela variável não vai guardar um valor, mas sim um endereço de memória para outro endereço de memória para aquele tipo especificado. Para ficar mais claro, veja o exemplo da Figura 10.12.

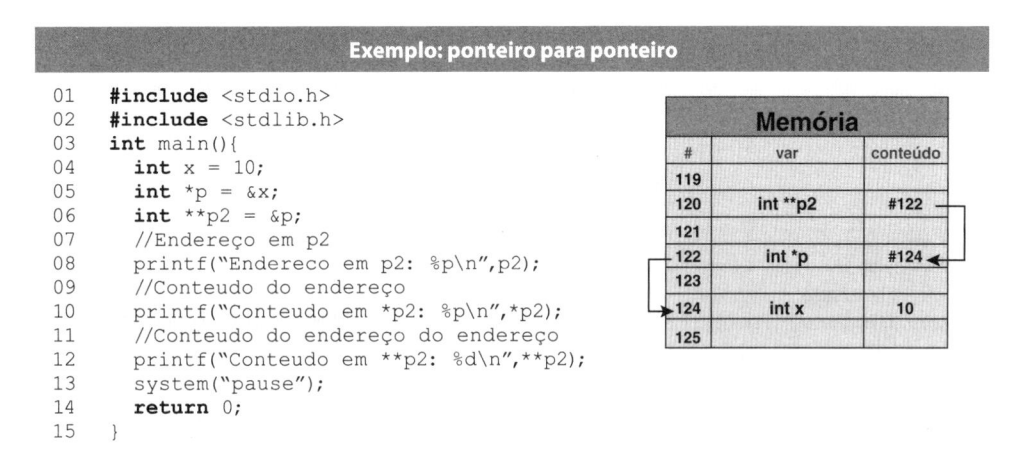

FIGURA 10.12

Nesse exemplo, foi declarado um ponteiro que aponta para outro ponteiro (*p2*). Nesse caso, esse ponteiro guarda o endereço de um segundo ponteiro (linha 8, endereço de *p*), que por sua vez guarda o endereço de uma variável. Assim, se tentarmos acessar o conteúdo do ponteiro (**p2*), acessaremos o endereço guardado dentro do ponteiro (*p*), que nada mais é do que o endereço da variável *x* (linha 10). Como *p2* é um ponteiro para ponteiro, isso significa que podemos acessar o seu conteúdo duas vezes. Afinal, seu conteúdo (**p2*) é um endereço. Assim, o comando ***p2* acessa o conteúdo do endereço do endereço apontado por (*p2*), isto é, a variável *x* (linha 12).

 Em um ponteiro para ponteiro, o primeiro ponteiro contém o endereço do segundo ponteiro que aponta para uma variável com o valor desejado.

A linguagem C permite ainda criar um ponteiro que aponte para outro ponteiro, que aponte para outro ponteiro etc., formando assim diferentes níveis de apontamento ou endereçamento. Com isso, podemos gerar um ponteiro para ponteiro ou um ponteiro para ponteiro para ponteiro, e assim por diante.

> ⚠️ É a quantidade de *asteriscos* (*) na declaração do ponteiro que indica o número de níveis de apontamento que ele possui.

```
01  #include <stdio.h>
02  #include <stdlib.h>
03  int main(){
04     //variável inteira
05     int x;
06     //ponteiro para um inteiro (1 nível)
07     int *p1;
08     //ponteiro para ponteiro de inteiro (2 níveis)
09     int **p2;
10     //ponteiro para ponteiro para ponteiro de inteiro(3 níveis)
11     int ***p3;
12     system("pause");
13     return 0;
14  }
```

Consequentemente, devemos respeitar a quantidade de *asteriscos* (*) utilizados na declaração do ponteiro para acessar corretamente o seu conteúdo, como mostra o exemplo da Figura 10.13.

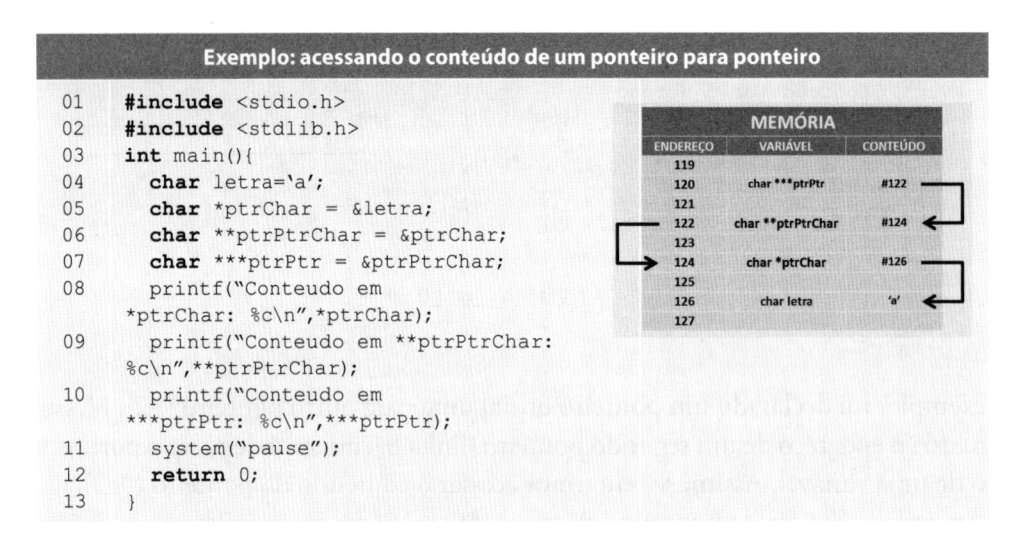

FIGURA 10.13

A linguagem C permite que se crie um ponteiro com um número infinito de níveis de apontamento. Porém, na prática, deve-se evitar trabalhar com muitos níveis de apontamento. Isso ocorre porque cada novo nível de apontamento adicionado aumenta a complexidade em lidar com aquele ponteiro e, consequentemente, dificulta a compreensão dos programas, causando confusão e facilitando o surgimento de erros.

10.7 EXERCÍCIOS

1) Escreva um programa que contenha duas variáveis inteiras. Compare seus endereços e exiba o maior endereço.

2) Escreva um programa que contenha duas variáveis inteiras. Leia essas variáveis do teclado. Em seguida, compare seus endereços e exiba o conteúdo do maior endereço.

3) Crie um programa que contenha um array de **float** com 10 elementos. Imprima o endereço de cada posição desse array.

4) Crie um programa que contenha uma matriz de **float** com três linhas e três colunas. Imprima o endereço de cada posição dessa matriz.

5) Crie um programa que contenha um array de inteiros com cinco elementos. Utilizando apenas aritmética de ponteiros, leia esse array do teclado e imprima o dobro de cada valor lido.

6) Crie um programa que contenha um array com cinco elementos inteiros. Leia esse array do teclado e imprima o endereço das posições contendo valores pares.

7) Elabore uma função que receba duas strings como parâmetros e verifique se a segunda string ocorre dentro da primeira. Use aritmética de ponteiros para acessar os caracteres das strings.

8) Crie uma função que receba dois parâmetros: um vetor e um valor do mesmo tipo do vetor. A função deverá preencher os elementos de vetor com esse valor. Não utilize índices para percorrer o vetor, apenas aritmética de ponteiros.

9) Crie uma função que receba como parâmetro um vetor e o imprima. Não utilize índices para percorrer o vetor, apenas aritmética de ponteiros.

10) Considere a seguinte declaração: **int** a,*b,**c,***d. Escreva um programa que leia a variável **a** e calcule e exiba o dobro, o triplo e o quádruplo desse valor utilizando apenas os ponteiros **b**, **c** e **d**. O ponteiro **b** deve ser usado para calcular o dobro, **c**, o triplo, e **d**, o quádruplo.

Alocação dinâmica

 finalidade deste capítulo é apresentar o conceito de alocação dinâmica e como utilizá-la dentro da linguagem C. Ao final, o leitor será capaz de:

- Reconhecer as funções utilizadas na alocação dinâmica.
- Descobrir o tamanho de um tipo de dado.
- Realizar a alocação dinâmica de um vetor.
- Realizar a alocação dinâmica de uma matriz.
- Liberar a memória alocada.

11.1 DEFINIÇÃO

Sempre que escrevemos um programa, é preciso reservar espaço para os dados que serão processados. Para isso usamos as variáveis.

 Uma variável é uma posição de memória previamente reservada e que pode ser usada para armazenar algum dado.

Uma variável é uma posição de memória que armazena um dado que pode ser usado pelo programa. No entanto, por ser uma posição previamente reservada, uma variável deve ser declarada durante o desenvolvimento do programa.

 Toda variável deve ser declarada antes de ser usada.

Infelizmente, nem sempre é possível saber o quanto de memória um programa vai precisar.

Imagine o seguinte problema: precisamos construir um programa que processe os valores dos salários dos funcionários de uma pequena empresa.

Uma solução simples para resolver esse problema poderia ser declarar um array do tipo **float** bem grande, com, por exemplo, 1.000 posições:

```
float salarios[1000];
```

Esse array parece uma solução possível para o problema. Infelizmente, essa solução possui dois problemas:

- Se a empresa tiver **menos** de 1.000 funcionários: esse array será um exemplo de desperdício de memória. Um array de 1.000 posições é declarado quando não se sabe de fato se as 1.000 serão necessárias.
- Se a empresa tiver **mais** de 1.000 funcionários: esse array será insuficiente para lidar com os dados de todos os funcionários. O programa não atende às necessidades da empresa.

Na declaração de um array, é dito para reservar certa quantidade de memória para armazenar os seus elementos. Porém, nesse modo de declaração, a quantidade de memória reservada deve ser fixa. Surge então a necessidade de utilizar ponteiros junto com arrays.

 Um ponteiro é uma variável que guarda o endereço de um dado na memória.

Além disso, é importante lembrar que arrays são agrupamentos **sequenciais** de dados de um mesmo tipo na memória.

 O **nome** do array é apenas um **ponteiro** que aponta para o **primeiro** elemento do array.

A linguagem C permite alocar (reservar) dinamicamente (em tempo de execução) blocos de memórias utilizando ponteiros. A esse processo dá-se o nome *alocação dinâmica*. A alocação dinâmica permite ao programador "criar" arrays em tempo de execução, ou seja, alocar memória para novos arrays quando o programa está sendo executado, e não apenas quando se está escrevendo o programa. Ela é utilizada quando não se sabe ao certo quanto de memória será necessário para armazenar os dados com que se quer trabalhar. Desse modo, pode-se definir o tamanho do array em tempo de execução, evitando assim o desperdício de memória.

 A alocação dinâmica consiste em requisitar um espaço de memória ao computador, em tempo de execução, o qual, usando um ponteiro, devolve para o programa o endereço do início desse espaço alocado.

A Figura 11.1 representa bem o conceito de alocação dinâmica. Começando com um ponteiro **n** apontando para **NULL**, requisitamos para o computador cinco posições inteiras de memória. O computador, por sua vez, nos devolve as posições de memória de **#123** até **#127** para armazenarmos nossos dados. O ponteiro **n** passa então a se comportar como se fosse um array de tamanho 5, ou seja, **int n[5]**.

MEMÓRIA		
#	**VAR**	**CONTEÚDO**
119		
120		
121	int *n	NULL
122		
123		
124		
125		
126		
127		
128		
129		

Alocando 5 posições de memória em int *n

MEMÓRIA		
#	**VAR**	**CONTEÚDO**
119		
120		
121	int *n	123
122		
123	n [0]	11
124	n [1]	25
125	n [2]	32
126	n [3]	44
127	n [4]	52
128		
129		

FIGURA 11.1

11.2 FUNÇÕES PARA ALOCAÇÃO DE MEMÓRIA

A linguagem C ANSI usa apenas quatro funções para o sistema de alocação dinâmica, disponíveis na biblioteca **stdlib.h**. São elas:

- **malloc**
- **calloc**
- **realloc**
- **free**

Além dessas funções, existe a função **sizeof**, que auxilia as demais funções no processo de alocação de memória. A seguir, serão apresentados os detalhes necessários para um programador usar alocação dinâmica em seu programa.

11.2.1 sizeof()

No momento da alocação da memória, deve-se levar em conta o tamanho do dado alocado.

 Alocar memória para um elemento do tipo **int** é diferente de alocar memória para um elemento do tipo **float**.

Isso ocorre porque tipos diferentes podem ter tamanhos diferentes na memória. O tipo **float**, por exemplo, ocupa mais espaço na memória que o tipo **int**.

A função **sizeof()** é usada para saber o número de bytes necessários para alocar **um único elemento** de determinado tipo de dado.

A função **sizeof()** é usada para se saber o tamanho **em bytes** de variáveis ou de tipos. Ela pode ser usada de duas formas:

```
sizeof nome_da_variável

sizeof (nome_do_tipo)
```

O exemplo da Figura 11.2 ilustra as duas formas de uso da função **sizeof**.

```
                    Exemplo: uso da função sizeof()
01   #include <stdio.h>
02   #include <stdlib.h>
03   struct ponto{
04       int x,y;
05   };
06   int main(){
07     printf("Tamanho char: %d\n",sizeof(char));
08     printf("Tamanho int: %d\n",sizeof(int));
09     printf("Tamanho float: %d\n",sizeof(float));
10     printf("Tamanho double: %d\n",sizeof(double));
11     printf("Tamanho struct ponto: %d\n",sizeof(struct ponto));
12     int x;
13     double y;
14     printf("Tamanho da variavel x: %d\n",sizeof x);
15     printf("Tamanho da variavel y: %d\n",sizeof y);
16     system("pause");
17     return 0;
18   }
```

FIGURA 11.2

11.2.2 malloc()

A função **malloc()** serve para alocar memória durante a execução do programa. É ela que faz o pedido de memória ao computador e retorna um ponteiro com o endereço do início do espaço de memória alocado. A função **malloc()** possui o seguinte protótipo:

```
void *malloc(unsigned int num);
```

A função **malloc()** recebe um parâmetro de entrada

```
num: o tamanho em bytes do espaço de memória a ser alocado.
```

e retorna

- **NULL**: no caso de erro.
- O ponteiro para a primeira posição do array alocado.

Note que a função **malloc()** retorna um **ponteiro genérico** (**void***). Esse ponteiro pode ser atribuído a qualquer tipo de ponteiro via *type cast*.

Existe uma razão para a função **malloc()** retornar um ponteiro genérico (**void***): ela não sabe o que vamos fazer com a memória alocada. Veja o exemplo da Figura 11.3.

Exemplo: usando a função malloc()

```
01  #include <stdio.h>
02  #include <stdlib.h>
03
04  int main(){
05    int *p;
06    p = (int *) malloc(5*sizeof(int));
07    int i;
08    for (i=0; i<5; i++){
09        printf("Digite o valor da posicao %d: ",i);
10        scanf("%d",&p[i]);
11    }
12    system("pause");
13    return 0;
14  }
```

FIGURA 11.3

Nesse exemplo:

- estamos alocando um array contendo cinco posições de inteiros: **5*sizeof(int)**;
- a função **sizeof(int)** retorna 4 (número de bytes do tipo **int** na memória). Portanto, são alocados 20 bytes (50 * 4 bytes);
- a função **malloc()** retorna um ponteiro genérico, o qual é convertido no tipo de ponteiro via *type cast*: (**int***);
- o ponteiro **p** passa a ser tratado como um array: **p[i]**.

 Se não houver memória suficiente para alocar a memória requisitada, a função **malloc()** retorna um ponteiro nulo.

```
01  #include <stdio.h>
02  #include <stdlib.h>
03  int main(){
04    int *p;
05    p = (int *) malloc(5*sizeof(int));
06    if(p == NULL){
07        printf("Erro: Memoria Insuficiente!\n");
08        system("pause");
09        exit(1);
10    }
11    int i;
12    for (i=0; i<5; i++){
13        printf("Digite o valor da posicao %d: ",i);
14        scanf("%d",&p[i]);
15    }
16    system("pause");
17    return 0;
18  }
```

É importante sempre testar se foi possível fazer a alocação de memória. A função **malloc()** retorna um ponteiro **NULL** para indicar que não há memória disponível no computador ou que ocorreu algum outro erro que impediu a memória de ser alocada.

> ℹ No momento da alocação da memória, deve-se levar em conta o tamanho do dado alocado.

```
01  #include <stdio.h>
02  #include <stdlib.h>
03  int main(){
04    char*p;
05    //aloca espaço para 1.000 chars
06    p = (char *) malloc(1000);
07    int *p;
08    //aloca espaço para 250 inteiros
09    p = (int *) malloc(1000);
10    system("pause");
11    return 0;
12  }
```

Lembre-se: No momento da alocação da memória, deve-se levar em conta o tamanho do dado alocado. Alocar 1.000 bytes de memória equivale a um número de elementos diferente, dependendo do tipo do elemento:

- Bytes para **char**: um array de 1.000 posições de caracteres.
- Bytes para **int**: um array de 250 posições de inteiros.

11.2.3 calloc()

Assim como a função **malloc()**, a função **calloc()** também serve para alocar memória durante a execução do programa. É ela que faz o pedido de memória ao computador e retorna um ponteiro com o endereço do início do espaço de memória alocado. A função **malloc()** possui o seguinte protótipo:

```
void *calloc(unsigned int num, unsigned int size);
```

A função **malloc()** recebe dois parâmetros de entrada:

- **num:** o número de elementos no array a ser alocado.
- **size:** o tamanho de cada elemento do array.

E retorna:

- **NULL:** no caso de erro.
- O ponteiro para a primeira posição do array alocado.

Basicamente, a função **calloc()** faz o mesmo que a função **malloc()**. A diferença é que agora passamos os valores da quantidade de elementos alocados e do tipo de dado alocado como parâmetros distintos da função.

Exemplo: malloc() *versus* calloc()

```
01   #include <stdio.h>
02   #include <stdlib.h>
03   int main(){
04     //alocação com malloc
05     int *p;
06     p = (int *) malloc(50*sizeof(int));
07     if(p == NULL){
08         printf("Erro: Memoria Insuficiente!\n");
09     }
10     //alocação com calloc
11     int *p1;
12     p1 = (int *) calloc(50,sizeof(int));
13     if(p1 == NULL){
14         printf("Erro: Memoria Insuficiente!\n");
15     }
16     system("pause");
17     return 0;
18   }
```

FIGURA 11.4

Note que, enquanto a função **malloc()** multiplica o total de elementos do array pelo tamanho de cada elemento, a função **calloc()** recebe os dois valores como parâmetros distintos.

 Existe outra diferença entre a função **calloc()** e a função **malloc()**: ambas servem para alocar memória, mas a função **calloc()** inicializa todos os **BITS** do espaço alocado com 0s.

```
01   #include <stdio.h>
02   #include <stdlib.h>
03
04   int main(){
05     int i;
06     int *p, *p1;
07     p = (int *) malloc(5*sizeof(int));
08     p1 = (int *) calloc(5,sizeof(int));
09     printf("calloc \t\t malloc\n");
10     for (i=0; i<5; i++)
11       printf("p1[%d]=%d \t p[%d] = %d\n",i,p1[i],i,p[i]);
12     system("pause");
13     return 0;
14   }
```

11.2.4 realloc()

A função **realloc()** serve para alocar memória ou realocar blocos de memória previamente alocados pelas funções **malloc()**, **calloc()** ou **realloc()**. Essa função tem o seguinte protótipo:

```
void *realloc(void *ptr, unsigned int num);
```

A função **realloc()** recebe dois parâmetros de entrada:

- **ptr**: um ponteiro para um bloco de memória previamente alocado.
- **num**: o tamanho em bytes do espaço de memória a ser alocado.

E retorna:

- **NULL**: no caso de erro.
- O ponteiro para a primeira posição do array alocado/realocado.

Basicamente, a função **realloc()** modifica o tamanho da memória previamente alocada e apontada pelo ponteiro **ptr** para um novo valor especificado por **num**, sendo **num** o tamanho em bytes do bloco de memória solicitado (igual à função **malloc()**).

> ⚠️ O novo valor de memória alocada (*num*) pode ser **maior** ou **menor** do que o tamanho previamente alocado.

```
01   #include <stdio.h>
02   #include <stdlib.h>
03   int main(){
04     int i;
05     int *p = malloc(5*sizeof(int));
06     for (i = 0; i < 5; i++){
07         p[i] = i+1;
08     }
09     for (i = 0; i < 5; i++){
10         printf("%d\n",p[i]);
11     }
12     printf("\n");
13     //Diminui o tamanho do array
14     p = realloc(p,3*sizeof(int));
15     for (i = 0; i < 3; i++){
16         printf("%d\n",p[i]);
17     }
18     printf("\n");
19     //Aumenta o tamanho do array
20     p = realloc(p,10*sizeof(int));
21     for (i = 0; i < 10; i++){
22         printf("%d\n",p[i]);
23     }
24     system("pause");
25     return 0;
26   }
```

A função **realloc()** retorna um ponteiro (**void ***) para o novo bloco alocado. Isso é necessário porque a função **realloc()** pode precisar mover o bloco antigo para aumentar seu tamanho. Se isso ocorrer, o conteúdo do bloco antigo é copiado para o novo bloco e nenhuma informação é perdida.

 Se o novo tamanho é maior, o valor do bloco de memória recém-alocado é indeterminado.

Isso ocorre porque a função **realloc()** se comporta como a função **malloc()**. Ela não se preocupa em inicializar o espaço alocado.

 Se o ponteiro para o bloco de memória previamente alocado for **NULL**, a função **realloc()** alocará memória da mesma forma que a função **malloc()** faz.

```
01  #include <stdio.h>
02  #include <stdlib.h>
03  int main(){
04    int *p;
05    p = (int *) realloc(NULL,5*sizeof(int));
06    for (i = 0; i < 5; i++){
07        p[i] = i+1;
08    }
09    for (i = 0; i < 5; i++){
10        printf("%d\n",p[i]);
11    }
12    system("pause");
13    return 0;
14  }
```

Se não houver memória suficiente para a realocação, um ponteiro nulo é devolvido e o bloco original é deixado inalterado.

 Se o tamanho de memória solicitado (*num*) for igual a zero, a memória apontada por *ptr **será liberada**.

```
01  #include <stdio.h>
02  #include <stdlib.h>
03  int main(){
04    int *p;
05    p = (int *) malloc(5*sizeof(int));
06    for (i = 0; i < 5; i++){
07        p[i] = i+1;
08    }
09    for (i = 0; i < 5; i++){
10        printf("%d\n",p[i]);
11    }
12    //libera a memória alocada
13    p = (int *) realloc(p,0);
14    system("pause");
15    return 0;
16  }
```

Nesse exemplo, a função **realloc()** funciona da mesma maneira que a função **free()**, que veremos na próxima seção.

11.2.5 free()

Diferentemente das variáveis declaradas durante o desenvolvimento do programa, as variáveis alocadas dinamicamente não são liberadas automaticamente por ele.

 Sempre que alocamos memória de forma dinâmica (**malloc()**, **calloc()** ou **realloc()**), é necessário liberar essa memória quando ela não for mais necessária.

Desalocar, ou liberar, a memória previamente alocada faz com que ela se torne novamente disponível para futuras alocações. Para liberar um bloco de memória previamente alocado utilizamos a função **free()**, cujo protótipo é:

```
void free(void *p);
```

A função **free()** recebe apenas um parâmetro de entrada: o ponteiro para o início do bloco de memória alocado e que será liberado.

> Para liberar a memória alocada, basta passar para o parâmetro da função **free()** o ponteiro que aponta para o início do bloco de memória alocado.

```
01      #include <stdio.h>
02      #include <stdlib.h>
03      int main(){
04        int *p,i;
05        p = (int *) malloc(50*sizeof(int));
06        if(p == NULL){
07            printf("Erro: Memoria Insuficiente!\n");
08            system("pause");
09            exit(1);
10        }
11        for (i = 0; i < 50; i++){
12            p[i] = i+1;
13        }
14        for (i = 0; i < 50; i++){
15            printf("%d\n",p[i]);
16        }
17        //libera a memória alocada
18        free(p);
19        system("pause");
20        return 0;
21      }
```

Como o programa sabe quantos bytes devem ser liberados? Quando se aloca a memória, o programa guarda o número de bytes alocados numa "tabela de alocação" interna.

Apenas libere a memória quando tiver certeza de que ela não será mais usada. Do contrário, um erro pode acontecer ou o programa poderá não funcionar como esperado.

```c
01  #include <stdio.h>
02  #include <stdlib.h>
03  int main(){
04    int *p,i;
05    p = (int *) malloc(50*sizeof(int));
06    if(p == NULL){
07        printf("Erro: Memoria Insuficiente!\n");
08        system("pause");
09        exit(1);
10    }
11    for (i = 0; i < 50; i++){
12        p[i] = i+1;
13    }
14    //libera a memória alocada
15    free(p);
16    //tenta imprimir o array
17    //cuja memória foi liberada
18    for (i = 0; i < 50; i++){
19        printf("%d\n",p[i]);
20    }
21    system("pause");
22    return 0;
23  }
```

Nesse exemplo, nenhum erro ocorre porque a função **free()** apenas libera a memória. O ponteiro *p* continua com o endereço para onde ela estava reservada. Sendo assim, podemos tentar acessá-la. Como ela não nos pertence mais (foi liberada), não há garantias do que está guardado lá.

 Sempre libere a memória que não for mais utilizar.

Além disso, convém não deixar ponteiros "soltos" (*dangling pointers*) no programa. Portanto, depois de chamar a função **free()**, atribua **NULL** ao ponteiro:

```c
free(p);

p = NULL;
```

É conveniente fazer isso porque ponteiros "soltos" podem ser explorados por hackers para atacar o seu computador.

11.3 ALOCAÇÃO DE ARRAYS MULTIDIMENSIONAIS

Existem várias soluções na linguagem C para se alocar um array com mais de uma dimensão. A seguir apresentaremos algumas dessas soluções.

11.3.1 Solução 1: Usando array unidimensional

Apesar de terem o comportamento de estruturas com mais de uma dimensão, os dados dos arrays multidimensionais são armazenados linearmente na memória (Figura 11.5). É o uso dos colchetes que cria a impressão de estarmos trabalhando com mais de uma dimensão. Por exemplo:

```
int mat[5][5];
```

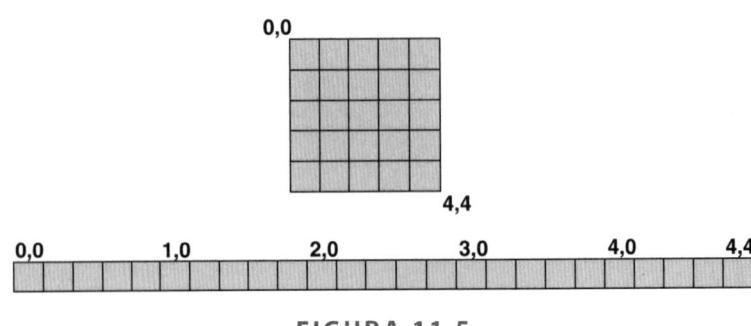

FIGURA 11.5

Sendo assim, uma solução trivial é simular um array bidimensional (ou com mais dimensões) utilizando um único array unidimensional alocado dinamicamente.

> (i) Podemos alocar um array de uma única dimensão e tratá-lo como se fosse uma matriz (duas dimensões).

```
01  #include <stdio.h>
02  #include <stdlib.h>
03  int main(){
04     int *p;
05     int i, j, Nlinhas = 2, Ncolunas = 2;
06     p = (int *) malloc(Nlinhas * Ncolunas * sizeof(int));
07     for (i = 0; i < Nlinhas; i++){
08        for (j = 0; j < Ncolunas; j++)
09        p[i * Ncolunas + j] = i+j;
10     }
11     for (i = 0; i < Nlinhas; i++){
12        for (j = 0; j < Ncolunas; j++)
13           printf("%d ",p[i * Ncolunas + j]);
14        printf("\n");
15     }
16     free(p);
17     system("pause");
18     return 0;
19  }
```

O maior inconveniente dessa abordagem é que temos que abandonar a notação de colchetes para indicar a segunda dimensão da matriz. Como só possuímos uma única dimensão, é preciso calcular o deslocamento no array para simular a segunda dimensão. Isso é feito somando o índice da coluna que se quer acessar ao produto do índice da linha que se quer acessar pelo número total de colunas da "matriz": **[i * Ncolunas + j]**.

Ao simular uma matriz (duas dimensões) utilizando um array de uma única dimensão perdemos a notação de colchetes para indicar a segunda dimensão.

```
01   #include <stdio.h>
02   #include <stdlib.h>
03   int main(){
04     int *p;
05     int i, j, Nlinhas = 2, Ncolunas = 2;
06     p = (int *) malloc(Nlinhas * Ncolunas * sizeof(int));
07     for (i = 0; i < Nlinhas; i++){
08        for (j = 0; j < Ncolunas; j++){
09              p[i * Ncolunas + j] = i+j;//CORRETO
10              p[i][j] = i+j;//ERRADO
11        }
12     }
13     free(p);
14     system("pause");
15     return 0;
16   }
```

11.3.2 Solução 2: Usando ponteiro para ponteiro

Se quisermos alocar um array com mais de uma dimensão e manter a notação de colchetes para cada dimensão, precisamos utilizar o conceito de "**ponteiro para ponteiro**" aprendido anteriormente:

```
char ***ptrPtr;
```

 A ideia de um ponteiro para ponteiro é similar a anotar o endereço de um papel que tem o endereço da casa do seu amigo.

O exemplo da Figura 11.6 exemplifica como funciona o conceito de "**ponteiro para ponteiro**". Basicamente, para alocar uma matriz (array com duas dimensões) utiliza-se um ponteiro com dois níveis.

MEMÓRIA		
ENDEREÇO	VARIÁVEL	CONTEÚDO
119		
120	char ***ptrPtr	#122
121		
122	char **ptrPtrChar	#124
123		
124	char *ptrChar	#126
125		
126	char letra	'a'
127		

FIGURA 11.6

Em um ponteiro para ponteiro, cada nível do ponteiro permite criar uma nova dimensão no array.

Por exemplo, se quisermos um array com duas dimensões, precisaremos de um ponteiro com dois níveis (******); se quisermos três dimensões, precisaremos de um ponteiro com três níveis (*******) e assim por diante.

O exemplo da Figura 11.7 exemplifica como alocar cada nível de um "**ponteiro para ponteiro**" para criar uma matriz (array com duas dimensões).

MEMÓRIA		
#	VAR	CONTEÚDO
119	int** p	#121
120		
121	p [0]	#124
122	p [1]	#127
123		
124	p [0][0]	69
125	p [0][1]	74
126		
127	p [1][0]	14
128	p [1][1]	31
129		

FIGURA 11.7

Nesse exemplo, utilizando um ponteiro com dois níveis (**int **p**), alocamos no primeiro nível do ponteiro um **array de ponteiros** representando as **linhas da matriz**. Essa tarefa é realizada pela primeira chamada da função **malloc()**, a qual aloca o array usando o tamanho de um ponteiro para **int**:

```
sizeof(int *)
```

Em seguida, para cada posição desse **array de ponteiros**, alocamos um **array de inteiros**, o qual representa o espaço para as **colunas da matriz**, as quais efetivamente manterão os dados. Essa tarefa é realizada pela segunda chamada da função **malloc()**, dentro do comando **for**, a qual aloca o array usando o tamanho de um **int**:

```
sizeof(int)
```

 Note que, desse modo, é possível manter a notação de colchetes para representar cada uma das dimensões da matriz.

A Figura 11.8 exemplifica como funciona o processo de alocação de uma matriz usando o conceito de ponteiro para ponteiro.

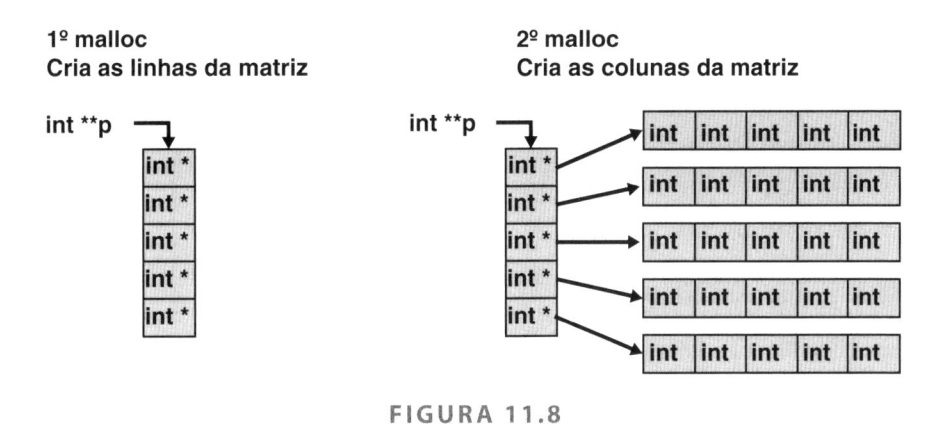

FIGURA 11.8

Preste bastante atenção ao exemplo da Figura 11.8. Note que, sempre que se aloca memória, os dados alocados possuem um nível a menos que o do ponteiro usado na alocação. Assim, se tivermos um:

- Ponteiro para inteiro (**int** *), alocaremos um array de inteiros (**int**).
- Ponteiro para ponteiro para inteiro (**int** **), alocaremos um array de ponteiros para inteiros (**int** *).
- Ponteiro para ponteiro para ponteiro para inteiro (**int** ***), alocaremos um array de inteiros (**int** **).

 Diferentemente dos arrays de uma dimensão, para liberar da memória um array com mais de uma dimensão é preciso liberar a memória alocada em cada uma de suas dimensões, na ordem inversa da que foi alocada.

```
01    #include <stdio.h>
02    #include <stdlib.h>
03    int main(){
04      int **p; //2 "*" = 2 níveis = 2 dimensões
05      int i, j, N = 2;
06      p = (int **) malloc(N*sizeof(int *));
07      for (i = 0; i < N; i++){
08          p[i] = (int *) malloc(N*sizeof(int));
09          for (j = 0; j < N; j++)
10              scanf("%d",&p[i][j]);
11      }
12      for (i = 0; i < N; i++){
13          free(p[i]);
14      }
15      free(p);
16      system("pause");
17      return 0;
18    }
```

Para alocar nossa matriz, utilizamos duas chamadas da função **malloc()**: a primeira chamada faz a alocação das linhas, enquanto a segunda faz a alocação das colunas. Na hora de liberar a matriz, devemos liberar a memória no sentido inverso da alocação: primeiro liberamos as colunas, para depois liberar as linhas da matriz. Essa ordem deve ser respeitada porque, se liberarmos primeiro as linhas, perderemos os ponteiros para onde estão alocadas as colunas e, assim, não poderemos liberá-las.

> ℹ️ Esse tipo de alocação, usando ponteiro para ponteiro, permite criar matrizes que não sejam quadradas ou retangulares.

```
01  #include <stdio.h>
02  #include <stdlib.h>
03  int main(){
04    int **p; //2 "*" = 2 níveis = 2 dimensões
05    int i, j, N = 3;
06    p = (int **) malloc(N*sizeof(int *));
07    for (i = 0; i < N; i++){
08        p[i] = (int *) malloc((i+1)*sizeof(int));
09        for (j = 0; j < (i+1); j++)
10            scanf("%d",&p[i][j]);
11    }
12    for (i = 0; i < N; i++){
13        free(p[i]);
14    }
15    free(p);
16    system("pause");
17    return 0;
18  }
```

Note que a segunda chamada da função **malloc()** está condicionada ao valor de *i*: malloc((i + 1)***sizeof(int)**). Assim, as colunas de cada linha da matriz terão um número diferente de elementos. De fato, o código anterior cria uma matriz triangular inferior, como fica claro pela Figura 11.9.

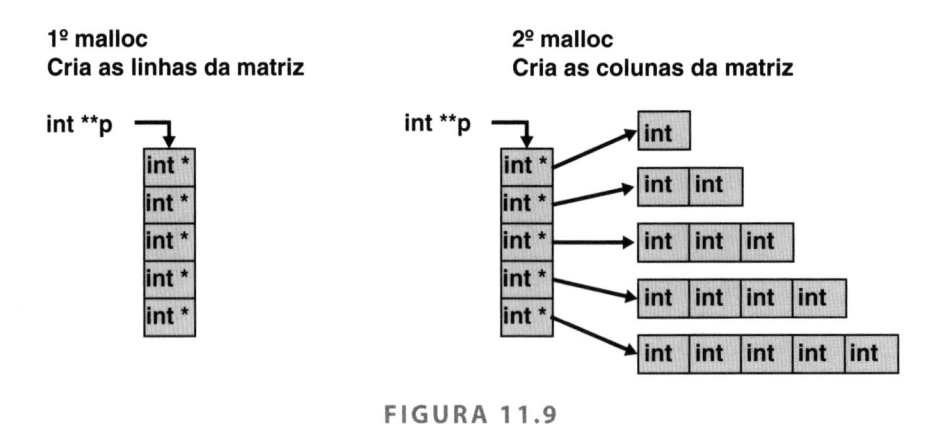

FIGURA 11.9

11.3.3 Solução 3: Ponteiro para ponteiro para array

A terceira solução possível para alocar um array com mais de uma dimensão e manter a notação de colchetes para cada dimensão é um misto das duas soluções anteriores; simulamos um array bidimensional (ou com mais dimensões) utilizando:

- Um array unidimensional alocado dinamicamente e contendo as posições de todos os elementos.
- Um array de ponteiros unidimensional que simulará as dimensões e, assim, manterá a notação de colchetes.

O exemplo da Figura 11.10 exemplifica como simular uma matriz utilizando um array de ponteiros e um array unidimensional contendo os dados.

Exemplo: ponteiro para ponteiro e um array unidimensional

```
01   #include <stdio.h>
02   #include <stdlib.h>
03
04   int main(){
05     int *v; //1 "*" = 1 nível = 1 dimensão
06     int **p; //2 "*" = 2 níveis = 2 dimensões
07     int i, j, Nlinhas = 2, Ncolunas = 2;
08     v = (int*) malloc(Nlinhas * Ncolunas *sizeof(int));
09     p = (int **) malloc(Nlinhas * sizeof(int *));
10
11     for (i = 0; i < Nlinhas; i++){
12         p[i] = v + i * Ncolunas;
13         for (j = 0; j < Ncolunas; j++)
14             scanf("%d",&p[i][j]);
15     }
16     for (i = 0; i < Nlinhas; i++){
17         for (j = 0; j < Ncolunas; j++)
18             printf("%d ",p[i][j]);
19         printf("\n");
20     }
21
22     free(v);
23     free(p);
24
25
26     system("pause");
27     return 0;
28   }
```

FIGURA 11.10

Nesse exemplo, utilizando um ponteiro com um nível (**int *v**), alocamos o total de elementos da matriz (Nlinhas * Ncolunas). Essa tarefa é realizada pela primeira chamada da função **malloc()**, a qual aloca o array usando o tamanho de um tipo **int**:

```
sizeof(int)
```

Em seguida, utilizando um ponteiro com dois níveis (**int **p**), alocamos no primeiro nível do ponteiro um **array de ponteiros** representando as **linhas da matriz**. Essa tarefa é realizada pela primeira chamada da função **malloc()**, a qual aloca o array usando o tamanho de um ponteiro para **int**:

```
sizeof(int *)
```

Por fim, utilizando aritmética de ponteiros, associamos cada posição do array de ponteiros para uma porção do array de inteiros:

```
p[i] = v + i * Ncolunas;
```

Note que, como temos cada posição do array **p** associada a uma porção de outro array (**v**), a notação de colchetes para mais de uma dimensão é mantida.

A Figura 11.11 exemplifica como funciona o processo de alocação de uma matriz usando o conceito de ponteiro para ponteiro e array unidimensional:

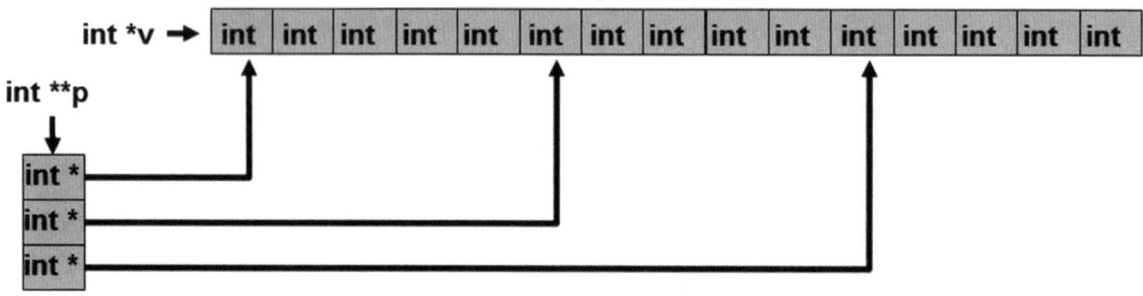

FIGURA 11.11

Do ponto de vista de alocação, essa solução é mais simples do que a anterior (solução 2). Ela utiliza apenas duas chamadas da função **malloc()** para alocar toda a matriz. Consequentemente, apenas duas chamadas da função **free()** são necessárias para liberar a memória alocada.

Por outro lado, para arrays com mais de duas dimensões, essa solução pode se mostrar mais complicada de se trabalhar, já que envolve aritmética de ponteiros no cálculo que associa as linhas com o array contendo os dados.

11.4 EXERCÍCIOS

1) Escreva um programa que mostre o tamanho em byte que cada tipo de dados ocupa na memória: **char**, **int**, **float**, **double**.

2) Crie uma estrutura representando um aluno de uma disciplina. Essa estrutura deve conter o número de matrícula do aluno, seu nome e as notas de três provas. Escreva um programa que mostre o tamanho em byte dessa estrutura.

3) Crie uma estrutura chamada Cadastro. Essa estrutura deve conter o nome, a idade e o endereço de uma pessoa. Agora, escreva uma função que receba um inteiro positivo N e retorne o ponteiro para um vetor de tamanho N, alocado dinamicamente, dessa estrutura. Solicite também que o usuário digite os dados desse vetor dentro da função.

4) Elabore um programa que leia do usuário o tamanho de um vetor a ser lido. Em seguida, faça a alocação dinâmica desse vetor. Por fim, leia o vetor do usuário e o imprima.

5) Faça um programa que leia um valor inteiro N não negativo. Se o valor de N for inválido, o usuário deverá digitar outro até que ele seja válido (ou seja, positivo). Em seguida, leia um vetor V contendo N posições de inteiros, em que cada valor deverá ser maior ou igual a 2. Esse vetor deverá ser alocado dinamicamente.

6) Escreva um programa que aloque dinamicamente uma matriz de inteiros. As dimensões da matriz deverão ser lidas do usuário. Em seguida, escreva uma função que receba um valor e retorne 1, caso o valor esteja na matriz, ou retorne 0, no caso contrário.

7) Faça uma função que retorne o ponteiro para um vetor de N elementos inteiros alocados dinamicamente. O array deve ser preenchido com valores de 0 a N − 1.

8) Escreva uma função que receba um valor inteiro positivo N por parâmetro e retorne o ponteiro para um vetor de tamanho N alocado dinamicamente. Se N for negativo ou igual a zero, um ponteiro nulo deverá ser retornado.

9) Crie uma função que receba uma string e retorne o ponteiro para essa string invertida.

10) Escreva uma função que receba um valor inteiro positivo N por parâmetro e retorne o ponteiro para um vetor de tamanho N alocado dinamicamente. Esse vetor deverá ter os seus elementos preenchidos com certo valor, também passado por parâmetro. Se N for negativo ou igual a zero, um ponteiro nulo deverá ser retornado.

11) Escreva uma função que receba como parâmetro um valor N e retorne o ponteiro para uma matriz alocada dinamicamente contendo N linhas e N colunas. Essa matriz deve conter o valor 1 na diagonal principal e 0 nas demais posições.

12) Escreva uma função que receba como parâmetro um valor N e retorne o ponteiro para uma matriz alocada dinamicamente contendo N linhas e N colunas. Essa matriz deve conter o valor 1 na diagonal secundária e 0 nas demais posições.

13) Escreva um programa que leia um inteiro N e crie uma matriz alocada dinamicamente contendo N linhas e N colunas. Essa matriz deve conter o valor 0 na diagonal principal, o valor 1 nos elementos acima da diagonal principal e o valor −1 nos elementos abaixo da diagonal principal.

14) Escreva uma função que receba como parâmetro dois vetores, A e B, de tamanho N cada. A função deve retornar o ponteiro para um vetor C de tamanho N alocado dinamicamente, em que C[i] = A[i] + B[i].

15) Escreva uma função que receba como parâmetro dois vetores, A e B, de tamanho N cada. A função deve retornar o ponteiro para um vetor C de tamanho N alocado dinamicamente, em que C[i] = A[i] * B[i].

16) Escreva uma função que receba como parâmetro uma matriz A contendo N linhas e N colunas, e um vetor B de tamanho N. A função deve retornar o ponteiro para um vetor C de tamanho N alocado dinamicamente, em que C é o produto da matriz A pelo vetor B.

17) Escreva uma função que receba como parâmetro uma matriz A contendo N linhas e N colunas. A função deve retornar o ponteiro para um vetor B de tamanho N alocado dinamicamente, em que cada posição de B é a soma dos números daquela coluna da matriz.

18) Escreva uma função que receba como parâmetro duas matrizes, A e B, e seus tamanhos. A função deve retornar o ponteiro para uma matriz C, em que C é o produto da multiplicação da matriz A pela matriz B. Se a multiplicação das matrizes não for possível, retorne um ponteiro nulo.

Arquivos

A finalidade deste capítulo é apresentar o conceito de arquivos e como utilizá-los dentro de um programa escrito em linguagem C. Ao final, o leitor será capaz de:

- Diferenciar entre os tipos de arquivos existentes.
- Declarar um ponteiro para um arquivo.
- Abrir um arquivo.
- Fechar um arquivo.
- Saber a posição dentro de um arquivo.
- Ler e escrever caracteres no arquivo.
- Ler e escrever strings no arquivo.
- Ler e escrever blocos de bytes no arquivo.
- Ler e escrever dados formatados no arquivo.
- Excluir um arquivo.

12.1 DEFINIÇÃO

Um arquivo, de modo abstrato, nada mais é do que uma coleção de bytes armazenados em um dispositivo de armazenamento secundário, que é geralmente um disco rígido, CD, DVD etc. Essa coleção de bytes pode ser interpretada das mais variadas maneiras:

- Caracteres, palavras ou frases de um documento de texto.
- Campos e registros de uma tabela de banco de dados.
- Pixels de uma imagem.
- etc.

O que define o significado de um arquivo em particular é a maneira como as estruturas de dados estão organizadas e as operações são usadas por um programa de processar (ler ou escrever) esse arquivo.

As vantagens de se usar arquivos são muitas:

- É geralmente baseado em algum tipo de armazenamento durável. Ou seja, seus dados permanecem disponíveis para uso mesmo que o programa que o gerou já tenha sido encerrado.

- Permitem armazenar grande quantidade de informação.
- O acesso aos dados pode ser ou não sequencial.
- Acesso concorrente aos dados (ou seja, mais de um programa pode utilizá-lo ao mesmo tempo).

A linguagem C permite manipular arquivos das mais diversas formas. Ela possui um conjunto de funções que podem ser utilizadas pelo programador para criar e escrever em novos arquivos, ler o seu conteúdo, independentemente do tipo de dados que lá estejam armazenados. A seguir, serão apresentados os detalhes necessários para um programador poder trabalhar com arquivos em seu programa.

12.2 TIPOS DE ARQUIVOS

Basicamente, a linguagem C trabalha com apenas dois tipos de arquivos: **arquivos texto** e **arquivos binários**.

 Um *arquivo texto* armazena caracteres que podem ser mostrados diretamente na tela ou modificados por um editor de texto simples como o Bloco de Notas.

Os dados gravados em um arquivo texto são gravados exatamente como seriam impressos na tela. Por isso eles podem ser modificados por um editor de texto simples como o Bloco de Notas. No entanto, para que isso ocorra, os dados são gravados como caracteres de 8 bits utilizando a tabela ASCII. Ou seja, durante a gravação dos dados existe uma etapa de "conversão".

 Essa "conversão" dos dados faz com que os arquivos texto sejam maiores. Além disso, suas operações de escrita e leitura consomem mais tempo em comparação às dos arquivos binários.

Para entender essa conversão dos dados em arquivos texto, imagine um número inteiro com oito dígitos: 12345678. Esse número ocupa 32 bits na memória. Porém, quando for gravado em um arquivo texto, cada dígito será convertido em seu caractere ASCII, ou seja, 8 bits por dígito. Como resultado final, esse número ocupará 64 bits no arquivo, o dobro do seu tamanho na memória.

 Dependendo do ambiente onde o aplicativo é executado, algumas conversões de caracteres especiais podem ocorrer na escrita/leitura de dados em arquivos texto.

Isso ocorre como forma de adaptar o arquivo ao formato de arquivo texto específico do sistema. No modo de arquivo texto, um caractere de **nova linha**, "\n", pode ser convertido pelo sistema no par de caracteres **retorno de carro + nova linha**, "\r\n".

 Um *arquivo binário* armazena uma sequência de bits que está sujeita às convenções dos programas que o gerou.

Os dados gravados em um arquivo binário são gravados exatamente como estão organizados na memória do computador. Isso significa que não existe uma etapa de "conversão" dos dados. Portanto, suas operações de escrita e leitura são mais rápidas do que as realizadas em arquivos texto.

Voltemos ao nosso número inteiro com 8 dígitos: 12345678. Esse número ocupa 32 bits na memória. Quando for gravado em um arquivo binário, o conteúdo da memória será copiado diretamente para o arquivo, sem conversão. Como resultado final, esse número ocupará os mesmos 32 bits no arquivo.

 São exemplos de arquivos binários os arquivos executáveis, arquivos compactados, arquivos de registros etc.

Para entender melhor a diferença entre esses dois arquivos, imagine os seguintes dados a serem gravados:

```c
char nome[20] = "Ricardo";
int i = 30;
float a = 1.74;
```

A Figura 12.1 mostra como seria o resultado da gravação em um arquivo texto e em um arquivo binário. Note que os dados de um arquivo texto podem ser facilmente modificados por um editor de textos.

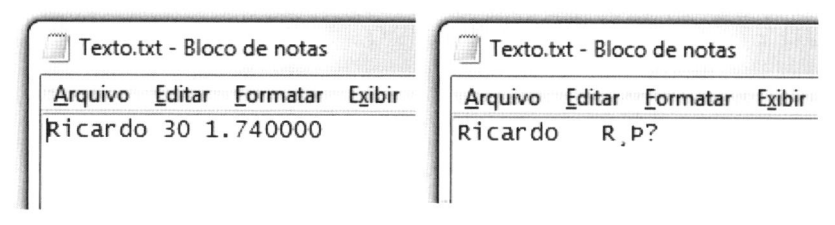

Arquivo Texto   **Arquivo Binário**

FIGURA 12.1

 Caracteres são legíveis tanto em arquivos texto quanto em arquivos binários.

12.3 SOBRE ESCRITA E LEITURA EM ARQUIVOS

Quanto às operações de escrita e leitura em arquivos, a linguagem C possui uma série de funções prontas para a manipulação de arquivos, cujos protótipos estão reunidos na biblioteca-padrão de entrada e saída, **stdio.h**.

Diferentemente de outras linguagens, a linguagem C não possui funções que automaticamente leiam todas as informações de um arquivo.

Na linguagem C, as funções de escrita e leitura em arquivos se limitam a operações de abrir/fechar e ler/escrever caracteres e bytes. Fica a cargo do programador criar a função que lerá ou escreverá um arquivo de maneira específica.

12.4 PONTEIRO PARA ARQUIVO

A linguagem C usa um tipo especial de ponteiro para manipular arquivos. Quando o arquivo é aberto, esse ponteiro aponta para o registro 0 (o primeiro registro no arquivo). É esse ponteiro que controla o próximo byte a ser acessado por um comando de leitura. É ele também que indica quando chegamos ao final de um arquivo, entre outras tarefas.

 Todas as funções de manipulação de arquivos trabalham com o conceito de "ponteiro de arquivo".

Podemos declarar um ponteiro de arquivo da seguinte maneira:

```
FILE *p;
```

Nesse caso, **p** é o ponteiro que nos permitirá manipular arquivos na linguagem C. Um ponteiro de arquivo nada mais é do que um ponteiro para uma área na memória chamada "buffer". Nela se encontram vários dados sobre o arquivo aberto, como o seu nome e a posição atual.

12.5 ABRINDO E FECHANDO UM ARQUIVO

12.5.1 Abrindo um arquivo

A primeira coisa que devemos fazer ao trabalhar com arquivos é abri-los. Para abrir um arquivo usa-se a função **fopen()**, cujo protótipo é:

```
FILE *fopen(char *nome_do_arquivo, char *modo);
```

A função **fopen()** recebe dois parâmetros de entrada:

- **Nome_do_arquivo**: uma string contendo o nome do arquivo que deverá ser aberto.
- **Modo**: uma string contendo o modo de abertura do arquivo.

E retorna:

- **NULL**: no caso de erro.
- O ponteiro para o arquivo aberto.

Caminho absoluto e relativo para o arquivo

 No parâmetro **nome_do_arquivo** pode-se trabalhar com caminhos **absolutos** ou **relativos**.

Imagine que o arquivo com que desejamos trabalhar esteja no seguinte local:

```
"C:\Projetos\NovoProjeto\arquivo.txt"
```

O **caminho absoluto** de um arquivo é uma sequência de diretórios separados pelo caractere barra "(\)", que se inicia no diretório raiz e termina com o nome do arquivo. Nesse caso, o **caminho absoluto** do arquivo é a string:

```
"C:\Projetos\NovoProjeto\arquivo.txt"
```

Já o **caminho relativo**, como o próprio nome diz, é relativo ao local onde o programa se encontra. Nesse caso, o sistema inicia a pesquisa pelo nome do arquivo, a partir do diretório do programa. Se tanto o programa quanto o arquivo estiverem no mesmo local, o caminho relativo até esse arquivo será

```
".\arquivo.txt"
```

ou

```
"arquivo.txt"
```

Se o programa estivesse no diretório "C:\Projetos", o **caminho relativo** até o arquivo seria:

```
".\NovoProjeto\arquivo.txt"
```

 Ao trabalhar com caminhos **absolutos** ou **relativos**, sempre usar duas barras (\\) em vez de uma (\) para separar os diretórios.

Isso é necessário para evitar que alguma combinação de caractere e barra seja confundida com uma **sequência de escape** que não seja a barra invertida. As duas barras (\\) são as sequências de escape da própria barra invertida. Assim, o **caminho absoluto** do arquivo anteriormente definido passa a ser:

```
"C:\\Projetos\\NovoProjeto\\arquivo.txt"
```

Como posso abrir meu arquivo

 O modo de abertura do arquivo determina que tipo de uso será feito dele.

O modo de abertura do arquivo diz à função **fopen()** que tipo de uso será feito do arquivo. Pode-se, por exemplo, querer escrever em um arquivo binário ou ler um arquivo texto. A Tabela 12.1 mostra os modos válidos de abertura de um arquivo.

Modo	Arquivo	Função
"r"	Texto	Leitura. Arquivo deve existir.
"w"	Texto	Escrita. Cria arquivo, se não houver. Apaga o anterior, se ele existir.
"a"	Texto	Escrita. Os dados serão adicionados no fim do arquivo ("append").
"rb"	Binário	Leitura. Arquivo deve existir.
"wb"	Binário	Escrita. Cria arquivo se não houver. Apaga o anterior se ele existir.
"ab"	Binário	Escrita. Os dados serão adicionados no fim do arquivo ("append").
"r+"	Texto	Leitura/escrita. O arquivo deve existir e pode ser modificado.
"w+"	Texto	Leitura/escrita. Cria arquivo se não houver. Apaga o anterior se ele existir.
"a+"	Texto	Leitura/escrita. Os dados serão adicionados no fim do arquivo ("append").
"r+b"	Binário	Leitura/escrita. O arquivo deve existir e pode ser modificado.
"w+b"	Binário	Leitura/escrita. Cria arquivo se não houver. Apaga o anterior se ele existir.
"a+b"	Binário	Leitura/escrita. Os dados serão adicionados no fim do arquivo ("append").

TABELA 12.1

Note que, para cada tipo de ação que o programador deseja realizar, existe um modo de abertura de arquivo mais apropriado.

 O arquivo deve sempre ser aberto em um modo que permita executar as operações desejadas.

Imagine que desejemos gravar uma informação em um arquivo texto. Obviamente, esse arquivo deve ser aberto em um modo que permita escrever nele. Já um arquivo aberto para leitura não permitirá outra operação que não seja a leitura de dados.

```
      Exemplo: abrir um arquivo binário para escrita
01    #include <stdio.h>
02    #include <stdlib.h>
03    int main(){
04        FILE *fp;
05        fp = fopen("exemplo.bin","wb");
06        if(fp == NULL)
07            printf("Erro na abertura do arquivo.\n");
08
09        fclose(fp);
10        system("pause");
11        return 0;
12    }
```

FIGURA 12.2

Nesse exemplo, o comando **fopen()** tenta abrir um arquivo de nome "exemplo.bin" no modo de escrita para arquivos binários, "wb". Note que foi utilizado o **caminho relativo** do arquivo. Na sequência, a condição **if(fp == NULL)** testa se o arquivo foi aberto com sucesso.

Finalizando o programa no caso de erro

 No caso de um erro, a função **fopen()** retorna um ponteiro nulo (**NULL**).

Caso o arquivo não tenha sido aberto com sucesso, provavelmente o programa não poderá continuar a executar. Nesse caso, utilizamos a função **exit()**, presente na biblioteca **stdlib.h**, para abortar o programa. Seu protótipo é:

```
void exit(int codigo_de_retorno);
```

A função **exit()** pode ser chamada de qualquer ponto do programa. Ela faz com que o programa termine e retorne, para o sistema operacional, o valor definido em **codigo_de_retorno**.

 A convenção mais usada é que um programa retorne **zero**, no caso de um término normal, e um número **não nulo**, no caso de ter ocorrido um problema durante a sua execução.

```
01    #include <stdio.h>
02    #include <stdlib.h>
03    int main(){
04      FILE *fp;
05      fp = fopen("exemplo.bin","wb");
06      if(fp == NULL){
07          printf("Erro na abertura do arquivo. Fim de programa.\n");
08          system("pause");
09          exit(1);
10      }
11      fclose(fp);
12      system("pause");
13      return 0;
14    }
```

12.5.2 Fechando um arquivo

Sempre que terminamos de usar um arquivo, devemos fechá-lo. Para realizar essa tarefa, usa-se a função **fclose()**, cujo protótipo é:

```
int fclose(FILE *fp);
```

Basicamente, a função **fclose()** recebe como parâmetro o ponteiro **fp**, que determina o arquivo a ser fechado. Como resultado, a função retorna um valor inteiro igual a zero no caso de sucesso no fechamento do arquivo. Um valor de retorno diferente de zero significa que houve erro nessa tarefa.

 Por que devemos fechar o arquivo?

Ao fechar um arquivo, todo caractere que tenha permanecido no buffer é gravado. O buffer é uma área intermediária entre o arquivo no disco e o programa em execução. Trata-se de uma região de memória que armazena temporariamente os caracteres a serem gravados em disco. Apenas quando o buffer está cheio é que seu conteúdo é escrito no disco.

 Por que utilizar um buffer durante a escrita em arquivo?

O uso de um buffer é uma questão de **eficiência**. Para ler e escrever arquivos no disco rígido é preciso posicionar a cabeça de gravação em um ponto específico do disco rígido. E isso consome tempo. Se tivéssemos que fazer isso para cada caractere lido ou escrito, as operações de leitura e escrita de um arquivo seriam extremamente lentas. Assim, a gravação só é realizada quando há um volume razoável de informações a serem gravadas ou quando o arquivo for fechado.

 A função **exit()** fecha todos os arquivos que um programa tiver aberto.

12.6 ESCRITA E LEITURA EM ARQUIVOS

Uma vez aberto um arquivo, pode-se ler ou escrever nele. Para realizar essas tarefas, a linguagem C conta com uma série de funções de escrita e leitura que variam de funcionalidade de acordo com o tipo de dado que se deseja manipular. Desse modo, todas as mais diversas aplicações do programador podem ser atendidas.

12.6.1 Escrita e leitura de caractere

Escrevendo um caractere

As funções mais básicas e fáceis de trabalhar em um arquivo são as responsáveis pela escrita e leitura de um único caractere. Para se escrever um caractere em um arquivo usamos a função **fputc()**, cujo protótipo é:

```
int fputc(int c,FILE *fp);
```

A função **fputc()** recebe dois parâmetros de entrada:

- **c**: o caractere a ser escrito no arquivo. Note que o caractere é passado como seu valor inteiro.
- **fp**: a variável que está associada ao *arquivo* onde o caractere será escrito.

E retorna:

- A constante **EOF** (em geral, −1), se houver erro na escrita.
- O próprio caractere, se ele foi escrito com sucesso.

Cada chamada da função **fputc()** grava um único caractere **c** no arquivo especificado.

```
01   #include <stdio.h>
02   #include <stdlib.h>
03   #include <string.h>
04   int main(){
05     FILE *arq;
06     char string[100];
07     int i;
08     arq = fopen("arquivo.txt","w");
09     if(arq == NULL){
10       printf("Erro na abertura do arquivo");
11       system("pause");
12       exit(1);
13     }
14     printf("Entre com a string a ser gravada no arquivo:");
15     gets(string);
16     //Grava a string, caractere a caractere
17     for(i = 0; i < strlen(string); i++)
18       fputc(string[i], arq);
19     fclose(arq);
20     system("pause");
21     return 0;
22   }
```

No exemplo anterior, a função **fputc()** é utilizada para escrever um caractere na posição atual do arquivo, como assinalado pelo indicador de posição interna do arquivo. Em seguida, esse indicador de posição interna é avançado em um caractere de modo a ficar pronto para a escrita do próximo caractere.

 A função **fputc()** também pode ser utilizada para escrever um caractere no dispositivo de saída-padrão (geralmente a tela do monitor).

Para usar a função **fputc()** para escrever na tela, basta modificar o arquivo no qual se deseja escrever para a constante **stdout**. Essa constante é um dos arquivos predefinidos do sistema, um ponteiro para o dispositivo de saída-padrão (geralmente o vídeo) das aplicações. Assim, o comando

```
fputc('*', stdout);
```

escreve um "*" na tela do monitor (dispositivo de saída-padrão) em vez de em um arquivo no disco rígido.

Lendo um caractere

Da mesma maneira que é possível gravar um único caractere em um arquivo, também é possível fazer a sua leitura. A função que corresponde à leitura de caracteres é a função **fgetc()**, cujo protótipo é:

```
int fgetc(FILE *fp);
```

A função **fgetc()** recebe como parâmetro de entrada apenas a variável que está associada ao *arquivo* de onde o caractere será lido. Essa função retorna:

- A constante **EOF** (em geral, −1), se houver erro na leitura.
- O caractere lido do arquivo, na forma de seu valor inteiro, se ele foi lido com sucesso.

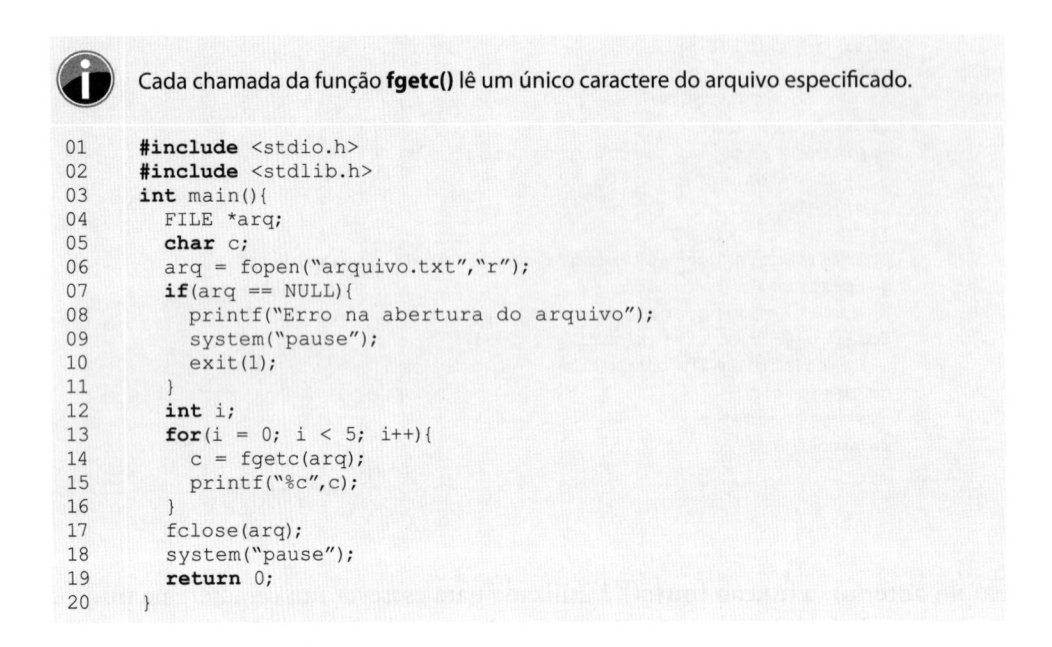

Cada chamada da função **fgetc()** lê um único caractere do arquivo especificado.

```c
01   #include <stdio.h>
02   #include <stdlib.h>
03   int main(){
04     FILE *arq;
05     char c;
06     arq = fopen("arquivo.txt","r");
07     if(arq == NULL){
08       printf("Erro na abertura do arquivo");
09       system("pause");
10       exit(1);
11     }
12     int i;
13     for(i = 0; i < 5; i++){
14       c = fgetc(arq);
15       printf("%c",c);
16     }
17     fclose(arq);
18     system("pause");
19     return 0;
20   }
```

No exemplo anterior, a função **fgetc()** é utilizada para ler cinco caracteres de um arquivo. Note que a função **fgetc()** sempre retorna o caractere atualmente apontado pelo indicador de posição interna do arquivo especificado.

 A cada operação de leitura, o indicador de posição interna do arquivo é avançado em um caractere para apontar para o próximo caractere a ser lido.

Similarmente ao que acontece com a função **fputc()**, a função **fgetc()** também pode ser utilizada para a leitura de caracteres do teclado. Para tanto, basta modificar o arquivo do qual se deseja ler para a constante **stdin**. Essa constante é um dos arquivos predefinidos do sistema, um ponteiro para o dispositivo de entrada-padrão (geralmente o teclado) das aplicações. Assim, o comando

```c
char c = fgetc(stdin);
```

lê um caractere do teclado (dispositivo de entrada-padrão) em vez de um arquivo no disco rígido.

 O que acontece quando a função **fgetc()** tenta ler um caractere de um arquivo que já acabou?

Nesse caso, precisamos que a função retorne algo indicando que o arquivo acabou. Porém, todos os 256 caracteres da tabela ASCII são "válidos" em um arquivo. Para evitar esse tipo de situação, a função **fgetc()** não devolve um valor do tipo **char**, mas do tipo **int**. O conjunto de valores do tipo **char** está contido dentro do conjunto de valores do tipo **int**. Se o arquivo tiver acabado, a função **fgetc()** devolve um valor inteiro que não possa ser confundido com um valor do tipo **char**.

 Quando atinge o final de um arquivo, a função **fgetc()** devolve a constante **EOF** (**End Of File**), que está definida na biblioteca **stdio.h**. Em muitos computadores, o valor de **EOF** é definido como −1.

```
01    #include <stdio.h>
02    #include <stdlib.h>
03    int main(){
04      FILE *arq;
05      char c;
06      arq = fopen("arquivo.txt","r");
07      if(arq == NULL){
08        printf("Erro na abertura do arquivo");
09        system("pause");
10        exit(1);
11      }
12      while((c = fgetc(arq)) != EOF)
13        printf("%c",c);
14      fclose(arq);
15      system("pause");
16      return 0;
17    }
```

Nesse exemplo, a função **fgetc()** é utilizada juntamente com a constante **EOF** para ler não apenas alguns caracteres, mas para continuar lendo caracteres enquanto não chegamos ao final do arquivo.

12.6.2 Fim do arquivo e a função feof()

Como visto anteriormente, a constante **EOF** ("End of file") indica o fim de um arquivo. Porém, quando são manipulados dados binários, um valor inteiro igual ao valor da constante **EOF** pode ser lido. Nesse caso, se utilizarmos a constante **EOF** para verificar se chegamos ao final do arquivo, vamos receber a confirmação de ter chegado ao final do arquivo, quando na verdade ainda não chegamos ao seu final. Para evitar este tipo de situação, a linguagem C inclui a função **feof()** que determina quando o final de um arquivo foi atingido. Seu protótipo é:

```
int feof(FILE *fp);
```

Basicamente, a função **feof()** recebe como parâmetro o ponteiro **fp** que determina o arquivo a ser verificado. Como resultado, a função retorna um valor inteiro igual a **ZERO**, se ainda não tiver atingido o final do arquivo. Um valor de retorno diferente de zero significa que já foi atingido o final do arquivo.

 A função **feof()** testa o **indicador de fim de arquivo** para o fluxo apontado por **fp** e não o próprio **arquivo**. Assim, deve-se evitar o seu uso para terminar um **loop**.

É muito comum vermos a função **feof()** sendo utilizada para terminar um **loop** que lê todos os dados de um arquivo. Trata-se de um mau uso muito comum da função **feof()**. O fato de a função testar o **indicador de fim de arquivo** e não o próprio **arquivo** tem um grande impacto no código: significa que outra função é responsável por alterar esse **indicador** para indicar que o **EOF** foi alcançado.

Para entender melhor essa diferença, imagine um conjunto de números inteiros gravados em um arquivo texto, um número por linha. O exemplo a seguir ilustra duas maneiras diferentes de ler esses números e testar o final de um arquivo.

Exemplo: uso da função feof()	
Errado	**Correto**

```
01   #include <stdio.h>            #include <stdio.h>
02   #include <stdlib.h>           #include <stdlib.h>
03   void salva(){                 void salva(){
04    int V[5]={1,2,3,4,5};         int V[5]={1,2,3,4,5};
05    int i;                        int i;
06    FILE *F;                      FILE *F;
07    F=fopen("arq.txt","w");       F=fopen("arq.txt","w");
08    if(F == NULL){                if(F == NULL){
09       printf("Erro!\n");            printf("Erro!\n");
10       exit(1);                      exit(1);
11    }                             }
12    for(i=0; i<5; i++)            for(i=0; i<5; i++)
13       fprintf(F,"%d\n",V[i]);       fprintf(F,"%d\n", V[i]);
14    fclose(F);                    fclose(F);
15   }                             }
16   void carrega1(){              void carrega2(){
17    int i, n;                     int i, n;
18    FILE *F;                      FILE *F;
19    F=fopen("arq.txt","r");       F=fopen("arq.txt","r");
20    if(F == NULL){                if(F == NULL){
21       printf("Erro!\n");            printf("Erro!\n");
22       exit(1);                      exit(1);
23    }                             }
24    while(!feof(F)){              while(1){
25       fscanf(F,"%d",&n);            fscanf(F,"%d",&n);
26       printf("%d\n",n);             if(feof(F))
27    }                                   break;
28    fclose(F);                       printf("%d\n",n);
29   }                             }
30                                 fclose(F);
31                                }
32   int main(){                   int main(){
33    salva();                      salva();
34    carrega1();                   carrega2();
35    system("pause");              system("pause");
36    return 0;                     return 0;
37   }                             }
```

A função **carrega1()** irá imprimir uma lista de 6 números (o último número estará duplicado), enquanto a função **carrega2()** irá imprimir os 5 número corretamente. Isso acontece porque a maioria das funções de leitura irá alterar o **indicador de fim de arquivo** após ler todos os dados, e então realizar uma nova leitura resultando em nenhum dado, apenas o **EOF**.

Para resolver esse tipo de problema, devemos evitar o uso de **feof()** para testar um **loop**. O correto é verificar o valor retornado pelas funções de leitura e encerrar o **loop**, se uma delas falhar. Outra possibilidade é usar a função **ferror()**, a qual irá retornar **verdadeiro** se houve um erro de leitura.

12.6.3 Arquivos predefinidos

Como visto durante o aprendizado das funções **fputc()** e **fgetc()**, os ponteiros **stdin** e **stdout** podem ser utilizados para acessar os dispositivos de entrada (geralmente o teclado) e saída (geralmente o vídeo) padrão. Porém, existem outros ponteiros que podem ser utilizados.

No início da execução de um programa, o sistema automaticamente abre alguns arquivos predefinidos, entre eles **stdin** e **stdout**.

stdin	Dispositivo de entrada-padrão (geralmente o teclado)
stdout	Dispositivo de saída-padrão (geralmente o vídeo)
stderr	Dispositivo de saída de erro-padrão (geralmente o vídeo)
stdaux	Dispositivo de saída auxiliar (em muitos sistemas, associado à porta serial)
stdprn	Dispositivo de impressão-padrão (em muitos sistemas, associado à porta paralela)

12.6.4 Forçando a escrita dos dados do buffer

Vimos anteriormente que os dados gravados em um arquivo são primeiramente gravados em um buffer, uma área intermediária entre o arquivo no disco e o programa em execução, e somente quando esse buffer está cheio é que seu conteúdo é escrito no disco. Também vimos que o uso do buffer é uma questão de **eficiência**. Porém, a linguagem C permite que forcemos a gravação de qualquer dado contido no buffer no momento em que quisermos. Para realizar essa tarefa, usamos a função **fflush()**, cujo protótipo é:

```
int fflush(FILE *fp);
```

Basicamente, a função **fflush()** recebe como parâmetro o ponteiro **fp**, que determina o arquivo a ser manipulado. Como resultado, a função **fflush()** retorna:

- O valor 0, se a operação foi realizada com sucesso.
- A constante **EOF** (em geral, −1), se houver algum erro.

 O comportamento da função **fflush()** depende do modo como o arquivo foi aberto.

- Se o arquivo apontado por **fp** foi aberto para **escrita**, os dados contidos no "buffer de saída" são gravados no arquivo.

- Se o arquivo apontado por **fp** foi aberto para **leitura**, o comportamento depende da implementação da biblioteca. Em algumas implementações, os dados contidos no "buffer de entrada" são apagados, mas esse não é um comportamento-padrão.
- Se **fp** for um ponteiro nulo (**fp = NULL**), todos os arquivos abertos são liberados.

Na Figura 12.3, tem-se o exemplo de um programa que utiliza a função **fflush()** para forçar a gravação de dados no arquivo.

```
Exemplo: forçando a gravação de dados em um arquivo

01   #include <stdio.h>
02   #include <stdlib.h>
03   #include <string.h>
04   int main(){
05     FILE *arq;
06     char string[100];
07     int i;
08     arq = fopen("arquivo.txt","w");
09     if(arq == NULL){
10       printf("Erro na abertura do arquivo");
11       system("pause");
12       exit(1);
13     }
14     printf("Entre com a string a ser gravada no arquivo:");
15     gets(string);
16     for(i = 0; i < strlen(string); i++)
17       fputc(string[i], arq);
18
19     fflush(arq);
20     fclose(arq);
21     system("pause");
22     return 0;
23   }
```

FIGURA 12.3

12.6.5 Sabendo a posição atual dentro do arquivo

Outra operação bastante comum é saber onde estamos dentro de um arquivo. Para realizar essa tarefa, usamos a função **ftell()**, cujo protótipo é:

```
long int ftell(FILE *fp);
```

Basicamente, a função **ftell()** recebe como parâmetro o ponteiro **fp**, que determina o arquivo a ser manipulado. Como resultado, a função **ftell()** retorna a posição atual dentro do fluxo de dados do arquivo:

- Para arquivos **binários**, o valor retornado indica o número de bytes lidos a partir do início do arquivo.
- Para **arquivos texto**, não existe garantia de que o valor retornado seja o número exato de bytes lidos a partir do início do arquivo.
- Se ocorrer um erro, o valor −1 no formato **long** é retornado.

Na Figura 12.4, tem-se o exemplo de um programa que utiliza a função **ftell**() para descobrir o tamanho, em bytes, de um arquivo.

```
                  Exemplo: descobrindo o tamanho de um arquivo

01   #include <stdio.h>
02   #include <stdlib.h>
03   #include <string.h>
04   int main(){
05     FILE *arq;
06     arq = fopen("arquivo.bin","rb");
07     if(arq == NULL){
08       printf("Erro na abertura do arquivo");
09       system("pause");
10       exit(1);
11     }
12     int tamanho;
13     fseek(arq,0,SEEK _ END);
14     tamanho = ftell(arq);
15     fclose(arq);
16     printf("Tamanho do arquivo em bytes: %d:",tamanho);
17     system("pause");
18     return 0;
19   }
```

FIGURA 12.4

12.6.6 Escrita e leitura de strings

Até o momento, apenas caracteres únicos puderam ser escritos em um arquivo. Porém, existem funções na linguagem C que permitem escrever e ler uma sequência de caracteres, isto é, uma string, em um arquivo.

Escrevendo uma string

Para escrever uma string em um arquivo usamos a função **fputs**(), cujo protótipo é:

```
int fputs(char *str,FILE *fp);
```

A função **fputs**() recebe dois parâmetros de entrada:

- **str**: a string (array de caracteres) a ser escrita no arquivo.
- **fp**: a variável que está associada ao *arquivo* no qual a string será escrita.

E retorna:

- A constante **EOF** (em geral, −1), se houver erro na escrita.
- Um valor diferente de ZERO, se o texto for escrito com sucesso.

Exemplo: escrevendo uma string em um arquivo com fputs()

```
01  #include <stdio.h>
02  #include <stdlib.h>
03  int main(){
04    char str[20] = "Hello World!";
05    int result;
06    FILE *arq;
07    arq = fopen("ArqGrav.txt","w");
08    if(arq == NULL) {
09      printf("Problemas na CRIACAO do arquivo\n");
10      system("pause");
11      exit(1);
12    }
13    result = fputs(str,arq);
14    if(result == EOF)
15      printf("Erro na Gravacao\n");
16
17    fclose(arq);
18    system("pause");
19    return 0;
20  }
```

FIGURA 12.5

No exemplo anterior, o comando **fopen**() abre um arquivo de nome "ArqGrav.txt" no modo de escrita para arquivos texto, "w". Na sequência, a string contida na variável *str* é escrita no arquivo por meio do comando **fputs(str,arq)**, sendo o resultado dessa operação devolvido na variável **result**.

 A função **fputs()** não coloca o caractere de nova linha "\n", nem nenhum outro tipo de caractere, no final da string escrita no arquivo. Essa tarefa pertence ao programador.

Imagine o seguinte conjunto de comandos:

```
fputs("Hello",arq);
fputs("World",arq);
```

O resultado da execução desses dois comandos será a escrita da string **"HelloWorld"** no arquivo. Note que nem mesmo um espaço entre elas foi adicionado. A função **fputs**() simplesmente escreve no arquivo aquilo que o programador ordenou, e mais nada. Se o programador quiser separá-las com um espaço, deve fazer como a seguir:

```
fputs("Hello ",arq);
fputs("World",arq);
```

Note que agora existe um espaço ao final da string **"Hello "**. Portanto, o resultado no arquivo será a string **"Hello World"**. O mesmo vale para qualquer outro caractere, como a quebra de linha "\n".

Como a função **fputc()**, a função **fputs()** também pode ser utilizada para escrever uma string no dispositivo de saída-padrão (geralmente a tela do monitor).

```
01  #include <stdio.h>
02  #include <stdlib.h>
03  int main(){
04    char texto[30] = "Hello World\n";
05    fputs(texto, stdout);
06    system("pause");
07    return 0;
08  }
```

Lendo uma string

Da mesma maneira como é possível gravar uma string em um arquivo, também é possível fazer a sua leitura. A função utilizada para realizar essa tarefa é a função **fgets()**, cujo protótipo é:

```
char *fgets(char *str, int tamanho, FILE *fp);
```

A função **fgets()** recebe três parâmetros de entrada:

- **str**: a string na qual os caracteres lidos serão armazenados.
- **tamanho**: o limite máximo de caracteres a serem lidos.
- **fp**: a variável que está associada ao arquivo de onde a string será lida.

E retorna:

- **NULL**: no caso de erro ou fim do arquivo.
- o ponteiro para o primeiro caractere da string recuperada em **str**.

Exemplo: lendo uma string de um arquivo com fgets()

```
01   #include <stdio.h>
02   #include <stdlib.h>
03   int main(){
04     char str[20];
05     char *result;
06     FILE *arq;
07     arq = fopen("ArqGrav.txt","r");
08     if(arq == NULL) {
09       printf("Problemas na ABERTURA do arquivo\n");
10       system("pause");
11       exit(1);
12     }
13     result = fgets(str,13,arq);
14     if(result == NULL)
15       printf("Erro na leitura\n");
16     else
17       printf("%s",str);
18
19     fclose(arq);
20     system("pause");
21     return 0;
22   }
```

FIGURA 12.6

No exemplo anterior, o comando **fopen()** abre um arquivo de nome "ArqGrav.txt" no modo de leitura para arquivos texto, "r". Na sequência, uma string de até 13 caracteres é lida do arquivo e armazenada na variável *str* por meio do comando **fgets(str,13,arq)**, sendo o resultado dessa operação devolvido na variável **result**.

 A função **fgets()** lê uma string do arquivo até que um caractere de nova linha (\n) seja lido ou "tamanho-1" caracteres tenham sido lidos.

A string resultante de uma operação de leitura usando a função **fgets()** sempre terminará com a constante "\0" (por isso somente "tamanho-1" caracteres, no máximo, serão lidos). No caso de um caractere de nova linha (\n ou ENTER) ser lido antes de "tamanho-1" caracteres, ele fará parte da string.

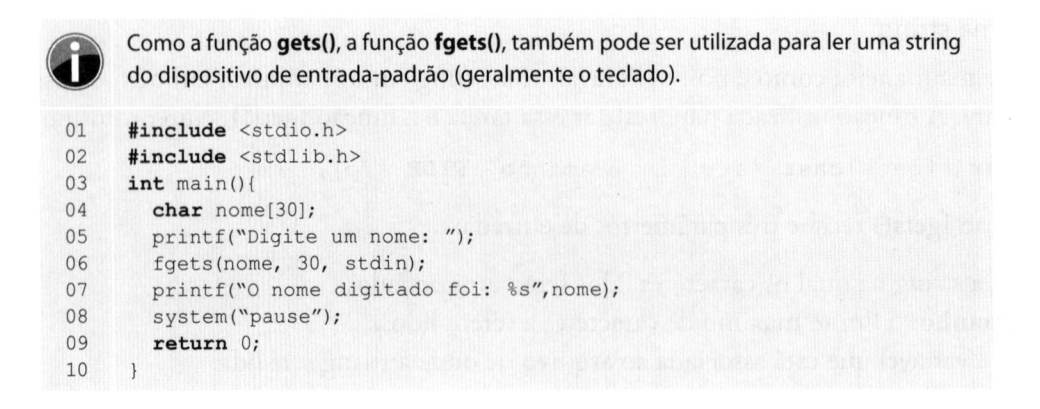

> Como a função **gets()**, a função **fgets()**, também pode ser utilizada para ler uma string do dispositivo de entrada-padrão (geralmente o teclado).

```
01  #include <stdio.h>
02  #include <stdlib.h>
03  int main(){
04    char nome[30];
05    printf("Digite um nome: ");
06    fgets(nome, 30, stdin);
07    printf("O nome digitado foi: %s",nome);
08    system("pause");
09    return 0;
10  }
```

12.6.7 Escrita e leitura de blocos de bytes

Até esse momento, vimos como é possível escrever e ler em arquivos caracteres e sequências de caracteres, as strings. Isso significa que foi possível para nós apenas escrever e ler dados do tipo **char** em um arquivo. Felizmente, a linguagem C possui outras funções que permitem escrever e ler dados mais complexos, como os tipos **int**, **float**, **double**, **array** ou mesmo um tipo definido pelo programador, como a **struct**. São as funções de **escrita e leitura de blocos de bytes**.

 As funções de escrita e leitura de blocos de bytes devem ser utilizadas preferencialmente com **arquivos binários**.

As funções de escrita e leitura de blocos de bytes trabalham com blocos de memória apontados por um **ponteiro**. Dentro de um bloco de memória, pode existir qualquer tipo de dado: **int**, **float**, **double**, **array**, **struct** etc. Daí a sua versatilidade. Além disso, como vamos escrever os dados como estão na memória, isso significa que não existe uma etapa de "conversão" dos dados. Mesmo que gravássemos esses dados em um arquivo texto, seus valores seriam ilegíveis. Daí a preferência por **arquivos binários**.

Escrevendo blocos de bytes

Iniciemos pela etapa de gravação. Para escrever em um arquivo um bloco de bytes usa-se a função **fwrite()**, cujo protótipo é:

```
int fwrite(void *buffer, int nro_de_bytes, int count, FILE *fp);
```

A função **fwrite()** recebe quatro parâmetros de entrada:

- **buffer**: um ponteiro genérico para a região de memória que contém os dados que serão gravados no arquivo.
- **nro_de_bytes**: tamanho, em bytes, de cada unidade de dado a ser gravada.

- **count**: total de unidades de dados que devem ser gravadas.
- **fp**: o ponteiro para o arquivo em que se deseja trabalhar.

 Note que temos dois valores inteiros: **nro_de_bytes** e **count**. Isso significa que o número total de bytes gravados no arquivo será: **nro_de_bytes * count**.

Como resultado, a função **fwrite()** retorna um valor inteiro que representa o número total de unidades de dados gravadas com sucesso. Esse número pode ser menor do que o número de itens esperado (**count**), indicando que houve erro parcial de escrita.

 O valor do retorno da função **fwrite()** será igual ao valor de **count**, a menos que ocorra algum erro na gravação dos dados.

```
01   #include <stdio.h>
02   #include <stdlib.h>
03   int main(){
04     FILE *arq;
05     arq = fopen("ArqGrav.txt","wb");
06     if(arq == NULL){
07       printf("Problemas na CRIACAO do arquivo\n");
08       system("pause");
09       exit(1);
10     }
11     int total _ gravado, v[5] = {1,2,3,4,5};
12     //grava todo o array no arquivo (5 posições)
13     total _ gravado = fwrite(v,sizeof(int),5,arq);
14     if(total _ gravado != 5){
15       printf("Erro na escrita do arquivo!");
16       system("pause");
17       exit(1);
18     }
19     fclose(arq);
20     system("pause");
21     return 0;
22   }
```

Note que a função **sizeof()** foi usada aqui para determinar o tamanho, em bytes, de cada unidade de dado a ser gravada. Trata-se basicamente do mesmo princípio utilizado na alocação dinâmica, em que alocávamos **N** posições de **sizeof()** bytes de tamanho cada. Nesse caso, como queríamos gravar um array de cinco inteiros, o **nro_de_bytes** de cada inteiro é obtido pela função **sizeof(int)**, e o total de unidades de dados que devem ser gravadas, **count**, é igual ao tamanho do array, ou seja, 5.

Na Figura 12.7, tem-se o exemplo de um programa que utiliza a função **fwrite()** para gravar os mais diversos tipos de dados.

Exemplo: usando a função fwrite()

```
01  #include <stdio.h>
02  #include <stdlib.h>
03  #include <string.h>
04  int main(){
05    FILE *arq;
06    arq = fopen("ArqGrav.txt","wb");
07    if(arq == NULL){
08      printf("Problemas na CRIACAO do arquivo\n");
09      system("pause");
10      exit(1);
11    }
12    char str[20] = "Hello World!";
13    float x = 5;
14    int v[5] = {1,2,3,4,5};
15    //grava a string toda no arquivo
16    fwrite(str,sizeof(char),strlen(str),arq);
17    //grava apenas os 5 primeiros caracteres da string
18    fwrite(str,sizeof(char),5,arq);
19    //grava o valor de x no arquivo
20    fwrite(&x,sizeof(float),1,arq);
21    //grava todo o array no arquivo (5 posições)
22    fwrite(v,sizeof(int),5,arq);
23    //grava apenas as 2 primeiras posições do array
24    fwrite(v,sizeof(int),2,arq);
25    fclose(arq);
26    system("pause");
27    return 0;
28  }
```

FIGURA 12.7

Note, nesse exemplo, que não é necessário gravar sempre o array por inteiro. Podemos gravá-lo parcialmente. Para isso, basta modificar o valor do parâmetro **count**. As posições do array serão gravadas a partir da primeira. Então, se o valor de **count** for igual a 2 (**linha 24**), a função **fwrite()** gravará no arquivo apenas as duas primeiras posições do array.

 Note que, ao gravar variáveis simples (**int**, **float**, **double** etc.) e compostas (**struct** etc.), é preciso passar o endereço da variável. Para tanto, usa-se o operador & na frente do nome da variável. No caso de arrays, seu nome já é o próprio endereço, não sendo, portanto, necessário o operador &.

Lendo blocos de bytes

Uma vez concluída a etapa de gravação de dados com a função **fwrite()**, é necessário agora lê-los do arquivo. Para ler de um arquivo um bloco de bytes usa-se a função **fread()**, cujo protótipo é:

```
int fread(void *buffer, int nro_de_bytes, int count, FILE *fp);
```

A função **fread()** recebe quatro parâmetros de entrada:

- **buffer**: um ponteiro genérico para a região de memória que armazenará os dados que serão lidos do arquivo.

- **nro_de_bytes**: tamanho, em bytes, de cada unidade de dado a ser lida.
- **count**: total de unidades de dados que devem ser lidas.
- **fp**: o ponteiro para o arquivo que se deseja trabalhar.

 Note que, como na função **fwrite()**, temos dois valores inteiros: **nro_de_bytes** e **count**. Isso significa que o número total de bytes lidos do arquivo será: **nro_de_bytes * count**.

Como resultado, a função **fread()** retorna um valor inteiro que representa o número total de unidades de dados efetivamente lidas com sucesso. Esse número pode ser menor do que o número de itens esperado (**count**), indicando que houve erro parcial de leitura.

 O valor do retorno da função **fread()** será igual ao valor de **count**, a menos que ocorra algum erro na leitura dos dados.

```
01   #include <stdio.h>
02   #include <stdlib.h>
03   int main(){
04     FILE *arq;
05     arq = fopen("ArqGrav.txt","rb");
06     if(arq == NULL){
07       printf("Problemas na ABERTURA do arquivo\n");
08       system("pause");
09       exit(1);
10     }
11     int i,total_lido, v[5];
12     //lê 5 posições inteiras do arquivos
13     total_lido = fread(v,sizeof(int),5,arq);
14     if(total_lido != 5){
15       printf("Erro na leitura do arquivo!");
16       system("pause");
17       exit(1);
18     }else{
19       for(i = 0; i < 5; i++)
20         printf("v[%d] = %d\n",i,v[i]);
21     }
22     fclose(arq);
23     system("pause");
24     return 0;
25   }
```

Na Figura 12.8, tem-se o exemplo de um programa que utiliza a função **fread()** para ler os mais diversos tipos de dados.

Exemplo: usando a função fread()

```
01  #include <stdio.h>
02  #include <stdlib.h>
03  int main(){
04    FILE *arq;
05    arq = fopen("ArqGrav.txt","rb");
06    if(arq == NULL){
07      printf("Problemas na ABERTURA do arquivo\n");
08      system("pause");
09      exit(1);
10    }
11    char str1[20],str2[20];
12    float x;
13    int i,v1[5],v2[2];
14    //lê a string toda do arquivo
15    fread(str1,sizeof(char),12,arq);
16    str1[12] = '\0';
17    printf("%s\n",str1);
18    //lê apenas os 5 primeiros caracteres da string
19    fread(str2,sizeof(char),5,arq);
20    str2[5] = '\0';
21    printf("%s\n",str2);
22    //lê o valor de x do arquivo
23    fread(&x,sizeof(float),1,arq);
24    printf("%f\n",x);
25    //lê todo o array do arquivo (5 posições)
26    fread(v1,sizeof(int),5,arq);
27    for(i = 0; i < 5; i++)
28      printf("v1[%d] = %d\n",i,v1[i]);
29    fread(v2,sizeof(int),2,arq);
30    //lê apenas as 2 primeiras posições do array
31    for(i = 0; i < 2; i++)
32      printf("v2[%d] = %d\n",i,v2[i]);
33    fclose(arq);
34    system("pause");
35    return 0;
36  }
```

FIGURA 12.8

Note, nesse exemplo, que, após ler o conteúdo de uma string (**linhas 15 e 19**), é necessário atribuir o caractere "\0" para indicar o fim da sequência de caracteres e o início das posições restantes da nossa string que não estão sendo utilizadas nesse momento (**linhas 16 e 20**). Nesse exemplo, sabíamos qual era o tamanho da string a ser lida. De modo geral, é sempre bom gravar no arquivo, **antes da string**, o seu tamanho. Isso facilita muito a sua leitura posterior.

 Ao trabalhar com strings ou arrays, é sempre bom gravar no arquivo, **antes da string ou array**, o seu tamanho. Isso facilita muito a sua leitura posterior.

O exemplo da Figura 12.9 mostra como uma string pode ser gravada juntamente com o seu tamanho.

Exemplo: gravando uma string e o seu tamanho

```
01   #include <stdio.h>
02   #include <stdlib.h>
03   #include <string.h>
04   int main(){
05     FILE *arq;
06     arq = fopen("ArqGrav.txt","wb");
07     if(arq == NULL){
08       printf("Erro\n");
09       system("pause");
10       exit(1);
11     }
12     char str[20] = "Hello World!";
13     int t = strlen(str);
14     fwrite(&t,sizeof(int),1,arq);
15     fwrite(str,sizeof(char),t,arq);
16     fclose(arq);
17     system("pause");
18     return 0;
19   }
```

FIGURA 12.9

Já o exemplo da Figura 12.10 mostra como pode ser lida uma string gravada juntamente com o seu tamanho.

Exemplo: lendo uma string e o seu tamanho

```
01   #include <stdio.h>
02   #include <stdlib.h>
03   int main(){
04     FILE *arq;
05     arq = fopen("ArqGrav.txt","rb");
06     if(arq == NULL){
07       printf("Erro\n");
08       system("pause");
09       exit(1);
10     }
11     char str[20];
12     int t;
13     fread(&t,sizeof(int),1,arq);
14     fread(str,sizeof(char),t,arq);
15     str[t] = '\0';
16     printf("%s\n",str);
17     fclose(arq);
18     system("pause");
19     return 0;
20   }
```

FIGURA 12.10

12.6.8 Escrita e leitura de dados formatados

As seções anteriores mostraram como é possível ler e escrever em arquivos caracteres, strings e até mesmo blocos de bytes. Porém, em nenhum momento foi mostrado como podemos escrever uma lista formatada de variáveis em um arquivo, como fazemos na tela do computador, nem como podemos ler os dados desse mesmo arquivo especificando o tipo de dado a ser lido (**int, float, char** ou **double**).

As funções de escrita e leitura de dados formatados permitem ao programador escrever e ler em arquivos da mesma maneira como se escreve na tela e se lê do teclado.

Escrevendo dados formatados

Comecemos pela escrita. Para escrever em um arquivo um conjunto de dados formatados usa-se a função **fprintf()**, cujo protótipo é:

```
int fprintf(FILE *fp, "tipos de saída", lista de variáveis);
```

A função **fprintf()** recebe três parâmetros de entrada:

- **fp**: o ponteiro para o arquivo em que se deseja trabalhar.
- **tipos de saída**: conjunto de caracteres que especifica o formato dos dados a serem escritos e/ou o texto a ser escrito.
- **lista de variáveis**: conjunto de nomes de variáveis, separados por vírgula, que serão escritos.

E retorna:

- Em caso de sucesso, o número total de caracteres escritos no arquivo é retornado.
- Em caso de erro, um número negativo é retornado.

O exemplo da Figura 12.11 apresenta um exemplo de uso da função **fprintf()**. Perceba que a função **fprintf()** funciona de maneira semelhante à função **printf()**. A diferença é que, em vez de escrever na tela, a função **fprintf()** direciona os dados para o arquivo especificado.

Exemplo: usando a função fprintf()

```
01   #include <stdio.h>
02   #include <stdlib.h>
03   int main(){
04     FILE *arq;
05     char nome[20] = "Ricardo";
06     int i = 30;
07     float a = 1.74;
08     int result;
09     arq = fopen("ArqGrav.txt","w");
10     if(arq == NULL) {
11       printf("Problemas na ABERTURA do arquivo\n");
12       system("pause");
13       exit(1);
14     }
15     result = fprintf(arq,"Nome: %s\nIdade: %d\nAltura: %f\n",nome,i,a);
16     if(result < 0)
17       printf("Erro na escrita\n");
18     fclose(arq);
19     system("pause");
20     return 0;
21   }
```

```
ArqGrav.txt - Bloco de notas

Arquivo  Editar  Formatar  Exibir  Ajuda

Nome: Ricardo
Idade: 30
Altura: 1.740000
```

FIGURA 12.11

Lendo dados formatados

Uma vez escritos os dados, é necessário lê-los do arquivo. Para ler um conjunto de dados formatados de um arquivo usa-se a função **fscanf()**, cujo protótipo é:

```
int fscanf(FILE *fp, "tipos de entrada", lista de variáveis);
```

A função **fscanf()** recebe três parâmetros de entrada:

- **fp**: o ponteiro para o arquivo em que se deseja trabalhar.
- **tipos de entrada**: conjunto de caracteres que especifica o formato dos dados a serem lidos.
- **lista de variáveis**: conjunto de nomes de variáveis, separados por vírgula, em que cada nome de variável é precedido pelo operador &.

E retorna:

- Em caso de sucesso, a função retorna o número de itens lidos com sucesso. Esse número pode ser menor do que o número de itens esperado, indicando que houve erro parcial de leitura.
- A constante **EOF**, indicando que nenhum item foi lido com sucesso.

O exemplo da Figura 12.12 apresenta um exemplo de uso da função **fscanf()**. Perceba que a função **fscanf()** funciona de maneira semelhante à função **scanf()**. A diferença é que, em vez de ler os dados do teclado, a função **fscanf()** direciona a leitura dos dados para o arquivo especificado.

Exemplo: usando a função fscanf()

```
01   #include <stdio.h>
02   #include <stdlib.h>
03   int main(){
04     FILE *arq;
05     char texto[20], nome[20];
06     int i;
07     float a;
08     int result;
09     arq = fopen("ArqGrav.txt","r");
10     if(arq == NULL) {
11       printf("Problemas na ABERTURA do arquivo\n");
12       system("pause");
13       exit(1);
14     }
15     fscanf(arq,"%s%s",texto,nome);
16     printf("%s %s\n",texto,nome);
17     fscanf(arq,"%s %d",texto,&i);
18     printf("%s %d\n",texto,i);
19     fscanf(arq,"%s%f",texto,&a);
20     printf("%s %f\n",texto,a);
21     fclose(arq);
22     system("pause");
23     return 0;
24   }
```

FIGURA 12.12

Note, nesse exemplo, que foi preciso ler, em todos os comando **fscanf()**, o texto que acompanha os dados gravados no arquivo do exemplo do comando **fprintf()**.

 A única diferença dos protótipos de **fprintf()** e **fscanf()** para os protótipos de **printf()** e **scanf()**, respectivamente, é a especificação do arquivo destino através do ponteiro **FILE**.

Embora as funções **fprintf()** e **fscanf()** sejam mais fáceis de escrever e ler dados em arquivos, nem sempre elas são as escolhas mais apropriadas. Tome como exemplo a função **fprintf()**: os dados são gravados exatamente como seriam impressos na tela e podem ser modificados por um editor de textos simples como o Bloco de Notas. No entanto, para que isso ocorra, os dados são gravados como caracteres de 8 bits utilizando a tabela ASCII. Ou seja, durante a gravação dos dados existe uma etapa de "conversão" dos dados. Essa "conversão" faz com que os arquivos sejam maiores. Além disso, suas operações de escrita e leitura consomem mais tempo.

 Se a intenção do programador é velocidade ou tamanho do arquivo, deve-se utilizar as funções **fwrite()** e **fread()** em vez de **fprintf()** e **fscanf()**, respectivamente.

O exemplo da Figura 12.13 mostra como uma matriz pode ser gravada dentro de um arquivo.

Exemplo: gravando uma matriz

```
01   #include <stdio.h>
02   #include <stdlib.h>
03   int main(){
04     FILE *arq;
05     arq = fopen("matriz.txt","w");
06     if(arq == NULL){
07       printf("Erro\n");
08       system("pause");
09       exit(1);
10     }
11     int mat[2][2] = {{1,2},{3,4}};
12     int i,j;
13     for(i = 0; i < 2; i++)
14       for(j = 0; j < 2; j++)
15         fprintf(arq,"%d\n",mat[i][j]);
16     fclose(arq);
17     system("pause");
18     return 0;
19   }
```

FIGURA 12.13

O exemplo da Figura 12.14 mostra como ler um conjunto de dados de um arquivo e somá-los.

Exemplo: lendo uma matriz

```
01   #include <stdio.h>
02   #include <stdlib.h>
03   int main(){
04     FILE *arq;
05     arq = fopen("matriz.txt","r");
06     if(arq == NULL){
07       printf("Erro\n");
08       system("pause");
09       exit(1);
10     }
11     int v,soma=0;
12     while(!feof(arq)){
13       fscanf(arq,"%d",&v);
14       soma += v;
15     }
16     printf("Soma = %d\n",soma);
17     fclose(arq);
18     system("pause");
19     return 0;
20   }
```

FIGURA 12.14

12.7 MOVENDO-SE DENTRO DO ARQUIVO

Em geral, o acesso a um arquivo é quase sempre feito de modo sequencial. Porém, a linguagem C permite realizar operações de leitura e escrita randômica. Para isso, usa-se a função **fseek()**, cujo protótipo é:

```
int fseek(FILE *fp, long numbytes, int origem);
```

 Basicamente, a função **fseek()** move a posição atual de leitura ou escrita no arquivo para um byte específico, a partir de um ponto especificado.

A função **fseek()** recebe três parâmetros de entrada:

- **fp**: o ponteiro para o arquivo em que se deseja trabalhar.
- **numbytes**: é o total de bytes a partir de **origem** a ser pulado.
- **origem**: determina a partir de onde os **numbytes** de movimentação serão contados.

A função **fseek()** retorna um valor inteiro igual a **ZERO** quando a movimentação dentro do arquivo for bem-sucedida. Um valor de retorno diferente de zero significa que houve um erro durante a movimentação.

Os valores possíveis para o parâmetro **origem** são definidos por constantes na biblioteca **stdio.h** e são:

Constante	Valor	Significado
SEEK_SET	0	Início do arquivo
SEEK_CUR	1	Ponto atual no arquivo
SEEK_END	2	Fim do arquivo

Portanto, para movermos **numbytes** a partir do início do arquivo, a origem deve ser **SEEK_SET**. Se quisermos mover a partir da posição atual em que estamos no arquivo, devemos usar a constante **SEEK_CUR**. Por fim, se quisermos mover a partir do final do arquivo, a constante **SEEK_END** deverá ser usada.

Exemplo: usando a função fseek()

```
01  #include <stdio.h>
02  #include <stdlib.h>
03  struct cadastro{ char nome[20], rua[20]; int idade;};
04  int main(){
05     FILE *f = fopen("arquivo.txt","wb");
06     if(f == NULL){
07        printf("Erro na abertura\n");
08        system("pause");
09        exit(1);
10     }
11     struct cadastro c,cad[4] = {"Ricardo","Rua 1",31,
12                                 "Carlos","Rua 2",28,
13                                 "Ana","Rua 3",45,
14                                 "Bianca","Rua 4",32};
15     fwrite(cad,sizeof(struct cadastro),4,f);
16     fclose(f);
17     f = fopen("arquivo.txt","rb");
18     if(f == NULL){
19        printf("Erro na abertura\n");
20        system("pause");
21        exit(1);
22     }
23     fseek(f,2*sizeof(struct cadastro),SEEK_SET);
24     fread(&c,sizeof(struct cadastro),1,f);
25     printf("%s\n%s\n%d\n",c.nome,c.rua,c.idade);
26     fclose(f);
27     system("pause");
28     return 0;
29  }
```

FIGURA 12.15

No exemplo anterior, a função **fwrite()** (linha 15) é utilizada para escrever um array de 4 estruturas (linhas 11 a 14) em um arquivo. Em seguida, esse arquivo é fechado e aberto para leitura (linha 17). Quando abrimos um arquivo, o ponteiro aponta para o seu início. Usamos, então, a função **fseek()** (linha 23) para andar o equivalente a duas estruturas. Isso faz com que o ponteiro do arquivo fique posicionado para ler a terceira posição do array anteriormente gravado, o que é feito com a função **fread()** (linha 24).

 O valor do parâmetro **numbytes** pode ser negativo, dependendo do tipo de movimentação que formos realizar.

Por exemplo, se quisermos nos mover no arquivo a partir do ponto atual (**SEEK_CUR**) ou do seu final (**SEEK_END**), um valor negativo de bytes é possível. Nesse caso, estaremos voltando dentro do arquivo a partir daquele ponto.

12.7.1 Voltando ao começo do arquivo

 A linguagem C também permite que se volte para o começo do arquivo. Para tanto, usa-se a função **rewind()**.

Outra opção de movimentação dentro do arquivo é simplesmente retornar para o seu início. Para tanto, usa-se a função **rewind()**, cujo protótipo é:

```
void rewind(FILE *fp);
```

A função **rewind()** recebe como parâmetro de entrada apenas o ponteiro para o arquivo que se deseja retornar para o início.

12.8 EXCLUINDO UM ARQUIVO

Além de permitir manipular arquivos, a linguagem C também permite excluí-los do disco rígido. Isso pode ser feito facilmente utilizando a função **remove()**, cujo protótipo é:

```
int remove(char *nome_do_arquivo);
```

Diferentemente das funções vistas até aqui, a função **remove()** recebe como parâmetro de entrada o caminho e o nome do arquivo a ser excluído do disco rígido, e não um ponteiro para **FILE**. Como resultado, essa função retorna um valor inteiro igual a **ZERO** quando houver sucesso na exclusão do arquivo. Um valor de retorno diferente de zero significa que houve um erro durante a sua exclusão.

 No parâmetro **nome_do_arquivo** pode-se trabalhar com caminhos **absolutos** ou **relativos**.

Na Figura 12.16, tem-se o exemplo de um programa que utiliza a função **remove().**

Exemplo: usando a função remove()
```
01   #include <stdio.h>
02   #include <stdlib.h>
03   int main(){
04     int status;
05     status = remove("ArqGrav.txt");
06     if(status != 0){
07       printf("Erro na remocao do arquivo.\n");
08       system("pause");
09       exit(1);
10     }else
11       printf("Arquivo removido com sucesso.\n");
12
13     system("pause");
14     return 0;
15   }
```

FIGURA 12.16

12.9 ERRO AO ACESSAR UM ARQUIVO

Ao se trabalhar com arquivos, diversos tipos de erros podem ocorrer: um comando de leitura pode falhar, pode não haver espaço suficiente em disco para gravar o arquivo etc. Para determinar se uma operação realizada com o arquivo produziu algum erro existe a função **ferror()**, cujo protótipo é:

```
int ferror(FILE *fp);
```

Basicamente, a função **ferror()** recebe como parâmetro o ponteiro **fp**, que determina o arquivo que se quer verificar. A função verifica se o indicador de erro associado ao arquivo está marcado e retorna um valor igual a zero, se nenhum erro ocorreu. Do contrário, a função retorna um número diferente de zero.

 Como cada operação modifica a condição de erro do arquivo, a função **ferror()** deve ser chamada logo após cada operação realizada com o arquivo.

Outra função interessante para se utilizar em conjunto com a função **ferror()** é a função **perror()**. Seu nome vem da expressão em inglês **print *error***, ou seja, impressão de erro, e seu protótipo é:

```
void perror(char *str);
```

A função **perror()** recebe como parâmetro uma string que precede a mensagem de erro do sistema. Na Figura 12.17 é apresentado um exemplo de uso das funções **ferror()** e **perror()**. Nele, um programador tenta acessar um arquivo que não existe. A abertura desse arquivo falhará e a seguinte mensagem será apresentada: "***O seguinte erro ocorreu : No such file or directory***."

Exemplo: usando as funções ferror() e perror()

```
01  #include <stdio.h>
02  #include <stdlib.h>
03  int main(){
04    FILE *arq;
05    arq = fopen("NaoExiste.txt","r");
06    if(arq == NULL)
07      perror("O seguinte erro ocorreu");
08    else
09      fclose(arq);
10
11    system("pause");
12    return 0;
13  }
```

FIGURA 12.17

12.10 EXERCÍCIOS

1) Escreva um programa que leia do usuário o nome de um arquivo texto. Em seguida, mostre na tela quantas linhas esse arquivo possui.

2) Escreva um programa que leia do usuário os nomes de dois arquivos texto. Crie um terceiro arquivo texto com o conteúdo dos dois primeiros juntos (o conteúdo do primeiro seguido do conteúdo do segundo).

3) Escreva um programa para converter o conteúdo de um arquivo texto em caracteres maiúsculos. O programa deverá ler do usuário o nome do arquivo a ser convertido e o nome do arquivo a ser salvo.

4) Elabore um programa no qual o usuário informe o nome de um arquivo texto e uma palavra, e o programa informe o número de vezes que aquela palavra aparece dentro do arquivo.

5) Faça um programa que leia números positivos e os converta em binário. Cada número binário deverá ser salvo em uma linha de um arquivo texto. O programa termina quando o usuário digitar um número negativo.

6) Faça um programa que leia um arquivo texto contendo uma lista de compras. Cada linha do arquivo possui nome, quantidade e valor unitário do produto. O programa então exibe o total da compra.

7) Faça um programa que permita que o usuário entre com diversos nomes e telefone para cadastro. Crie um arquivo com essas informações, uma por linha. O usuário finaliza a entrada com o valor 0 para o telefone.

8) Dado um arquivo contendo um conjunto de nomes e datas de nascimento (dia, mês e ano, isto é, três inteiros seguidos), escrever um programa que leia esse arquivo e a data atual e gere outro arquivo contendo o nome e a idade.

9) Escreva uma função que receba como parâmetro o nome de um arquivo texto e retorne quantas vogais esse arquivo possui.

10) Um arquivo texto possui uma matriz de valores inteiros dentro dele. Os dois primeiros números são as dimensões da matriz (linhas e colunas), enquanto o restante dos números são os valores de cada elemento da matriz. Escreva uma função que receba o nome do arquivo e retorne o ponteiro para uma matriz alocada dinamicamente contendo os valores lidos do arquivo.

11) Escreva uma função que receba uma matriz e seu tamanho como parâmetros e salve-a em um arquivo texto de nome "matriz.txt". Cada linha da matriz deve ser salva em uma linha do arquivo.

12) Escreva uma função que receba um vetor e seu tamanho como parâmetros e salve-a em um arquivo texto de nome "vetor.txt". Cada valor do vetor deve ser salvo em uma linha do arquivo.

13) Faça um programa que leia um arquivo texto contendo os dados de um aluno. Cada linha do arquivo contém o número de matrícula, o nome e as notas de três provas de um aluno. Os dados devem ser lidos e armazenados em uma estrutura. Em seguida, exiba os dados lidos em tela.

14) Crie um programa para calcular e exibir o número de palavras contido em um arquivo texto. O usuário deverá informar o nome do arquivo.

15) Elabore um programa para calcular e exibir o número de vezes que cada letra ocorre dentro de um arquivo texto. Ignore as letras com acento. O usuário deverá informar o nome do arquivo.

16) Faça um programa que leia 100 números. Esse programa deverá, em seguida, armazenar esses números em um arquivo binário.

17) Elabore um programa que leia um arquivo binário contendo 100 números. Mostre na tela a soma desses números.

18) Crie um programa que leia um arquivo binário contendo uma quantidade qualquer de números. O primeiro número lido indica quantos valores existem no arquivo. Mostre na tela o maior e o menor valor lido.

19) Crie uma estrutura representando um atleta. Essa estrutura deve conter o nome do atleta, seu esporte, idade e altura. Agora, escreva um programa que leia os dados de cinco atletas e os armazene em um arquivo binário.

20) Considerando a estrutura atleta do exercício anterior, escreva um programa que leia um arquivo binário contendo os dados de cinco atletas. Calcule e exiba o nome do atleta mais alto e do mais velho.

Avançado

A finalidade deste capítulo é apresentar alguns conceitos mais avançados e/ou pouco utilizados no dia a dia de um programador de linguagem C. Ao final, o leitor será capaz de:

- Utilizar recursos avançados das funções **printf()** e **scanf().**
- Utilizar as classes de armazenamento.
- Utilizar o modificador volatile.
- Trabalhar com campos de bits.
- Declarar funções com número de parâmetros variável.
- Passar argumentos na linha de comando.
- Utilizar recursos avançados de ponteiros.
- Criar um ponteiro para função.
- Utilizar as diretivas de compilação.

13.1 RECURSOS AVANÇADOS DA FUNÇÃO PRINTF()

Vimos na Seção 2.2.1 que a função **printf()** é uma das funções de saída/escrita de dados da linguagem C. Sua funcionalidade básica é escrever na saída de vídeo (tela) um conjunto de valores, caracteres e/ou sequência de caracteres de acordo com o formato especificado. Porém, essa função permite uma variedade muito maior de formatações que as vistas até agora. Comecemos pela sua definição. A forma geral da função **printf()** é:

```
int printf("tipos de saída", lista de variáveis);
```

A função **printf()** recebe dois parâmetros de entrada:

- **"tipos de saída"**: conjunto de caracteres que especifica o formato dos dados a serem escritos e/ou o texto a ser escrito.
- **lista de variáveis**: conjunto de nomes de variáveis, separados por vírgula, que serão escritos.

Note também que a função **printf()** retorna um valor inteiro, ignorado até o presente momento. Esse valor de retorno será:

- O número total de caracteres escritos na tela, em caso de sucesso.
- Um valor negativo, em caso de erro da função.

O valor de retorno da função **printf()** permite identificar o funcionamento adequado da função.

Vimos também que, quando queremos escrever dados formatados na tela, usamos os **tipos de saída** para especificar o formato de saída dos dados que serão escritos. Cada tipo de saída é precedido por um sinal de %, e um **tipo de saída** deve ser especificado para cada variável a ser escrita.

 A string do **tipo de saída** permite especificar mais características dos dados, além do formato. Essas características **opcionais** são: **flag**, **largura**, **precisão** e **comprimento**.

A ordem em que essas quatro características devem ser especificadas é a seguinte:

```
%[flag][largura][.precisão][comprimento]tipo de saída
```

 Note que o campo **precisão** sempre começa com um caractere de **ponto** (.).

Como o **tipo de saída**, cada uma dessas características possui um conjunto de valores predefinidos e suportados pela linguagem. Nas seções seguintes são apresentados todos os valores suportados para cada uma das características de formatação possíveis.

13.1.1 Os tipos de saída

A função **printf()** pode ser usada para escrever praticamente qualquer tipo de dado. A Tabela 13.1 mostra todos os tipos de saída suportados pela linguagem C.

Tipo de Saída	Descrição
%d ou %i	Escrita de números inteiros com sinal (**signed**).
%u	Escrita de números inteiros sem sinal (**unsigned**).
%f	Escrita de números reais (**float**).
%s	Escrita de vários caracteres (**string**).
%p	Escrita de um endereço de memória (**ponteiro**).
%e ou %E	Escrita de número reais (**float** e **double**) em notação científica (usando caractere "e" ou "E").
%x	Escrita de números inteiros sem sinal (**unsigned**) no formato hexadecimal (minúsculo).
%X	Escrita de números inteiros sem sinal (**unsigned**) no formato hexadecimal (maiúsculo).
%o	Escrita de números inteiros sem sinal (**unsigned**) no formato octal (**base 8**).
%g	Escrita de números reais (**float**). O compilador decide se é melhor usar %f ou %e.
%G	Escrita de números reais (**float**). O compilador decide se é melhor usar %f ou %E.
%%	Escrita do caractere %.
%lf	Escrita de números reais (**double**)

TABELA 13.1

A seguir, são apresentados alguns exemplos de como cada tipo de saída pode ser utilizado para escrever determinado dado na tela.

Exibindo os tipos básicos

A linguagem C possui vários tipos de saída que podem ser utilizados com os tipos básicos, ou seja, **char** ("%c" e "%d"), **int** ("%d" e "%i"), **float** e **double** ("%f" e "%lf") e, por fim, array de **char** ou **string** ("%s"). Note que o tipo **char** pode ser escrito na tela de saída por meio dos operadores "%c" e "%d". Nesse caso, "%c" imprimirá o caractere armazenado na variável, enquanto "%d" imprimirá o seu valor na tabela ASCII. Na Figura 13.1, tem-se alguns exemplos de escrita dos tipos básicos.

Exemplo: usando printf() para imprimir os tipos básicos

```
01   #include <stdio.h>
02   #include <stdlib.h>
03   int main(){
04     int n = 125;
05     float f = 5.25;
06     double d = 10.53;
07     char letra = 'A';
08     char palavra[10] = "programa";
09     printf("Valor inteiro: %d\n",n);
10     printf("Valor inteiro: %i\n",n);
11     printf("Valor real: %f\n",f);
12     printf("Valor real: %f\n",d);
13     printf("Caractere: %c\n",letra);
14     printf("Valor numerico do caractere: %d\n",letra);
15     printf("Palavra: %s\n",palavra);
16     system("pause");
17     return 0;
18   }
```

FIGURA 13.1

Exibindo valores no formato octal ou hexadecimal

O exemplo da Figura 13.2 mostra como exibir um **valor inteiro** nos formatos **octal** (base 8) ou **hexadecimal** (base 16). Para isso, usamos os tipos de saída **"%o"** (sinal de por cento mais a letra "o", não o zero, "0") para que a função **printf()** exiba o valor em **octal**, e **"%x"** para **hexadecimal com letras minúsculas** e **"%X"** para **hexadecimal com letras maiúsculas**.

Exemplo: printf() com valores nos formatos octal e hexadecimal

```
01   #include <stdio.h>
02   #include <stdlib.h>
03   int main(){
04     int n = 125;
05     printf("Valor de n: %d\n",n);
06     printf("Valor em octal: %o\n",n);
07     printf("Valor em hexadecimal: %x\n",n);
08     printf("Valor em hexadecimal: %X\n",n);
09     system("pause");
10     return 0;
11   }
```

FIGURA 13.2

Exibindo valores como notação científica

O exemplo da Figura 13.3 mostra como exibir um **valor real** (também chamado **ponto flutuante**) no formato de **notação científica**. Para isso, usamos os tipos de saída "**%e**" ou "**%E**", sendo que o primeiro usará a letra e minúscula, enquanto o segundo usará a letra E maiúscula na saída.

Exemplo: imprimindo float e double como notação científica

```
01  #include <stdio.h>
02  #include <stdlib.h>
03  int main(){
04    float f = 0.00000025;
05    double d = 10.53;
06    printf("Valor real: %e\n",f);
07    printf("Valor real: %E\n",f);
08    printf("Valor real: %g\n",d);
09    printf("Valor real: %G\n",f);
10    system("pause");
11    return 0;
12  }
```

FIGURA 13.3

Temos também os tipos de saída "**%g**" e "**%G**". Esses, quando utilizados, deixam para o compilador decidir se é melhor usar "%f" ou "%e" (ou "%E", se for utilizado "%G"). Nesse caso, o compilador usa "%e" (ou "%E") para que números muito grandes ou muito pequenos sejam mostrados na forma de notação científica.

Exibindo valores inteiros "sem sinal" e endereços

Para imprimir valores inteiros sem sinal, devemos utilizar o tipo de saída "**%u**" e evitar o uso do tipo "**%d**". Isso ocorre porque o tipo "**%u**" trata o número inteiro como **unsigned** (sem sinal), enquanto "**%d**" o trata como **signed** (com sinal).

À primeira vista, os dois tipos podem parecer iguais. Se o valor inteiro estiver entre 0 e **INT_MAX** ($2^{31} - 1$ em sistemas de **32 bits**), a saída será idêntica para os dois casos ("**%d**" e "**%u**"). Porém, se o valor inteiro for negativo (para entradas com sinal, **signed**) ou estiver entre **INT_MAX** e **UINT_MAX** (isto é, entre 2^{31} e $2^{32} - 1$ em sistemas de **32 bits**), os valores impressos pelos tipos "**%d**" e "**%u**" serão diferentes. Nesse caso, o tipo "**%d**" imprimirá um valor negativo, enquanto o tipo "**%u**" imprimirá um valor positivo.

Já para imprimir o endereço de memória de uma variável ou ponteiro, podemos utilizar o tipo de saída "**%p**". Esse tipo de saída imprimirá o endereço no formato hexadecimal, e o valor impresso depende do compilador e da plataforma. O endereço de memória pode ser também impresso por meio do tipo "**%x**" (ou "**%X**"), porém esse tipo de saída pode gerar impressão incorreta do valor do endereço, principalmente em sistemas 64 bits. Na Figura 13.4, podemos ver alguns exemplos.

```
                Exemplo: imprimindo valores inteiros sem sinal e endereços
01   #include <stdio.h>
02   #include <stdlib.h>
03   int main(){
04     unsigned int n = 2147483647;
05     printf("Valor real: %d\n",n);
06     printf("Valor real: %u\n",n);
07     n = n + 1;
08     printf("Valor real: %d\n",n);
09     printf("Valor real: %u\n",n);
10     printf("Endereco de n = %p\n",&n);
11     system("pause");
12     return 0;
13   }
```

FIGURA 13.4

Exibindo o símbolo de "%"

O caractere "%" é normalmente utilizado dentro da função **printf()** para especificar o formato de saída em que determinado dado será escrito. Porém, às vezes pode ser necessário imprimir o caractere "%" na tela de saída. Para realizar essa tarefa, basta colocar dois caracteres "%", "%%", para que ele seja impresso na tela de saída como mostra o exemplo da Figura 13.5.

```
                Exemplo: imprimindo o símbolo de "%"
01   #include <stdio.h>
02   #include <stdlib.h>
03   int main(){
04     printf("Juros de 25%%\n");
05     system("pause");
06     return 0;
07   }
```

FIGURA 13.5

13.1.2 As "flags" para os tipos de saída

As "flags" permitem adicionar características extras a determinado formato de saída utilizado com a função **printf()**. Elas vêm logo em seguida ao sinal de % e antes do tipo de saída. A Tabela 13.2 mostra todas as "flags" suportadas pela linguagem C.

Flag	Descrição
–	Imprime o valor justificado à esquerda dentro da largura determinada pelo campo *largura*. Por padrão, o valor é sempre justificado à direita.
+	Imprime o símbolo de sinal (+ ou –) antes do valor impresso, mesmo para números positivos. Por padrão, apenas os números negativos são impressos com o sinal.
(espaço)	Imprime o valor com espaços em branco à esquerda dentro da largura determinada pelo campo *largura*.
#	Se usado com os tipos "%o", "%x" ou "%X", o valor impresso é precedido de "0", "0x" ou "0X", respectivamente, para valores diferentes de zero.
	Se usado com valores do tipo **float** e **double**, imprime o ponto decimal mesmo se nenhum dígito vier em seguida. Por padrão, se nenhum dígito for especificado, nenhum ponto decimal é escrito.
0	Imprime o valor com zeros em vez de espaços à esquerda, dentro da largura determinada pelo campo *largura*.

TABELA 13.2

Justificando um valor à esquerda

O exemplo da Figura 13.6 mostra o uso das "flags" para justificar os dados na tela de saída. Note que, para justificar um valor, é preciso definir o valor da **largura**, isto é, a quantidade mínima de caracteres que se poderá utilizar durante a impressão na tela de saída. No caso, definimos que a largura é de cinco caracteres.

```
Exemplo: justificando um valor à esquerda

01  #include <stdio.h>
02  #include <stdlib.h>
03  int main(){
04    int n = 5;
05    //justifica a direita
06    printf("n = %5d\n",n);
07    //justifica a esquerda
08    printf("n = %-5d\n",n);
09    system("pause");
10    return 0;
11  }
```

FIGURA 13.6

Forçar a impressão do sinal do número

Por padrão, a função **printf()** imprime apenas os números negativos com o sinal. No entanto, pode-se forçar a impressão do sinal de positivo, como mostra o exemplo da Figura 13.7.

```
Exemplo: imprimindo sempre o sinal do número

01  #include <stdio.h>
02  #include <stdlib.h>
03  int main(){
04    int n = 5;
05    //sem sinal
06    printf("n = %d\n",n);
07    //com sinal
08    printf("n = %+d\n",n);
09    system("pause");
10    return 0;
11  }
```

FIGURA 13.7

Imprimindo "espaços" ou zeros antes de um número

Quando definimos a **largura** do valor, estamos definindo a quantidade mínima de caracteres que será utilizada durante a impressão na tela de saída. Por padrão, a função **printf()** justifica os dados à direita e preenche o restante da largura com espaços. Porém, pode-se preencher o restante da largura com zeros, como mostra o exemplo da Figura 13.8.

Exemplo: imprimindo espaços ou zeros antes do número

```
01  #include <stdio.h>
02  #include <stdlib.h>
03  int main(){
04    int n = 5;
05    //com espaços (padrao)
06    printf("n = % 5d\n",n);
07    //com zeros
08    printf("n = %05d\n",n);
09    system("pause");
10    return 0;
11  }
```

FIGURA 13.8

Imprimindo o prefixo hexadecimal e octal e o ponto

Por padrão, a função **printf()** imprime valores no formato octal e hexadecimal sem os seus prefixos (0 e 0x, respectivamente). Já o ponto decimal dos valores em ponto flutuante é omitido, caso não se tenha definido a precisão, apesar de ter sido incluído na sua formatação o indicador de ponto ("."). Felizmente, pode-se forçar a impressão do prefixo e do ponto, como mostra o exemplo da Figura 13.9.

Exemplo: imprimindo o prefixo e o ponto decimal

```
01  #include <stdio.h>
02  #include <stdlib.h>
03  int main(){
04    int n = 125;
05    //octal e hexadecimal sem prefixo
06    printf("x = %o\n",n);
07    printf("x = %X\n",n);
08    //octal e hexadecimal com prefixo
09    printf("x = %#o\n",n);
10    printf("x = %#X\n",n);
11    float x = 5.00;
12    //float sem ponto
13    printf("x = %.f\n",x);
14    //float com ponto
15    printf("x = %#.f\n",x);
16    system("pause");
17    return 0;
18  }
```

FIGURA 13.9

13.1.3 O campo "largura" dos tipos de saída

O campo **largura** comumente é usado com outros campos (como visto com as "flags"). Ele, na verdade, especifica o número mínimo de caracteres a serem impressos na tela de saída. A largura pode ser definida de duas maneiras, como mostra a Tabela 13.3.

Largura	Descrição
"número"	Número mínimo de caracteres a serem impressos. Se a largura do valor a ser impresso é inferior a esse número, espaços em branco serão acrescentados à esquerda.
*	Informa que a largura vai ser especificada por um valor inteiro passado como parâmetro para a função **printf()**.

TABELA 13.3

Na Figura 13.10, podemos ver um exemplo de uso do campo **largura**.

Exemplo: definindo o campo largura

```
01  #include <stdio.h>
02  #include <stdlib.h>
03  int main(){
04    int n = 125;
05    int largura = 10;
06    //largura definida dentro do campo
07    printf("n = %10d\n",n);
08    //largura definida por uma variavel inteira
09    printf("n = %*d\n",largura,n);
10    system("pause");
11    return 0;
12  }
```

FIGURA 13.10

13.1.4 O campo "precisão" dos tipos de saída

O campo **precisão** comumente é usado com valores de ponto flutuante (tipos **float** e **double**). De modo geral, esse campo especifica o número de caracteres a serem impressos na tela de saída após o ponto decimal.

 Note que o campo **precisão** sempre começa com um caractere de **ponto** (.).

Porém, o campo **precisão** pode ser utilizado com outros tipos, como mostra a Tabela 13.4.

Largura	Descrição
.número	Para os tipos "%d", "%i", "%u", "%o", "%x" e "%X": número mínimo de caracteres a serem impressos. Se a largura do valor a ser impresso é inferior a esse número, serão acrescentados zeros à esquerda.
	Para os tipos "%f", "%e" e "%E": número de dígitos a serem impressos após o ponto decimal.
	Para os tipos "%g" e "%G": número máximo de dígitos significativos a serem impressos.
	Para o tipo "%s": número máximo de caracteres a serem impressos. Por padrão, todos os caracteres são impressos até que o caractere "\0" é encontrado.
	Para o tipo "%c": sem efeito.
	Se nenhum valor for especificado para a precisão, a precisão é considerada 0 (padrão).
.*	Informa que a largura vai ser especificada por um valor inteiro passado como parâmetro para a função **printf()**.

TABELA 13.4

O campo **precisão** para valores inteiros

O campo **precisão**, quando usado com valores inteiros (pode ser também no formato octal ou hexadecimal), funciona de modo semelhante à largura do campo, ou seja, especifica o número mínimo de caracteres a serem impressos, com a vantagem de já preencher o restante dessa largura com zeros, como mostra o exemplo da Figura 13.11.

Exemplo: a precisão para valores inteiros

```
01   #include <stdio.h>
02   #include <stdlib.h>
03   int main(){
04     int n = 125;
05     printf("n = %.8d (decimal)\n", n);
06     printf("n = %.8o (octal)\n", n);
07     printf("n = %.8X (hexadecimal)\n", n);
08     system("pause");
09     return 0;
10   }
```

FIGURA 13.11

O campo **precisão** para valores reais

O campo **precisão**, quando usado com valores de ponto flutuante (tipos **float** e **double**), especifica o número de caracteres a serem impressos na tela de saída após o ponto decimal. A única exceção é com os tipos de saída "%g" e "%G". Nesse caso, o campo **precisão** especifica o número máximo de caracteres a serem impressos. Na Figura 13.12 é possível ver alguns exemplos.

Exemplo: a precisão para valores reais

```
01   #include <stdio.h>
02   #include <stdlib.h>
03   int main(){
04     float n = 123.45678;
05     printf("n = %.3f\n",n);
06     printf("n = %.5f\n",n);
07     printf("n = %.5e\n",n);
08     printf("n = %.5g\n",n);
09     system("pause");
10     return 0;
11   }
```

FIGURA 13.12

O campo **precisão** usado com strings

O campo **precisão** também permite especificar o número máximo de caracteres a serem impressos de uma **string**. Por padrão, todos os caracteres da **string** são impressos até que o caractere "\0" seja encontrado, como mostra o exemplo da Figura 13.13.

Exemplo: a precisão para strings

```
01   #include <stdio.h>
02   #include <stdlib.h>
03   int main(){
04     char texto[20] = "Meu programa C";
05     printf("%s\n",texto);
06     printf("%.3s\n",texto);
07     printf("%.12s\n",texto);
08     system("pause");
09     return 0;
10   }
```

FIGURA 13.13

O campo **precisão** definido por uma variável inteira

Por fim, podemos informar que a **precisão** será especificada por um valor inteiro passado como parâmetro para a função **printf()** (Figura 13.14).

```
Exemplo: precisão como parâmetro
01   #include <stdio.h>
02   #include <stdlib.h>
03   int main(){
04     float n = 123.45678;
05     int precisao = 10;
06     //precisão definida por uma variavel inteira
07     printf("n = %.*f\n",precisao,n);
08     system("pause");
09     return 0;
10   }
```

FIGURA 13.14

13.1.5 O campo **comprimento** dos tipos de saída

O campo **comprimento** é utilizado para imprimir valores que sejam do tipo **short int**, **long int** e **long double**, como mostra a Tabela 13.5.

Comprimento	Descrição
h	Para os tipos "%d", "%i", "%u", "%o", "%x" e "%X": o valor é interpretado como **short int** ou **unsigned short int**.
l	Para os tipos "%d", "%i", "%u", "%o", "%x" e "%X": o valor é interpretado como **long int** ou **unsigned long int**. Para os tipos "%c" e "%s": permite imprimir caracteres e sequências de caracteres onde cada caractere possui mais do que 8 bits.
L	Para os tipos "%f", "%e", "%E", "%g" e "%G": o valor é interpretado como **long double**.

TABELA 13.5

Deve-se tomar cuidado com o campo **comprimento**, pois ele não funciona corretamente dependendo do compilador e da plataforma utilizada.

13.1.6 Usando mais de uma linha na função **printf()**

Pode ocorrer de a linha que queremos escrever na tela de saída ser muito grande. Isso faz com que a string dentro da função **printf()** não possa ser visualizada toda de uma vez. Felizmente, a função permite que coloquemos um caractere de barra invertida "\" apenas para indicar que a **string** que estamos digitando continua na próxima linha (Figura 13.15).

```
             Exemplo: a função printf() com mais de uma linha
01   #include <stdio.h>
02   #include <stdlib.h>
03   int main(){
04     printf("Este texto que estou querendo escrever \
05     na tela de saida e muito grande. Por isso eu \
06     resolvi quebra-lo em varias linhas \n");
07     system("pause");
08     return 0;
09   }
```

FIGURA 13.15

13.1.7 Imprimindo constantes de caracteres com printf()

A função **printf()** também permite adicionar ao texto que será impresso uma sequência de escape especial. Essa sequência de escape especifica um caractere a ser impresso, o qual pode ser definido pelo seu valor **octal** ou **hexadecimal**, de acordo com a tabela ASCII. São duas as sequências de escape possíveis:

- **\ooo**, em que "ooo" é uma sequência, contendo de um a três dígitos, representando o valor **octal** do caractere a ser impresso. Porém, se "ooo" definir um valor octal maior do que 255, a função **printf()** ignorará o nono bit e continuará representando o valor apenas com oito bits.
- **\xhh**, em que "hh" é uma sequência, contendo de um a dois caracteres, representando o valor **hexadecimal** do caractere a ser impresso.

Na Figura 13.16 podemos ver alguns exemplos.

```
             Exemplo: sequências de escape especiais
01     #include <stdio.h>
02     #include <stdlib.h>
03     int main(){
04       //Caractere de valor hexadecimal
05       printf ("Caractere 3D: \x3D \n");
06       printf ("Caractere 5A: \x5A \n");
07       //Caractere de valor octal
08       printf ("Caractere 44: \044 \n");
09       printf ("Caractere 105: \105 \n");
10       system("pause");
11       return 0;
12     }

Saída    Caractere 3D: =
         Caractere 5A: Z
         Caractere 44: $
         Caractere 105: E
```

FIGURA 13.16

13.2 RECURSOS AVANÇADOS DA FUNÇÃO SCANF()

Vimos na Seção 2.3.1 que a função **scanf()** é uma das funções de entrada/leitura de dados da linguagem C. Sua funcionalidade básica é ler no dispositivo de entrada de dados (teclado) um conjunto de valores, caracteres e/ou sequência de caracteres de acordo com o formato especificado. Porém, essa função permite uma variedade muito maior de formatações do que as vistas até agora. Comecemos pela sua definição. A forma geral da função **scanf()** é:

```
int scanf("tipos de entrada", lista de variáveis);
```

A função **scanf()** recebe dois parâmetros de entrada:

- **"tipos de entrada"**: conjunto de caracteres que especifica o formato dos dados a serem lidos do teclado.
- **Lista de variáveis**: conjunto de nomes de variáveis que serão lidos e separados por vírgula, em que cada nome de variável é precedido pelo operador &.

Note também que a função **scanf()** retorna um valor inteiro, ignorado até o presente momento. Esse valor de retorno será:

- Em caso de sucesso, o número total de itens lidos. Esse número pode ser igual ou menor do que o número esperado de itens a serem lidos.
- A constante **EOF**, em caso de erro da função.

 O valor de retorno da função **scanf()** permite identificar o funcionamento adequado da função.

Vimos também que, quando queremos ler dados formatados do teclado, usamos os **tipos de entrada** para especificar o formato de entrada dos dados que serão lidos. Cada tipo de entrada é precedido por um sinal de %, e um **tipo de entrada** deve ser especificado para cada variável a ser lida.

 A string do **tipo de entrada** permite especificar mais características dos dados lidos além do seu formato. Essas características **opcionais** são: *, **largura** e **modificadores**.

A ordem em que essas quatro características devem ser especificadas é a seguinte:

```
%[*][largura][modificadores]tipo de entrada
```

Como o **tipo de entrada**, cada uma dessas características possui um conjunto de valores predefinidos e suportados pela linguagem. Nas seções seguintes são apresentados todos os valores suportados para cada uma das características de formatação possíveis.

13.2.1 Os tipos de entrada

A função **scanf()** pode ser usada para ler praticamente qualquer tipo de dado. A Tabela 13.6 mostra todos os tipos de entrada suportados pela linguagem C.

Tipo de entrada	Descrição
%c	Leitura de um caractere (**char**). Se uma largura diferente do valor 1 é especificada, a função lê o número de caracteres especificado na largura e os armazena em posições sucessivas de memória (array) do ponteiro para **char** passado como parâmetro. O caractere "\0" **não** é acrescentado no final.
%d	Leitura de um número inteiro (**int**). Ele pode ser precedido pelo símbolo de sinal (+ ou –).
%u	Leitura de um número inteiro sem sinal (**unsigned int**).
%i	Leitura de um número inteiro (**int**). O valor pode estar precedido de **"0x"** ou **"0X"** se for **hexadecimal**, ou pode ser precedido por zero (0) se for **octal**.
%f, %e, %E, %g, %G	Leitura de um número real (**float** e **double**). Ele pode ser precedido pelo símbolo de sinal (+ ou –) e/ou seguido pelos caracteres "e" ou "E" (notação científica) e/ou possuir o separador de ponto decimal.
%o	Leitura de um número inteiro (**int**) no formato octal (**base 8**). O valor pode ou não estar precedido de zero (0).
%x ou %X	Leitura de um número inteiro (**int**) no formato hexadecimal. O valor pode ou não estar precedido de **"0x"** ou **"0X"**.
%s	Leitura de uma sequência de caracteres (**string**) até que um caractere de **nova linha** "\n" ou **espaço em branco** seja encontrado.

TABELA 13.6

A seguir, são apresentados alguns exemplos de como cada tipo de entrada pode ser utilizado para ler determinado dado do teclado.

Lendo os tipos básicos

A linguagem C possui vários tipos de entrada que podem ser utilizados com os tipos básicos, ou seja, **char** ("%c" e "%d"), **int** ("%d" e "%i"), **float** e **double** ("%f"). Note que o tipo **char** pode ser lido do teclado por meio dos operadores "%c" e "%d". Nesse caso, "%c" lerá um caractere e armazenará na variável, enquanto "%d" lerá um valor numérico e armazenará na variável o caractere correspondente da tabela ASCII. Na Figura 13.17, tem-se alguns exemplos de leitura dos tipos básicos.

Exemplo: usando scanf() para ler os tipos básicos

```
01   #include <stdio.h>
02   #include <stdlib.h>
03   int main(){
04     int n;
05     float f;
06     double d;
07     char letra;
08     //leitura de int
09     scanf("%d",&n);
10     scanf("%i",&n);
11     //leitura de char
12     scanf("%d",&letra);
13     scanf("%c",&letra);
14     //leitura de float e double
15     scanf("%f",&f);
16     scanf("%f",&d);
17     system("pause");
18     return 0;
19   }
```

FIGURA 13.17

Lendo valores no formato octal ou hexadecimal

O exemplo da Figura 13.18 mostra como ler um **valor inteiro** nos formatos **octal** (base 8) ou **hexadecimal** (base 16). Para isso, usamos os tipos de entrada **"%o"** (sinal de por cento mais a letra "o", não o zero, "0") para que a função **scanf()** leia o valor em **octal**, e **"%x"** para ler um valor em **hexadecimal com letras minúsculas** e **"%X"** para **hexadecimal com letras maiúsculas**. Note que, em ambos os casos, o valor lido pode ou não estar precedido de zero se for octal ou **"%x"** (ou **"%X"**) se for hexadecimal.

Exemplo: scanf() com valores nos formatos octal e hexadecimal

```
01   #include <stdio.h>
02   #include <stdlib.h>
03   int main(){
04     int n;
05     //leitura no formato octal
06     scanf("%o",&n);
07     //leitura no formato hexadecimal
08     scanf("%x",&n);
09     scanf("%X",&n);
10     system("pause");
11     return 0;
12   }
```

FIGURA 13.18

Lendo valores como notação científica

De modo geral, podemos ler um valor em notação científica com qualquer um dos tipos de entrada habilitados para ler valores de ponto flutuante (**float** e **double**): "%f", "%e", "%E", "%g" e "%G".

Na verdade, esses tipos de entrada não fazem distinção na forma como o valor em ponto flutuante é escrito, desde que seja ponto flutuante, como mostra o exemplo da Figura 13.19.

```
          Exemplo: lendo float e double como notação científica
01    #include <stdio.h>
02    #include <stdlib.h>
03    int main(){
04      float x;
05      scanf("%f",&x);
06      scanf("%e",&x);
07      scanf("%E",&x);
08      scanf("%g",&x);
09      scanf("%G",&x);
10      system("pause");
11      return 0;
12    }
```

FIGURA 13.19

Lendo uma string do teclado

O exemplo da Figura 13.20 mostra como ler uma **string** (ou array de caracteres, **char**) do teclado. Para isso, usamos o tipo de entrada **"%s"**. Note que, quando usamos a função **scanf()** para ler uma string, o símbolo & antes do nome da variável não é utilizado. Além disso, a função **scanf()** lê apenas **strings** digitadas sem espaços, ou seja, apenas palavras. No caso de ter sido digitada uma frase (uma sequência de caracteres contendo espaços), apenas os caracteres digitados antes do primeiro espaço encontrado serão armazenados na **string**.

```
              Exemplo: lendo uma string com scanf()
01    #include <stdio.h>
02    #include <stdlib.h>
03    int main(){
04      char texto[20];
05      printf("Digite algum texto: ");
06      scanf("%s",texto);
07      system("pause");
08      return 0;
09    }
```

FIGURA 13.20

13.2.2 O campo asterisco "*"

O uso de um **asterisco** "*" após o símbolo de % indica que os dados formatados devem ser lidos do teclado, mas ignorados, ou seja, não devem ser armazenados em nenhuma variável. Na Figura 13.21 é possível ver um exemplo de uso.

	Exemplo: ignorando dados digitados

```
01  #include <stdio.h>
02  #include <stdlib.h>
03  int main(){
04    int x,y;
05    printf("Digite tres inteiros: ");
06    scanf("%d %*d %d",&x,&y);
07    printf("Numeros lidos: %d e %d\n",x,y);
08    char nome[20], curso[20];
09    printf("Digite nome, idade e curso: ");
10    scanf("%s %*d %s",nome,curso);
11    printf("Nome: %s\nCurso: %s\n",nome,curso);
12    system("pause");
13    return 0;
14  }
```

FIGURA 13.21

13.2.3 O campo **largura** dos tipos de entrada

Basicamente, o campo **largura** é um valor inteiro que especifica o número máximo de caracteres que poderão ser lidos em uma operação de leitura para determinado tipo de entrada. Isso é muito útil quando queremos limitar a quantidade de caracteres que serão lidos em uma **string**, de modo a não ultrapassar o tamanho máximo de armazenamento dela, ou quando queremos limitar a quantidade de dígitos possíveis como no caso do valor de um dia do mês (dois dígitos).

 Os caracteres que ultrapassam o tamanho da **largura** determinado são descartados pela função **scanf()**, mas continuam no **buffer** do teclado. Outra chamada da função **scanf()** considerará esses caracteres já contidos no **buffer** como parte do que será lido. Assim, para evitar confusões, é conveniente esvaziar o buffer do teclado com a função **setbuf(stdin,NULL)** a cada nova leitura.

Na Figura 13.22 é possível ver um exemplo de uso do campo **largura**.

	Exemplo: limitando a quantidade de caracteres

```
01  #include <stdio.h>
02  #include <stdlib.h>
03  int main(){
04    int n;
05    printf("Digite um numero (2 digitos): ");
06    scanf("%2d",&n);
07    printf("Numero lido: %d\n",n);
08    setbuf(stdin,NULL);
09    char texto[11];
10    printf("Digite uma palavra (max: 10 caracteres):");
11    scanf("%10s",texto);
12    printf("Palavra lida: %s\n",texto);
13    system("pause");
14    return 0;
15  }
```

FIGURA 13.22

13.2.4 Os modificadores dos tipos de entrada

Os **modificadores** dos tipos de entrada se assemelham ao campo **comprimento** da função **printf()**. Eles são utilizados para ler valores que sejam do tipo **short int**, **long int** e **long double**, como mostra a Tabela 13.7.

Modificadores	Descrição
h	Para os tipos "%d" ou "%i": o valor é interpretado como **short int**.
	Para os tipos "%u", "%o", "%x" e "%X": o valor é interpretado como **unsigned short int**.
l	Para os tipos "%d" ou "%i": o valor é interpretado como **long int**.
	Para os tipos "%u", "%o", "%x" e "%X": o valor é interpretado como **unsigned long int**.
	Para os tipos "%f", "%e", "%E", "%g" e "%G": o valor é interpretado como **long double**.
L	Para os tipos "%f", "%e", "%E", "%g" e "%G": o valor é interpretado como **long double**.

TABELA 13.7

Deve-se tomar cuidado com o uso desses "modificadores", pois eles não funcionam corretamente dependendo do compilador e da plataforma utilizada.

13.2.5 Lendo e descartando caracteres

Por definição, a função **scanf()** descarta qualquer espaço em branco digitado pelo usuário. Mesmo os espaços em branco adicionados junto ao tipo de entrada não possuem efeito, o que faz com que as duas chamadas da função a seguir possuam o mesmo efeito: ler dois valores de inteiro.

```
int x, y;
scanf("%d%d",&x,&y);
scanf("%d %d",&x,&y);
```

Porém, qualquer caractere que não seja um espaço em branco digitado junto ao tipo de entrada faz com que a função **scanf()** exija a leitura desse caractere e o descarte em seguida. Isso é interessante quando queremos que seja feita a entrada de dados em formatação predeterminada, como uma data. Por exemplo, **"%d/%d/%d"** faz com que a função **scanf()** leia um inteiro, uma barra (que será descartada), outro valor inteiro, outra barra (que também será descartada) e, por fim, o terceiro e último inteiro.

 Se o caractere a ser lido e descartado não é encontrado, a função **scanf()** terminará, sendo os dados lidos de maneira incorreta.

Na Figura 13.23 é possível ver esse exemplo em ação.

```
                  Exemplo: lendo e descartando caracteres
01  #include <stdio.h>
02  #include <stdlib.h>
03  int main(){
04    int d,m,a;
05    printf("Digite a data no formato dia/mes/ano: ");
06    scanf("%d/%d/%d",&d,&m,&a);
07    printf("%d - %d - %d\n",d,m,a);
08    system("pause");
09    return 0;
10  }
```

FIGURA 13.23

13.2.6 Lendo apenas caracteres predeterminados

A função **scanf()** permite também que se defina uma lista de caracteres predeterminados, chamada **scanset**, que poderão ser lidos do teclado e armazenados em uma **string**. Essa lista é definida substituindo o tipo de entrada **%s**, normalmente utilizado para a leitura de uma **string**, por **%[ ]s**, em que, **dentro dos colchetes**, é definida a lista de caracteres que poderão ser lidos pela função **scanf()**.

 A função **scanf()** ignorará todos os caracteres digitados após o primeiro caractere que não esteja no **scanset**.

Assim, se quiséssemos ler uma **string** contendo apenas vogais, a função **scanf()** seria usada como mostrado na Figura 13.24.

```
              Exemplo: lendo apenas caracteres predeterminados
01  #include <stdio.h>
02  #include <stdlib.h>
03  int main(){
04    char texto[20];
05    printf("Digite algumas vogais: ");
06    scanf("%[aeiou]s",texto);
07    printf("Texto: %s\n",texto);
08    system("pause");
09    return 0;
10  }
```

FIGURA 13.24

Note que, dentro da lista de caracteres predeterminados, foram digitadas as vogais **minúsculas**. A linguagem C considera diferentes as letras maiúsculas e minúsculas.

 Se um dos caracteres digitados não fizer parte da lista de caracteres predeterminados (**scanset**), a leitura da **string** é terminada e a função **scanf()** passa para o próximo tipo de entrada, se houver.

Usando um intervalo de caracteres predeterminados

Em vez de definir uma lista de caracteres, pode-se definir um intervalo de caracteres com todas as letras minúsculas ou todos os dígitos numéricos. Para fazer isso, basta colocar o primeiro e o último caracteres do intervalo separados por um **hífen**. Assim, se quiséssemos ler apenas os caracteres de A a Z, a função **scanf()** ficaria como no exemplo da Figura 13.25.

Exemplo: usando um intervalo de caracteres predeterminados

```
01   #include <stdio.h>
02   #include <stdlib.h>
03   int main(){
04     char texto[20];
05     printf("Digite algumas letras: ");
06     scanf("%[A-Z]s",texto);
07     printf("Texto: %s\n",texto);
08     system("pause");
09     return 0;
10   }
```

FIGURA 13.25

Pode-se ainda especificar mais de um intervalo de caracteres predeterminados. Para fazer isso, basta colocar o primeiro e o último caracteres do segundo intervalo, separados por um **hífen**, logo após definir o primeiro intervalo. Assim, se quiséssemos ler apenas os caracteres de A a Z e os dígitos de 0 a 9, a função **scanf()** ficaria como no exemplo da Figura 13.26.

Exemplo: usando mais de um intervalo de caracteres

```
01   #include <stdio.h>
02   #include <stdlib.h>
03   int main(){
04     char texto[20];
05     printf("Digite letras e numeros: ");
06     scanf("%[A-Z0-9]",texto);
07     printf("Texto: %s\n",texto);
08     system("pause");
09     return 0;
10   }
```

FIGURA 13.26

Invertendo um scanset

Vimos como é fácil definir uma lista ou intervalo de caracteres que poderão ser lidos pela função **scanf()**. Também podemos fazer o contrário: definir um conjunto de caracteres que NÃO deverão ser lidos pela função. Para fazer isso, basta colocar o caractere de acento circunflexo "^"

como o primeiro do nosso conjunto. Basicamente, o caractere "^" instrui a função **scanf()** a aceitar qualquer caractere, desde que ele não esteja presente no **scanset** definido, como mostra o exemplo da Figura 13.27.

```
Exemplo: invertendo um scanset
01   #include <stdio.h>
02   #include <stdlib.h>
03   int main(){
04     char texto[20];
05     printf("Digite caracteres que nao sejam letras maiuscula: ");
06     scanf("%[^A-Z]s",texto);
07     printf("Texto: %s\n",texto);
08     system("pause");
09     return 0;
10   }
```

FIGURA 13.27

13.3 MUDANDO A LOCALIDADE DO COMPUTADOR

Até o momento, sempre que utilizamos a função **printf()** evitamos usar acentuação porque o padrão americano, que é o padrão da linguagem, não suporta caracteres acentuados. Porém, é possível mudar isso, de modo que possamos usar as configurações de localidade do nosso computador. Para isso, usamos a função **setlocale()**. Essa função instala a localidade do sistema especificado, ou apenas uma parte dela, como a nova localidade da linguagem C. Essas modificações influenciam a execução de todas as funções sensíveis à localidade da biblioteca C, até que ocorra uma nova chamada da função **setlocale()**. A forma geral da função **setlocale()** é

```
char* setlocale(int categoria, const char* local);
```

em que **categoria** é uma das macros definidas para localidade e **local** é o identificador de localidade do sistema especificado. A função retorna:

- **NULL**: no caso de erro.
- Um ponteiro para uma string contendo a identificação da nova localidade.

Os valores possíveis de macro para **categoria** são mostrados na Tabela 13.8.

Categoria	Descrição
LC_ALL	Afeta todo o local da linguagem.
LC_COLLATE	Afeta as funções **strcoll()** e **strxfrm()** que trabalham com strings.
LC_CTYPE	Afeta as funções que manipulam caracteres.
LC_MONETARY	Afeta a informação de formatação monetária.
LC_NUMERIC	Afeta a formatação numérica da localidade C.
LC_TIME	Afeta a função de formatação de data e hora **strftime()**.

TABELA 13.8

Com relação ao **local**, trata-se de um valor específico do sistema. Porém, dois valores sempre existirão:

- **"C"**: para a localidade mínima da linguagem.
- **""**: localidade-padrão do sistema.

 Durante a inicialização do programa, o equivalente a **setlocale(LC_ALL, "C")**; é executado antes que qualquer código do usuário seja executado.

Na Figura 13.28 podemos ver um exemplo de uso da função **setlocale()**.

Exemplo: usando a função setlocale()

```
01  #include <stdio.h>
02  #include <stdlib.h>
03  #include <locale.h>
04  #include <time.h>
05  int main(){
06    float f = 3.45;
07    time _ t tempo;
08    struct tm *infotempo;
09    char texto[80];
10    time(&tempo);
11    infotempo = localtime(&tempo);
12    printf("Alô mundo! \n");
13    printf("Valor de f = %f\n",f);
14    strftime(texto,80,"Data: %A, %d/%b/%Y",infotempo);
15    puts(texto);
16    setlocale(LC _ ALL, "ptb");
17    printf("Alô mundo! \n");
18    printf("Valor de f = %f\n",f);
19    strftime(texto,80,"Data: %A, %d/%b/%Y",infotempo);
20    puts(texto);
21    system("pause");
22    return 0;
23  }
```

FIGURA 13.28

13.4 TRABALHANDO COM CARACTERE AMPLO (WIDE CHAR)

Na linguagem C, caracteres são armazenados dentro de variáveis do tipo **char**. Esse tipo possui um total de 8 bits, o que permite armazenar 256 valores distintos, ou seja, 255 caracteres diferentes. Por possuir tamanho pequeno e limitado, o tipo **char** não permite a codificação de grandes conjuntos de caracteres.

Felizmente, a linguagem C também possui um tipo de caractere amplo **wchar_t**, definido na biblioteca **wchar.h**. Esse tipo é capaz de armazenar um único caractere representado por mais do que apenas 8 bits, o que possibilita o uso de conjuntos de caracteres estendidos, como as codificações **UTF-16** e **UTF-32**.

Podemos representar um caractere longo de duas maneiras distintas:

- **\uhhhh**, em que "hhhh" é uma sequência de quatro caracteres representando o valor **hexa-decimal** do caractere longo a ser impresso. Exemplo: **\u00A9**.
- **\Uhhhhhhhh**, em que "hhhhhhhh" é uma sequência de oito caracteres representando o valor **hexadecimal** do caractere longo a ser impresso. Exemplo: **\U000000A9**.

> O tipo **wchar_t** funciona de modo idêntico ao tipo **char**. A diferença é que o tipo **wchar_t** suporta um conjunto de caracteres maior do que o tipo **char**.

```
01   #include <stdlib.h>
02   #include <locale.h>
03   #include <wchar.h>
04   int main(){
05     setlocale(LC _ ALL,"");
06     wchar _ t caractere = L'\u00A9';
07     wchar _ t texto[30] = L"meu caractere longo = \u00F1";
08     wprintf(L"Marca registrada: \u00A9 ou \u00AE \n");
09     wprintf(L"Caractere: %lc \n",caractere);
10     wprintf(L"%ls \n",texto);
11     system("pause");
12     return 0;
13   }
```

Note que caracteres longos devem ser precedidos do prefixo **L** quando definidos entre aspas duplas. Veja também que não utilizamos a função **printf()**. Em vez disso, utilizamos uma função similar, mas com suporte melhor para caracteres longos: a função **wprintf()**, juntamente com os tipos de saída "**%lc**" e "**%ls**". A biblioteca **wchar.h** define uma série de funções para entrada e saída de dados similares às já conhecidas, mas com suporte a caracteres longos:

- **Funções de entrada de dados**: fgetwc(), fgetws(), getwc(), getwchar(), fwscanf(), wscanf(), vfwscanf(), e vwscanf().
- **Funções de saída de dados**: fputwc(), fputws(), putwc(), putwchar(), fwprintf(), wprintf(), vfwprintf(), e vwprintf().

13.5 CLASSES DE ARMAZENAMENTO DE VARIÁVEIS

A linguagem C possui um conjunto de modificadores, chamados **classes de armazenamento**, que permitem alterar a maneira como o compilador vai armazenar uma variável.

> As classes de armazenamento são utilizadas para definir o escopo e o tempo de vida das variáveis dentro do programa.

Basicamente, as classes de armazenamento definem a acessibilidade de uma variável dentro da linguagem C. Ao todo, existem quatro classes de armazenamento:

- **auto**
- **extern**
- **static**
- **register**

13.5.1 A classe auto

A classe de armazenamento **auto** permite definir variáveis locais. Nela, as variáveis são automaticamente alocadas no início de uma função/bloco de comandos, e automaticamente liberadas quando essa função/bloco de comandos termina. Trata-se do **modo-padrão** de definição de variáveis, por esse motivo raramente é usado. Por exemplo, as duas variáveis a seguir

```
int x;

auto int y;
```

possuem a mesma classe de armazenamento (**auto**).

 A classe **auto** só pode ser utilizada dentro de funções e blocos de comandos definidos por um conjunto de chaves ({ }) (escopo local).

13.5.2 A classe extern

A classe de armazenamento **extern** permite definir variáveis globais que serão visíveis em mais de um arquivo do programa. Ao contrário dos programas escritos até aqui, podemos escrever programas que podem ser divididos em vários arquivos, os quais podem ser compilados separadamente.

Imagine que tenhamos o seguinte trecho de código:

```
int soma = 0;

int main(){

   escreve();

   return 0;

}
```

Agora imagine que queiramos usar a variável global **soma** em um **segundo** arquivo do nosso programa. Para fazer isso, basta adicionar a palavra **extern** na declaração da variável para o compilador entender que ela já foi definida em outro arquivo:

```
extern int soma;

void escreve(){

   printf("Soma = %d ",soma);

}
```

 Ao colocar a palavra **extern** antes da declaração da variável soma, não estamos declarando uma nova variável, mas apenas informando ao compilador que ela existe em outro local de armazenamento previamente definido. Por esse motivo, ela **NÃO** pode ser inicializada.

13.5.3 A classe static

O funcionamento da classe de armazenamento **static** depende de como ela é utilizada dentro do programa. A classe **static** é o **modo-padrão** de definição de variáveis globais, ou seja, variáveis que existem durante todo o tempo de vida do programa. Por esse motivo, ela raramente é usada na declaração de variáveis globais, como mostra o exemplo da Figura 13.29.

Exemplo: variáveis globais com static

```
01  #include <stdio.h>
02  #include <stdlib.h>
03  int x = 20;
04  static int y = 10;
05  int main(){
06    printf("x = %d\n",x);
07    printf("y = %d\n",y);
08    system("pause");
09    return 0;
10  }
```

FIGURA 13.29

Nesse exemplo, as variáveis **x** e **y** possuem a mesma classe de armazenamento (**static**).

A classe **static** também pode ser utilizada com variáveis locais, como as variáveis definidas dentro de uma função. Nesse caso, a variável é inicializada em tempo de compilação, e o valor da inicialização deve ser uma constante. Uma variável local definida dessa maneira manterá o seu valor entre as diferentes chamadas da função, portanto deve-se tomar muito cuidado com a sua utilização, como mostra o exemplo da Figura 13.30.

Exemplo: variáveis locais com static

```
01  #include <stdio.h>
02  #include <stdlib.h>
03  void imprime(){
04    static int n = 0;
05    printf("%d\n",n++);
06  }
07  int main(){
08    int i;
09    for(i=1; i<=10; i++)
10      imprime();
11    system("pause");
12    return 0;
13  }
```

FIGURA 13.30

Nesse exemplo, o valor da variável **n** será diferente para cada chamada da função **imprime()**.

Por fim, a classe **static** também pode ser utilizada para definir funções, como mostra o exemplo da Figura 13.31.

Exemplo: funções com static

```
01  #include <stdio.h>
02  #include <stdlib.h>
03  static void imprime(){
04    printf("Executando funcao imprime()\n");
05  }
06  int main(){
07    imprime();
08    system("pause");
09    return 0;
10  }
```

FIGURA 13.31

Uma função é, por padrão, da classe de armazenamento **extern**, ou seja, as funções são visíveis em mais de um arquivo do programa. Ao definirmos uma função como **static** estamos garantindo que ela seja visível apenas dentro daquele arquivo do programa, ou seja, apenas funções dentro daquele arquivo poderão ver uma função **static**.

13.5.4 A classe register

A classe de armazenamento **register** serve para especificar que uma variável será muito utilizada e que seria interessante armazená-la no registrador da CPU do computador porque o tempo de acesso aos registradores da CPU é muito menor que o tempo de acesso à memória RAM, na qual as variáveis ficam normalmente armazenadas. Uma variável da classe **register** é declarada como mostrado a seguir:

```
register int y;
```

Algumas considerações são necessárias sobre a classe **register**:

- Não se pode usar o operador de endereço & porque a variável está no registrador e não mais na memória.
- O tamanho da variável é limitado pelo tamanho do registrador, portanto apenas variáveis de tipos pequenos (que ocupem poucos bytes) podem ser definidas como da classe **register**.

 A classe de armazenamento **register** pode ser entendida como uma dica de armazenamento que damos ao compilador. O compilador é livre para decidir se vai ou não armazenar essa variável no registrador.

Se o compilador decidir ignorar a classe **register**, a variável será definida como da classe **auto**. Isso significa que não podemos definir uma variável global (**static**) como sendo da classe **register**.

 A classe de armazenamento **register** raramente é utilizada. Os compiladores modernos fazem trabalhos de otimização na alocação de variáveis melhores que os programadores.

13.6 O MODIFICADOR DE TIPO VOLATILE

A linguagem C possui mais um modificador de tipos de variáveis. Trata-se do modificador **volatile**. Sua forma geral de uso é:

```
volatile tipo_variável nome_variável;
```

 O modificador **volatile** pode ser aplicado a qualquer declaração de variável, incluindo estruturas, uniões e enumerações.

O modificador **volatile** informa ao compilador que aquela variável poderá ser alterada por outros meios e, por esse motivo, ela NÃO deve ser otimizada. O principal motivo para o seu uso tem a ver com problemas que trabalham com sistemas dinâmicos, em tempo real ou com comunicação com algum dispositivo de hardware que esteja mapeado na memória.

 O modificador **volatile** diz ao compilador para não otimizar qualquer coisa relacionada com aquela variável.

Para entender melhor esse modificador, considere o seguinte trecho de código:

```
int resposta;

void espera(){

    resposta = 0;

    while(reposta != 255);//laço infinito

}
```

Um compilador que seja otimizado notará que nenhum outro código pode modificar o valor da variável **resposta** dentro da função **espera()**. Assim, o compilador assumirá que o valor armazenado em **resposta** é sempre ZERO, e, como nunca é modificado, esse laço é infinito. Por ser otimizado, o compilador poderá substituir a condição do comando **while** por 1, indicando assim também um laço infinito, mas economizando a comparação da variável **resposta**, como mostra o trecho de código a seguir:

```
int resposta;

void espera(){

    resposta = 0;

    while(1);//laço infinito

}
```

No entanto, vamos supor que a variável **resposta** possa ser modificada a qualquer momento por um dispositivo de hardware mapeado na memória RAM. Nesse caso, o valor da variável pode ser modificado enquanto ela estiver sendo testada no comando **while**, finalizando o laço. Portanto, não é interessante para o programa que esse laço seja otimizado e considerado sempre como um laço infinito. Para impedir que o compilador faça esse tipo de otimização, utilizamos o modificador **volatile**:

```
volatile int resposta;//variável não otimizada

void espera(){

  resposta = 0;

  while(reposta != 255);//laço pode não ser infinito

}
```

Com o modificador **volatile** a condição do laço não será otimizada, e o sistema detectará qualquer alteração nela quando ocorrer. Porém, pode ser um exagero marcar uma variável como **volatile** porque esse modificador desativa qualquer otimização na variável. Uma alternativa muito mais eficiente é utilizar **type cast** sempre que não quisermos, e apenas onde for necessário otimizar a variável:

```
int resposta;

void espera(){

  resposta = 0;

  while(*(volatile int *)&resposta != 255);//laço pode não ser
  infinito

}
```

13.7 TRABALHANDO COM CAMPOS DE BITS

A linguagem C possui meios de acessar diretamente os bits, ou um único bit, dentro de um byte, sem fazer uso dos operadores bit a bit. Para isso, ela conta com um tipo especial de membro de estruturas e uniões chamado de **campo de bits**, ou **bitfield**. Seu uso é extremamente útil quando a quantidade de memória para armazenamento de dados é limitada. Nesse caso, várias informações podem ser armazenadas em um único byte, como as "flags", indicando se determinado item do sistema está ativo (1) ou não (0). Os campos de bits podem ainda ser utilizados para a leitura de arquivos externos, em especial formatos não padrão de arquivo, como valores de tipos inteiros com nove bits. Outro uso frequente dos campos de bits é para realizar a comunicação (entrada e saída de dados) com dispositivos de hardware.

 Campos de bits só podem ser utilizados em variáveis que são membros de **structs** ou **unions**.

A forma geral de declaração de uma variável com campo de bit como membro de uma **struct** (ou **union**) segue este padrão:

```
tipo nome_campo: comprimento;
```

Note que a declaração de uma variável com campo de bit é semelhante à declaração de uma variável membro de uma **struct/union**, possuindo apenas como informação extra o valor do **comprimento** (definido após os dois-pontos), que nada mais é do que a quantidade de bits que o campo possuirá. O valor do **comprimento** pode ser um número ou uma expressão constante. Note ainda que o **comprimento** de um campo de bits não deve exceder o número total de bits do tipo da variável utilizada na declaração.

 Campos de bits só podem ser declarados como do tipo **int**, sendo possível utilizar os modificadores **signed** e **unsigned**. Se ele for do tipo **int** ou **signed int**, seu comprimento deverá ser maior do que **um (1)**.

Se a variável com campo de bit for do tipo **int** ou **signed int**, ela possuirá, obrigatoriamente, um bit de sinal. Um campo de bit de comprimento 1 não pode ter sinal, sendo necessário, portanto, um comprimento mínimo de dois bits. De qualquer modo, é aconselhável sempre utilizar campos de bits com o tipo **unsigned int**.

A seguir, é possível ver o exemplo de uma estrutura contendo variáveis com campo de bits:

```
struct status{

    unsigned int ligado:1;

    signed int valor:4;

    unsigned int :3;

};
```

Nessa estrutura, temos três campos de bits: **ligado** (1 bit), **valor** (4 bits) e um terceiro campo sem nome, de tamanho 3 bits. Como o campo **ligado** possui apenas 1 bit, seus valores possíveis são 0 (desligado) ou 1 (ligado). Já o campo **valor** possui quatro bits; portanto, seus valores podem ir de −8 até 7. Por fim, temos um campo de bits sem nome e de tamanho 3 bits. Note que esses três bits servem apenas para completar um total de oito bits na estrutura.

 Campos de bits sem nome são úteis para preencher uma estrutura de modo a fazer com que ela esteja adequada a um layout especificado.

Os membros de uma estrutura **que não são campos de bits** estão sempre alinhados aos limites dos bytes na memória. Os campos de bit **sem nome** permitem criar lacunas não identificadas no armazenamento da estrutura, completando os bytes e mantendo o alinhamento dos dados na memória. Por fim, campos de bits sem nome não podem ser acessados ou inicializados.

 Campos de bits podem ter comprimento ZERO. Nesse caso, eles não podem possuir um nome. Sua função é a de alinhamento dos bits.

Um campo de bits de comprimento ZERO faz com que o próximo campo de bits seja alinhado com o próximo byte de memória do mesmo tipo do campo de bits. Em outras palavras, um campo de bits de comprimento ZERO indica que nenhum campo de bits adicional deve ser colocado dentro desse byte.

Os membros de uma estrutura com campos de bits não possuem endereços e, como tal, não podem ser usados com o operador de endereço (&). Por esse motivo, não podemos ter ponteiros ou arrays deles. O operador **sizeof** também não pode ser aplicado a campos de bits.

Na Figura 13.32 tem-se um exemplo de uso de campos de bits.

Exemplo: trabalhando com campos de bits

```
01  #include <stdio.h>
02  #include <stdlib.h>
03  struct status{
04    unsigned int ligado:1;
05    signed int valor:4;
06    unsigned int :3;
07  };
08  void check_status(struct status s){
09    if(s.ligado == 1)
10      printf("LIGADO\n");
11    if(s.ligado == 0)
12      printf("DESLIGADO\n");
13  }
14  int main(){
15    struct status ESTADO;
16    ESTADO.ligado = 1;
17    check_status(ESTADO);
18    system("pause");
19    return 0;
20  }
```

FIGURA 13.32

13.8 FUNÇÕES COM NÚMERO DE PARÂMETROS VARIÁVEL

Vimos no Capítulo 9 como criar nossas próprias funções. Vimos também que é por meio dos parâmetros de uma função que o programador pode passar a informação de um trecho de código para dentro da função. Esses parâmetros são uma lista de variáveis, separadas por vírgula, na qual são especificados o tipo e o nome de cada variável passada para a função.

No entanto, algumas funções, como a função **printf()**, podem ser utilizadas com um, dois, três ou até mais parâmetros, como mostra o exemplo da Figura 13.33.

Exemplo: printf() **com vários parâmetros**

```
01  #include <stdio.h>
02  #include <stdlib.h>
03  int main(){
04    int x = 1, y =2;
05    float z = 3;
06    printf("Um parametro: texto\n");
07    printf("Dois parametros: texto e %d\n",x);
08    printf("Tres parametros: texto, %d e %d\n",x,y);
09    printf("Quatro parametros: texto, %d, %d e %f\n",x,y,z);
10    system("pause");
11    return 0;
12  }
```

FIGURA 13.33

A linguagem C permite escrever funções que aceitam quantidade variável de parâmetros, que podem ser de diversos tipos, como é o caso das funções **printf()** e **scanf()**. A declaração, pelo programador, de uma função com quantidade variável de parâmetros segue a seguinte forma geral:

```
tipo_retornado nome_função (nome_tipo nome_parâmetros, ...){

    sequência de declarações e comandos

}
```

 Para declarar uma função com quantidade variável de parâmetros, basta colocar "..." como o último parâmetro na declaração da função.

São os "..." declarados nos parâmetros da função que informam ao compilador que aquela função aceita quantidade variável de parâmetros.

 Uma função com quantidade variável de parâmetros deve possuir pelo menos um parâmetro **"normal"** antes dos "...", ou seja, antes da parte variável.

Isso é necessário porque a função agora não sabe quantos parâmetros serão passados para ela nem os seus tipos. Portanto, o primeiro parâmetro deve ser usado para informar isso dentro da função. Daí a necessidade de a função possuir pelo menos um parâmetro. A função **printf()**, por exemplo, sabe quantos parâmetros ela receberá e os seus tipos, por meio dos **tipos de saída** presentes dentro do primeiro parâmetro: **%c** para **char**, **%d** para **int** etc.

 Uma vez declarada uma função com quantidade de parâmetros variável, é necessário acessá-los. Para isso, usamos a biblioteca **stdarg.h**.

A biblioteca **stdarg.h** possui as definições de tipos e macros necessárias para acessar a lista de parâmetros da função. São elas:

- **va_list**: esse tipo é usado como um parâmetro para as macros definidas na biblioteca **stdarg.h** para recuperar os parâmetros adicionais da função.
- **va_start(lista, ultimo_parametro)**: essa macro inicializa uma variável **lista**, do tipo **va_list**, com as informações necessárias para recuperar os parâmetros adicionais, sendo **ultimo_parametro** o último parâmetro declarado na função antes do "...".
- **va_arg(lista, tipo_dado)**: essa macro retorna o parâmetro atual contido na variável **lista**, do tipo **va_list**, sob a forma do tipo informado em **tipo_dado**. Em seguida, a macro move a variável **lista** para o próximo parâmetro, se este existir. Assim, $x = va\_arg(lista, float)$ retornará para a variável x o valor do parâmetro atual em lista formatado para o tipo **float**.

- **va_end**(lista): essa macro deve ser executada antes da finalização da função (ou antes do comando **return**, se este existir). Seu objetivo é destruir a variável **lista**, do tipo **va_list**, de modo apropriado.

 Funções com quantidade variável de parâmetros devem ser usadas com moderação.

Não devemos utilizar constantemente esse tipo de função porque existe potencial muito grande para que uma função projetada para trabalhar com um tipo seja usada com outro. Isso ocorre porque não existe definição de tipos na lista de parâmetros variável, apenas dentro da função na macro **va_arg**().

 Funções com quantidade variável de parâmetros podem expor o programa a uma série de problemas de segurança baseada em tipo (**type-safety**).

Isso ocorre porque esse modelo de função não possui segurança baseada em tipo (**type-safety**). A função permite que se tente recuperar mais parâmetros do que foram passados, corrompendo assim o funcionamento do programa, que poderá apresentar comportamento inesperado. A função **printf**(), por exemplo, pode ser usada para ataques. Um usuário mal-intencionado pode usar os tipos de saída %o e %x, entre outros, para imprimir os dados de outras posições da memória.

O exemplo da Figura 13.34 apresenta uma função que retorna a soma de uma quantidade variável de parâmetros inteiros. Note que o primeiro parâmetro, **n**, é o número de parâmetros que virão em seguida.

Exemplo: soma de uma quantidade variável de parâmetros

```
01   #include <stdio.h>
02   #include <stdlib.h>
03   #include <stdarg.h>
04   int soma _ int(int n,...){
05     va _ list lista;
06     int i, s = 0;
07     va _ start(lista,n);
08     for(i = 1; i <= n; i++)
09        s = s + va _ arg(lista,int);
10     va _ end(lista);
11     return s;
12   }
13   int main(){
14     int soma;
15     soma = soma _ int(2,4,5);
16     printf("Soma 2 parametros: %d\n",soma);
17     soma = soma _ int(3,4,5,6);
18     printf("Soma 3 parametros: %d\n",soma);
19     soma = soma _ int(4,4,5,6,10);
20     printf("Soma 4 parametros: %d\n",soma);
21     system("pause");
22     return 0;
23   }
```

FIGURA 13.34

13.9 ARGUMENTOS NA LINHA DE COMANDO

Ao longo dos vários exemplos de programas criados, foi visto que a cláusula **main** indicava a função principal do programa. Ela era responsável pelo início da execução do programa, e era dentro dela que colocávamos os comandos que queríamos que o programa executasse. Sua forma geral era a seguinte:

```
int main(){
    sequência de comandos
}
```

Quando aprendemos a criar nossas próprias funções, vimos que era possível passar uma lista de parâmetros para a função criada sempre que fosse executada. Porém, a função **main** sempre foi utilizada sem parâmetros.

 A cláusula **main** também é uma função. Portanto, ela também pode receber uma lista de parâmetros no início da execução do programa.

A função **main** pode ser definida de tal maneira que o programa receba parâmetros que foram dados na linha de comando do sistema operacional. Para receber esses parâmetros, a função **main** adquire a seguinte forma:

```
int main(int argc, char *argv[ ]) {
    sequência de comandos
}
```

Note que agora a função **main** recebe dois parâmetros de entrada:
- **int** argc: trata-se de um valor inteiro que indica o número de parâmetros com os quais a função **main** foi chamada na linha de comando.

 O valor de **argc** é sempre maior ou igual a 1. Esse parâmetro vale 1 se o programa foi chamado sem nenhum parâmetro (o nome do programa é contado como argumento da função), e é somado +1 em **argc** para cada parâmetro passado para o programa.

- **char** *argv[ ]: trata-se de um ponteiro para uma matriz de strings. Cada uma das strings contidas nessa matriz é um dos parâmetros com os quais a função **main** foi chamada na linha de comando. Ao todo, existem **argc** strings guardadas em **argv**.

 A string guardada em **argv[0]** sempre aponta para o nome do programa (lembre-se: o nome do programa é contado como argumento da função).

O exemplo da Figura 13.35 apresenta um programa que recebe parâmetros da linha de comando.

Exemplo: parâmetros da linha de comando

```
01  #include <stdio.h>
02  #include <stdlib.h>
03  int main(int argc, char* argv[]){
04    if(argc == 1){
05      printf("Nenhum parametro passado para o programa %s\n",argv[0]);
06    }else{
07      int i;
08      printf("Parametros passados para o programa %s:\n",argv[0]);
09      for(i=1; i<argc; i++)
10        printf("Parametro %d: %s\n",i,argv[i]);
11    }
12    system("pause");
13    return 0;
14  }
```

FIGURA 13.35

Para testar esse exemplo, copie o programa e salve em uma pasta qualquer (por exemplo, C:\). Vamos considerar que o programa foi salvo com o nome **"prog.c"**. Gere o executável do programa (**"prog.exe"**). Agora abra o console (se estiver no Windows: iniciar, executar, cmd), vá para o diretório no qual o programa foi salvo (C:\) e digite: **prog.exe**. Ao apertar a tecla **enter**, a seguinte mensagem aparecerá:

Nenhum parâmetro passado para o programa prog.exe

Se, em vez de digitar **prog.exe**, digitássemos **prog.exe par1 par2**, a mensagem impressa seria:

Parâmetros passados para o programa prog.exe
Parâmetro 1: par1
Parâmetro 2: par2

Na Figura 13.36, tem-se outro exemplo de programa que recebe parâmetros da linha de comando. No caso, esse programa recebe como parâmetros dois valores inteiros e os soma. Para isso, fazemos uso da função **atoi**, a qual converte uma string no seu valor inteiro.

Exemplo: soma dos parâmetros da linha de comando

```
01  #include <stdio.h>
02  #include <stdlib.h>
03  int main(int argc, char* argv[]){
04    if(argc == 1){
05      printf("Nenhum parametro para ser somado\n");
06    }else{
07      int soma = 0, i;
08      printf("Somando os parametros passados para o
      programa %s:\n",argv[0]);
09      for(i=1; i<argc; i++)
10        soma = soma + atoi(argv[i]);
11      printf("Soma = %d\n",soma);
12    }
13    system("pause");
14    return 0;
15  }
```

FIGURA 13.36

13.10 TRABALHANDO COM PONTEIROS

13.10.1 Array de ponteiros e ponteiro para array

Vimos na Seção 10.4 que ponteiros e arrays possuem uma ligação muito forte dentro da linguagem C. Arrays são agrupamentos **sequenciais** de dados do mesmo tipo na memória. O seu nome é apenas um ponteiro que aponta para o começo dessa sequência de *bytes* na memória.

 O **nome** do array é apenas um ponteiro que aponta para o primeiro elemento do array.

De fato, podemos atribuir facilmente o endereço de um array a um ponteiro. A única restrição para essa operação é que o tipo do ponteiro seja o mesmo do array. E isso pode ser feito de duas formas distintas:

```
int vet[5] = { 1, 2, 3, 4, 5 }

int *p1 = vet;

int *p2 = &vet[0];
```

A linguagem C também permite o uso de arrays e ponteiros de forma conjunta na declaração de variáveis. Considere as seguintes declarações:

```
typedef int vetor[10];

vetor p1;

vetor *p2;

int (*p3)[10];

int *p4[10];
```

Nesse exemplo, o comando **typedef** é usado para criar um sinônimo (**vetor**) para o tipo "array de 10 inteiros" (**int** [10]). Assim, a variável **p1**, que é do tipo **vetor**, é um "array de 10 inteiros". Já a variável **p2** é um ponteiro para o tipo "array de 10 inteiros".

Temos também a declaração da variável **p3**. Note que (***p3**) está dentro de parênteses. Isso significa que estamos colocando ênfase na declaração do ponteiro. Na sequência, existe também a definição do tamanho de um array. Como apenas o ponteiro está dentro de parênteses, isso significa para o compilador que estamos declarando um **ponteiro para um "array de 10 inteiros", o que indica** que a declaração das variáveis **p2** e **p3** é equivalente.

Por fim, temos a declaração da variável **p4**. Apesar de semelhante à declaração de **p3**, note que não existem parênteses colocando ênfase na declaração do ponteiro, o que demonstra para o compilador que estamos declarando um **array de 10 "ponteiros para inteiros"**.

 Cuidado ao misturar ponteiros e arrays numa mesma declaração. Nas declarações **int** (*p3)[10]; e **int** *p4[10];, **p3** é um ponteiro para um "array de 10 inteiros", enquanto **p4** é um array de 10 "ponteiros para inteiros".

13.10.2 Ponteiro para função

Vimos, nas seções anteriores, que as variáveis são espaços reservados da memória utilizados para guardar nossos dados. Já um programa é, na verdade, um conjunto de instruções armazenadas na memória, juntamente com seus dados. Vimos também que uma função nada mais é do que um bloco de código (ou seja, declarações e outros comandos) que pode ser nomeado e chamado de dentro de um programa.

 Uma função também é um conjunto de instruções armazenadas na memória. Portanto, podemos acessar uma função por meio de um ponteiro que aponte para onde a função está na memória.

A principal vantagem de se declarar um ponteiro para uma função é a construção de códigos genéricos. Pense na ordenação de números: podemos definir um algoritmo que ordene números inteiros e querer reutilizar essa implementação para ordenar outros tipos de dados (por exemplo, strings). Em vez de reescrever toda a função de ordenação, podemos passar para essa função o ponteiro da função de comparação que desejamos utilizar para cada tipo de dado.

 Ponteiros permitem fazer uma chamada indireta à função e passá-la como parâmetro para outras funções. Isso é muito útil na implementação de algoritmos genéricos em C.

Declarando um ponteiro para uma função

Em linguagem C, a declaração de um ponteiro para uma função segue esta forma geral:

```
tipo_retornado (*nome_do_ponteiro)(lista_de_tipos);
```

 O **nome_do_ponteiro** deve sempre ser colocado entre parênteses juntamente com o **asterisco**: **(*nome_do_ponteiro)**.

Isso é necessário para evitar confusões com a declaração de funções que retornem ponteiros. Por exemplo,

```
tipo_retornado *nome_da_função(lista_de_parâmetros);
```

é uma função que retorna um ponteiro do **tipo_retornado**, enquanto

```
tipo_retornado (*nome_do_ponteiro)(lista_de_tipos);
```

é um ponteiro para funções que retornam **tipo_retornado**.

 Um ponteiro para funções só pode apontar para funções que possuam o mesmo protótipo.

Temos agora que **nome_do_ponteiro** é um ponteiro para funções. Mas não para qualquer função, apenas para funções que possuam o mesmo protótipo definido para o ponteiro. Assim, se declararmos um ponteiro para funções como sendo

```
int (*ptr)(int, int);
```

ele poderá ser apontado para qualquer função que receba dois parâmetros inteiros (independentemente de seus nomes) e retorne um valor inteiro:

```c
int soma(int x, int y);
```

Apontando um ponteiro para uma função

 Ponteiros não inicializados apontam para um lugar indefinido.

Como qualquer outro ponteiro, quando um ponteiro de função é declarado, ele não possui um endereço associado. Qualquer tentativa de uso desse ponteiro causa comportamento indefinido no programa. O ponteiro para função também pode ser inicializado com a constante **NULL**, o que indica que aquele ponteiro aponta para uma posição de memória inexistente, ou seja, nenhuma função.

> O **nome** de uma função é seu **endereço na memória**. Basta atribuí-lo ao ponteiro para que ele aponte para a função na memória. O operador de & não é necessário.

```c
01  #include <stdio.h>
02  #include <stdlib.h>
03  int max(int a, int b){
04     return (a > b) ? a : b;
05  }
06  int main(){
07     int x,y,z;
08     int (*p)(int,int);
09     printf("Digite 2 numeros: ");
10     scanf("%d %d",&x,&y);
11     //ponteiro recebe endereco da função
12     p = max;
13     z = p(x,y);
14     printf("Maior = %d\n",z);
15     system("pause");
16     return 0;
17  }
```

Lembre-se: Quando criamos uma função, o computador a guarda em um espaço reservado de memória. Ao nome que damos a essa função o computador associa o endereço do espaço que reservou na memória para guardá-la. Assim, basta atribuir o nome da função ao ponteiro para que ele passe a apontar para a função na memória (**linha 12 do exemplo anterior**).

 Para usar a função apontada por um ponteiro, basta utilizar o nome do ponteiro como se fosse o nome da função.

Pode-se ver um exemplo de uso da função apontada na **linha 13 do exemplo anterior**. Nele, utilizamos o ponteiro **p** como se ele fosse um outro nome ou um sinônimo para a função **max()**. Na Figura 13.37 é possível ver outro exemplo de uso de ponteiros para funções.

Exemplo: ponteiro para função

```
01  #include <stdio.h>
02  #include <stdlib.h>
03  int soma(int a, int b){return a + b;}
04  int subtracao(int a, int b){return a - b;}
05  int produto(int a, int b){return a * b;}
06  int divisao(int a, int b){return a / b;}
07  int main(){
08    int x,y;
09    int (*p)(int,int);
10    char ch;
11    printf("Digite uma operacao matematica (+,-,*,/): ");
12    ch = getchar();
13    printf("Digite 2 numeros: ");
14    scanf("%d %d",&x,&y);
15    switch(ch){
16      case '+': p = soma; break;
17      case '-': p = subtracao; break;
18      case '*': p = produto; break;
19      case '/': p = divisao; break;
20      default: p = NULL;
21    }
22    if(p!=NULL)
23      printf("Resultado = %d\n",p(x,y));
24    else
25      printf("Operacao invalida\n");
26    system("pause");
27    return 0;
28  }
```

FIGURA 13.37

Passando um ponteiro para função como parâmetro

Como dito anteriormente, a principal vantagem de se declarar um ponteiro para uma função é permitir a construção de códigos genéricos. Isso ocorre porque esses ponteiros permitem fazer uma chamada indireta à função, de modo que possam ser passados como parâmetro para outras funções. Vamos lembrar como é a declaração de um ponteiro para uma função. A sua forma geral é:

```
tipo_retornado (*nome_do_ponteiro)(lista_de_tipos);
```

Agora, se quisermos declarar uma função que possa receber um ponteiro para função como parâmetro, tudo o que devemos fazer é incorporar a declaração de um ponteiro para uma função dentro da declaração dos parâmetros da função. Considere o seguinte ponteiro para função:

```
int (*ptr)(int, int);
```

Se quisermos passar esse ponteiro para uma outra função, devemos declarar esse ponteiro na sua lista de parâmetros:

```
int executa(int (*ptr)(int, int), int x, int y);
```

Temos agora que a função **executa()** recebe três parâmetros:

- **ptr**: um ponteiro para uma função que receba dois parâmetros inteiros e retorne um valor inteiro.
- **x**: um valor inteiro.
- **y**: outro valor inteiro.

Na Figura 13.38 podemos ver um exemplo de uso dessa função.

Exemplo: passando um ponteiro para função como parâmetro

```
01  #include <stdio.h>
02  #include <stdlib.h>
03  int soma(int a, int b){return a + b;}
04  int subtracao(int a, int b){return a - b;}
05  int produto(int a, int b){return a * b;}
06  int divisao(int a, int b){return a / b;}
07  int executa(int (*p)(int,int), int x, int y) { return p(x,y);}
08  int main(){
09    int x,y;
10    int (*p)(int,int);
11    char ch;
12    printf("Digite uma operacao matematica (+,-,*,/): ");
13    ch = getchar();
14    printf("Digite 2 numeros: ");
15    scanf("%d %d",&x,&y);
16    switch(ch){
17      case '+': p = soma; break;
18      case '-': p = subtracao; break;
19      case '*': p = produto; break;
20      case '/': p = divisao; break;
21      default: p = NULL;
22    }
23    if(p!=NULL)
24        printf("Resultado = %d\n",executa(p,x,y));
25    else
26        printf("Operacao invalida\n");
27    system("pause");
28    return 0;
29  }
```

FIGURA 13.38

Criando um array de ponteiros para função

Vamos relembrar a declaração de arrays. Para declarar uma variável, a forma geral era:

```
tipo nome;
```

Para declarar um array, basta indicar, entre colchetes, o tamanho do array que queremos criar:

```
tipo nome[tamanho];
```

 Para declarar um array de ponteiros para funções, o princípio é o mesmo usado na declaração de arrays dos tipos básicos: basta indicar na declaração o seu tamanho entre colchetes para transformar essa declaração na declaração de um array.

A declaração de arrays de ponteiros para funções funciona exatamente da mesma maneira que a declaração para outros tipos, ou seja, basta indicar na declaração do ponteiro para função o seu tamanho entre colchetes:

```
//ponteiro para função
tipo_retornado (*nome_do_ponteiro)(lista_de_tipos);
//arrays de ponteiros para função com tamanho elementos
tipo_retornado (*nome_do_ponteiro [tamanho])(lista_de_tipos);
```

Feito isso, cada posição do array pode agora apontar para uma função diferente, como mostra o exemplo da Figura 13.39.

```
Exemplo: array de ponteiro para função
01  #include <stdio.h>
02  #include <stdlib.h>
03  int soma(int a, int b){return a + b;}
04  int subtracao(int a, int b){return a - b;}
05  int produto(int a, int b){return a * b;}
06  int divisao(int a, int b){return a / b;}
07  int main(){
08    int x,y,indice = -1;
09    int (*p[4])(int,int);
10    p[0] = soma;
11    p[1] = subtracao;
12    p[2] = produto;
13    p[3] = divisao;
14    char ch;
15    printf("Digite uma operacao matematica (+,-,*,/): ");
16    ch = getchar();
17    printf("Digite 2 numeros: ");
18    scanf("%d %d",&x,&y);
19    switch(ch){
20      case '+': indice = 0; break;
21      case '-': indice = 1; break;
22      case '*': indice = 2; break;
23      case '/': indice = 3; break;
24      default: indice = -1;
25    }
26    if(indice >= 0)
27      printf("Resultado = %d\n",p[indice](x,y));
28    else
29      printf("Operacao invalida\n");
30    system("pause");
31    return 0;
32  }
```

FIGURA 13.39

13.11 DIRETIVAS DE COMPILAÇÃO

As diretivas de compilação são instruções incluídas dentro do código-fonte do programa, mas que não são compiladas. Sua função é fazer alterações no código-fonte antes de enviá-lo para o compilador. Um exemplo dessas diretivas de compilação é o comando **#define**, que usamos para declarar uma constante na Seção 2.5.2. Basicamente, essa diretiva informa ao compilador que ele deve procurar todas as ocorrências de determinada palavra e substituí-la por outra quando o programa for compilado.

As principais diretivas de compilação são:

Lista de diretivas de compilação			
#include	#define	#undef	#ifdef
#ifndef	#if	#endif	#else
#elif	#line	#error	#pragma

Note que todas as diretivas de compilação se iniciam com o caractere #. Elas podem ser declaradas em qualquer parte do programa, porém duas diretivas não podem ser colocadas na mesma linha.

13.11.1 O comando #include

O comando **#include** já foi visto em detalhes na Seção 1.6. Ele é utilizado para declarar as bibliotecas que serão usadas pelo programa. Basicamente, esse comando diz ao pré-processador para tratar o conteúdo de um arquivo especificado como se houvesse sido digitado no programa no ponto em que o comando **#include** aparece.

13.11.2 Definindo macros: #define e #undef

Um exemplo dessas diretivas de compilação é o comando **#define**, que usamos para declarar uma constante na Seção 2.5.2. Basicamente, essa diretiva informa ao compilador que ele deve procurar todas as ocorrências de determinada expressão e substituí-la por outra quando o programa for compilado.

O comando **#define** permite três sintaxes:

```
#define nome

#define nome_da_constante valor_da_constante

#define nome_da_macro(lista_de_parâmetros) expressão
```

Definindo símbolos com **#define**

O primeiro uso possível do comando **#define** é simplesmente definir um **nome** que poderá ser testado mais tarde com os comandos de inclusão condicional, como mostra o exemplo da Figura 13.40.

Exemplo: inclusão condicional com #define	
Com #define	Sem #define

```
01  #include <stdio.h>          #include <stdio.h>
02  #include <stdlib.h>         #include <stdlib.h>
03  #define valor
04  int main(){                 int main(){
05    #ifdef valor                #ifdef valor
06      printf("Definido\n");       printf("Definido\n");
07    #else                       #else
08      printf("NAO definido\n");    printf("NAO definido\n");
09    #endif                      #endif
10    system("pause");            system("pause");
11    return 0;                   return 0;
12  }                           }
```

FIGURA 13.40

Nesse exemplo, o código da esquerda exibirá a mensagem **"Definido"** porque definimos o símbolo **valor** como comando **#define**. Já o código à direita exibirá a mensagem **"NÃO definido"** porque em nenhum momento se definiu qual era o símbolo **valor**.

Definindo constantes com **#define**

A segunda forma de utilizar o comando **#define** já foi usada para declarar uma constante na Seção 2.5.2. Basicamente, essa diretiva informa ao compilador que ele deve procurar todas as ocorrências de determinada expressão **nome_da_constante** e substituí-la por **valor_da_constante** quando o programa for compilado, como mostra o exemplo da Figura 13.41.

Exemplo: constantes com #define

```
01   #include <stdio.h>
02   #include <stdlib.h>
03   #define PI 3.1415
04   int main(){
05     printf("Valor de PI = %f\n",PI);
06     system("pause");
07     return 0;
08   }
```

FIGURA 13.41

O uso da diretiva de compilação **#define** permite declarar uma "constante" que possa ser utilizada como o tamanho dos arrays ao longo do programa, bastando mudar o valor da diretiva para redimensionar todos os arrays em uma nova compilação do programa:

```
#define TAMANHO 100
...
int VET[TAMANHO];
float mat[TAMANHO][TAMANHO];
```

Definindo funções macros com **#define**

A terceira e última forma de usar o comando **#define** serve para declarar **funções macros**: uma espécie de declaração de função em que são informados o nome e os parâmetros da função como sendo o nome da macro e o trecho de código equivalente a ser utilizado na substituição. Na Figura 13.42 tem-se um exemplo.

Exemplo: criando uma macro com #define

```
     Com macro                        Sem macro

01   #include <stdio.h>               #include <stdio.h>
02   #include <stdlib.h>              #include <stdlib.h>
03   #define maior(x,y) x>y?x:y
04   int main(){                      int main(){
05     int a = 5;                       int a = 5;
06     int b = 8;                       int b = 8;
07     int c = maior(a,b);              int c = a>b?a:b;
08     printf("Maior valor = %d\n",c);  printf("Maior valor = %d\n",c);
09     system("pause");                 system("pause");
10     return 0;                        return 0;
11   }                                }
```

FIGURA 13.42

Nesse exemplo, o código da esquerda substituirá a expressão **maior(a,b)** pela macro **x > y?x:y**, trocando o valor de **x** por **a** e o valor de **y** por **b**, ou seja, **a > b?a:b**.

 É aconselhável sempre colocar, na sequência de substituição, os parâmetros da macro entre parênteses. Isso serve para preservar a precedência dos operadores.

Considere o exemplo da Figura 13.43.

```
                    Exemplo: macros com parênteses
01   #include <stdio.h>
02   #include <stdlib.h>
03   #define prod1(x,y)  x*y;
04   #define prod2(x,y)  (x)*(y);
05   int main(){
06      int a = 1, b = 2;
07      int c = prod1(a+2,b);
08      int d = prod2(a+2,b);
09      printf("Valor de c = %d\n",c);
10      printf("Valor de d = %d\n",d);
11      system("pause");
12      return 0;
13   }
```

FIGURA 13.43

Quando as macros forem substituídas, as variáveis **c** e **d** serão preenchidas com os seguintes valores:

```
int a = 1, b = 2;
int c = a + 2 * b;
int d = (a + 2) * (b);
```

Nesse exemplo, teremos a variável **c = 5** enquanto **d = 6**. Isso acontece porque **uma macro não é uma função**, mas uma substituição de sequências de comandos. O valor de **a + 2** não é calculado antes de ser chamada a macro, mas colocado no lugar do parâmetro **x**. Como a macro **prod1** não possui parênteses nos parâmetros, a multiplicação será executada antes da operação de soma. Já na macro **prod2**, os parênteses garantem que a soma seja feita antes da operação de multiplicação.

 Dependendo da macro criada, pode ser necessário colocar a **expressão** entre chaves ({ }).

As macros permitem criar funções que podem ser utilizadas para qualquer tipo de dado. Isso é possível porque a macro permite que identifiquemos como um dos seus parâmetros o tipo das variáveis utilizadas. Se porventura tivermos que declarar uma variável para esse tipo dentro da expressão que substituirá a macro, o uso de chaves ({ }) será necessário, como mostra o exemplo da Figura 13.44.

Exemplo: criando uma macro com #define e chaves ({ })

```
01   #include<stdio.h>
02   #include<stdlib.h>
03   #define TROCA(a,b,c) {c t=a; a=b; b=t;}
04   int main(){
05     int x=10;
06     int y=20;
07     printf("%d %d\n", x, y);
08     TROCA(x, y, int);
09     printf("%d %d\n", x, y);
10     system("pause");
11     return 0;
12   }
```

FIGURA 13.44

Nesse exemplo, foi criada uma macro que troca os valores de duas variáveis de lugar. Para realizar essa tarefa, é necessário declarar uma terceira variável que dará suporte à operação. Essa é a variável **t** da macro, a qual é do tipo **c**. Para que não ocorram conflitos de nomes de variáveis, essa variável **t** deve ser criada em um novo escopo, o qual é definido pelo par de { }. Desse modo, a variável **t** será criada para o tipo **c** (que será substituído por **int**) apenas para aquele escopo da macro, sendo destruída na sequência.

Funções macro com mais de uma linha

 De modo geral, uma função macro deve ser escrita toda em uma única linha. Porém, pode-se escrevê-la usando mais de uma linha adicionando uma barra (\) ao final de cada linha da macro.

Desse modo, a macro anteriormente criada

```
#define TROCA(a,b,c) { c t = a; a = b; b = t;}
```

pode ser reescrita como

```
#define TROCA(a,b,c) { c t = a; \
a = b; \
b = t;}
```

Operadores especiais: # e

 Definições de funções macro aceitam dois operadores especiais (# e ##) na sequência de substituição: # permite transformar um texto em **string**, enquanto ## concatena duas expressões.

Se o operador # é colocado antes de um parâmetro na sequência de substituição, isso significa que o parâmetro deverá ser interpretado como se estivesse entre aspas duplas, ou seja, será considerado uma **string** pelo compilador. Já o operador ##, quando colocado entre dois parâmetros na sequência de substituição, faz com que os dois parâmetros da macro sejam concatenados, ignorando os espaços em branco entre eles) e interpretados como um comando só. Veja os exemplos da Figura 13.45.

Exemplo: usando os operadores especiais # e ##	
Operador #	**Operador ##**

```
01   #include<stdio.h>                #include<stdio.h>
02   #include<stdlib.h>               #include<stdlib.h>
03   #define str(x) #x                #define concatena(x,y) x ## y
04   int main(){                      int main(){
05    printf(str(Teste!\n));           concatena(print,f)("Teste!\n");
06    system("pause");                 system("pause");
07    return 0;                        return 0;
08   }                                }
```

FIGURA 13.45

Nesse exemplo, o código da esquerda substituirá a expressão **str(Teste!\n)** pela string **"Teste!\n"**. Já o código da direita substituirá a expressão **concatena(print,f)** pela concatenação dos parâmetros, ou seja, o comando **printf**.

Apagando uma definição: **#undef**

Por fim, temos a diretiva **#undef**, que possui a seguinte forma geral:

```
#undef nome_da_macro
```

Basicamente, essa diretiva é utilizada sempre que desejamos apagar a definição da macro **nome_da_macro** da tabela interna que as guarda. Em outras palavras, remove a definição de uma macro para que ela possa ser redefinida.

> ℹ️ Enquanto a diretiva **#define** cria a definição de uma macro, a diretiva **#undef** remove a definição da macro para que ela não seja mais usada ou para que possa ser redefinida.

```
01   #include <stdio.h>
02   #include <stdlib.h>
03   #define valor 10
04   int main(){
05    printf("Valor = %d\n",valor);
06    #undef valor
07    #define valor 20
08    printf("Novo valor = %d\n",valor);
09    system("pause");
10    return 0;
11   }
```

13.11.3 Diretivas de inclusão condicional

O pré-processador da linguagem C também possui estruturas condicionais: são as diretivas de inclusão condicional. Elas permitem incluir ou descartar parte do código de um programa sempre que determinada condição é satisfeita.

Diretivas **#ifdef** e **#ifndef**

Comecemos pelas diretivas **#ifdef** e **#ifndef**. Essas diretivas permitem verificar se determinada macro foi previamente definida (**#ifdef**) ou não (**#ifndef**). A sua forma geral é:

```
#ifdef nome_do_símbolo
  código
#endif
```

E:

```
#ifndef nome_do_símbolo
código
#endif
```

Na Figura 13.46 é possível ver um exemplo para as diretivas **#ifdef** e **#ifndef**.

Exemplo: usando as diretivas #ifdef e #ifndef	
Com #ifdef	**com #ifndef**

```
01   #include<stdio.h>              #include<stdio.h>
02   #include<stdlib.h>             #include<stdlib.h>
03   #define TAMANHO 100
04   int main(){                    int main(){
05     #ifdef TAMANHO                 #ifndef TAMANHO
06                                    #define TAMANHO 100
07     int vetor[TAMANHO];           int vetor[TAMANHO];
08     #endif                         #endif
09     system("pause");              system("pause");
10     return 0;                     return 0;
11   }                              }
```

FIGURA 13.46

No exemplo anterior, o código da esquerda verificará com a diretiva **#ifdef** se a macro **TAMA-NHO** foi definida. Como ela foi definida, o programa criará um array de inteiros com **TAMANHO** elementos. Já o código da direita não possui a macro **TAMANHO** definida. Por isso usamos a diretiva **#ifndef** para verificar se a macro **TAMANHO** NÃO foi definida. Como ela NÃO foi, o programa executará a diretiva **#define** para definir a macro **TAMANHO** para somente em seguida criar um array de inteiros com **TAMANHO** elementos.

 A diretiva **#endif** serve para indicar o fim de uma diretiva de inclusão condicional do tipo **#ifdef**, **#ifndef** e **#if**.

Diretivas **#if**, **#else** e **#elif**

As diretivas **#if**, **#else** e **#elif** são utilizadas para especificar algumas condições a serem cumpridas para que determinada parte do código seja compilada. As diretivas **#if** e **#else** são equivalentes aos comandos condicionais **if** e **else**. A forma geral dessas diretivas é:

```
#if condição
  sequência de comandos
#else
  sequência de comandos
#endif
```

A diretiva **#else** é opcional quando usamos a diretiva **#if**. Exatamente como o comando **else**, é opcional no uso do comando **if**.

Já a diretiva **#elif** serve para criar um aninhamento de diretivas **#if**. Ela é utilizada sempre que desejamos usar novamente a diretiva **#if** dentro de uma diretiva **#else**. A forma geral dessa diretiva é:

```
#if condição1
    sequência de comandos
#elif condição2
    sequência de comandos
#else
    sequência de comandos
#endif
```

 Como no caso da diretiva **#else**, a diretiva **#elif** também é opcional quando usamos a diretiva **#if**. Como a diretiva **#elif** testa uma nova condição, ela também pode ser seguida pela diretiva **#else** ou outra **#elif**, ambas opcionais.

Na Figura 13.47 é possível ver um exemplo do uso das diretivas **#if**, **#else** e **#elif**.

Exemplo: usando as diretivas diretivas #if, #else e #elif

```
01  #include <stdio.h>
02  #include <stdlib.h>
03  #define TAMANHO 55
04
05  #if TAMANHO > 100
06  #undef TAMANHO
07  #define TAMANHO 100
08  #elif TAMANHO < 50
09  #undef TAMANHO
10  #define TAMANHO 50
11  #else
12  #undef TAMANHO
13  #define TAMANHO 75
14  #endif
15  int main(){
16      printf("Valor de TAMANHO = %d\n",TAMANHO);
17      system("pause");
18      return 0;
19  }
```

FIGURA 13.47

Para entender esse exemplo, imagine que a diretiva **#define** possa ser reescrita atribuindo diferentes valores para a macro **TAMANHO**. Se **TAMANHO** for maior do que 100, a diretiva **#if** será executada e um novo valor para **TAMANHO** será definido (100). Caso contrário, a condição da diretiva **#elif** será testada. Nesse caso, se **TAMANHO** for menor do que 50, a sequência de comandos da diretiva **#elif** será executada e um novo valor para **TAMANHO** será definido (50). Se a condição da diretiva **#elif** também for falsa, a sequência de comandos da diretiva **#else** será executada e um novo valor para **TAMANHO** será definido (75).

 As diretivas **#if** e **#elif** só podem ser utilizadas para avaliar **expressões constantes**.

Como o código ainda não foi compilado, as diretivas **#if** e **#elif** não resolverão expressões matemáticas dentro da condição, apenas farão comparações de valores já definidos, ou seja, constantes.

13.11.4 Controle de linha: #line

Sempre que ocorre um erro durante a compilação de um programa, o compilador mostra a mensagem relativa ao erro. Além dessa mensagem, o compilador também exibe o nome do arquivo em que o erro ocorreu e em qual linha desse arquivo. Isso facilita a busca de onde o erro se encontra no nosso programa.

A diretiva **#line**, cuja forma geral é

```
#line numero_da_linha nome_do_arquivo
```

permite controlar o número da linha (**numero_da_linha**) e o nome do arquivo (**nome_do_arquivo**) no qual o erro ocorreu. O parâmetro **nome_do_arquivo** é opcional e, se não for definido, o compilador usará o próprio nome do arquivo. Veja o exemplo da Figura 13.48.

```
                    Exemplo: diretiva #line
01    #include <stdio.h>
02    #include <stdlib.h>
03
04    int main(){
05      #line 5 "Erro de atribuicao"
06      float a=;
07      printf("Valor de a = %f\n",a);
08      printf("PI = %f\n",PI);
09      system("pause");
10      return 0;
11    }
```

FIGURA 13.48

Nesse exemplo, declaramos a diretiva **#line** logo acima da declaração de uma variável. Note que existe um erro de atribuição na variável (a linha 6). Durante o processo de compilação, o compilador acusará um erro, porém, em vez de afirmar que o erro se encontra na linha 6, ele informará que o erro se encontra na linha 5. Além disso, em vez de exibir o nome do arquivo no qual o erro ocorreu, o compilador exibirá a mensagem **"Erro de atribuicao"**.

13.11.5 Diretiva de erro: #error

A diretiva **#error** segue a seguinte forma geral:

```
#error texto
```

Basicamente, essa diretiva aborta o processo de compilação do programa sempre que ela for encontrada. Como resultado, ela gera a mensagem de erro especificada pelo parâmetro **texto**. Veja o exemplo da Figura 13.49.

```
Exemplo: diretiva #error

01   #include <stdio.h>
02   #include <stdlib.h>
03
04   #ifndef PI
05   #error O valor de PI nao foi definido
06   #endif
07
08   int main(){
09     printf("PI = %f\n",PI);
10     system("pause");
11     return 0;
12   }
```

FIGURA 13.49

Nesse exemplo, em nenhum momento a macro **PI** foi definida. Portanto, o processo de compilação será abortado devido à falta da macro **PI** (linhas 4 a 6), e a mensagem de erro **"O valor de PI nao foi definido"** será exibida para o programador.

13.11.6 A diretiva #pragma

A diretiva **#pragma** é comumente utilizada para especificar diversas opções do compilador.

 A diretiva **#pragma** é específica do compilador. Se um argumento utilizado em conjunto com essa diretiva não for suportado pelo compilador, será ignorada e nenhum erro será gerado.

Para poder utilizar de modo adequado e saber os possíveis parâmetros que você pode definir com a diretiva **#pragma**, consulte o manual de referência do seu compilador.

13.11.7 Diretivas predefinidas

A linguagem C possui algumas macros predefinidas:

- **__LINE__** : retorna um valor inteiro que representa a linha onde a macro foi chamada no arquivo de código-fonte a ser compilado.
- **__FILE__** : retorna uma string contendo o caminho e o nome do arquivo-fonte a ser compilado.
- **__DATE__** : retorna uma string contendo a data de compilação do arquivo de código-fonte no formato "Mmm dd yyyy".
- **__TIME__** : retorna uma string contendo a hora de compilação do arquivo de código-fonte no formato "hh:mm:ss".

13.11.8 Limites dos tipos básicos

A linguagem C possui algumas macros predefinidas que estabelecem os limites para os tipos básicos. Na biblioteca **limits.h** temos as macros que definem os limites para os tipos inteiros:

- **CHAR_BIT**: número de bits em um **char**
- **CHAR_MAX**: maior valor possível para um **char**
- **CHAR_MIN**: menor valor possível para um **char**
- **INT_MAX**: maior valor possível para um **int**
- **INT_MIN**: menor valor possível para um **int**
- **LONG_MAX**: maior valor possível para um **long**
- **LONG_MIN**: menor valor possível para um **long**
- **SCHAR_MAX**: maior valor possível para um **signed char**
- **SCHAR_MIN**: menor valor possível para um **signed char**
- **SHRT_MAX**: maior valor possível para um **short**
- **SHRT_MIN**: menor valor possível para um **short**
- **UCHAR_MAX**: maior valor possível para um **unsigned char**
- **UINT_MAX**: maior valor possível para um **unsigned int**
- **ULONG_MAX**: maior valor possível para um **unsigned long**
- **USHRT_MAX**: maior valor possível para um **unsigned short**

Na biblioteca **float.h** temos as macros que definem os limites para os tipos de ponto flutuante:

- **FLT_RADIX**: raiz (base inteira) usada na representação de ponto flutuante
- **FLT_ROUNDS**: modo de arredondamento para ponto-flutuante
- **FLT_DIG**: número de dígitos decimais de precisão (**float**)
- **FLT_EPSILON**: menor valor de x tal que $1.0 + x \neq 1.0$ (**float**)
- **FLT_MANT_DIG**: número de dígitos na mantissa (**float**)
- **FLT_MAX**: maior valor possível (**float**)
- **FLT_MAX_EXP**: maior expoente possível (**float**)
- **FLT_MIN**: menor valor possível (**float**)
- **FLT_MIN_EXP**: menor expoente possível (**float**)
- **DBL_DIG**: número de dígitos decimais de precisão (**double**)
- **DBL_EPSILON**: menor valor de x tal que $1.0 + x \neq 1.0$ (**double**)
- **DBL_MANT_DIG**: número de dígitos na mantissa (**double**)
- **DBL_MAX**: maior valor possível (**double**)
- **DBL_MAX_EXP**: maior expoente possível (**double**)
- **DBL_MIN**: menor valor possível (**double**)
- **DBL_MIN_EXP**: menor expoente possível (**double**)
- **LDBL_DIG**: número de dígitos decimais de precisão (**long double**)
- **LDBL_EPSILON**: menor valor de x tal que $1.0 + x \neq 1.0$ (**long double**)
- **LDBL_MANT_DIG**: número de dígitos na mantissa (**long double**)
- **LDBL_MAX**: maior valor possível (**long double**)
- **LDBL_MAX_EXP**: maior expoente possível (**long double**)
- **LDBL_MIN**: menor valor possível (**long double**)
- **LDBL_MIN_EXP**: menor expoente possível (**long double**)

13.12 ALINHAMENTO E PREENCHIMENTO

A "palavra" é a unidade de dados do computador. Quando um computador lê dados da memória, ele o faz sempre usando o tamanho da "palavra" definida na arquitetura do sistema:

- 4 bytes em um sistema 32-bits
- 8 bytes em um sistema 64-bits

Imagine que vamos armazenar um inteiro na memória (4 bytes) em um sistema 32 bits, como mostra a Figura 13.50. Note que o tipo **int** ocupa perfeitamente o tamanho da palavra.

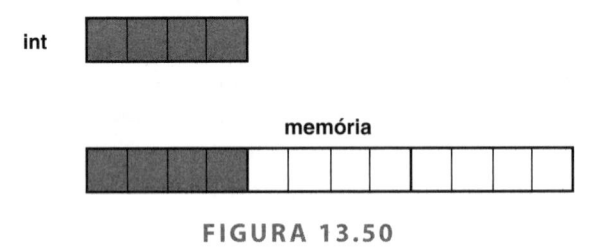

FIGURA 13.50

Agora imagine que vamos armazenar um **char** (1 byte), um **short** (2 byte) e um **int** (4 bytes) na memória, como mostra a Figura 13.51. Note que agora o tipo **int** está dividido em duas palavras, ou seja, para acessá-lo será preciso dois acessos à memória, além de algumas operações bit-a-bit, o que diminui o desempenho do sistema.

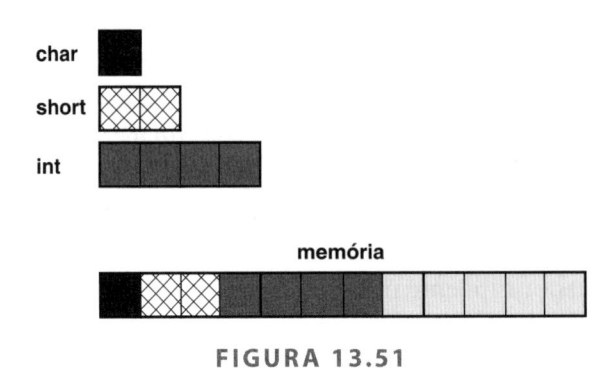

FIGURA 13.51

 De modo a facilitar o acesso aos dados, o sistema faz-se uso do **alinhamento** e **preenchimento** de dados.

O **alinhamento** faz com que o endereço dos dados sempre esteja em uma posição de memória que é múltiplo do tamanho da "palavra" do sistema. Isso impacta no desempenho e funcionamento correto do programa:

- Acesso mais rápido a memória.
- Facilita a geração de endereços de memória.
- Sem alinhamento, mais acessos podem ser necessários para recuperar um dado.

Para fazer o alinhamento dos dados, pode ser necessário inserir alguns bytes não nomeados entre os dados. A isso se dá o nome de **preenchimento** ou *padding*. A Figura 13.52 mostra o armazenamento de um **char** (1 byte), um **short** (2 byte) e um **int** (4 bytes) na memória quando sujeitos ao **alinhamento** e **preenchimento** de dados.

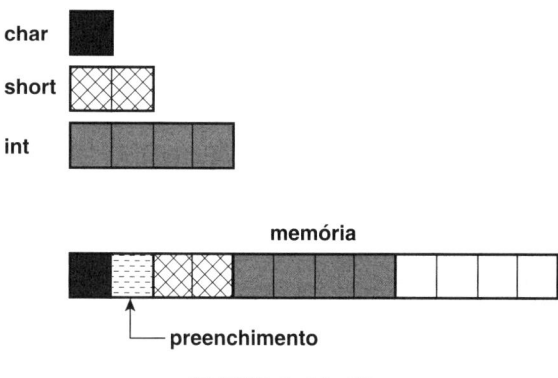

FIGURA 13.52

13.12.1 Alinhamento e preenchimento de estruturas

O alinhamento e o preenchimento de estruturas dizem respeito ao alinhamento de memória sequencial dentro de uma **struct**. Tome como exemplo a **struct** da Figura 13.53. Perceba que o tamanho da estrutura não é igual à soma dos tamanhos de seus membros. Isso ocorre porque a **struct** foi preenchida com 3 bytes extras para satisfazer restrições de alinhamento após a declaração do primeiro **char**, como mostrado na Figura 13.54.

Exemplo: tamanho de uma struct e de seus membros

```
01   #include <stdio.h>
02
03   struct st1{
04       char c;
05       int x;
06   };
07
08   int main(){
09
10       printf("char = %d\n", sizeof(char));
11       printf("int = %d\n", sizeof(int));
12       printf("struct st1 = %d\n", sizeof(struct st1));
13       return 0;
14
15   }
```

```
Saída    char = 1
         int = 4
         struct st1 = 8
```

FIGURA 13.53

struct	struct preenchida e alinhada
01 `struct st1{` 02 `char c;` 03 `int x;` 04 `};` 05 06	01 `struct st1{` 02 `char c;` 03 `//adiciona 3 bytes extras` 04 `//char pad[3];` 05 `int x;` 06 `};`

FIGURA 13.54

 Na Figura **13.54**, mesmo que não tivéssemos o tipo **int** para alinhar após o **char**, ainda precisaríamos inserir 3 bytes após o **char**.

Isso ocorre porque diferentes tipos de dados podem ter diferentes regras de alinhamento:

- Caracteres não têm preferência de alinhamento. Podem ser colocados no meio ou no final de uma palavra.
- Tipo **short**: alinhamento de 2 bytes.
- Tipo **int** e **float**: alinhamento de 4 bytes.
- Tipo **double**: alinhamento de 8 bytes.

Além disso, essas regras de alinhamento permitem que os membros de um array de **struct** fiquem adequadamente alinhados, facilitando a leitura. A Figura 13.55 mostra alguns exemplos de alinhamento.

struct

01 `struct st1{// 5 bytes?`
02   `int p; // 4 bytes`
03   `char c; // 1 byte`
04 `};`
05
06 `struct st2{// 3 bytes?`
07   `short s; // 2 bytes`
08   `char c; // 1 byte`
09 `};`

struct preenchida e alinhada

01 `struct st1{// 8 bytes!`
02   `int p; // 4 bytes`
03   `char c; // 1 byte`
04   `//adiciona 3 bytes extras`
05   `//char pad[3];`
06 `};`
07
08 `struct st2{// 4 bytes!`
09   `short s; // 2 bytes`
10   `char c; // 1 byte`
11   `//adiciona 1 byte extra`
12   `//char pad;`
13 `};`

FIGURA 13.55

Em geral, os campos da **struct** seguem o alinhamento do maior campo.

Para o compilador, esta é a forma mais fácil de garantir que todos os campos da **struct** estão alinhados.

 No caso de alinhamento de estruturas, os campos da estrutura mais interna também irão se alinhar com o maior campo do alinhamento.

Ou seja, todos os campos da estrutura alinhada também estão sujeitos às regras de alinhamento pelo maior campo, independente se o maior campo está numa estrutura mais interna ou externa. Por exemplo, na Figura 13.56, todos os campos irão se alinhar com relação ao campo do tipo **int**.

struct
|```
01    struct st2{// 5 bytes?
02      char c;// 1 byte
03      int s;// 4 bytes
04    };
05
06    struct st1{// 7 bytes?
07      short k;// 2 bytes
08      struct st2 x;// 5 byte
09    };
```|
| **struct preenchida e alinhada** |
|```
01    struct st2{// 8 bytes!
02      char c;// 1 byte
03      //adiciona 3 bytes extra
04      //char pad[3];
05      int s;// 4 bytes
06    };
07
08    struct st1{// 12 bytes!
09      short k;// 2 bytes
10      //adiciona 2 bytes extra
11      //char pad[2];
12      struct st2 x;// 8 bytes
13    };
```|

FIGURA 13.56

13.12.2 Alinhamento e preenchimento de estruturas com campo de bits

Campos de bits (*bitfields*) permitem acessar diretamente os bits, ou um único bit, dentro de um byte, sem fazer uso dos operadores bit a bit.

A Figura 13.57 mostra um exemplo de **struct** com **campos de bits**. Neste caso, devemos seguir o alinhamento pelo maior membro (**int**). Os campos de bits se comportam como 4 bytes (32 bits), mas apenas 12 bits são usados.

struct
| ```
01   struct st1{// 6 bytes?
02     short s;// 2 bytes
03     char c;// 1 byte
04     // 12 bits (1 + 4 + 7) = 3 bytes
05     int bf1:1;
06     int bf2:4;
07     int bf3:7;
08   };
``` |

struct preenchida e alinhada
| ```
01   struct st1{// 8 bytes!
02     short s;// 2 bytes
03     char c;// 1 byte
04     //adiciona 1 byte extra
05     //char pad1;
06     int bf1:1;
07     int bf2:4;
08     int bf3:7;// 12 bits (1 + 4 + 7)
09     //adiciona 20 bits extra = 4 bytes (12 + 20)
10     //int pad2:20;
11   };
``` |

FIGURA 13.57

 Campos de bits não podem ultrapassar o tamanho da "palavra" do sistema.

Isso significa que os campos de bits devem sempre estar contidos dentro da mesma "palavra" do sistema. Tome como exemplo a Figura 13.58. Note que os campos **bf1** e **bf2** não cabem dentro da mesma palavra, de modo que **bf2** deve ser colocado em outra palavra.

struct
| ```
01   struct st1{// 8 bytes (31 + 31 + 1 + 1)?
02     int bf1:31;
03     int bf2:31;
04     int bf3:1;
05     int bf4:1;
06   };
``` |

struct preenchida e alinhada
| ```
01   struct st1{// 12 bytes!
02     int bf1:31;
03     //adiciona 1 bit extra
04     //int pad1:1;
05     int bf2:31; //começa em nova palavra
06     int bf3:1;
07     int bf4:1;   //começa em nova palavra
08     //adiciona 31 bits extra
09     //int pad2:31;
10   };
``` |

FIGURA 13.58

13.12.3 Reorganizando a estrutura

Sabendo como o compilador alinha e insere bytes extras dentro da **struct**, podemos reorganizar os seus campos para economizar espaço.

 A ideia é organizar os campos da **struct** por ordem de alinhamento, do maior número de bytes para o menor.

A Figura 13.59 mostra duas **struct**, **st1** e **st2**, contendo os mesmos campos, mas em ordens diferentes. Note que, enquanto a **struct st1** ocupa 24 bytes, a **struct st2**, que teve os seus campos reorganizados por ordem de tamanho do tipo, ocupa apenas 16 bytes. Isso se deve principalmente ao fato da **struct st2** estar mais bem alinhada e necessitar de menos preenchimento do que a **struct st1**. Pode parecer pouca essa redução de 24 para 16 bytes, mas imagine uma lista encadeada com 200 mil dessas estruturas. Trata-se de um ganho considerável de memória.

```
Exemplo: reorganizando a struct
01     #include <stdio.h>
02
03     struct st1{// 24 bytes
04       char c;// 1 byte
05       //adiciona 7 bytes extra
06       //char pad1[7];
07       double p;// 8 bytes
08       short x;// 2 bytes
09       //adiciona 6 bytes extra
10       //char pad2[6];
11     };
12
13     struct st2{// 16 bytes
14       double p;// 8 bytes
15       short x;// 2 bytes
16       char c;// 1 byte
17       //adiciona 5 byte extra
18       //char pad[5];
19     };
20
21     int main(){
22
23         printf("struct st1 = %d\n", sizeof(struct st1));
24         printf("struct st2 = %d\n", sizeof(struct st2));
25
26         return 0;
27
28     }
```
```
Saída   struct st1 = 24
        struct st2 = 16
```

FIGURA 13.59

Se podemos economizar toda essa memória, por que a linguagem C não permite que o compilador reorganize automaticamente os dados para salvar espaço? A resposta é simples: a linguagem C foi originalmente concebida para escrever sistemas operacionais e códigos executados próximos do hardware. Uma reorganização automática iria interferir na capacidade do programador de trabalhar com estruturas que precisem de um layout exato em nível de bits e bytes como, por exemplo, dispositivo de hardware mapeado na memória.

13.12.4 Substituindo regras de alinhamento

Podemos forçar o compilador a não usar as regras normais de alinhamento dos tipos. Para isso, alguns compiladores possuem a diretiva

```
#pragma pack(N)
```

Basicamente, essa diretiva informa que os dados devem seguir o alinhamento de **N** bytes, em que o valor de **N** é uma potência de 2. A Figura 13.60 mostra duas **struct**, **st1** e **st2**, contendo os mesmos campos, mas com a diferença de que em uma delas foi usada a diretiva **#pragma pack(2)**.

```
                    Exemplo: usando a diretiva #pragma pack(N)
01      #include <stdio.h>
02
03      struct st1{// 24 bytes
04        char c;// 1 byte
05        //adiciona 7 bytes extra
06        //char pad1[7];
07        double p;// 8 bytes
08        short x;// 2 bytes
09        //adiciona 6 bytes extra
10        //char pad2[6];
11      };
12
13      #pragma pack(2)
14      struct st2{// 12 bytes
15        char c;// 1 byte
16        //adiciona 1 byte extra
17        //char pad;
18        double p;// 8 bytes
19        short x;// 2 bytes
20      };
21
22      int main(){
23
24          printf("struct st1 = %d\n", sizeof(struct st1));
25          printf("struct st2 = %d\n", sizeof(struct st2));
26
27          return 0;
28
29      }

Saída   struct st1 = 24
        struct st2 = 12
```

FIGURA 13.60

Essa técnica deve ser usada com cautela, pois gera códigos mais lentos e de maior custo. Além disso, podemos economizar o mesmo tanto de memória apenas reorganizando a estrutura.

 Essa diretiva é útil quando as estruturas precisam de um layout exato em nível de bits e bytes como, por exemplo, em dispositivo de hardware mapeado na memória.

O padrão C99

O padrão ISO/IEC 9899:1999, informalmente conhecido como C99, é uma revisão do padrão ANSI de 1989 da linguagem C. Ele foi reconhecido como um novo padrão da linguagem pela ANSI em 2000, e, com ele, uma série de recursos úteis foi incorporada à linguagem C.

Muitos programadores não dão a devida atenção a alguns desses recursos por julgá-los óbvios e/ou considerá-los algo já contido no padrão da linhagem C de 1989. Características simples, como os comentários iniciados com //, o tipo **long long** e a possibilidade de declarar variáveis ao longo do código (e não apenas no começo do bloco de comandos), são incorporadas à linguagem C com o padrão C99. Já outros recursos, como as composições literais, são muito menos conhecidos pelos programadores, mas igualmente úteis, e se tornaram padrão da linguagem. Por esse motivo, serão tratados ao longo deste capítulo.

A maioria dos compiladores C possui suporte para pelo menos algum dos novos recursos do padrão C99. É dever do programador se certificar de quais recursos o seu compilador suporta.

Assim, a finalidade deste capítulo é apresentar ao leitor os recursos contidos no padrão C99. O C99 estende a linguagem com novos recursos de biblioteca e linguística, e ajuda as implementações a fazerem melhor uso do hardware disponível no computador, como aritmética IEEE 754 e tecnologia de compilação.

14.1 HABILITANDO O PADRÃO C99 NO CODE::BLOCKS

Habilitar o padrão C99 na IDE **Code::Blocks** é uma tarefa bastante simples. Depois de criar um novo projeto no software **Code::Blocks**, clique com o botão direito do mouse sobre o nome do projeto e selecione a opção "**Build options...**" (Figura 14.1).

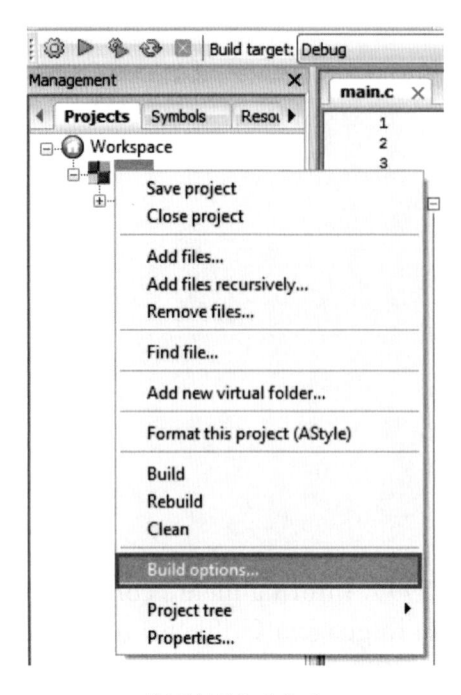

FIGURA 14.1

Na tela que se abrirá, clique na aba **"Compiler settings"** e, em seguida, na aba **"Other options"**. Por fim, digite **"-std = c99"** na área de texto dessa aba e clique em **"OK"** (Figura 14.2).

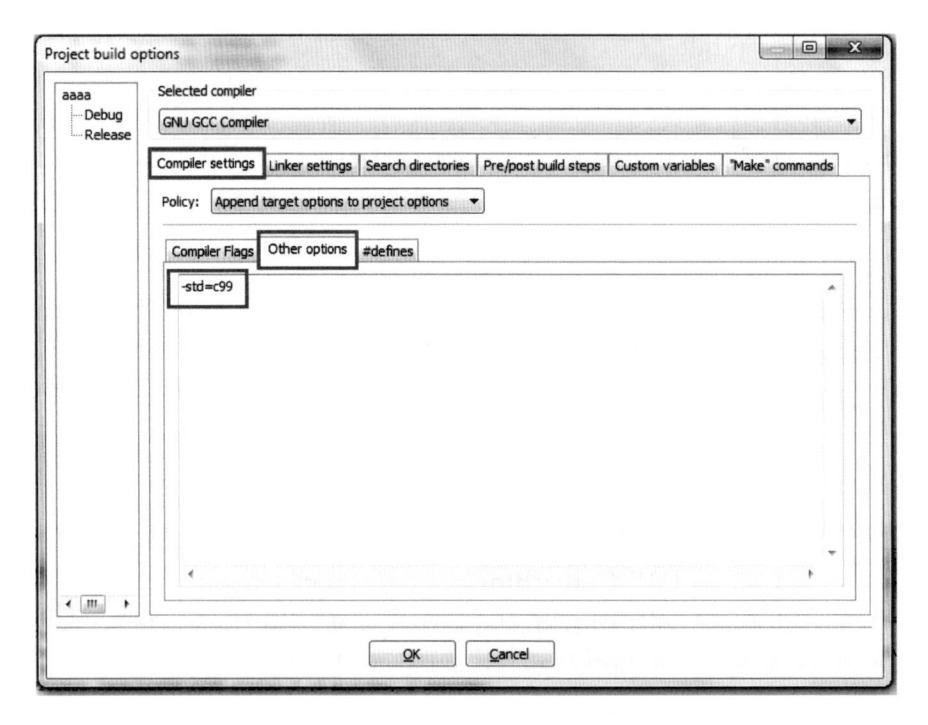

FIGURA 14.2

14.2 DETECTANDO A VERSÃO DO COMPILADOR

A macro padrão __STDC_VERSION__ foi definida dentro da linguagem a fim de identificar qual versão do compilador está disponível. Os valores possíveis para essa macro são:

- Padrão C99: __STDC_VERSION__ possui valor **199901L**.
- Padrão C94: __STDC_VERSION__ possui valor **199409L**.
- Padrão C89/90: __STDC_VERSION__ não existe.

Essa macro nos permite escrever um código que vai compilar de maneira diferente para as diferentes versões dos compiladores, como mostra o exemplo da Figura 14.3.

```
           Exemplo: detectando a versão do compilador
01   #include <stdio.h>
02   #include <stdlib.h>
03   int main(){
04     #ifndef __STDC_VERSION__
05       printf("Versao: C89\n");
06     #else
07       #if(__STDC_VERSION__ == 199409L)
08         printf("Versao: C94\n");
09       #endif
10       #if(__STDC_VERSION__ == 199901L)
11         printf("Versao: C99\n");
12       #endif
13     #endif
14     system("pause");
15     return 0;
16   }
```

FIGURA 14.3

14.3 VARIÁVEIS, IDENTIFICADORES E OPERADORES

14.3.1 O especificador %n da função printf()

Um novo especificador de tipo foi adicionado à linguagem para uso com a função **printf()**. Trata-se do especificador "**%n**". Esse especificador, em vez de formatar o conteúdo da variável para escrita na tela, permite armazenar na variável associada a ele o número de caracteres escritos até aquele ponto na tela de saída pela função. Para isso, uma variável inteira deve ser passada por referência para a função. Na Figura 14.4 pode-se ver um exemplo.

```
                    Exemplo: o especificador %n

01    #include <stdio.h>
02    #include <stdlib.h>
03    int main(){
04      int v1,v2;
05      printf("ABCDE%nFGHIJ%n\n",&v1,&v2);
06      printf("Caracteres escritos: %d\n",v1);
07      printf("Caracteres escritos: %d\n",v2);
08      system("pause");
09      return 0;
10    }

Saída   ABCDEFGHIJ
        Caracteres escritos: 5
        Caracteres escritos: 10
```

FIGURA 14.4

14.3.2 Declarações de variáveis

O padrão C99 permite que se declare uma variável em qualquer lugar do programa, inclusive dentro do comando **for**, algo que não era permitido antes, como mostra o exemplo da Figura 14.5.

Nesse exemplo, a variável **i** declarada dentro do comando **for** existirá apenas enquanto o comando **for** estiver sendo executado.

```
                    Exemplo: declarando uma variável dentro do for

            C padrão                             C99

01  #include <stdio.h>                 #include <stdio.h>
02  #include <stdlib.h>                #include <stdlib.h>
03  int main(){                        int main(){
04    int i;
05    for(i=0; i<10; i++)                 for(int i=0; i<10; i++)
06      printf("%d\n",i);                   printf("%d\n",i);
07    system("pause");                  system("pause");
08    return 0;                         return 0;
09  }                                 }
```

FIGURA 14.5

14.3.3 Novos tipos de dados

Novos tipos inteiros

A linguagem-padrão C99 suporta vários novos tipos inteiros. O propósito disso é melhorar a portabilidade de programas, já que os tipos inteiros básicos podem variar em diferentes sistemas. Os novos tipos são definidos na biblioteca **inttypes.h** e também estão disponíveis em **stdint.h**. Basicamente, esses novos tipos podem ser assim agrupados:

- Tipos inteiros de largura exata, os quais garantem possuir **N bits** em todos os sistemas: **int8_t**, **int16_t**, **int32_t** e **int64_t**.
- Tipos inteiros de largura mínima, os quais garantem possuir **pelo menos N bits** em todos os sistemas: **int_least8_t**, **int_least16_t**, **int_least32_t** e **int_least64_t**.
- Tipos inteiros rápidos, que são os tipos inteiros mais rápidos disponíveis no sistema e que possuem **pelo menos N bits**: **int_fast8_t**, **int_fast16_t**, **int_fast32_t** e **int_fast64_t**.

- Tipo inteiro de largura máxima, é o tipo inteiro capaz de representar todos os demais tipos inteiros: **intmax_t**
- Ponteiro de inteiro, o qual garante poder armazenar um ponteiro para inteiro: **intptr_t**.

 Juntamente com esses tipos, o padrão C99 também fornece a versão **unsigned** deles, que são obtidos acrescentando o prefixo **u** ao nome do tipo

Assim, temos que:

- **int8_t**: inteiro 8 bits **com sinal**.
- **uint8_t**: inteiro 8 bits **sem sinal**.

Para a verificação dos limites dos novos tipos inteiros, novas macros foram adicionadas. Essas macros representam os menores e maiores valores possíveis para cada tipo, e podem ser assim agrupadas:

- **INT8_MIN, INT16_MIN, INT32_MIN, INT64_MIN**: menor valor possível para os tipos **int8_t, int16_t, int32_t** e **int64_t**.
- **INT8_MAX, INT16_MAX, INT32_MAX, INT64_MAX**: maior valor possível para os tipos **int8_t, int16_t, int32_t** e **int64_t**.
- **INT_LEAST8_MIN, INT_LEAST16_MIN, INT_LEAST32_MIN, INT_LEAST64_MIN**: menor valor possível para os tipos **int_least8_t, int_least16_t, int_least32_t** e **int_least64_t**.
- **INT_LEAST8_MAX, INT_LEAST16_MAX, INT_LEAST32_MAX, INT_LEAST64_MAX**: maior valor possível para os tipos **int_least8_t, int_least16_t, int_least32_t** e **int_least64_t**.
- **INT_FAST8_MIN, INT_FAST16_MIN, INT_FAST32_MIN, INT_FAST64_MIN**: menor valor possível para os tipos **int_fast8_t, int_fast16_t, int_fast32_t** e **int_fast64_t**.
- **INT_FAST8_MAX, INT_FAST16_MAX, INT_FAST32_MAX, INT_FAST64_MAX**: maior valor possível para os tipos **int_fast8_t, int_fast16_t, int_fast32_t** e **int_fast64_t**.
- **INTMAX_MIN** e **INTMAX_MAX**: respectivamente, menor e maior valor para o tipo **intmax_t**.
- **INTPTR_MIN** e **INTPTR_MAX**: respectivamente, menor e maior valor para o tipo **intptr_t**.

Assim como no caso dos tipos, o padrão C99 também fornece a versão **unsigned** das macros.

 A versão **unsigned** das macros só existe para as macros que definem os **maiores** valores do respectivo tipo.

Como o tipo é **unsigned**, o menor valor dele é o **ZERO**, ou seja, não há necessidade de uma macro para isso. Já as macros de maiores valores são obtidas acrescentando o prefixo **U** no nome da macro original. Assim, temos que:

- **INT8_MAX**: maior valor possível para o tipo **int8_t**.
- **UINT8_MAX**: maior valor possível para o tipo **uint8_t**.

 Devemos tomar um cuidado extra na hora de ler e escrever os novos tipos inteiros.

Isso ocorre porque os tipos de saída/entrada padrão do **int** (**%d, %i, %u**) não funcionam para esses novos tipos inteiros. Para ler ou escrever esses novos tipos devemos usar as macro predefinidas para cada tipo.

A Tabela 14.1 mostra as macros definidas para a impressão de valores com funções da família do **printf** (como **fprintf** e **fwprintf**). Assim, para escrever um tipo

- **int8_t inteiro decimal com sinal**, usamos a macro **PRId8**.
- **int64_t inteiro decimal com sinal**, usamos a macro **PRId64**.
- **uint_fast32_t inteiro decimal sem sinal**, usamos a macro **PRIuFAST32**.

Tipos de inteiro e respectivos tipos de saída					
Imprime um	intN_t N = 8, 16, 32 ou 64	int_leastN_t N = 8, 16, 32 ou 64	int_fastN_t N = 8, 16, 32 ou 64	intmax_t	intptr_t
inteiro decimal com sinal	PRIdN PRIiN	PRIdLEASTN PRIiLEASTN	PRIdFASTN PRIiFASTN	PRIdMAX PRIiMAX	PRIdPTR PRIiPTR
inteiro decimal sem sinal	PRIuN	PRIuLEASTN	PRIuFASTN	PRIuMAX	PRIuPTR
inteiro octal sem sinal	PRIoN	PRIoLEASTN	PRIoFASTN	PRIoMAX	PRIoPTR
inteiro hexadecimal sem sinal (minúsculo)	PRIxN	PRIxLEASTN	PRIxFASTN	PRIxMAX	PRIxPTR
inteiro hexadecimal sem sinal (maiúsculo)	PRIXN	PRIXLEASTN	PRIXFASTN	PRIXMAX	PRIXPTR

TABELA 14.1

A Tabela 14.2 mostra as macros definidas para a leitura de valores com funções da família do **scanf** (como **fscanf** e **fwscanf**). Assim, para ler um tipo

- **int8_t inteiro decimal com sinal**, usamos a macro **SCNd8**.
- **int64_t inteiro decimal com sinal**, usamos a macro **SCNd64**.
- **uint_fast32_t inteiro decimal sem sinal**, usamos a macro **SCNuFAST32**.

Tipos de inteiro e respectivos tipos de entrada					
Lê um	intN_t N = 8, 16, 32 ou 64	int_leastN_t N = 8, 16, 32 ou 64	int_fastN_t N = 8, 16, 32 ou 64	intmax_t	intptr_t
inteiro decimal com sinal	SCNdN SCNiN	SCNdLEASTN SCNiLEASTN	SCNdFASTN SCNiFASTN	SCNdMAX SCNiMAX	SCNdPTR SCNiPTR
inteiro decimal sem sinal	SCNuN	SCNuLEASTN	SCNuFASTN	SCNuMAX	SCNuPTR
inteiro octal sem sinal	SCNoN	SCNoLEASTN	SCNoFASTN	SCNoMAX	SCNoPTR
inteiro hexadecimal sem sinal	SCNxN	SCNxLEASTN	SCNxFASTN	SCNxMAX	SCNxPTR

TABELA 14.2

Diferente dos tipos de saída/entrada padrão do **int** (**%d**, **%i**, **%u**), as novas macros de leitura e escrita não possuem o símbolo de **%** dentro delas.

É tarefa do programador acrescentar o símbolo de **%** à respectiva macro usada. A macro deve vir após o símbolo de **%** em uma string separada. A Figura 14.6 mostra um exemplo de uso dos novos tipos e respectivas macros.

```
Lendo e imprimindo um novo tipo inteiro
01    #include <stdio.h>
02    #include <stdlib.h>
03    #include <inttypes.h>
04    int main(){
05      //imprime o tamanho do tipo int64_t
06      printf("Tamanho = %u\n", sizeof(int64_t));
07      //imprime a string que representa a macro PRId64
08      printf("String = %s\n", PRId64);
09      //imprime o maior valor do tipo int64_t
10      printf("Minimo = %"PRId64"\n", INT64_MIN);
11      //imprime o menor valor do tipo int64_t
12      printf("Maximo = %"PRId64"\n", INT64_MAX);
13      int64_t n;
14      //Lê uma variável do tipo int64_t
15      scanf("%"PRId64,&n);
16      //Imprime uma variável do tipo int64_t
17      printf("Valor = %"PRId64"\n", n);
18      return 0;
19    }
```

FIGURA 14.6

Por fim, foram também adicionadas à linguagem algumas funções macro para a inicialização dos novos tipos inteiros. São elas:

- **INT8_C**, **INT16_C**, **INT32_C**, **INT64_C**: recebe um valor/expressão inteira e a retorna convertida, respectivamente, para o tipo **int_least8_t**, **int_least16_t**, **int_least32_t** e **int_least64_t**.
- **UINT8_C**, **UINT16_C**, **UINT32_C**, **UINT64_C**: recebe um valor/expressão inteira e a retorna convertida, respectivamente, para o tipo **uint_least8_t**, **uint_least16_t**, **uint_least32_t** e **uint_least64_t**.
- **INTMAX_C**, **UINTMAX_C**: recebe um valor/expressão inteira e a retorna convertida, respectivamente, para o tipo **intmax_t** e **uintmax_t**.

A Figura 14.7 mostra um exemplo das funções macros de inicialização.

Inicializando um novo tipo inteiro com a função macro

```
01  #include <stdio.h>
02  #include <stdlib.h>
03  #include <inttypes.h>
04  int main(){
05     //Inicializa a variável do tipo int64_t
06     int64_t n = INT64_C(10);
07
08     //Imprime uma variável do tipo int64_t
09     printf("Valor = %"PRId64"\n", n);
10     return 0;
11  }
```

FIGURA 14.7

O tipo **long long int**

Na linguagem C, o tipo **short int** possui 16 bits, enquanto o tipo **long int** possui 32 bits. Existe agora um novo tipo inteiro, o **long long int**, o qual define um inteiro de 64 bits. Como os demais tipos, este pode ser com ou sem sinal (**unsigned long long int**).

Além disso, foram adicionados à linguagem os sufixos "LL" e "ULL" para a especificação de constantes literais dos tipos **long long int** e **unsigned long long int**. Consequentemente, foram adicionados também novos especificadores de tipos ("%lld" e "%llu" para inteiros com e sem sinal, respectivamente) para uso com as funções **printf()** e **scanf()**, como mostra o exemplo da Figura 14.8.

Exemplo: trabalhando com o tipo long long int

```
01  #include <stdio.h>
02  #include <stdlib.h>
03  int main(){
04     long long int n1=1234567891234567891LL;
05     //coloca 1 em todos os bits
06     unsigned long long int n2=~0LL;
07     printf("n1 = %lld\n",n1);
08     printf("n2 = %llu\n",n2);
09     system("pause");
10     return 0;
11  }
```

FIGURA 14.8

Por fim, foram também incluídas três novas macros na biblioteca **limits.h** relativas aos limites do tipo **long long int**:

- **LLONG_MAX**: maior valor possível para um **long long int**.
- **LLONG_MIN**: menor valor possível para um **long long int**.
- **ULLONG_MAX**: maior valor possível para um **unsigned long long int**.

 Junto a isso, o padrão C99 também expandiu a lista de funções matemáticas existentes na biblioteca math.h, que agora inclui várias funções capazes de trabalhar com o tipo **long long int**.

O tipo booleano

O tipo booleano **_Bool** (que também pode ser usado pela sua macro correspondente **bool**) foi adicionado à linguagem C padrão 99, assim como à biblioteca **stdbool.h**, por motivos de compatibilidade. Uma variável definida sob esse novo tipo de dado suporta apenas dois valores: **true** (verdadeiro) com valor igual a 1 e **false** (falso) com valor igual a 0:

```
_Bool b = true; //verdadeiro
b = false; //falso
bool x = 1; //verdadeiro
```

O tipo complexo

Outro tipo de dado adicionado à linguagem C padrão 99 foi o que fornece suporte para números complexos.

Para se declarar um número complexo, usa-se a palavra-chave **_Complex**. Basicamente, a palavra-chave **_Complex** modifica qualquer tipo de ponto flutuante (**float**, **double** e **long double**), para que ele se comporte como um par de números de tal modo que defina um número complexo. Assim, o comando

```
_Complex float z1;
```

declara **z1** como uma variável que representa um número complexo cujas parte real e imaginária são do tipo **float**.

 A biblioteca **complex.h** fornece suporte para diversas operações sobre números complexos.

A biblioteca **complex.h** possui diversas macros que podem ser usadas para representar um número complexo. São elas:

- **complex**: macro que pode ser usada no lugar de **_Complex**.
- **_Complex_I**: representa a parte imaginária do número complexo no formato **const float _Complex**.
- **I**: macro que pode ser usada no lugar de **_Complex_I**.

Assim, para atribuir um valor a um número complexo, é necessário atribuir o valor de sua parte real e de sua parte imaginária. A macro **_Complex_I** define o componente imaginário do número complexo. Então, para atribuir o valor 2 + 2i a uma variável, todas as opções a seguir são válidas:

- **_Complex float** z1 = 2.0 + 2.0 * **_Complex_I**.
- **_Complex float** z1 = 2.0 + 2.0 * **I**.
- **complex float** z1 = 2.0 + 2.0 * **_Complex_I**.
- **complex float** z1 = 2.0 + 2.0 * **I**.

Além disso, a biblioteca **complex.h** fornece funções para diversas operações sobre números complexos. São elas:

- **double cabs(double complex z)**: calcula o valor absoluto.
- **double carg(double complex z)**: calcula o argumento de um número complexo.
- **double cimag(double complex z)**: calcula a parte imaginária de um número complexo.
- **double creal(double complex z)**: calcula a parte real de um número complexo.
- **double complex conj(double complex z)**: calcula o conjugado de um número complexo.

- **double cproj(double complex z)**: calcula a projeção de um número complexo na esfera de Riemann.
- **double complex cexp(double complex z)**: calcula a exponencial.
- **double complex clog(double complex z)**: calcula o logaritmo.
- **double complex csqrt(double complex z)**: calcula a raiz quadrada.
- **double complex cpow(double complex x, double complex y)**: calcula a potenciação.
- **double complex csin(double complex z)**: calcula o seno.
- **double complex ccos(double complex z)**: calcula o cosseno.
- **double complex ctan(double complex z)**: calcula a tangente.
- **double complex casin(double complex z)**: calcula o arco seno.
- **double complex cacos(double complex z)**: calcula o arco cosseno.
- **double complex catan(double complex z)**: calcula o arco tangente.
- **double complex csinh(double complex z)**: calcula o seno hiperbólico.
- **double complex ccosh(double complex z)**: calcula o cosseno hiperbólico.
- **double complex ctanh(double complex z)**: calcula a tangente hiperbólica.
- **double complex casinh(double complex z)**: calcula o arco seno hiperbólico.
- **double complex cacosh(double complex z)**: calcula o arco cosseno hiperbólico.
- **double complex catanh(double complex z)**: calcula o arco tangente hiperbólico.

 Note que as funções são definidas para o tipo **double complex**. Porém elas também possuem versões para os tipos **float complex** e **long double complex**. Para utilizá-las, basta adicionar o sufixo **f** ou **l**, respectivamente, ao nome da função.

Assim, temos que:

- **double cabs(double complex z)**: calcula o valor absoluto de um **double complex**.
- **float cabsf(float complex z)**: calcula o valor absoluto de um **float complex**.
- **long double cabsl(long double complex z)**: calcula o valor absoluto de um **long double complex**.

Na Figura 14.9, podemos ver um exemplo com operações utilizando o tipo **_Complex.**

Exemplo: trabalhando com o tipo _Complex

```
01  #include <stdio.h>
02  #include <stdlib.h>
03  #include <complex.h>
04  int main(){
05    _Complex double z1 = 2.0 + 2.0*_Complex_I;
06    _Complex double z2 = 1.0 + 5.0*_Complex_I;
07    _Complex double z3 = z1 + z2;
08    _Complex double z4 = z1 * z2;
09    _Complex double z5 = conj(z3);//conjugado de z3
10    //imprime a parte real e a parte imaginária
11    printf("z3 = %f + i%f\n", creal(z3), cimag(z3));
12    printf("z4 = %f + i%f\n", creal(z4), cimag(z4));
13    printf("z5 = %f + i%f\n", creal(z5), cimag(z5));
14    system("pause");
15    return 0;
16  }
```

FIGURA 14.9

14.3.4 O identificador __func__

O padrão C99 contém o identificador predefinido **__func__**. Ele atua como uma string literal (do tipo **static const char**[ ]), a qual contém o nome da função que está sendo executada naquele momento. Na Figura 14.10, podemos ver um exemplo do identificador **__func__**.

```
Exemplo: imprimindo o nome da função
01   #include <stdio.h>
02   #include <stdlib.h>
03   void imprime_nome(){
04     printf("O nome da funcao eh: %s\n",__func__);
05   }
06   int main(){
07     imprime_nome();
08     system("pause");
09     return 0;
10   }
```

FIGURA 14.10

14.3.5 Valores inteiros em binário

Podemos agora especificar um valor inteiro usando o sistema binário. Um valor assim definido começa com os caracteres "**0b**" e é seguido por um conjunto de 0s ou 1s, que é a representação binária do valor inteiro, como mostra o exemplo a seguir:

```
int n = 0b11001;
```

Nesse exemplo, o valor **0b11001** é interpretado como o valor 25 na base decimal: $1 * 2^4 + 1 * 2^3 + 0 * 2^2 + 0 * 2^1 + 1 * 2^0$.

14.3.6 Valores de ponto flutuante em hexadecimal

A linguagem C permite agora que especifiquemos um valor em ponto flutuante usando a notação hexadecimal. Um valor assim definido começa com os caracteres "**0x**", como qualquer valor hexadecimal, e termina com **p** seguido por um número que indica o expoente. Por ser um valor hexadecimal, ele deve ser definido utilizando os dígitos 0, 1, 2, 3, 4, 5, 6, 7, 8 e 9, e as letras A (10), B (11), C (12), D (13), E (14) e F (15). Um ponto separa a parte decimal da parte inteira do valor, como mostra o exemplo a seguir:

```
const float v = 0x3A.2Bp1;
```

Nesse exemplo, o valor **0x3A.2Bp1** é interpretado da seguinte maneira:

- A parte **antes** do ponto, **3A**, é avaliada na base 16 com índices positivos que crescem para a esquerda: $3 * 16^1 + 10 * 16^0$.
- A parte **depois** do ponto, **2B**, é avaliada na base 16 com índices negativos que diminuem para a direita: $2 * 16^{-1} + 11 * 16^{-2}$.
- A soma das duas partes é multiplicada por $2^{índice}$, sendo índice o valor que vem depois do **p**: $(3 * 16^1 + 10 * 16^0 + 2 * 16^{-1} + 11 * 16^{-2}) * 2^1$.
- Por fim, o valor da constante é 116.3359375.

Além disso, foram adicionados também dois novos especificadores de tipo, "%a" e "%A", para uso com as funções **printf()** e **scanf()**, como mostra o exemplo da Figura 14.11.

Exemplo: valores de ponto flutuante em hexadecimal

```
01   #include <stdio.h>
02   #include <stdlib.h>
03   int main(){
04     const float x = 0x3A.2Bp1;
05     printf("x = %f\n",x);
06     printf("x = %a\n",x);
07     system("pause");
08     return 0;
09   }
```

FIGURA 14.11

14.3.7 Suporte a ponto flutuante padrão IEEE 754

Uma característica importante do padrão C99 é o seu suporte à representação de valores em ponto flutuante de acordo com o padrão seguido por quase todas as máquinas modernas: o padrão IEEE 754 para ponto flutuante. Esse padrão prevê muitos formatos relacionados, os quais diferem em apenas alguns detalhes. Ao todo, o padrão C99 suporta três formatos básicos para representação de valores em ponto flutuante, e suas operações aritméticas e funções são agora corretamente arredondadas. Os formatos suportados são:

- **float**: é um formato com precisão simples e que ocupa 32 bits (4 bytes) de memória, e o seu significando (ou coeficiente) tem precisão de 24 bits (cerca de sete dígitos decimais).
- **double**: é um formato com precisão dupla e que ocupa 64 bits (8 bytes) de memória, e o seu significando (ou coeficiente) tem precisão de 53 bits (cerca de 16 dígitos decimais).
- **long double**: é um formato estendido com precisão dupla. Na linguagem C, esse formato não utiliza necessariamente o padrão IEEE 754. A depender da máquina, esse formato pode possuir 80, 96 ou até 128 bits.

Além disso, o padrão IEEE 754 para ponto flutuante permite representar os valores infinito positivo ($+\infty$) ou negativo ($-\infty$) e **NaN** (não um é número). Esses valores surgem sempre que o cálculo gera um resultado indefinido ou que não pode ser representado com precisão. Pode-se também definir uma variável do tipo ponto flutuante com qualquer desses valores. A biblioteca **math.h** define duas macros para auxiliar na representação de valores infinitos e **NaN** (não é um número):

- **INFINITY**: essa macro representa o infinito positivo. Trata-se de um valor igual ao produzido por operações matemáticas como (**1.0/0.0**). Para representar o infinito negativo usa-se **-INFINITY**. No entanto, é recomendado utilizar a função macro **isfinite()** para testar se um valor é infinito ou não, em vez de comparação com a macro **INFINITY**.
- **NAN**: essa macro representa o valor que não é um número. Trata-se de um valor igual ao produzido por operações matemáticas. No entanto, é recomendado utilizar a função macro **isnan()** para testar se um valor não é um número, em vez de comparação com a macro **NAN**.

 Os valores **INFINITY** e **NAN** também suportam operações de comparação entre si.

Em uma operação de comparação, o valor para infinito positivo é considerado maior do que qualquer valor, exceto ele mesmo e **NAN**. Já o valor para infinito negativo é considerado menor do que qualquer valor, exceto ele mesmo e **NAN**. O valor **NAN** não é ordenável, ou seja, não é igual, maior ou menor do que qualquer outro valor, incluindo ele mesmo.

 O padrão IEEE 754 para ponto flutuante também possui outro valor incomum: **zero negativo**.

O valor **zero negativo** é obtido quando se divide um número positivo por infinito negativo ou quando um resultado negativo é menor do que os limites de representação do ponto flutuante. Esse valor se comporta de forma idêntica ao valor zero tradicional em todos os cálculos, a menos que explicitamente se teste o bit de sinal do número.

A Figura 14.12 mostra as macros NAN e INFINITY.

```
                    Trabalhando com as macros NAN e INFINITY
01      #include <stdio.h>
02      #include <math.h>
03
04      int main(){
05        double f;
06        f = sqrt(-1);
07        printf("Resultado: %f\n", f);
08
09        f = 1.0/0.0;
10        printf("Resultado: %f\n", f);
11
12        f = -1.0/0.0;
13        printf("Resultado: %f\n", f);
14
15        if(isfinite(f))
16          printf("Valor finito");
17        else
18          printf("Valor infinito");
19
20        return 0;
21      }

Saída   Resultado: nan
        Resultado: inf
        Resultado: -inf
        Valor infinito
```

FIGURA 14.12

De modo a melhorar o suporte, a comparação e a classificação de valores, foram incluídas na biblioteca **math.h** novas funções macros. São elas:

- **fpclassify(valor)**: indica a categoria do ponto-flutuante contido em valor:
  - **FP_NORMAL:** indica que **valor** é **normal** (ou seja, não é zero, subnormal, infinito, ou NAN);
  - **FP_SUBNORMAL:** indica que **valor** é **subnormal** (isto é, sua magnitude é menor do que a magnitude do menor número para aquele formato);

- ○ **FP_ZERO**: indica que **valor** é o **zero positivo** ou **negativo;**
- ○ **FP_INFINITE**: indica que **valor** é o **infinito positivo** ou **negativo**;
- ○ **FP_NAN**: indica que **valor** não é um número (**NAN**, *not a number*).
- **isfinite(valor)**: verifica se o número em **valor** é finito.
- **isinf(valor)**: verifica se **valor** é infinito.
- **isnan(valor)**: verifica se **valor** é **NAN**.
- **isnormal(valor)**: verifica se **valor** é **normal** (ou seja, não é zero, subnormal, infinito, ou NaN).
- **signbit(valor)**: verifica se **valor** é negativo.
- **isgreater(valor1, valor2)**: verifica se **valor1** é maior do que **valor2** sem gerar exceções de ponto-flutuante.
- **isgreaterequal(valor1, valor2)**: verifica se **valor1** é maior do que ou igual a **valor2** sem gerar exceções de ponto-flutuante.
- **isless(valor1, valor2)**: verifica se **valor1** é menor do que **valor2** sem gerar exceções de ponto-flutuante.
- **islessequal(valor1, valor2)**: verifica se **valor1** é menor do que ou igual a **valor2** sem gerar exceções de ponto-flutuante.
- **islessgreater(valor1, valor2)**: verifica se **valor1** é maior do que ou menor do que **valor2** sem gerar exceções de ponto-flutuante.
- **isunordered(valor1, valor2)**: verifica se os valores podem ser comparados (isto, é, se ambos são diferentes de NAN).

Junto a isso, o padrão C99 também expandiu a lista de funções matemáticas existentes na biblioteca **math.h**. Além disso, foi melhorado o suporte a essas operações. De modo geral, as funções da biblioteca **math.h** trabalham com o tipo **double**. Agora existem versões dessas funções para os tipos **float** e **long double**. Assim, para uma função como a de cálculo da raiz quadrada

- **double** sqrt(**double** valor).

foram adicionadas mais duas funções :

- **float** sqrtf(**float** valor).
- **long double** sqrtl(**long double** valor).

 Note que as funções que trabalham com o tipo **float** possuem o sufixo **f** adicionado ao final do nome original da função. Já as funções que trabalham com o tipo **long double** possuem o sufixo **l**.

14.3.8 O operador _Pragma

A diretiva **#pragma** é uma diretiva específica do compilador que serve para passar informações para o compilador. O inconveniente dessa diretiva é que ela não pode ser utilizada dentro de uma macro, além de precisar ser definida sempre em sua própria linha do programa.

De modo a contornar esses problemas, foi adicionado o operador **_Pragma** como alternativa a **#pragma**. Basicamente, esse operador permite que a diretiva **#pragma** seja utilizada dentro de uma macro, como mostra o exemplo da Figura 14.13.

Exemplo: o operador _Pragma

```
01  #include <stdio.h>
02  #include <stdlib.h>
03  #define CHAMA_PRAGMA(x) _Pragma (#x)
04  #define TAREFA(x) CHAMA_PRAGMA(message(#x))
05  int main(){
06    TAREFA(Lembrar de terminar isso);
07    printf("Hello world\n");
08    system("pause");
09    return 0;
10  }
```

FIGURA 14.13

Nesse exemplo, as duas macros definidas

```
#define CHAMA_PRAGMA(x) _Pragma (#x)
#define TAREFA(x) CHAMA_PRAGMA(message(#x))
```

substituem a chamada

```
#pragma message "Lembrar de terminar isso"
```

a qual imprime o texto **"Lembrar de terminar isso"** como mensagem de informação do compilador durante a compilação do programa.

14.4 NOVAS BIBLIOTECAS E FUNÇÕES

Algumas novas bibliotecas foram incluídas na linguagem C com o padrão 99. São elas:

- **complex.h**: contém a macro **_Complex_I**, a qual define o componente imaginário de um número complexo. Além disso, essa biblioteca fornece suporte para todas as operações sobre números complexos.
- **fenv.h**: define um conjunto de funções para controle do ambiente de ponto flutuante. Contém várias funções e tipos para controle refinado de cálculos de ponto flutuante.
- **inttypes.h**: define os novos tipos inteiros com comprimentos, em número de bits, exato e mínimo.
- **stdbool.h**: define um tipo de dados booleano. Essa biblioteca foi adicionada à linguagem por questões de compatibilidade. Ela permite aos programadores usarem os tipos booleanos da mesma maneira como na linguagem C + +.
- **stdint.h**: define os novos tipos inteiros com comprimentos, em número de bits, exato e mínimo.
- **tgmath.h**: define funções matemáticas de tipo genérico. Essa biblioteca define uma macro de tipo genérico para cada função matemática, de modo que o mesmo nome de função possa ser usado para chamar funções que aceitem diferentes tipos de parâmetros.

14.4.1 Funções matemáticas de tipo genérico

A biblioteca **tgmath.h** define uma macro de tipo genérico para cada função matemática, de modo que o mesmo nome de função pode ser usado para chamar funções que aceitem diferentes tipos de parâmetros. Uma macro de tipo genérico é algo que permite chamar uma função cujo tipo é determinado pelo tipo de parâmetro passado para a macro. Essa abordagem foi escolhida em detrimento de demais alternativas, como a sobrecarga de funções presente na linguagem C + +.

Basicamente, a biblioteca **tgmath.h** define macros que ocultam as funções presentes nas bibliotecas **math.h** e **complex.h**. Por exemplo, a macro **cos()** se comporta, a depender do tipo do seu parâmetro, como a função:

- **cos()** para o tipo **double**.
- **cosf()** para o tipo **float**.
- **cosl()** para o tipo **long double**.
- **ccos()** para o tipo **double _Complex**.
- **ccosf()** para o tipo **float _Complex**.
- **ccosl()** para o tipo **long double _Complex**.
- **cos()** para o tipo **int**, o qual é convertido implicitamente em **double**.

14.4.2 Novos especificadores para a função strftime()

O conjunto de especificadores de tipo de saída usados na função **strftime()** para formatar o valor da data e hora de acordo com a informação que desejamos exibir foi expandido de modo a conter todas as formatações disponíveis no padrão ISO 8601. A Tabela 14.3 mostra os especificadores que foram adicionados à linguagem.

Especificador	Descrição	Exemplo
%C	Número do século (ano/100) com dois dígitos.	20
%D	Data no formato mês/dia/ano.	06/07/2012
%e	Dia do mês (01-31), mas com espaço no lugar do zero à esquerda.	12
%F	Formato de data ano-mês-dia.	2012-07-06
%g	Dois últimos dígitos do ano, no formato ISO 8601.	12
%G	Ano no formato ISO 8601.	2012
%h	Nome abreviado do mês.	Jun
%n	Caractere de nova linha.	
%r	Hora em formato AM/PM.	05:18:56 pm
%R	Hora e minuto no formato 24 h.	17:18
%t	Caractere de tabulação.	
%T	Hora, minuto e segundo no formato 24 h.	17:18:56
%u	Número do dia da semana (segunda-feira = 1).	5
%V	Número da semana (01-53), sendo a primeira semana aquela que possui ao menos quatro dias no ano.	33

TABELA 14.3

Além desses especificadores de formato de data e hora, o padrão C99 possui mais dois modificadores especiais que atuam como prefixos e podem modificar o funcionamento de alguns especificadores já definidos:

- Especificador **E**: atua sobre os especificadores %c, %C, %x, %X, %y, %Y, %d, %e e %H, e faz com que eles passem a trabalhar com a localidade atual do sistema. Exemplo de uso: %Ey.
- Especificador **O**: atua sobre os especificadores %I, %m, %M, %S, %u, %U, %V, %w, %W e %y, e faz com que eles passem a trabalhar com símbolos de numeração alternativos (números romanos, por exemplo). Exemplo de uso: %Oy.

14.4.3 Funções de gerenciamento de ponto flutuante

O padrão C99 trouxe várias funções e macros para gerenciar e controlar o ambiente de ponto flutuante, o que permite um controle mais refinado dos cálculos.

 Por padrão, o gerenciamento de ponto flutuante não está habilitado.

Isso significa que é tarefa do programador habilitar o uso desse recurso. Isso pode ser feito por meio da macro

```
#pragma STDC FENV_ACCESS ON
```

14.4.3.1 Tipos para manipular um ambiente de ponto flutuante

Para se trabalhar com o ambiente de gerenciamento de ponto flutuante, dois novos tipos foram introduzidos:

- **fenv_t**: tipo que representa um ambiente de ponto flutuante.
- **fexcept_t**: tipo que representa as flags de estado do ambiente de ponto flutuante.

14.4.3.2 Definindo um ambiente de ponto flutuante

Para definir um ambiente de ponto flutuante usamos a função **fesetenv()**, cujo protótipo é:

```
int fesetenv(const fenv_t* env);
```

A função **fesetenv()** recebe como entrada **env**, que é o endereço da variável que identifica o ambiente de ponto flutuante. O valor de **env** deve ter sido previamente obtido pelas funções **feholdexcept()** ou **fegetenv()**.

 Outra opção é usar a macro **FE_DFL_ENV** como parâmetro da função **fesetenv()**. Esta macro representa uma cópia salva do ambiente de ponto flutuante padrão. Assim, a chamada **fesetenv(FE_DFL_ENV);** restaura o ambiente de ponto flutuante padrão.

Como resultado, a função retorna

- ZERO, em caso de sucesso.
- Um valor diferente de ZERO, se algum erro ocorreu.

14.4.3.3 Salvando um ambiente de ponto flutuante

Para salvar um ambiente de ponto flutuante usamos a função **fegetenv()**, cujo protótipo é:

```
int fegetenv(fenv_t* env);
```

A função **fegetenv()** recebe como entrada **env**, que é o endereço da variável onde será armazenado os estados que definem o ambiente de ponto flutuante. Como resultado, a função retorna

- ZERO, em caso de sucesso.
- Um valor diferente de ZERO, se algum erro ocorreu.

14.4.3.4 Salvando um ambiente de ponto flutuante e limpando suas flags

Outra forma de salvar um ambiente de ponto flutuante é usando a função **feholdexcept()**, cujo protótipo é:

```
int feholdexcept(fenv_t* env);
```

A função **feholdexcept()** recebe como entrada **env**, que é o endereço da variável onde serão armazenados os estados que definem o ambiente de ponto flutuante (similar a função **fegetenv()**). Além disso, a função limpa todas as flags de estado de ponto flutuante e instala o modo de execução **sem interrupção**: futuros erros de ponto flutuante não irão interromper a execução até que o ambiente de ponto flutuante seja restaurado (o que pode ser feito com as funções **feupdateenv()** ou **fesetenv()**).

Como resultado, a função retorna

- ZERO, em caso de sucesso.
- Um valor diferente de ZERO, se algum erro ocorreu.

14.4.3.5 Restaurando um ambiente de ponto-flutuante e suas flags

Para restaurar um ambiente de ponto flutuante e o estado de suas flags, usamos a função **feupdateenv()**, cujo protótipo é:

```
int feupdateenv(const fenv_t* env);
```

A função **feupdateenv()** recebe como entrada **env**, que é o endereço da variável que identifica o ambiente de ponto flutuante a ser restaurado. Além disso, a função reestabelece todas as flags de estado de ponto flutuante e finaliza o modo de execução **sem interrupção** (previamente definido pela função **feholdexcept()**).

 O valor de **env** deve ter sido previamente obtido pelas funções **feholdexcept()** ou **fegetenv()**, ou ser a macro **FE_DFL_ENV**.

Como resultado, a função retorna

- ZERO, em caso de sucesso.
- Um valor diferente de ZERO, se algum erro ocorreu.

14.4.3.6 Macros usadas para tratamento de exceções

O padrão C99 introduziu várias macros para identificar e tratar exceções:

- **FE_DIVBYZERO**: ocorreu um erro que resultou no valor infinito (divisão por zero, por exemplo).

- **FE_INEXACT**: resultado inexato, um arredondamento foi necessário para armazenar o resultado.
- **FE_INVALID**: ocorreu um erro de domínio dos valores.
- **FE_OVERFLOW**: o resultado da operação de ponto flutuante foi maior do que o representável.
- **FE_UNDERFLOW**: o resultado da operação de ponto flutuante foi menor do que o representável.
- **FE_ALL_EXCEPT**: OU bit-a-bit de todas as exceções anteriores.

14.4.3.7 Limpando um conjunto de exceções

Para limpar as flags que representam as exceções de ponto flutuante ocorridas, usamos a função **feclearexcept()**, cujo protótipo é:

```
int feclearexcept(int exc);
```

A função **feclearexcept()** recebe como parâmetro **exc**, que representa o resultado da operação de OU bit-a-bit das exceções a serem limpas. Por exemplo, uma chamada

```
feclearexcept(FE_OVERFLOW | FE_UNDERFLOW);
```

irá tentar limpar as flags relacionadas com as exceções **FE_OVERFLOW** e **FE_UNDERFLOW**. Como resultado, a função retorna

- ZERO, se todas as exceções foram limpas.
- Um valor diferente de ZERO, se algum erro ocorreu

14.4.3.8 Verificando qual exceção ocorreu

Sempre que uma exceção ocorre, a sua respectiva flag é ativada. A função **fetestexcept()** permite verificar quais flags estão ativadas e, consequentemente, quais exceções ocorreram. Seu protótipo é:

```
int fetestexcept(int exc);
```

A função **fetestexcept()** recebe como parâmetro **exc**, que representa o resultado da operação de OU bit-a-bit das exceções a serem verificadas. Por exemplo, uma chamada

```
int res = fetestexcept(FE_DIVBYZERO | FE_INEXACT);
```

irá verificar se as flags relacionadas com as exceções **FE_DIVBYZERO** e **FE_INEXACT** foram ativadas. Como resultado, a função retorna

- ZERO, se nenhuma flag de exceção está ativada.
- O resultado da operação de OU bit-a-bit das exceções verificadas e que estão ativas.

14.4.3.9 Ativando uma flag de exceção

Eventualmente, pode ser que queiramos ativar a flag de uma exceção. Para isso usamos a função **feraiseexcept()**, cujo protótipo é:

```
int feraiseexcept(int exc);
```

A função **feraiseexcept()** recebe como parâmetro **exc**, que representa o resultado da operação de OU bit-a-bit das exceções a serem ativadas. Por exemplo, uma chamada

```
int res = feraiseexcept (FE_DIVBYZERO | FE_INEXACT);
```

irá ativar as flags relacionadas com as exceções **FE_DIVBYZERO** e **FE_INEXACT**. Como resultado, a função retorna

- ZERO, se todas as flags de exceções foram ativadas.
- Um valor diferente de ZERO, se algum erro ocorreu

14.4.3.10 Usando uma variável para definir o estado das flags de exceção

Às vezes, podemos ter o estado das flags de exceção previamente salvas em uma variável. Para definir o estado das flags do ambiente de ponto flutuante, com base nessa variável, usamos a função **fesetexceptflag()**, cujo protótipo é:

```
int fesetexceptflag(const fexcept_t* flagp, int exc);
```

A função **fesetexceptflag()** recebe como entrada **flagp**, que é o endereço da variável que representa as flags de estado do ambiente de ponto flutuante. O valor de **flagp** deve ter sido previamente obtido com **fegetexceptflag()**. O parâmetro **exc** representa o resultado da operação de OU bit-a-bit das exceções a terem seu estado copiado da variável. Como resultado, a função retorna

- ZERO, em caso de sucesso.
- Um valor diferente de ZERO, se algum erro ocorreu.

14.4.3.11 Salvando o estado das flags de exceção em uma variável

Para salvar o estado das flags de exceção em uma variável, usamos a função **fegetexceptflag()**, cujo protótipo é:

```
int fegetexceptflag(fexcept_t* flagp, int exc);
```

A função **fegetexceptflag()** recebe como entrada **flagp**, que é o endereço da variável que irá armazenar as flags de estado do ambiente de ponto flutuante. O parâmetro **exc** representa o resultado da operação de OU bit-a-bit das exceções a terem seu estado salvo na variável **flagp**. Como resultado, a função retorna

- ZERO, em caso de sucesso.
- Um valor diferente de ZERO, se algum erro ocorreu.

14.4.3.12 Definindo a direção do arredondamento

Para definir a direção de arredondamento na conversão de ponto flutuante para inteiro, usamos a função **fesetround()**, cujo protótipo é:

```
int fesetround(int round);
```

O parâmetro **round** indica uma das macros que definem os modelos de arredondamento possíveis. São eles:

- **FE_DOWNWARD**: arredondando para o infinito negativo.
- **FE_TONEAREST**: arredondando para o inteiro mais próximo.
- **FE_TOWARDZERO**: arredondando em direção ao ZERO.
- **FE_UPWARD**: arredondando para o infinito positivo.

Como resultado, a função retorna

- ZERO, em caso de sucesso.
- Um valor diferente de ZERO, se algum erro ocorreu.

A Figura 14.14 mostra um exemplo de uso da função **fesetround()**.

```
                    Definindo a direção do arredondamento
01    #include <stdio.h>
02    #include <stdlib.h>
03    #include <fenv.h>
04    #include <float.h>
05    #pragma STDC FENV_ACCESS ON
06
07    int main(){
08      //Arredonda para o inteiro mais próximo
09      printf("Valor = %f\n", rint(+11.5));
10
11      //Arredonda para +11.000000
12      fesetround(FE_DOWNWARD);
13      printf("Valor = %f\n", rint(+11.5));
14
15      //Arredonda para +12.000000
16      fesetround(FE_UPWARD);
17      printf("Valor = %f\n", rint(+11.5));
18      return 0;
19    }
```

FIGURA 14.14

14.4.3.13 Verificando qual a direção do arredondamento

Para saber qual a direção de arredondamento na conversão de ponto flutuante para inteiro, usamos a função **fegetround()**, cujo protótipo é:

```
int fegetround();
```

Essa função não possui parâmetros, e como resultado ela retorna uma das macros que definem os modelos de arredondamento possíveis.

14.5 NOVIDADES NO USO DE ARRAYS

14.5.1 O uso dos colchetes do array

Na linguagem C, uma posição **B** de um array **A** pode ser acessada através da expressão **A[B]**. Relembremos que o **nome** do array é apenas um ponteiro que aponta para o primeiro elemento do array. Assim, por definição, a expressão **A[B]** é equivalente à expressão, em aritmética de ponteiros, *((A) + (B)). Essa expressão é associativa, de modo que poderíamos escrevê-la como *((B) + (A)) ou **B[A]**.

De fato, o padrão C99 permite utilizar essa propriedade associativa da aritmética de ponteiros, de modo que podemos agora acessar um array usando as expressões **A[B]** ou **B[A]**, em que **A** é o array e **B** é o índice, como mostra o exemplo da Figura 14.15. Porém, isso só é válido para arrays que não são campos de estruturas.

Exemplo: uso dos colchetes do array

```
01  #include <stdio.h>
02  #include <stdlib.h>
03  int main(){
04    int A[3] = {11,22,33};
05    printf("A[0] = %d\n", A[0]);
06    printf("A[1] = %d\n", 1[A]);
07    printf("A[2] = %d\n", (1+1)[A]);
08    system("pause");
09    return 0;
10  }
```

FIGURA 14.15

14.5.2 Arrays de comprimento variável

Sempre que declaramos um array, é preciso especificar o seu tamanho, o qual deve ser definido como um valor ou expressão inteira e constante durante a codificação do programa. No caso de precisar declarar um array cujo tamanho é conhecido apenas em tempo de execução, é necessário recorrer à alocação dinâmica desse array.

O padrão C99 adicionou um tipo novo de array à linguagem C: são os arrays de comprimento variável. Nesse tipo, o número de elementos que o array poderá possuir pode ser especificado em tempo de execução do programa. O exemplo da Figura 14.16 mostra um array desse tipo.

Exemplo: arrays de comprimento variável

```
01  #include <stdio.h>
02  #include <stdlib.h>
03  int main(){
04    int i,N;
05    printf("Digite o tamanho do array: ");
06    scanf("%d",&N);
07    int V[N];
08    for (i=0; i<N; i++){
09      printf("Digite V[%d]: ",i);
10      scanf("%d",&V[i]);
11    }
12    for (i=0; i<N; i++)
13      printf("V[%d] = %d\n",i,V[i]);
14    system("pause");
15    return 0;
16  }
```

FIGURA 14.16

Note, nesse exemplo, que o tamanho do array **V** é definido a partir de um valor lido do teclado, **N**, o que não era possível até então.

 Arrays de comprimento variável não podem ser inicializados no momento de sua declaração, como era feito com o operador de chaves ({ }).

Isso ocorre porque o compilador não sabe qual será o tamanho daquele array. Um usuário pode definir um tamanho para o array menor do que o número de elementos definidos para a sua inicialização. Isso acarretaria um estouro da região de memória associada ao array. Por esse motivo, arrays de comprimento variável não podem ser inicializados durante sua declaração.

Apesar de terem seu tamanho definido em tempo de execução, arrays de comprimento variável são muito diferentes de alocação dinâmica.

Um array de comprimento variável está sujeito ao escopo onde foi declarado. Ou seja, ele é alocado no momento de sua declaração e liberado assim que o seu escopo termina. O mesmo não acontece com a alocação dinâmica, a qual só é liberada com a chamada da função **free()**. Além disso, um array de comprimento variável não pode ter seu tamanho modificado, diferentemente do que ocorre com a alocação dinâmica, em que podemos modificar o tamanho de um array usando a função **realloc()**.

 Arrays de comprimento variável não podem ser das classes de armazenamento **static** ou **extern**, nem membros de estruturas ou uniões.

14.5.3 Arrays de comprimento variável e funções

Quando declaramos uma função que recebe como parâmetro uma matriz, é necessário especificar o tamanho de todas as dimensões, exceto a primeira. Uma declaração possível para uma função que receba uma matriz de quatro linhas e cinco colunas e a imprima seria a apresentada a seguir:

```
void imprime(int mat[][5], int n);
```

Isso ocorre porque uma matriz pode ser entendida como um array de arrays. Nesse caso, nossa matriz pode ser entendida como um array no qual cada elemento é um outro array de cinco posições inteiras. O compilador precisa saber o tamanho de um dos elementos (por exemplo, o número de colunas da matriz) no momento da declaração da função.

 Funções podem ter um array de comprimento variável como parâmetro. Isso é particularmente útil quando trabalhamos com matrizes ou arrays com mais de duas dimensões.

No caso de nossa função anterior, poderíamos declará-la como mostrado a seguir:

```
void imprime(int n, int m, int mat[n][m]);
```

Note que o tamanho da matriz passada como parâmetro é definido em função de dois outros parâmetros inteiros, **n** e **m**, os quais são usados para definir o tamanho da matriz **mat**, a qual é um array de comprimento variável passado como parâmetro para a função.

 Os parâmetros que definem o tamanho do array de comprimento variável passado como parâmetro para a função devem vir antes do array.

Isso ocorre porque o compilador precisa saber quais são os identificadores usados para definir o array antes de defini-lo. Por exemplo:

```
void imprime(int n, int m, int mat[n][m]);//Correto
void imprime(int mat[n][m], int n, int m);//Errado
void imprime(int n, int mat[n][m], int m);//Errado
```

No protótipo da função, podemos usar um sinal de asterisco dentro dos colchetes, **[*]**, para indicar que aquele array é de comprimento variável.

O protótipo de uma função não precisa incluir os nomes das variáveis passadas como parâmetros. Apenas os seus tipos já são suficientes. Assim, utilizamos um asterisco dentro dos colchetes, [*], para indicar que se trata de um array de comprimento variável, como mostrado a seguir:

```
void imprime(int n, int m, int mat[n][m]);
void imprime(int, int, int mat[*][*]);
```

Na Figura 14.17, podemos ver um exemplo de array de comprimento variável passado como parâmetro para uma função.

Exemplo: array de comprimento variável e funções

```
01   #include <stdio.h>
02   #include <stdlib.h>
03   int soma(int n, int m, int mat[n][m]){
04     int i,j, s = 0;
05     for(i=0; i<n; i++)
06         for(j=0; j<m; j++)
07             s = s + mat[i][j];
08     return s;
09   }
10   int main(){
11     int i, j, x, y;
12     printf("Digite os tamanho da matrix: ");
13     scanf("%d %d",&x,&y);
14     int m[x][y];
15     printf("Digite os valores da matrix: ");
16     for(i=0; i<x; i++)
17         for(j=0; j<y; j++)
18             scanf("%d",&m[i][j]);
19     printf("Soma = %d\n",soma(x,y,m));
20     system("pause");
21     return 0;
22   }
```

FIGURA 14.17

14.5.4 Qualificadores de arrays

O padrão C99 fornece uma sintaxe nova para a declaração de arrays como parâmetros de uma função. Podemos agora usar qualificadores de tipo juntamente com o primeiro conjunto de colchetes do array. Os qualificadores de tipo que podem ser utilizados são: **const**, **volatile** e **restrict**.

O qualificador **const** pode ser usado para indicar que o parâmetro passado por referência sempre apontará para o mesmo array. Por exemplo, as seguintes declarações são semanticamente idênticas, e ambas possuem este efeito:

```
int soma_vetor(int vetor[const], int N);
int soma_vetor(int *const vetor, int N);
```

Porém, se mudarmos a declaração para

```
int soma_vetor(int const *vetor, int N);
```

estaremos indicando que os dados contidos dentro do array é que são constantes.

O qualificador **static** pode ser utilizado dentro dos colchetes de um array passado como parâmetro para a função. Nesse caso, ele vem imediatamente antes da expressão que especifica o tamanho do array, como mostrado a seguir:

```
void imprime(int vet[static 10]);
```

Nesse caso, o qualificador **static** indica que o array **vet** possui pelo menos 10 elementos. Além disso, ele também garante que **vet** não é um ponteiro nulo (**NULL**). Ao que parece, isso é uma dica dada ao compilador para otimizar o acesso a elementos do array.

Por fim, o modificador **volatile** informa ao compilador que aquele array poderá ser alterado por outros meios e, por esse motivo, ele NÃO deve ser otimizado. Ao que parece, não é de muito valor sua utilização com arrays.

14.5.5 Campo array flexível dentro de estruturas

Sempre que declaramos um array, é obrigatório declarar o seu tamanho. Isso é exigido em todas as situações em que utilizamos arrays. Porém, a linguagem C permite agora declarar um array sem tamanho, ou seja, um "array flexível", se ele for o último campo de uma estrutura, algo conhecido como **"struct hack"**.

Uma **struct hack** define uma forma de declarar uma estrutura que contenha um conjunto de campos de tamanho fixo, seguido por um campo array flexível, o qual pode conter número indeterminado de elementos.

A seguir é possível ver um exemplo de declaração:

```
struct aluno{

    char nome[40];

    int matricula;

    int notas[]; //array flexível

};
```

Nessa declaração, foi criada a estrutura **aluno**, a qual contém um campo **notas** que pode conter um número de elementos a ser ainda determinado.

O array flexível deve ser o último campo de uma estrutura.

A estrutura **aluno**, criada anteriormente, pode ser agora alocada dinamicamente. Nesse momento, temos que especificar o número de bytes da parte fixa da estrutura (campos **matricula** e **nome**), mas podemos também especificar o tamanho que a parte flexível (campo **notas**) possuirá, como mostra o exemplo da Figura 14.18.

```
              Exemplo: array flexível dentro de estruturas
01   #include <stdio.h>
02   #include <stdlib.h>
03   struct aluno{
04     char nome[40];
05     int matricula;
06     int notas[];
07   };
08   int main(){
09     struct aluno *a1, *a2;
10     a1 = malloc(sizeof(struct aluno)+(sizeof(int)*5));
11     a2 = malloc(sizeof(struct aluno)+(sizeof(int)*10));
12     free(a1);
13     free(a2);
14     system("pause");
15     return 0;
16   }
```

FIGURA 14.18

Nesse exemplo, foram definidos dois ponteiros para a estrutura **aluno** (linha 9). Durante a etapa de alocação (linhas 10 e 11), foi passado para a função **malloc()** o tamanho da parte fixa da estrutura, **sizeof(struct aluno)**, mais o tamanho que o array flexível **notas** terá: cinco elementos, (**sizeof(int)*5**), para o ponteiro **a1**, e 10 elementos, (**sizeof(int)*10**), para o ponteiro **a2**.

 Devido à sua natureza dinâmica, não se deve declarar diretamente uma variável da estrutura. Deve-se declarar um ponteiro para ela e fazer a alocação de toda a estrutura juntamente com o array flexível.

14.6 FUNÇÕES E FUNÇÕES MACRO

14.6.1 Funções em linha

O padrão C99 permite solicitar ao compilador que execute uma expansão "em linha" de uma função. Explicando melhor, podemos pedir ao compilador que, em vez de gerar o código para chamar a função no lugar em que foi definida, insira o corpo completo da função em cada lugar do código em que a função for chamada.

Trata-se de um recurso de otimização que visa melhorar o tempo e o uso da memória durante a execução do programa, com a desvantagem de talvez aumentar o tamanho final do programa gerado. Esse recurso é normalmente utilizado para as funções que executam com muita frequência.

Para solicitar ao compilador que execute uma expansão "em linha" de uma função, utiliza-se a palavra-chave **inline** na sua declaração:

```
inline tipo_retornado nome_função (lista_de_parâmetros){

    sequência de declarações e comandos

}
```

Na Figura 14.19, podemos ver um exemplo de função declarada utilizando a palavra-chave **inline**.

Exemplo: funções "em linha"	
Usando inline	**Código gerado**

```
01   #include <stdio.h>              #include <stdio.h>
02   #include <stdlib.h>             #include <stdlib.h>
03   inline int maior(int x, int y){
04     return (x>y)?x:y;
05   }
06   int main(){                     int main(){
07     int a = 5;                      int a = 5;
08     int b = 8;                      int b = 8;
09     int c = maior(a,b);             int c = (a>b)?a:b;
10     printf("Maior valor = %d\n",c); printf("Maior valor = %d\n",c);
11     system("pause");                system("pause");
12     return 0;                       return 0;
13   }                               }
```

FIGURA 14.19

Nesse exemplo, o código da esquerda substituirá a chamada da função **maior(a,b)** pelo seu corpo **(x > y)?x:y**, trocando o valor de **x** por **a** e o valor de **y** por **b**, ou seja, **(a > b)?a:b**.

 Note que funções **inline** se parecem muito com **funções macros**, porém elas apresentam a vantagem de possuir segurança baseada em tipo (**type-safety**): chamadas de macro não fazem verificação de tipo nos parâmetros nem verificam se eles são bem formados, enquanto uma função exige isso.

Apesar disso, funções **inline** também possuem restrições e limitações de uso:

- Não existe garantia de que o compilador conseguirá expandir uma função **inline** recursiva.
- Seu uso não é adequado com funções com número de parâmetros variável.
- Seu uso não é adequado com arrays de comprimento variável.
- Deve-se evitar o uso de **goto**, que redireciona para outras partes do código.
- Deve-se evitar o uso de funções aninhadas.
- Não podem conter variáveis declaradas com a classe de armazenamento **static** e não podem fazer referência a variáveis ou funções **static** em outras partes do arquivo de origem onde foram declaradas.

14.6.2 A macro va_copy()

A linguagem C permite que declaremos uma função que aceite uma quantidade variável de parâmetros. Para isso, basta colocar "..." como o último parâmetro na declaração da função e utilizar o tipo **va_list** e as macros **va_start()**, **va_arg()** e **va_end()** para ter acesso à lista contendo esses parâmetros.

Porém, às vezes, é necessário analisar a lista de parâmetros passada para a função mais de uma vez. Ou pode ser necessário lembrar de determinada posição nessa lista. Para fazer isso, o programador terá de fazer uma cópia do conteúdo da variável do tipo **va_list**. Infelizmente, **va_list** é um tipo opaco e, portanto, não se pode usar diretamente a operação de atribuição, como mostrado a seguir:

```
va_list lista1, lista2;
...
lista2 = lista1;//Errado
```

 Um tipo de dado é dito **opaco** quando é incompletamente definido em uma interface. Desse modo, os seus valores só podem ser manipulados por chamadas de funções que tenham acesso à informação em falta.

De modo a contornar essa deficiência, o padrão C99 inclui a macro **va_copy**(), a qual permite copiar o conteúdo de uma variável do tipo **va_list** para outra do mesmo tipo:

```
va_list lista1, lista2;
...
va_copy(lista2,lista1);//Correto
```

Nesse exemplo, o conteúdo da variável **lista1** é copiado para **lista2**.

 Antes da finalização da função, para cada chamada da macro **va_copy()** devemos também fazer uma chamada da macro **va_end()** para destruir a variável copiada.

A macro **va_copy**() tem como objetivo destruir a variável do tipo **va_list** de modo apropriado. Assim, toda vez que copiarmos uma variável, temos de fazer a sua destruição, como mostrado a seguir:

```
va_list lista1, lista2;
...
va_copy(lista2,lista1);
...
va_end(lista1);
va_end(lista2);
```

14.6.3 Macros com número de parâmetros variável

A linguagem C permite escrever funções que aceitam uma quantidade variável de parâmetros, os quais podem ser de diversos tipos, como é o caso das funções **printf**() e **scanf**(). O padrão C99 estende esse conceito de modo a permitir a codificação de funções macros com a mesma característica: a de aceitar um número variável de parâmetros.

Como na declaração das funções, uma função macro que aceita uma quantidade variável de parâmetros segue esta forma geral:

```
#define nome_da_macro(lista_de_parâmetros,...) expressão
```

 Para declarar uma função macro com uma quantidade variável de parâmetros, basta colocar "..." como o último parâmetro na declaração da função.

São as "..." declaradas nos parâmetros da macro que informam ao compilador que aquela macro aceita uma quantidade variável de parâmetros.

 Diferentemente das funções com a mesma característica, as macros não precisam possuir pelo menos um parâmetro **"normal"** antes das "...".

Desse modo, podemos definir macros que possuam apenas a lista de parâmetros variável:

```
#define nome_da_macro(...) expressão
```

 Uma vez declarada uma macro com quantidade de parâmetros variável, é necessário acessar esses parâmetros. Para isso, usamos o identificador especial **__VA_ARGS__** para acessar a lista de parâmetros passados.

O identificador especial **__VA_ARGS__** é utilizado na expressão de substituição da macro para acessar a sua lista de parâmetros. Infelizmente, a lista deve ser acessada como um todo, já que não é fornecido nenhum meio para acessar os parâmetros individualmente nem para descobrir quantos foram passados.

 Pelo menos um parâmetro deve ser passado para a macro na sua lista de parâmetros variável. No entanto, se substituirmos o identificador especial **__VA_ARGS__** por **##__VA_ARGS__**, poderemos deixar essa lista de parâmetros vazia.

O exemplo da Figura 14.20 apresenta uma macro que pode ser utilizada para criar um arquivo de log. No caso, as mensagens são impressas no dispositivo de erro-padrão da linguagem (**stderr**).

```
     Exemplo: macro com quantidade variável de parâmetros
01   #include <stdio.h>
02   #include <stdlib.h>
03   #define log(formato,...)
     fprintf(stderr,formato,##__VA_ARGS__)
04   int main(){
05     log("Declara x, y e z\n");
06     int x, y, z;
07     x = 25;
08     y = 100;
09     log("Inicializa x e y: %d %d\n",x,y);
10     z = x + y;
11     log("soma x e y em z: %d %d %d\n",x,y,z);
12     system("pause");
13     return 0;
14   }
```

FIGURA 14.20

14.7 A PALAVRA-CHAVE RESTRICT

A palavra-chave **restrict** foi introduzida na linguagem com o objetivo de limitar os efeitos de "aliasing" sobre ponteiros, auxiliando assim as otimizações de cache. Por "aliasing" nos referimos à situação em que uma mesma posição de memória pode ser acessada usando dois ponteiros diferentes. Ou seja, temos dois ponteiros distintos que apontam para um mesmo local de memória, sendo portanto um pseudônimo (ou "alias") do outro.

 A palavra-chave **restrict** pode ser entendida como uma dica sobre o ponteiro que damos para o compilador. O compilador é livre para decidir se vai ou não cumpri-la.

Um ponteiro pode ser definido como **restrict**, como mostrado no exemplo a seguir:

```
int * restrict y;
```

Basicamente, a palavra-chave **restrict** informa que tal ponteiro, e mais nenhum outro, durante todo o seu tempo de vida, será o único que poderá acessar a posição de memória para a qual ele aponta. Obviamente, operações aritméticas sobre esse ponteiro (por exemplo, y + 1) continuam válidas para acessar o local para o qual ele aponta.

Quando declaramos dois ponteiros

```
int * x;
int * y;
```

ambos podem ser usados para apontar para o mesmo local de memória. Ao levar isso em consideração, o compilador gerará um código menos otimizado. Porém, se ambos forem declarados como **restrict**,

```
int * restrict x;
int * restrict y;
```

o compilador suporá que eles apontam para locais diferentes de memória e que modificar um ponteiro não afetará o outro ponteiro, abrindo assim caminho para otimizações de acesso aos dados.

 É tarefa do programador, e não do compilador, garantir que os ponteiros não apontem para o mesmo local de memória.

14.8 INICIALIZAÇÃO DESIGNADA

O padrão C99 fornece o recurso de **inicialização designada**. Por meio dela podemos inicializar posições específicas de um array ou apenas alguns dos campos de uma estrutura ou união, deixando o resto das posições e dos campos sem inicializadores explícitos.

14.8.1 Inicializando algumas posições de um array

Suponha um array de cinco posições inteiras. A forma geral de inicialização de um array é:

```
int vetor[5] = { 1, 2, 3, 4, 5 };
```

Nessa declaração, o array é inicializado com uma lista de valores (do mesmo tipo do array), separados por vírgula, e é delimitado pelo operador de chaves ({ }). Esses valores devem ser colocados na mesma ordem em que serão colocados dentro do array. Não é possível colocar um valor apenas na última posição, porque os dados são colocados sempre da primeira para a última posição do array.

Com a inicialização designada, podemos inicializar apenas algumas posições desse array. Para isso, basta indicar, usando o operador de colchetes na posição na qual o valor deve ser inserido dentro do array, com o comando

```
[indíce] = valor
```

no lugar apenas do valor. Assim, se quiséssemos colocar apenas o valor 10 na posição 2 do array e o valor 20 na posição 4, a sua inicialização ficaria:

```
int vetor[5] = { [2] = 10, [4] = 20 };
```

 Valores não inicializados são inicializados com o valor-padrão do tipo.

Assim, a inicialização

```
int vetor[5] = { [2] = 10, [4] = 20 };
```

é equivalente a

```
int vetor[5] = { 0, 0, 10, 0, 20 };
```

Pode-se ainda definir um intervalo de posições a ser inicializado com um mesmo valor. Para isso, usa-se o comando:

```
[indice_inicial ... indice_final] = valor
```

Assim, se quiséssemos colocar o valor 10 nas posições 0 e 1 do array, e o valor 20 nas posições 2, 3 e 4, a sua inicialização ficaria:

```
int vetor[5] = { [0 ... 1] = 10, [2 ... 4] = 20 };
```

14.8.2 Inicializando alguns dos campos de uma estrutura

A inicialização de estruturas sempre foi uma tarefa problemática e sujeita a erros. Imagine a seguinte estrutura:

```
struct ponto{
   int x, y;
};
```

Uma variável dessa estrutura pode ser declarada e inicializada como mostrado a seguir:

```
struct ponto p = { 10, 20};
```

Os campos da estrutura são inicializados na ordem da declaração de tipo. Assim, o valor 10 é usado para inicializar o campo **x**, e o valor 20, o campo **y**.

O problema desse tipo de inicialização surge se fizermos alguma mudança na estrutura durante o processo de desenvolvimento. Seríamos obrigados a rever todas as inicializações para sabermos se elas permanecem ou não consistentes:

- Se alterarmos a ordem dos campos **x** e **y**, a ordem da inicialização deve ser modificada.
- Se inserirmos um novo campo antes de **x** e **y**, o valor 10 será usado para inicializar esse novo campo, o valor 20, o campo **x**, e o campo **y** será inicializado com o valor-padrão, ou seja, 0.

Para evitar esse tipo de problema, podemos agora especificar o nome do campo que será inicializado dentro da estrutura ou união, usando o comando

```
.nome_campo = valor
```

no lugar apenas do valor. Assim, a inicialização dessa estrutura especificando cada campo ficaria:

```
struct ponto p = { .x = 10, .y = 20};
```

Com o uso da inicialização designada podemos evitar todos os problemas mencionados anteriormente. Trata-se de uma sintaxe que é robusta contra a reordenação e inserção de campos na estrutura. Além disso, essa nova sintaxe também é robusta contra a renomeação de campos, pois todas as inicializações simplesmente falharão se o nome do campo for alterado, o que facilita a identificação de problemas.

14.8.3 Inicializando um array de estrutura

A combinação de arrays e estruturas permite que se manipule de modo muito mais prático diversas variáveis de uma mesma estrutura. Como vimos no uso de arrays, a utilização de um índice permite que usemos o comando de repetição para executar uma mesma tarefa para diferentes posições do array.

No caso da inicialização, podemos combinar as duas sintaxes apresentadas, a do array e a da estrutura, para inicializar os vários campos de uma estrutura armazenada dentro de um array. Para isso, basta indicar a posição em que o valor deve ser inserido dentro do array e o nome do campo que será inicializado dentro da estrutura ou união, usando o comando:

```
[índice].nome_campo = valor
```

Um array dessa estrutura pode ser declarado e inicializado como mostrado a seguir:

```
struct ponto p[3] = { [1].x = 10, [2].y = 20};
```

Nesse exemplo, colocamos apenas o valor 10 no campo **x** da posição 1 e o valor 20 no campo **y** da posição 2 do array.

 Podemos escrever uma série de comandos "[índice]" e ".nome_campo" antes do sinal de atribuição (=) para especificar uma série de estruturas e arrays aninhados.

Por exemplo, para inicializar um campo array contido dentro de uma estrutura, basta inverter a ordem de acesso:

```
.nome_campo[índice] = valor
```

14.9 LITERAIS COMPOSTOS

Literais compostos são uma maneira de escrever um conjunto de valores de tipos arbitrários de dados dentro do código. Trata-se de uma metodologia de inicialização para a atribuição de um array, estrutura ou união. Literais compostos também podem ser aplicados sobre tipos básicos (**int**, **float** etc.), apesar de não ter muito sentido. Sua exceção de uso são apenas os arrays de comprimento variável.

De modo geral, se uma variável é declarada com uma inicialização, a composição literal dessa variável poderá ser escrita utilizando o seu tipo como o **modelador de tipo dos dados** (ou **cast**), seguido pelos dados da inicialização entre chaves ({ }). Assim, uma variável declarada e inicializada como

```
tipo_da_variável nome_da_variável = { dados };
```

terá como composição literal

```
(tipo_da_variável) { dados };
```

Na Figura 14.21 podemos ver um exemplo de uso de literais compostos.

```
                          Exemplo: literais compostos
01    #include <stdio.h>
02    #include <stdlib.h>
03    struct ponto{int x,y;};
04    int main(){
05      struct ponto p;
06      int i,*v;
07      p = (struct ponto){1,2};
08      printf("p.x = %d\np.y = %d\n",p.x,p.y);
09      v = (int[3]){11,22,33};
10      for(i=0;i<3; i++)
11        printf("v[%d] = %d\n",i,v[i]);
12      system("pause");
13      return 0;
14    }
```

FIGURA 14.21

Nesse exemplo, dois literais compostos são criados e atribuídos. Note que o array da linha 9, (int[3]){11,22,33}, é atribuído a um ponteiro para inteiro declarado na linha 6, ***v**. Isso é possível porque um ponteiro pode apontar para o endereço no qual começa o array na memória.

 Se, em um literal composto de array, não for especificado o tamanho, o número de elementos do array é determinado pelo total de elemento entre as chaves ({ }).

Assim, o comando

```
int *v = (int[]){1,2,3};
```

atribui ao ponteiro **v** o endereço de um array contendo três elementos.

À primeira vista, um literal composto pode ser visto apenas como uma forma explícita de conversão de tipo, ou seja, uma operação de **cast**. No entanto, trata-se da declaração de uma **variável temporária anônima** do tipo especificado e inicializada usando as mesmas regras que se aplicam a uma variável desse tipo.

 Um literal composto se refere a declaração, inicialização e atribuição de uma **variável temporária anônima** à variável indicada.

Isso significa que, no exemplo anterior, o literal composto

```
p = (struct ponto){1,2};
```

é equivalente a

```
struct ponto sem_nome = {1,2};
p = sem_nome;
```

Como um literal composto é uma **variável temporária anônima**, permite uma série de operações:

- Ele está sujeitos às mesmas regras de escopo que uma variável convencional.
- Pode ser passado diretamente como um parâmetro durante a chamada de uma função.
- Pode-se utilizar o operador & para recuperar o seu endereço de memória. Exemplo:

```
struct ponto * po = &(struct ponto){1,2};
```

- A menos que o modificador de conversão de tipo seja definido com **"const"**, o conteúdo do literal composto é modificável.

O Padrão C11

Atualmente, está em vigor para a linguagem C o padrão ISO/IEC 9899:2011, informalmente conhecido como C11. Trata-se de uma nova revisão da linguagem C que veio para substituir o padrão C99 (ISO/IEC 9899:1999). Ele foi reconhecido como um novo padrão da linguagem pela ANSI em 2011, e, com ele, uma nova série de recursos foi incorporada à linguagem C. Ao longo deste capítulo iremos abordar cada um desses recursos.

> Como no caso do padrão C99, também é possível utilizar a macro padrão **__STDC_VERSION__** para identificar se o compilador suporta o padrão C11. Neste caso, a macro deve existir e possuir o valor **201112L**.

15.1 NOVAS MACROS, ESPECIFICADORES E IDENTIFICADORES

15.1.1 Macros para ponto flutuante

A linguagem C possui uma biblioteca para trabalhar com tipos de ponto flutuante. Trata-se da biblioteca **float.h**, a qual define as características dos tipos de ponto flutuantes para o sistema específico e para a implementação do compilador utilizada. Com o padrão C11, novas macros foram adicionadas a está biblioteca.

> Essas macros foram incluídas de modo a facilitar a consulta sobre características dos tipos de ponto flutuante, como o número de decimais que o tipo pode armazenar, seu limite, ou se ele suporta números subnormais.

Ao todo, foram incluídas 9 macros. São elas:

- 3 novas macros que definem o número de dígitos decimais para o seu respectivo tipo de ponto flutuante:
    - **FLT_DECIMAL_DIG**: número de dígitos decimais para um **float** que pode ser convertido de **base b** para **base 10** e de volta para **base b** sem mudar seu valor (valor mínimo de 9 para **IEEE float**).
    - **DBL_DECIMAL_DIG**: número de dígitos decimais para um **double** que pode ser convertido de **base b** para **base 10** e de volta para **base b** sem mudar seu valor (valor mínimo de 17 para **IEEE double**).

- ◦ **LDBL_DECIMAL_DIG**: número de dígitos decimais para um **long double** que pode ser convertido de **base b** para **base 10** e de volta para **base b** sem mudar seu valor (valor mínimo de 17 para **IEEE double**).
- 3 novas macros que definem o menor valor positivo para o seu respectivo tipo de ponto flutuante:
  - ◦ **FLT_TRUE_MIN**: menor valor positivo para um **float**.
  - ◦ **DBL_TRUE_MIN**: menor valor positivo para um **double**.
  - ◦ **LDBL_TRUE_MIN**: menor valor positivo para um **long double**.
- 3 novas macros que informam se o respectivo tipo de ponto flutuante suporta números subnormais (-1 indeterminável, 0 ausente, 1 presente):
  - ◦ **FLT_HAS_SUBNORM**: macro que informa se o tipo **float** suporta números subnormais.
  - ◦ **DBL_HAS_SUBNORM**: macro que informa se o tipo **double** suporta números subnormais.
  - ◦ **LDBL_HAS_SUBNORM**: macro que informa se o tipo **long double** suporta números subnormais.

 Um número diferente de zero é dito **subnormal se** a sua magnitude é menor do que a magnitude do menor número para aquele formato. Neste caso, um número subnormal permite representar números menores, mas com menor precisão, quando comparados com números normais.

Para entender melhor, considere o tipo **float**. A nova macro **FLT_TRUE_MIN** indica o menor valor positivo para um **float subnormal**, isto é, como menor precisão. Já a macro **FLT_MIN** indica o menor valor positivo para um **float normal**, isto é, como a precisão normal do tipo **float**.

A Figura 15.1 mostra como utilizar essas novas macros para ponto flutuante.

Exemplo: usando as novas macros para ponto flutuante

```
01    #include <stdio.h>
02    #include <float.h>
03    int main(){
04
05        printf("FLT _ TRUE _ MIN  = %e\n", FLT _ TRUE _ MIN);
06        printf("DBL _ TRUE _ MIN  = %e\n", DBL _ TRUE _ MIN);
07        printf("LDBL _ TRUE _ MIN = %e\n", LDBL _ TRUE _ MIN);
08
09        printf("FLT _ DECIMAL _ DIG  = %d\n", FLT _ DECIMAL _ DIG);
10        printf("DBL _ DECIMAL _ DIG  = %d\n", DBL _ DECIMAL _ DIG);
11        printf("LDBL _ DECIMAL _ DIG = %d\n", LDBL _ DECIMAL _ DIG);
12
13        printf("FLT _ HAS _ SUBNORM  = %d\n", FLT _ HAS _ SUBNORM);
14        printf("DBL _ HAS _ SUBNORM  = %d\n", DBL _ HAS _ SUBNORM);
15        printf("LDBL _ HAS _ SUBNORM = %d\n", LDBL _ HAS _ SUBNORM);
16
17        return 0;
18    }
```

```
Saída   FLT _ TRUE _ MIN  = 1.401298e-045
        DBL _ TRUE _ MIN  = 4.940656e-324
        LDBL _ TRUE _ MIN = 4.940656e-324
        FLT _ DECIMAL _ DIG  = 9
        DBL _ DECIMAL _ DIG  = 17
        LDBL _ DECIMAL _ DIG = 21
        FLT _ HAS _ SUBNORM  = 1
        DBL _ HAS _ SUBNORM  = 1
        LDBL _ HAS _ SUBNORM = 1
```

FIGURA 15.1

15.1.2 Macros para ponto flutuante

De modo a melhorar o suporte à construção de números complexos (incluídos no padrão C99 da linguagem), o padrão C11 trouxe 3 novas macros: **CMPLX**, **CMPLXF** e **CMPLXL**. Essas macros permitem criar um número complexo a partir de suas partes **real** (x) e **imaginária** (x y), e retornam um número complexo no formato x + iy, sendo a diferença entre elas o tipo dos valores x e y e do retorno da macro:

- double complex CMPLX(**double** x, **double** y).
- float complex CMPLXF(**float** x, **float** y).
- long double complex CMPLXL(**long double** x, **long double** y).

 Essas macros foram incluídas no padrão C11, com o objetivo de evitar problemas que possam surgir no momento da criação de um número complexo.

A Figura 15.2 mostra como utilizar cada uma das macros (**CMPLX**, **CMPLXF** e **CMPLXL**) para criar um número complexo.

```
Exemplo: usando as macros CMPLX, CMPLXF e CMPLXL
01   #include <stdio.h>
02   #include <complex.h>
03
04   int main(){
05       //Cria um número complexo do tipo double
06       double complex z1 = CMPLX(1.0, -1.0);
07
08       //Cria um número complexo do tipo float
09       float complex z2 = CMPLXF(4.0, 2.0);
10
11       //Cria um número complexo do tipo long double
12       long double complex z3 = CMPLXL(3.0, 1.0);
13
14       return 0;
15   }
```

FIGURA 15.2

 Uma mudança importante no padrão C11 em relação ao padrão C99: o suporte para números complexos agora é **opcional**.

Ou seja, o padrão C11 não necessariamente implementa o suporte para trabalhar com números complexos. Por se tratar de um recurso **opcional**, utilizamos a macro **__STDC_NO_COMPLEX__**, para saber se o recurso está disponível ou não nessa implementação do padrão C11. Se a macro estiver definida, isso significa que a implementação da linguagem **não suporta** números complexos.

A Figura 15.3 mostra como verificar se o suporte a números complexos está disponível na linguagem.

```
                    Verificando o suporte a números complexos
01   #include <stdio.h>
02
03   int main(){
04   #ifdef _ _STDC_NO_COMPLEX_ _
05       printf("A linguagem NAO suporta numeros complexos\n");
06   #else
07       printf("A linguagem suporta numeros complexos\n");
08   #endif
09
10       return 0;
11   }
```

FIGURA 15.3

15.1.3 Novo modo de abertura de arquivos

Por padrão, os modos de escrita (**"w"**, **"wb"**, **"w + "** e **"w + b"**) da função **fopen**() criam um arquivo vazio, quando ele não existe. No entanto, se o arquivo existir, ele terá seu conteúdo apagado, sendo obrigação do programador saber previamente se ele existe ou não.

De modo a contornar essa inconveniência da função **fopen**(), o padrão C11 inclui novos modos de abertura para escrita. Esses modos são identificados pela letra **"x"** colocada no final da string que define o modo de abertura, como mostrado na Figura 15.4.

MODO	TIPO DE ARQUIVO	DESCRIÇÃO
"wx"	Texto	Cria um arquivo vazio para escrita.
"wbx"	Binário	Cria um arquivo vazio para escrita.
"w+x"	Texto	Cria um arquivo vazio para leitura/escrita.
"w+bx"	Binário	Cria um arquivo vazio para leitura/escrita

FIGURA 15.4

 Nos modos de abertura terminados com **"x"** o arquivo não terá seu conteúdo apagado, caso ele já exista. Em vez disso, a função irá falhar, caso o arquivo já exista ou não possa ser criado. Além disso, o arquivo será criado para **acesso exclusivo**, ou seja, não compartilhado.

15.1.4 O especificador _Noreturn para funções

O padrão C11 contém o especificador para funções _**Noreturn**. Basicamente, esse especificador serve para declarar uma função que nunca retorna para quem a chamou (ou seja, a função termina o programa como o **return** do programa **main**), e deve ser usado juntamente com o tipo **void**. Este especificador também pode ser utilizado pela macro **noreturn**, disponível em **stdnoreturn.h**, como mostram os protótipos a seguir:

```
_Noreturn void funcao();
noreturn void funcao();
```

A Figura 15.5 apresenta um exemplo de uso do especificador _**Noreturn**.

```
             Exemplo: especificador _Noreturn
01   #include <stdlib.h>
02   #include <stdio.h>
03   #include <stdnoreturn.h>
04
05   noreturn void parar(){
06       printf("Terminando programa...\n");
07       system("pause");
08       exit(1);
09   }
10
11   int main(){
12     parar();
13     printf("Este trecho nunca sera executado.\n");
14     return 0;
15   }
```

FIGURA 15.5

15.1.5 Especificando o alinhamento das variáveis na memória

Por padrão, a linguagem C alinha as variáveis na memória de acordo com a "palavra" do sistema e o tamanho do tipo. Isso é feito com o objetivo de tornar o acesso à memória mais rápido e eficiente. No entanto, suponha que você saiba que a sua plataforma executa certas operações de forma mais eficiente se os dados estiverem alinhados de outro modo. Neste caso, seria interessante poder mudar o alinhamento dos dados dentro do programa, forçando-os a assumirem um novo padrão de alinhamento. Visando suprir essa necessidade, o padrão C11 trouxe o especificador de alinhamento **_Alignas**, o qual permite especificar o tipo de alinhamento de uma variável:

- **_Alignas(N)**: determina que o alinhamento da variável seja de **N** bytes. **N** deve ser uma potência de 2.
- **_Alignas(tipo)**: determina que o alinhamento da variável seja o mesmo do **tipo** especificado.

 O especificador de alinhamento **_Alignas** deve ser colocado na declaração da variável que terá o seu alinhamento especificado.

A especificação do tipo de alinhamento é sempre feita no momento da declaração da variável. Assim, para declarar uma variável **X**, do tipo **int**, com o alinhamento do tipo **double**, faz-se:

```
_Alignas(double) int X;
```

Além do especificador de alinhamento, o padrão C11 também possui o operador **_Alignof**, o qual retorna o tipo de alinhamento de um tipo ou variável:

- **_Alignof(tipo)**: retorna o total de bytes usado no alinhamento do **tipo** especificado.
- **_Alignof(variável)**: retorna o total de bytes usado no alinhamento da **variável** especificada.

A Figura 15.6 mostra um exemplo de uso dos operadores **_Alignas** e **_Alignof**.

	Usando _Alignas e _Alignof
01	`#include <stdio.h>`
02	`int main(){`
03	`  int A;`
04	
05	`  // Define B como int, mas com alinhamento de 8 bytes`
06	`  _Alignas(8) int B;`
07	
08	`  // Define C como int, mas com alinhamento de double`
09	`  _Alignas(double) int C;`
10	
11	`  printf("Alinhamento A: %d\n", _Alignof(A));`
12	`  printf("Alinhamento B: %d\n", _Alignof(B));`
13	`  printf("Alinhamento C: %d\n", _Alignof(C));`
14	
15	`  return 0;`
16	`}`

Saída	`Alinhamento A: 4`
	`Alinhamento B: 8`
	`Alinhamento C: 8`

FIGURA 15.6

 O padrão C11 também trouxe a biblioteca **stdalign.h**, a qual define as macros **alignof** e **alignas** como sinônimos para **_Alignof** e **_Alignas**.

Deste forma, se você incluir a biblioteca **stdalign.h**, você poderá escrever **alignas(int)** ao invés de **_Alignas(int)** no seu programa. A Figura 15.7 mostra como ficaria o código anterior (Figura 15.6), agora usando as macros **alignof** e **alignas**.

	Usando alignas e alignof
01	`#include <stdio.h>`
02	`#include <stdalign.h>`
03	`int main(){`
04	`  int A;`
05	
06	`  // Define B como int, mas com alinhamento de 8 bytes`
07	`  alignas(8) int B;`
08	
09	`  // Define C como int, mas com alinhamento de double`
10	`  alignas(double) int C;`
11	
12	`  printf("Alinhamento A: %d\n",alignof(A));`
13	`  printf("Alinhamento B: %d\n",alignof(B));`
14	`  printf("Alinhamento C: %d\n",alignof(C));`
15	
16	`return 0;`
17	`}`

Saída	`Alinhamento A: 4`
	`Alinhamento B: 8`
	`Alinhamento C: 8`

FIGURA 15.7

Além do especificador de alinhamento **_Alignas** e do operador **_Alignof** (e suas macros **alignas** e **alignof**, respectivamente), o padrão C11 inclui a função **aligned_alloc()** na biblioteca **stdlib.h**. Essa função permite a alocação de memória igual a função **malloc()**, mas especificando um determinado padrão de alinhamento. A função **aligned_alloc()** possui o seguinte protótipo:

```
void *aligned_alloc(size_t alinhamento, size_t num);
```

A função **aligned_alloc()** recebe 2 parâmetros de entrada

- **alinhamento**: o tamanho (em bytes) do alinhamento.
- **num**: o tamanho do espaço de memória a ser alocado.

e retorna

- **NULL**: no caso de erro.
- O ponteiro para a primeira posição do array alocado.

> A função **aligned_alloc()** retorna um bloco de memória não inicializado, da mesma forma que a função **malloc()**.

Na Figura 15.8 temos um exemplo de uso das funções **malloc()** e **aligned_alloc()**. Em ambos os casos estamos alocando um array contendo 10 posições de inteiros (**10*sizeof(int)**). No entanto, a alocação usando **malloc()** terá um alinhamento de 4 bytes (padrão para o tipo **int**), enquanto a alocação com **aligned_alloc()** terá o alinhamento especificado de 8 bytes.

```
                    Exemplo: usando a função aligned_alloc()
01    #include <stdio.h>
02    #include <stdlib.h>
03
04    int main(){
05        //Alocação de memória com alinhamento padrão
06        int *p1 = malloc(10*sizeof(int));
07        free(p1);
08
09        //Alocação de memória com alinhamento de 8 bytes
10        int *p2 = aligned_alloc(8,10*sizeof(int));
11        free(p2);
12
13        return 0;
14    }
```

FIGURA 15.8

15.2 ASSERÇÃO ESTÁTICA

Em programação, uma **asserção** é um atributo do programa que o programador julga como sendo sempre verdadeiro.

Infelizmente, o programador pode estar enganado e a **asserção** ser falsa, o que causa uma **falha de asserção** durante a execução do programa, geralmente terminando o programa.

É tarefa do bom programador validar suas suposições e preparar o seu código para incertezas. Uma maneira de fazer isso é utilizando as diretivas de compilação **#if** e **#error**, para saber se determinado recurso está disponível. Por exemplo, se quisermos saber se estamos trabalhando com um compilador compatível com o padrão C89, podemos fazer

```
#if __STDC__ != 1
#error "Não é um compilador padrão C89 compatível"
#endif
```

 As diretivas de compilação **#if** e **#error** são limitadas e não permitem avaliar uma série de atributos, como o tamanho dos tipos das variáveis usadas.

Isso ocorre porque as diretivas **#if** e **#error** são substituídas pelo pré-processador, e, assim, elas não podem ser utilizadas para avaliar atributos em tempo de compilação (executado após o pré-processador). De modo a contornar esse problema, o padrão C11 incluiu a palavra-chave **_Static_assert**, a qual permite testar um atributo do programa em tempo de compilação. Sua forma geral é:

```
_Static_assert(expressão,mensagem);
```

em que

- **expressão**: expressão avaliada que retorna um valor do tipo **verdadeiro/falso**.
- **mensagem**: texto a ser exibido.

Basicamente, o comando **_Static_assert** avalia a **expressão** em tempo de compilação. Se o resultado da expressão for **ZERO** (**falso**), um erro de compilação será gerado e a **mensagem** exibida. Caso contrário, nada será feito. A Figura 15.9 mostra como utilizar o comando **_Static_assert**.

```
                    Utilizando o comando _Static_assert
01    #include <stdio.h>
02
03    //Verificando o tamanho de um tipo
04    _Static_assert(sizeof(int) < 4,"INT menor que 4 bytes");
05
06    int main(){
07      //Verificando uma operação básica
08      _Static_assert(1+1==2,"Matematica parou de funcionar!");
09
10      return 0;
11    }
```

FIGURA 15.9

15.3 MELHORIA DO SUPORTE UNICODE

Os caracteres de uma string em C são, basicamente, uma sequência de bytes. Como não existe nenhuma especificação de qual padrão **Unicode** o sistema deve seguir, os caracteres são normalmente interpretados como padrão ASCII.

 Unicode é um padrão utilizado pelos computadores para codificar, representar e manipular, de forma consistente, textos produzidos por qualquer sistema de escrita existente.

O **Unicode** pode ser implementado usando diferentes regras de codificação de caracteres, como o **UTF-8**, **UTF-16**, e **UTF-32**, entre outros.

 UTF significa **Formato de Transformação Unicode** (do inglês, *Unicode Transformation Format*). É ele quem estabelece as regras de codificação de caracters. A diferença entre **UTF-8**, **UTF-16** e **UTF-32** é o número de bits usado no processo de codificação de cada caractere **Unicode**: 8, 16 e 32 bits, respectivamente.

Com o padrão C11, é possível especificar o padrão **Unicode** utilizado para codificar a string armazenada. São três os padrões possíveis: **UTF-8**, **UTF-16** e **UTF-32**. Para especificar qual o padrão utilizado, foram definidos três prefixos para strings literais:

- **u8**: cria uma string codificada em **UTF-8**.
- **u**: cria uma string codificada em **UTF-16**.
- **U**: cria uma string codificada em **UTF-32**.

Estes prefixos devem ser usados no momento em que se define a string:

```
char str[] = u8"Codificando em UTF-8";
```

O padrão C11 também trouxe a biblioteca **uchar.h**, a qual define os tipos **char16_t** e **char32_t** para armazenar as strings codificadas em, respectivamente, **UTF-16** e **UTF-32**. Esses novos tipos somente estão disponíveis na linguagem caso a sua respectiva macro esteja definida pelo compilador:

- **__STD_UTF_16__**: macro que define que o tipo **char16_t** está implementado.
- **__STD_UTF_32__**: macro que define que o tipo **char32_t** está implementado.

 Na verdade, os tipos **char16_t** e **char32_t** são macros associadas a tipos inteiros, sem sinal do tamanho necessitado.

A Figura 15.10 mostra como utilizar os novos prefixos, macros e tipos disponíveis.

Exemplo dos differentes tipos de codificação de caracteres

```
01   #include <stdio.h>
02   #include <uchar.h>
03
04   int main(){
05     // ASCII
06     char str[] = "Exemplo de string ASCII.";
07
08     // UTF-8
09     char str_u8[] = u8"?? Exemplo de string UTF-8 ??.";
10
11     // UTF-16
12     #ifdef __STD_UTF_16__
13         char16_t str_u16[] = u"?? Exemplo de string UTF-16 ??.";
       #endif
14
15     // UTF-32
16     #ifdef __STD_UTF_32__
17         char32_t str_u32[] = U"?? Exemplo de string UTF-32 ??.";
18     #endif
19
       return 0;
20   }
21
22
```

FIGURA 15.10

A biblioteca **uchar.h** também define quatro funções para a conversão de strings codificadas em **UTF-16** e **UTF-32**, para sequências multibyte. São elas:

- `size_t c16rtomb(char * restrict s, char16_t c16, mbstate_t * restrict ps)`: converte um caractere **UTF-16**, **c16**, para uma sequência multibyte **s**.
- `size_t c32rtomb(char * restrict s, char32_t c32, mbstate_t * restrict ps)`: converte um caractere **UTF-32**, **c32**, para uma sequência multibyte **s**.
- `size_t mbrtoc16(char16_t * restrict pc16, const char * restrict s, size_t n, mbstate_t * restrict ps)`: converte uma sequência multibyte **s** para um caractere **UTF-16** armazenado em **c16**.
- `size_t mbrtoc32(char32_t restrict * pc32, const char * restrict s, size_t n, mbstate_t * restrict ps)`: converte uma sequência multibyte **s** para um caractere **UTF-32** armazenado em **c32**.

 Um caractere multibyte é representado por caracteres de um e dois bytes, sendo uma string multibyte uma mistura de caracteres de um e dois bytes.

15.4 ESTRUTURAS E UNIÕES ANÔNIMAS

Com o padrão C11 é possível agora definir estruturas e uniões anônimas na linguagem C.

 Uma **struct** ou **union** é considerada anônima se ela for definida sem um nome.

Basicamente, uma estrutura ou união anônima não possui um nome definido no momento de sua declaração. Por esse motivo, elas são normalmente declaradas como campos dentro de outra estrutura/união. Como elas não possuem um nome definido, os campos da estrutura/união anônima são acessados diretamente, ou seja, como se eles também fossem campos da estrutura/união mais externa. A Figura 15.11 mostra um exemplo de uso de estruturas e uniões anônimas.

Exemplo 1: estruturas e uniões anônimas

```
01    #include <stdio.h>
02
03    struct st1{//estrutura com nome definido
04        int A;
05        struct {//estrutura anônima
06            int B, C;
07        };
08        union {//união anônima
09            char L;
10            int N;
11        };
12    };
13
14    int main(){
15        struct st1 S;
16        //acesso ao campo da struct st1
17        S.A = 10;
18        printf("%d\n",S.A);
19
20        //acesso direto aos campos da estrutura anônima
21        S.B = 20;
22        S.C = 30;
23        printf("%d %d\n",S.B,S.C);
24
25        //acesso direto aos campos da união anônima
26        S.L = 'A';
27        printf("%c %d\n",S.L,S.N);
28
29        return 0;
30    }
```

FIGURA 15.11

 Apesar de serem normalmente declaradas como campos dentro de outra estrutura ou união, estruturas e uniões anônimas podem ser declaradas de forma independente, isto é, sem a necessidade de outra estrutura/união com nome definido.

Neste caso, é necessário declarar uma variável juntamente com a declaração da estrutura/união anônima. A Figura 15.12 mostra um exemplo de declaração de estruturas e uniões anônimas e de suas respectivas variáveis.

Exemplo 2: estruturas e uniões anônimas

```
01   #include <stdio.h>
02
03   struct {//estrutura anônima
04       int N;
05       char L;
06   } S;
07
08   union {//união anônima
09       int N;
10       char L;
11   } U;
12
13   int main(){
14       //trabalhando com a estrutura anônima
15       S.N = 10;
16       S.L = 'Z';
17       printf("%c %d\n",S.L,S.N);
18
19       //trabalhando com a união anônima
20       U.N = 97;
21       printf("%c %d\n",U.L,U.N);
22
23       return 0;
24   }
```

FIGURA 15.12

15.5 FUNÇÕES COM VERIFICAÇÃO DE LIMITES

O anexo K do padrão C11 trouxe para a linguagem C um conjunto **opcional** de novas funções. São as interfaces de verificação de limites para funções que trabalham com strings. Seu objetivo é diminuir os riscos de segurança resultantes de estouro de buffer (*buffer overflow*).

 Basicamente, as funções que trabalham com verificação de limites possuem um parâmetro a mais: o número de caracteres com que ela deve trabalhar.

Funções tidas como inseguras como **strcpy()**, **strcat()** etc., ganharam novas versões, identificadas pela adição do sufixo **_s** (de *safe*, do inglês, **segura**): **strcpy_s()**, **strcat_s()** etc.

Para entender o funcionamento dessas novas funções, tomemos com exemplo as funções **strcpy()** e **strcpy_s()**:

- **strcpy(str1,str2)**: copia a sequência de caracteres contida em **str2** para o array de caracteres **str1**.
- **strcpy_s(str1,N,str2)**: copia no máximo **N** caracteres contidos em **str2** para o array de caracteres **str1**.

Por se tratar de um recurso **opcional**, duas macros são utilizadas para controlar o acesso a essas interfaces.

- **__STDC_LIB_EXT1__**: macro que informa se esse recurso é suportado.
- **__STDC_WANT_LIB_EXT1__**: macro que habilita o uso deste recurso. Deve ser colocada antes dos cabeçalhos.

```
                    Habilitando as funções com verificação de limites
01   #if ! _ _ STDC _ LIB _ EXT1 _ _
02         #error "Este código precisa do Anexo K do Padrão C11"
03   #endif
04   #define _ _ STDC _ WANT _ LIB _ EXT1 _ _ 1
05
06   #include <stdio.h>
07
08   //Podemos usar as funções com verificação de limites a partir daqui
```

FIGURA 15.13

A Figura 15.13 mostra como verificar se essas funções são suportadas e habilitar o seu uso.

 As interfaces de verificação de limites são uma parte opcional do novo padrão C11 (Anexo K). Elas são uma parte controversa do padrão, de modo que não foram amplamente implementadas, existindo a possibilidade de serem removidas da linguagem C na próxima revisão do padrão.

15.5.1 Leitura segura de strings com gets_s()

Normalmente, utilizamos a função **gets()** (presente na biblioteca **stdio.h**) para ler um conjunto de caracteres do dispositivo de entrada padrão (teclado) e armazená-los em uma **string** fornecida por parâmetro. Infelizmente, a função **gets()** não sabe a quantidade máxima de caracteres que pode ser armazenada na string, de modo que ferramentas de software maliciosas podem explorar essa brecha de segurança para a geração de ataques de estouro de buffer (*buffer overflow*).

Por esse motivo, a função **gets()** foi considerada obsoleta já no padrão C99 e totalmente removida da linguagem no padrão C11. Em seu lugar, foi incorporada uma versão mais segura, chamada **gets_s()**:

```
char *gets_s(char *str, rsize_t N);
```

Diferente da função **gets()**, a função **gets_s()** permite ler um conjunto de no máximo **N-1** caracteres do dispositivo de entrada padrão (UM caractere é deixado para o '\ 0') e armazenar na string **str**. Caso ocorra um erro de leitura, a função irá retornar **NULL**.

A Figura 15.14 mostra um exemplo de uso da função **gets_s()**.

```
                        Exemplo: função gets_s()
01    #include <stdio.h>
02    int main(){
03      char str[8];
04      printf("Digite uma string: ");
05
06      gets _ s(str,8);
07
08      printf("Lido: %s\n",str);
09
10      return 0;
11    }
```

FIGURA 15.14

Como a função **gets_s()** faz parte de uma opcional do padrão C11, a sua presença é incerta. Por esse motivo, recomenda-se o uso da função **fgets()** para a leitura de uma string, já que ela permite controlar o número de caracteres lidos, evitando assim o estouro do buffer.

15.6 SELEÇÃO DE TIPO GENÉRICO

15.6.1 O comando _Generic

Comparada com outras linguagens (como C + + ou Java, que possuem polimorfismo), criar um código genérico em linguagem C sempre foi uma tarefa árdua. Numa tentativa de simplificar essa tarefa, o padrão C99 trouxe a biblioteca **tgmath.h**, a qual define uma macro de tipo genérico para cada função matemática disponível. Assim, ao se usar a macro **cos()**, ela irá se comportar de modo diferente, a depender do tipo do seu parâmetro, como mostrado a seguir:

- **cos()** para o tipo **double**.
- **cosf()** para o tipo **float**.
- **cosl()** para o tipo **long double**.
- **ccos()** para o tipo **double _Complex**.
- **ccosf()** para o tipo **float _Complex**.
- **ccosl()** para o tipo **long double _Complex**.
- **cos()** para o tipo **int**, o qual é convertido implicitamente para **double**.

Já no padrão C11 foi introduzida a **seleção de tipo genérico**, a qual é implementada usando a nova palavra-chave **_Generic**. Sua forma geral de uso é:

```
_Generic (expressão-de-controle, tipo 1: expressão 1,...,tipo N:
expressão N,default: expressão default)
```

Trata-se de um comando similar ao comando de seleção múltipla **switch** (Seção 4.6), com a diferença de que, neste caso, a seleção é feita com base no tipo da **expressão-de-controle** e não no seu valor. Assim, o comando **_Generic** verifica se o tipo da **expressão-de-controle** é ou não igual a certo tipo (**tipo 1,...,tipo N**). Caso o tipo da **expressão-de-controle** seja igual a um dos tipos definidos, a expressão associada àquele tipo é retornada.

 O comando *default* é opcional, e sua expressão somente será retornada se o tipo da **expressão-de-controle** que está sendo testado pelo comando **_Generic** não for igual a nenhum dos tipos definidos.

Para tornar mais fácil a interpretação do comando **_Generic**, podemos utilizar o caractere de barra invertida, \, para separar cada item do comando em uma linha diferente, como mostrado a seguir:

```
_Generic (expressão-de-controle,\
tipo 1: expressão 1,\
...,\
tipo N: expressão N,\
default: expressão default\
)
```

Os tipos especificados no comando **_Generic** devem ser mutualmente incompatíveis. Desse modo, existe apenas uma seleção para cada tipo. Além disso, devem-se evitar tipos com qualificadores (**const**, **volatile**, **restrict** e **_Atomic**), arrays e tipos para funções.

A Figura 15.15 mostra um exemplo de uso da palavra-chave **_Generic** para a seleção de uma expressão (neste caso, apenas um valor) com base no tipo de uma variável.

```
Exemplo: seleção usando _Generic

01    #include <stdio.h>
02    #include <stdlib.h>
03    int main(){
04        int x, A;
05        double B;
06        char C[20];
07
08        x = _Generic(A, int: 1, double: 2, default: 0);
09        printf("Valor para A = %d\n",x);
10
11        x = _Generic(B, int: 1, double: 2, default: 0);
12        printf("Valor para B = %d\n",x);
13
14        x = _Generic(C, int: 1, double: 2, default: 0);
15        printf("Valor para C = %d\n",x);
16
17        return 0;
18    }

Saída    Valor para A = 1
         Valor para B = 2
         Valor para C = 0
```

FIGURA 15.15

15.6.2 Criando funções de tipo genérico usando _Generic

Num primeiro momento, não parece haver muitas vantagens em utilizar o comando **_Generic** em um programa em linguagem C. No entanto, podemos combinar esse comando com outro comando, o comando **#define**, para criar **funções macro** de tipo genérico, totalmente seguras e de forma muito simples.

 Uma **função macro** é uma espécie de declaração de função em que são informados o **nome** e os **parâmetros** da função como sendo o **nome da macro** e o **trecho de código** equivalente a ser utilizado na substituição (que é realizada pelo comando **#define**).

A Figura 15.16 mostra um exemplo de função macro utilizando **_Generic**. Neste caso, a função macro **tipoVar()** retorna um valor inteiro, o qual é escolhido de acordo com o tipo do parâmetro **T** pelo comando **_Generic**. Mais detalhes sobre a criação de funções macro estão disponíveis na Seção 13.11.2.

Exemplo: função macro de seleção usando _Generic

```
01    #include <stdio.h>
02    #include <stdlib.h>
03
04    #define tipoVar(T) _Generic(T, int:1, double:2, default:0)
05
06    int main(){
07        int x, A;
08        double B;
09        char C[20];
10
11        x = tipoVar(A);
12        printf("Valor para A = %d\n",x);
13
14        x = tipoVar(B);
15        printf("Valor para B = %d\n",x);
16
17        x = tipoVar(C);
18        printf("Valor para C = %d\n",x);
19
20        return 0;
21    }
```

Saída	Valor para A = 1
	Valor para B = 2
	Valor para C = 0

FIGURA 15.16

Usando o comando **_Generic** também podemos criar uma função macro capaz de chamar diferentes funções com base no tipo de parâmetro passado, algo muito similar ao que é feito pelas funções genéricas da biblioteca **tgmath.h**. Neste caso, ao invés de uma lista de valores, definimos no comando **_Generic** uma lista de funções (que podem ser próprias da linguagem ou criadas pelo programador) que serão usadas de acordo com o tipo do parâmetro passado para a função macro.

A Figura 15.17 mostra um exemplo de função macro capaz de chamar outras funções utilizando **_Generic**. Neste caso, utilizamos o comando **_Generic** para escolher entre três possíveis funções (**func1**(), **func2**() e **func3**()), cada uma delas responsável por imprimir uma mensagem diferente a depender do tipo do parâmetro passado.

Exemplo: função macro de seleção usando _Generic

```
01   #include <stdio.h>
02   #include <stdlib.h>
03
04   void func1(int n){ printf("Inteiro: %d\n",n); }
05   void func2(double n){ printf("Real: %f\n",n); }
06   void func3(){ printf("Valor invalido\n"); }
07
08   #define imprime(T) _Generic(T, \
09       int: func1,              \
10       double: func2,           \
11       default: func3)(T)
12
13   int main(){
14       int A = 81;
15       double B = 25.4;
16       char C[20] = "Teste";
17
18       imprime(A);
19       imprime(B);
20       imprime(C);
21
22       return 0;
23   }
```

Saída	Inteiro: 81 Real: 25.400000 Valor invalido

FIGURA 15.17

15.7 SUPORTE MULTITHREADING

Uma importante inovação da linguagem C foi o suporte nativo à criação e ao gerenciamento de **threads** no padrão C11.

 Uma thread representa um fluxo de execução interno a um processo (uma instância de um programa em execução). Threads permitem dividir um processo em duas ou mais tarefas para serem executadas de forma concorrente.

Para saber se uma implementação do padrão C11 suporta o uso de threads, utilizamos a macro **__STDC_NO_THREADS__**. Se a macro estiver definida, isso significa que a implementação da linguagem **não suporta** threads.

A Figura 15.18 mostra como verificar se o suporte a threads está ou não disponível na linguagem.

Verificando o suporte a threads

```
01   #include <stdio.h>
02
03   int main(){
04       #ifdef _ _ STDC _ NO _ THREADS _ _
05           printf("A linguagem NAO suporta threads\n");
06       #else
07           printf("A linguagem suporta threads\n");
08       #endif
09
10       return 0;
11   }
```

FIGURA 15.18

 O padrão C11 também trouxe a biblioteca **threads.h**, a qual define tipos, macros e declarações para se trabalhar com threads.

15.7.1 Trabalhando com threads

É importante conhecer alguns conceitos básicos para podermos trabalhar com threads. Um deles é o conceito de **processo**.

 Um processo é uma abstração usada pelo sistema operacional para designar a execução de um programa.

Isso significa que um processo nada mais é do que um programa individual em execução. Ele é caracterizado por uma única thread de controle (ou fluxo de controle) de execução, um estado corrente, e tem associado a ele um conjunto de recursos do sistema. Num ambiente multiprogramado, temos vários processos disputando o processador, sendo o uso do processador gerenciado por um escalonador de processos.

 Uma thread representa um fluxo de execução interno a um processo. Ela é uma entidade básica de utilização da CPU.

Threads permitem dividir um processo em duas ou mais tarefas para serem executadas de forma concorrente. Assim, processos com múltiplas threads podem realizar mais de uma tarefa por vez. Por exemplo, uma thread pode fazer operações de entrada/saída, enquanto outra realiza parte dos cálculos. O uso de threads permite que essas atividades se sobreponham, acelerando a aplicação. Na prática, a CPU alterna entre as threads dando a impressão de que elas estão executando em paralelo.

 Threads são mais fáceis de gerenciar do que processos. Isso se deve ao fato de que as threads não possuem recursos próprios. Todo recurso pertence ao processo!

Como as threads compartilham recursos (como memória, arquivos, impressoras, discos, variáveis etc.), surge a necessidade de sincronizar o acesso das threads a eles. Isso é feito, por exemplo, bloqueando o acesso de uma thread a certo recurso, enquanto outra thread o estiver usando (algo que pode ser feito com um mutex). Desse modo, impede-se, por exemplo, que uma thread tente **fechar** um arquivo, enquanto outra thread ainda o está lendo.

O tipo thread

O padrão C11 da linguagem usa um tipo especial de objeto para identificar e manipular threads. Quando uma thread é criada, é esse objeto que a identifica. Podemos declarar uma variável do tipo thread da seguinte maneira:

```
thrd_t th;
```

Nesse caso, **th** é a variável do tipo **thrd_t** que identifica uma thread (ainda não criada).

Criando uma thread

A primeira coisa que devemos fazer ao se trabalhar com threads é criar e executar uma thread. Para isso usa-se a função **thrd_create()**, cujo protótipo é:

```
int thrd_create(thrd_t *thr, thrd_start_t func, void *arg);
```

A função **thrd_create()** tem três parâmetros de entrada

- **thr**: o endereço da variável que identifica a thread.
- **func**: um ponteiro para a função a ser executada pela thread. Pode ser **NULL**.
- **arg**: ponteiro genérico contendo os dados a serem usados como parâmetros da função **func**.

e retorna

- **thrd_success**: a thread foi criada com sucesso.
- **thrd_nomem**: memória insuficiente para criar a thread.
- **thrd_error**: um erro ocorreu.

 Note que a função **thrd_create()** recebe os parâmetros **thrd_start_t func** e **void *arg** relativos à função que será executada pela thread. Neste caso, a função executada será **func(arg)**.

O parâmetro **func** diz respeito à função a ser executada pela thread. No caso, a função deve ser do tipo **thrd_start_t**. Esse tipo simplesmente descreve que a função executada pela thread deve ter o seguinte protótipo:

```
int func(void *);
```

Como se pode ver, a função executada pela thread deve sempre retornar um **int** e receber como parâmetro um **void***, o qual se refere ao parâmetro **arg** da função **thrd_create()**.

 Diferente de outras linguagens, na linguagem C a função **thrd_create()** não apenas cria a thread, mas coloca automaticamente a função passada como parâmetro em execução.

A Figura 15.19 mostra como criar várias threads para executar uma mesma função. Por enquanto não se preocupe com a função **thrd_join()**, ela será explicada mais adiante.

```
                         Criando uma thread
01   #include <stdio.h>
02   #include <threads.h>
03   #include <stdatomic.h>
04
05   atomic_int cont = 0;
06
07   int minhaFuncao(void* dados){
08       int i;
09       for(i= 0; i < 1000; i++) {
10          atomic_fetch_add_explicit(&cont, 1, memory_order_relaxed);
11       }
12       return 0;
13   }
14
15   int main(){
16       thrd_t thr[10];
17       int i;
18       //cria e executa 10 threads
19       for(i = 0; i < 10; i++)
20           thrd_create(&thr[i], minhaFuncao, NULL);
21
22       //Junta as 10 threads com a thread atual
23       for(i = 0; i < 10; i++)
24           thrd_join(thr[i], NULL);
25
26       printf("Contador = %u\n", cont);
27
28       return 0;
29   }
```

FIGURA 15.19

Comparando duas threads

Para saber se duas threads são iguais, usa-se a função **thrd_equal**(), cujo protótipo é:

```
int thrd_equal(thrd_t lhs, thrd_t rhs);
```

A função **thrd_equal**() compara as duas threads (lhs e rhs) e retorna um valor inteiro diferente de zero, no caso das duas threads serem iguais. Um valor de retorno igual a zero significa que as threads são diferentes:

```
thrd_t th1, th2;
...
if(thrd_equal(th1, th2) != 0)
printf("As thread sao iguais");
else
printf("As thread sao diferentes");
```

Obtendo o identificador da thread atual

Para obter o identificador da thread correntemente em execução, usa-se a função **thrd_current**():

```
thrd_t thrd_current(void);
```

A função **thrd_current**() retorna o identificador da thread onde ela foi chamada:

```
thrd_t atual = thrd_current();
printf("Identificador da thread: %d\n",atual);
```

Suspendendo temporariamente a thread

Às vezes, pode ser necessário suspender a thread por algum tempo. Neste caso, mandamos a thread "dormir" usando a função **thrd_sleep**():

```
int thrd_sleep(const struct timespec* time_point, struct timespec*
remaining);
```

A função **thrd_sleep**() recebe dois parâmetros de entrada:

- **time_point**: o endereço da variável que define quanto tempo a thread deverá dormir.
- **remaining**: se diferente de **NULL**, e caso a thread seja acordada por um sinal que não foi ignorado, armazena o tempo restante que a thread deve ser suspensa.

e retorna

- **0**: em caso de sucesso.
- **-1**: se um sinal ocorreu.
- **outro valor negativo**: se um erro ocorreu.

Os parâmetros dessa função são ponteiros para uma **struct timespec**, introduzida no padrão C11. Essa estrutura possui dois campos:

- **time_t tv_sec**: especifica o tempo em segundos (≥ 0).
- **long tv_nsec**: especifica o tempo em nanosegundos ($0 \leq$ nanosegundos ≤ 999999999)

A Figura 15.20 mostra como usar a função **thrd_sleep**().

```
                        Mandando uma thread "dormir"
01    #include <threads.h>
02    #include <time.h>
03    #include <stdio.h>
04
05    int main(){
06        //exibe a data/hora atual
07        printf("Tempo: %s", ctime(&(time_ t){time(NULL)}));
08
09        //manda a thread "dormir" 1 segundo
10        struct timespec tempo;
11        tempo.tv _ sec = 1;
12        thrd _ sleep(&tempo,NULL);
13
14        //exibe novamente a data/hora atual
15        printf("Tempo: %s", ctime(&(time_ t){time(NULL)}));
16
17        return 0;
18    }
```

FIGURA 15.20

Interrompendo a thread

A função **thrd_yield**() aconselha o sistema operacional a interromper a thread que a chamou e dar o tempo de CPU restante para outra thread ser executada no lugar. Seu protótipo é:

```
void thrd_yield();
```

Terminando a thread

Se quisermos terminar a execução da thread atual, podemos usar a função **thrd_exit()**, cujo protótipo é:

```
_Noreturn void thrd_exit(int resultado);
```

Essa função chama o destrutor apropriado para terminar a execução da thread atual e coloca o valor do parâmetro **resultado** como o código de resultado da thread.

Unindo a execução das threads

Às vezes, pode ser necessário que a thread atualmente em execução espere pelo término de outra thread. Neste caso, podemos usar a função **thrd_join()**, cujo protótipo é:

```
int thrd_join(thrd_t thr, int *res);
```

Essa função bloqueia a execução da thread atual até que a thread identificada por **thr** termine a sua execução. A função recebe dois parâmetros de entrada:

- **thr**: variável que identifica a thread que devemos esperar pelo término da execução.
- **res**: se diferente de **NULL**, endereço da variável que receberá o código de resultado da thread.

e retorna

- **thrd_success**: no caso de sucesso.
- **thrd_error**: caso contrário.

A Figura 15.19 mostra como criar várias threads para executar uma mesma função e uní-las de modo que a thread principal espere pelo término da execução das demais threads.

Separando a execução das threads

Usamos a função **thrd_detach()** se a lógica do seu programa não exige que se espere pelo resultado de uma thread para continuar:

```
int thrd_detach(thrd_t thr);
```

Neste caso, a função informa a thread atual que ela não deve esperar pelo resultado da thread identificada por **thr**. Diante disso, qualquer recurso mantido pela thread será liberado tão logo ela termine sua execução. Como resultado, a função retorna

- **thrd_success**: no caso de sucesso.
- **thrd_error**: caso contrário.

15.7.2 Executando uma função uma única vez

Dependendo da necessidade do nosso programa, podemos querer que uma função seja executada apenas uma vez, independente de quantas threads a chamem. Para isso, usamos a função **call_once()**:

```
void call_once(once_flag* flag, void (*func)(void));
```

A função **call_once()** recebe dois parâmetros de entrada:

- **flag**: um ponteiro para um objeto do tipo **call_once**. Ele é usado para garantir que a função **func** seja chamada apenas uma vez.
- **func**: um ponteiro para a função a ser executada pela função **call_once()**. No caso, a função deve ter o seguinte protótipo: **void** func(**void**).

 O parâmetro **flag** da função **call_once()** deve ser inicializado com a macro **ONCE_FLAG_INIT** antes de ser utilizado.

A Figura 15.21 mostra como criar e unir 10 threads para executar a função **imprime()**. No entanto, a função **imprime()** será executada usando a função **call_once()**, ou seja, apesar de 10 threads requisitarem a execução dela, ela será executada apenas uma vez.

```
Executando uma função uma única vez
01   #include <stdio.h>
02   #include <threads.h>
03
04   once_flag flag = ONCE_FLAG_INIT;
05
06   void imprime(void){
07       printf("Executando UMA unica vez...\n");
08   }
09
10   int minhaFuncao(void* dados){
11       //Função imprime() deve ser executada apenas 1 vez
12       call_once(&flag, imprime);
13       return 0;
14   }
15
16   int main(){
17       thrd_t thr[10];
18       int i;
19       //cria 10 threads
20       for(i = 0; i < 10; i++)
21           thrd_create(&thr[i], minhaFuncao, NULL);
22
23       //Junta as 10 threads com a thread atual
24       for(i = 0; i < 10; i++)
25           thrd_join(thr[i], NULL);
26
27       return 0;
28   }
```

FIGURA 15.21

15.7.3 Trabalhando com mutex (exclusão mútua)

Mutex é uma abreviação para **mutual exclusion** (exclusão mútua). Uma das principais formas de se implementar a sincronização de threads e proteger dados compartilhados é por meio do uso de uma variável do tipo mutex. Um mutex permite controlar o acesso aos dados compartilhados entre as threads, quando ocorrem várias escritas.

Um mutex atua como uma trava (ou bloqueio). Ele protege o acesso a um recurso (dados compartilhados), de modo que apenas uma thread possa acessá-lo.

Basicamente, apenas uma thread pode bloquear (ou possuir) a variável mutex por vez e, consequentemente, acessar os dados. Nenhuma outra thread pode possuir o mutex enquanto a thread proprietária não o liberar. Assim, as threads devem se revezar para acessar os dados.

 Sempre que uma thread liberar o mutex, outra thread o bloqueia e passa a acessar os dados. Dessa forma, evita-se **race conditions** (ou **data race**).

Uma **race condition** (**data race** ou **condição de corrida**) ocorre quando duas threads tentam acessar, simultaneamente, um mesmo recurso (memória, arquivos, impressoras, discos, variáveis etc.) compartilhado e não existe nenhum mecanismo de **exclusão mútua** para controlar o acesso a esse recurso. Isso faz com que a ordem de acesso ao recurso pelas threads seja **não determinística**, isto é, o resultado da execução pode variar dependendo da ordem de acesso das threads.

O tipo mutex

No padrão C11, um mutex é identificado por um objeto do tipo **mtx_t**. Podemos declarar uma variável do tipo mutex da seguinte maneira:

```
mtx_t mtx;
```

Nesse caso, **mtx** é a variável do tipo **mtx_t** que identifica um mutex (ainda não criado).

Criando um mutex

A primeira coisa que devemos fazer ao se trabalhar com mutex é criar e inicializar um. Para criar um mutex, usamos a função **mtx_init()**, cujo protótipo é:

```
int mtx_init(mtx_t* mtx, int tipo);
```

A função **mtx_init()** recebe dois parâmetros de entrada:

- **mtx**: o endereço da variável que identifica o mutex.
- **tipo**: especifica o tipo de mutex a ser criado. Pode assumir os seguintes valores:
  - **mtx_plain**: um mutex simples e não recursivo é criado.
  - **mtx_timed**: um mutex não recursivo e com suporte a **timeout** é criado.
  - **mtx_plain | mtx_recursive**: um mutex recursivo é criado.
  - **mtx_timed | mtx_recursive**: um mutex recursivo e com suporte a **timeout** é criado.

e retorna

- **thrd_success**: o mutex foi criado com sucesso.
- **thrd_error**: um erro ocorreu.

Destruindo um mutex

Terminado o uso do mutex, é necessário destruí-lo. Isso é feito com a função **mtx_destroy()**, cujo protótipo é:

```
void mtx_destroy(mtx_t* mtx);
```

Basicamente, a função **mtx_destroy()** recebe como parâmetro o ponteiro **mtx**, que determina o mutex a ser destruído, liberando todos os seus recursos. A Figura 15.22 mostra como criar e destruir um mutex.

```
Criando um mutex
01    #include <threads.h>
02    #include <stdio.h>
03
04    mtx_t mtx; // Declara um mutex
05    int main(){
06
07        if(mtx_init(&mtx,mtx_plain) != thrd_success){
08            printf("Erro ao criar o mutex.\n");
09            return -1;
10        }
11
12        // Threads usam o mutex
13
14        mtx_destroy(&mtx);
15        return 0;
16    }
```

FIGURA 15.22

Bloqueando a thread até obter o mutex

A função **mtx_lock()** bloqueia a execução da thread atual, até que ela obtenha o mutex especificado por **mtx**:

```
int mtx_lock(mtx_t* mtx);
```

Neste caso, para a thread ser bloqueada, ela não deve ter a posse do mutex **mtx**. Como resultado, a função retorna

- **thrd_success**: no caso de sucesso.
- **thrd_error**: caso contrário.

 As funções **mtx_lock()** e **mtx_unlock()** são complementares. Elas devem ser chamadas no início e no final de uma seção crítica de código que apenas uma thread por vez pode executar.

A Figura 15.23 mostra como bloquear e liberar um mutex. Neste exemplo, as funções **incrementa()** e **acessa()** não conseguiram acessar concorrentemente a variável **contador**.

```
                    Bloqueando e liberando um mutex
01    #include <threads.h>
02    #include <stdio.h>
03
04    mtx_t mtx; // Declara um mutex
05    int contador = 0;
06
07    void incrementa(){
08        mtx_lock(&mtx);
09        contador++:
10        mtx_unlock(&mtx);
11    }
12
13    int acessa(){
14        int c;
15        mtx_lock(&contador_mutex);
16        c = contador;
17        mtx_unlock(&mtx);
18        return c;
19    }
20
21    int main(){
22
23        if(mtx_init(&mtx,mtx_plain) != thrd_success){
24            printf("Erro ao criar o mutex.\n");
25            return -1;
26        }
27
28        // Threads usam as funções
29        // incrementa() e acessa()
30
31        mtx_destroy(&mtx);
32        return 0;
33    }
```

FIGURA 15.23

Liberando o mutex

Para que a thread libere o mutex, usamos a função **mtx_unlock()**, cujo protótipo é:

```
int mtx_unlock(mtx_t *mtx);
```

A função libera o mutex identificado por **mtx**, o qual foi bloqueado pela thread atual. Como resultado, a função retorna

- **thrd_success**: no caso de sucesso.
- **thrd_error**: caso contrário.

A Figura 15.23 mostra como bloquear e liberar um mutex. Neste exemplo, as funções **incrementa()** e **acessa()** não conseguiram acessar concorrentemente a variável **contador**.

 As funções **mtx_lock()** e **mtx_unlock()** são complementares. Elas devem ser chamadas no início e no final de uma seção crítica de código que apenas uma thread por vez pode executar.

Bloqueando a thread por um tempo específico

A função **mtx_timedlock()** bloqueia a execução da thread atual, até que ela obtenha o mutex especificado por **mtx** ou até que um determinado período de tempo tenha se passado. Neste caso, o mutex deve suportar **timeout**. Sua forma geral é:

```
int mtx_timedlock(mtx_t *restrict mtx, const struct timespec *restrict
time_point);
```

A função **thrd_timedlock()** recebe dois parâmetros de entrada:

- **mtx**: o endereço do mutex manipulado.
- **time_point**: o endereço da variável que identifica o tempo de espera.

e retorna

- **thrd_success**: no caso de sucesso.
- **thrd_error**: caso contrário.

Note que o parâmetro de tempo dessa função é um ponteiro para uma **struct timespec**, introduzida no padrão C11. Essa estrutura possui dois campos:

- **time_t tv_sec**: especifica o tempo em segundos (≥ 0).
- **long tv_nsec**: especifica o tempo em nanosegundos ($0 \leq$ nanosegundos ≤ 999999999).

Tentando obter o mutex

A função **mtx_trylock()** tenta obter o mutex especificado por **mtx**, mas não bloqueia a thread atual se o mutex estiver ocupado. Sua forma geral é

```
int mtx_trylock(mtx_t *mtx);
```

Neste caso, para a thread ser bloqueada, ela não deve ter a posse do mutex **mtx**. Como resultado, a função retorna

- **thrd_success**: no caso de sucesso.
- **thrd_busy**: se a thread já estiver bloqueada.
- **thrd_error**: caso contrário.

15.7.4 Trabalhando com variáveis de condição

Outra forma de sincronizar as threads é utilizando uma variável de condição.

> Enquanto o mutex faz a sincronização das threads controlando o acesso aos dados, uma variável de condição faz a sincronização das threads usando o resultado de uma condição.

Variáveis de condição permitem sinalizar mudanças de estado (condições) entre as threads. A ideia é de que a thread deva esperar até que alguma condição seja verdadeira (por exemplo, se algum cálculo terminou, se uma fila está vazia etc.).

Uma variável de condição é sempre usada em conjunto com um mutex.

O funcionamento da variável de condição com o mutex pode ser assim descrito: a thread obtém o mutex e testa a condição. Se a condição não foi cumprida, a thread fica em espera (liberando o mutex) até que outra thread a acorde. Quando acordada, a thread obtém o mutex e testa novamente a condição. Este processo se repete até que a condição seja cumprida.

O tipo variável de condição

No padrão C11, uma variável de condição é identificada por um objeto do tipo **cnd_t**. Podemos declarar uma variável de condição da seguinte maneira:

```
cnd_t cond;
```

Nesse caso, **cond** é a variável do tipo **cnd_t** que identifica uma condição (ainda não criada).

Criando uma variável de condição

A primeira coisa que devemos fazer ao se trabalhar com variáveis de condição é criar e inicializar uma. Para isso, usamos a função **mtx_init()**, cujo protótipo é:

```
int cnd_init(cnd_t* cond);
```

A função **cnd_init()** recebe como entrada o endereço da variável de condição a ser inicializada. Como resultado, ela retorna

- **thrd_success**: a variável de condição foi criada com sucesso.
- **thrd_nomem:** memória insuficiente para criar a variável de condição.
- **thrd_error**: um erro ocorreu.

A Figura 15.24 mostra como criar e destruir uma variável de condição.

Criando uma variável de condição

```
01   #include <threads.h>
02   #include <stdio.h>
03
04   // Declara uma variável de condição
05   cnd_t cond;
06   int main(){
07
08       if(cnd_init(&cond) != thrd_success){
09           printf("Erro ao criar a condicao.\n");
10           return -1;
11       }
12
13       // Uso da variável de condição
14
15       cnd_destroy(&cond);
16       return 0;
17   }
```

FIGURA 15.24

Destruindo uma variável de condição

Terminado o uso da variável de condição, é necessário destruí-la. Isso é feito com a função **cnd_destroy()**, cujo protótipo é:

```
void cnd_destroy(cnd_t* cond);
```

Basicamente, a função **cnd_destroy()** recebe como parâmetro o ponteiro **cond**, que determina a variável de condição a ser destruída, liberando todos os seus recursos. A Figura 15.24 mostra como criar e destruir uma variável de condição.

Desbloqueando uma thread

Para desbloquear/acordar uma das threads que estão esperando por uma variável de condição, usamos a função **cnd_signal()**, cujo protótipo é:

```
int cnd_signal(cnd_t *cond);
```

Caso mais de uma thread esteja esperando pela variável de condição especificada por **cond**, o escalonador de processos irá determinar a ordem em que as threads são desbloqueadas. Como resultado, a função retorna

- **thrd_success**: no caso de sucesso.
- **thrd_error**: um erro ocorreu.

A Figura 15.25 mostra como bloquear e desbloquear uma thread usando uma variável de condição.

```
Bloqueando e desbloqueando a thread
01    mtx_t mtx_cont;
02    cnd_t cond_cont;
03    unsigned int count;
04
05    void diminui_contador(){
06        mtx_lock(&mtx_cont);
07        while(count == 0)
08            cnd_wait(&cond_cont, &mtx_cont);
09        count = count - 1;
10        mtx_unlock(&mtx_cont);
11    }
12
13    void aumenta_contador(){
14        mtx_lock(&mtx_cont);
15        if(count == 0)
16            cnd_signal(&cond_cont);
17        count = count + 1;
18        mtx_unlock(&mtx_cont);
19    }
```

FIGURA 15.25

Desbloqueando todas as threads

Para desbloquear/acordar todas as threads que estão esperando por uma variável de condição, usamos a função **cnd_broadcast()**, cujo protótipo é:

```
int cnd_broadcast(cnd_t *cond);
```

Como todas as threads esperando pela variável de condição especificada por **cond** são desbloqueadas, o escalonador de processos irá determinar a ordem em que as threads acessam os recursos. Como resultado, a função retorna

- **thrd_success**: no caso de sucesso.
- **thrd_error**: um erro ocorreu.

 A função **cnd_broadcast()** é indicada numa situação em que temos uma thread escrevendo e várias threads esperando para poder realizar uma leitura. Neste caso, quando a thread terminar a escrita, ela poderá sinalizar a todas as threads em espera que a leitura pode ser realizada.

A Figura 15.26 mostra como desbloquear/acordar todas as threads usando uma variável de condição.

```
                Desbloqueando todas as threads
01    mtx_t mtx;
02    cnd_t cond;
03    unsigned int total;
04
05    void pega_total(int qtd){
06        mtx_lock(&mtx);
07        while(total < qtd){
08            cnd_wait(&cond,&mtx);
09        }
10        total = total - qtd;
11        mtx_unlock(&mtx);
12    }
13
14    void adiciona_total(int qtd){
15        mtx_lock(&mtx);
16        total = total + qtd;
17        cnd_broadcast(&cond);
18        mtx_unlock(&mtx);
19    }
```

FIGURA 15.26

Liberando o mutex e bloqueando a thread

A função **cnd_wait()** permite realizar, de forma atômica, a liberação do mutex e bloqueio de uma thread por uma variável de condição. Seu protótipo é:

```
int cnd_wait(cnd_t *cond, mtx_t *mtx);
```

A função **cnd_wait()** recebe dois parâmetros de entrada

- **cond**: o endereço da variável de condição usada.
- **mtx**: o endereço do mutex manipulado.

e retorna

- **thrd_success**: no caso de sucesso.
- **thrd_error**: um erro ocorreu.

Basicamente, a função **cnd_wait()** bloqueia a thread atual (que deve possuir o mutex **mtx**) usando a variável de condição **cond**, até que outra thread a acorde com as funções **cnd_signal()** ou **cnd_broadcast()**.

A Figura 15.25 mostra como bloquear e desbloquear uma thread usando uma variável de condição.

Liberando o mutex e bloqueando a thread por um tempo específico

Similar à função **cnd_wait()**, a função **cnd_timedwait()** permite realizar, de forma atômica, a liberação do mutex e o bloqueio de uma thread por uma variável de condição ou até que um determinado período de tempo tenha se passado. Sua forma geral é:

```
int cnd_timedwait(cnd_t* restrict cond, mtx_t* restrict mtx, const
struct timespec* restrict time_point);
```

A função **cnd_timedwait()** recebe três parâmetros de entrada

- **cond**: o endereço da variável de condição usada.
- **mtx**: o endereço do mutex manipulado.
- **time_point**: o endereço da variável que identifica quanto tempo a thread deverá dormir. Neste caso, **time_point** é um ponteiro para uma **struct timespec**, introduzida no padrão C11. Essa estrutura possui dois campos:
  - **time_t tv_sec**: especifica o tempo em segundos (≥ 0);
  - **long tv_nsec**: especifica o tempo em nanosegundos ($0 \leq$ nanosegundos ≤ 999999999).

e retorna

- **thrd_success**: no caso de sucesso.
- **thrd_timedout**: se o tempo especificado foi atingido sem o mutex ter sido bloqueado;
- **thrd_error**: um erro ocorreu.

A Figura 15.27 mostra como bloquear uma thread por um tempo específico usando uma variável de condição.

```
┌─────────────────────────────────────────────────────────────┐
│           Bloqueando a thread por um tempo específico         │
├─────────────────────────────────────────────────────────────┤
01   mtx_t mtx;
02   cnd_t cond;
03   ...
04   mtx_lock(&mtx);
05   struct timespec tempo;
06   tempo.tv_sec = 1;
07
08   while(condicao == 0){
09       err = cnd_timedwait(&cond, &mtx, &tempo);
10       if(err == thrd_timedout){
11           // tempo esgotado...
12           break;
13       }
14   }
15   mtx_unlock(&mtx);
```

FIGURA 15.27

15.7.5 Objetos locais e armazenamento específico da thread

Às vezes, pode ser necessário que cada thread mantenha seus dados separados de outras threads, mesmo usando identificadores globais. Para isso, podemos usar duas técnicas: criar **objetos locais** ou criar uma região de memória para **armazenamento específico** da thread:

- **Objetos locais à thread (thread-local objects)**: utiliza a nova classe de armazenamento **_Thread_local** para criar um objeto que é local à thread, isto é, cada thread possui sua própria instância do objeto. Esse objeto é criado e inicializado quando a thread é criada, sendo o seu tempo de vida a duração da thread.
- **Armazenamento específico da thread (thread-specific storage - TSS)**: permite dinamicamente alocar e liberar memória para uso de uma thread específica. Cada thread pode utilizar uma quantidade diferente de memória e um mesmo identificador identifica o bloco de memória associado a cada thread.

A classe de armazenamento _Thread_local

O padrão C11 define **_Thread_local** como uma nova classe de armazenamento para ser utilizada com threads.

Basicamente, a classe de armazenamento **_Thread_local** especifica o tempo de vida de um objeto na thread. Neste caso, o tempo de vida do objeto é a duração da execução da thread onde o objeto foi criado. Cada thread possui sua própria cópia independente do objeto.

Essa classe de armazenamento também pode ser utilizada pela macro **thread_local**, disponível em **threads.h**, como mostrado a seguir:

```
thread_local int var1 = 10;
_Thread_local int var2 = 15;
```

 O especificador **_Thread_local** pode ser usado junto com os especificadores **static** ou **extern**. Apenas objetos (como variáveis) podem ser declarados com esse especificador, não funções.

O tipo para armazenamento específico da thread

O padrão C11 usa um tipo especial de objeto para identificar, gerenciar e manipular dados armazenados por uma thread específica. Trata-se de uma abordagem muito mais flexível do que criar um objeto local à thread (usando **_Thread_local**). Podemos declarar uma variável representado os dados específicos da thread da seguinte maneira:

```
tss_t ts;
```

Neste caso, **ts** é a variável do tipo **tss_t** que identifica os dados específicos da thread (ainda não criada).

Criando um armazenamento específico para a thread

Para se trabalhar com armazenamento específico, a primeira coisa que devemos fazer é criar e inicializar uma variável do tipo **tss_t**. Isso pode ser feito usando a função **tss_create()**, cujo protótipo é:

```
int tss_create(tss_t *id, tss_dtor_t destrutor);
```

A função **tss_create()** recebe dois parâmetros de entrada

- **id**: o endereço da variável que identifica a região de memória do armazenamento específico.
- **destrutor**: um ponteiro para a função a ser executada ao final da thread. Pode ser **NULL**.

e retorna

thrd_success: em caso de sucesso.

thrd_error: um erro ocorreu.

 Note que a função **tss_create()** recebe o parâmetro **tss_dtor_t destrutor** relativo à função que será executada ao final da thread.

O parâmetro **destrutor** identifica a função a ser chamada quando o armazenamento é liberado pela função **thrd_exit()** ao final da thread. Neste caso, a função deve ser do tipo **tss_dtor_t**. Esse tipo simplesmente descreve que a função chamada deve ter o seguinte protótipo:

```
void destrutor(void *);
```

 A função **thrd_exit()** irá chamar a função **destrutor()** para cada valor não nulo. Se após isso ainda houver valores não nulos, a função **thrd_exit()** irá executar novamente o **destrutor()**. Esse processo se repetirá por no máximo **TSS_DTOR_ITERATIONS** vezes.

Neste caso, a macro **TSS_DTOR_ITERATIONS** especifica um valor inteiro que representa o número máximo de vezes que a função **destrutor()** poderá ser executada.

A Figura 15.28 mostra como criar um armazenamento específico para uma thread. Por enquanto não se preocupe com a função **tss_set()**, ela será explicada mais adiante.

```
                        Criando um armazenamento específico
01    int funcao(void *arg){
02        tss_t id;
03        if(tss_create(&id, destrutor) == thrd_success) {
04            // associa 4 bytes ao armazenamento específico
05            tss_set(id, malloc(4));
06            // ...
07        }
08    } // chama a função destrutor()
```

FIGURA 15.28

Liberando o armazenamento específico da thread

Uma vez que terminemos de usar nossa região de armazenamento específico, se faz necessário liberá-la. Isso é feito com a função **tss_delete()**, cujo protótipo é:

```
void tss_delete(tss_t id);
```

Basicamente, a função **tss_delete()** recebe como parâmetro a variável **id** que identifica a região de memória do armazenamento específico (previamente obtido pela função **tss_create()**) e libera todos os recursos associados com **id**.

Neste caso, mesmo que exista um destrutor associado (previamente registrado na função **tss_create()**), ele não será executado pela função **tss_delete()**.

O destrutor associado é automaticamente chamado ao término da thread (pela função **thrd_exit()**).

Como o programador optou por liberar o recurso manualmente, é responsabilidade dele garantir a liberação de qualquer armazenamento ou quaisquer ações de limpeza necessárias para as estruturas de dados associadas ao **id**.

A Figura 15.29 mostra como criar e liberar um armazenamento específico para uma thread.

Liberando um armazenamento específico

```
01    // ID do armazenamento específico
02    tss_t id;
03    //função destrutor
04    void destrutor(void *dados);
05
06    int main(){
07        // Cria o armazenamento específico
08        if(tss_create(&id,destrutor) != thrd_success)
09            return -1;
10
11        // ...
12
13        // Libera o armazenamento específico
14        tss_delete(id);
15        return 0;
16    }
```

FIGURA 15.29

Definindo o bloco de memória do armazenamento específico

Para definir o bloco de memória associado ao armazenamento específico de uma thread, usamos a função **tss_set()**, cujo protótipo é:

```
int tss_set(tss_t id, void *val);
```

A função **tss_set()** recebe dois parâmetros de entrada

- **id**: a variável que identifica a região de memória do armazenamento específico.
- **val**: o endereço do bloco de memória a ser associado ao **id**. Diferentes threads podem obter valores diferentes identificados pelo mesmo **id**.

e retorna

thrd_success: em caso de sucesso.

thrd_error: um erro ocorreu.

A Figura 15.28 mostra como criar um armazenamento específico para uma thread e associar um bloco de memória a ele.

Acessando o armazenamento específico

Para acessar o conteúdo do armazenamento específico de uma thread, usamos a função **tss_get()**, cujo protótipo é:

```
void* tss_get(tss_t id);
```

Essa função recebe como parâmetro a variável **id** que identifica a região de memória do armazenamento específico (previamente obtido pela função **tss_create()**) e retorna um ponteiro para essa região de memória associada à thread. Diferentes threads podem obter valores diferentes identificados pelo mesmo **id**.

```
         Acessando o armazenamento específico
01    // ID do armazenamento específico
02    tss_t id;
03
04    int acessa_dados(){
05        // ID deve ter sido criado com tss_create()
06        Dados *p = (Dados*) tss_get(id);
07
08        // Processa os dados em p...
09
10        return 0;
11    }
```

FIGURA 15.30

A Figura 15.30 mostra como acessar os dados no armazenamento específico da thread.

15.7.6 A função **quick_exit()**

Outra função adicionada ao padrão C11 é a função **quick_exit()**, cujo protótipo é mostrado a seguir:

```
_Noreturn void quick_exit(int código);
```

Trata-se de uma função relacionada com o gerenciamento de threads e que permite a você terminar um programa quando a função **exit()** falha, isto é, quando o cancelamento cooperativo de threads é impossível. Neste caso, a função **quick_exit()** garante que todas as funções previamente registradas com **at_quick_exit()** sejam chamadas na ordem inversa de registro. Essas funções são chamadas com o objetivo de executar alguma tarefa antes que o programa termine. Em seguida, o controle é retornado por meio de uma chamada da função **_Exit(código)**.

A Figura 15.31 mostra um exemplo de uso da função **quick_exit()**.

```
                    Exemplo: função quick_exit()
01   #include <stdlib.h>
02   #include <stdio.h>
03
04   void funcao1(void){
05       puts("Primeira funcao");
06   }
07
08   void funcao2(void){
09       puts("Segunda funcao");
10   }
11
12   int main(){
13       at_quick_exit(funcao1);
14       at_quick_exit(funcao2);
15       quick_exit(0);
16   }
```

FIGURA 15.31

15.8 SUPORTE A OBJETOS ATÔMICOS

Outra inovação do padrão C11 é a possibilidade de se definir uma variável como um **objeto atômico**.

 Um **objeto atômico** é um objeto que pode ser lido ou modificado por meio de operações atômicas, isto é, por operações que não podem ser interrompidas por uma thread concorrente.

Para saber se uma implementação do padrão C11 suporta o uso de objetos atômicos, utilizamos a macro **__STDC_NO_ATOMICS__**. Se a macro estiver definida, isso significa que a implementação da linguagem **não suporta** objetos atômicos. A Figura 15.32 mostra como verificar se o suporte a objetos atômicos está ou não disponível na linguagem.

```
                    Verificando o suporte a objetos atômicos
01   #include <stdio.h>
02
03   int main(){
04   #ifdef __STDC_NO_ATOMICS__
05       printf("A linguagem NAO suporta objetos atomicos\n");
06   #else
07       printf("A linguagem suporta objetos atomicos\n");
08   #endif
09
10       return 0;
11   }
```

FIGURA 15.32

 O padrão C11 também trouxe a biblioteca **stdatomic.h**, a qual define tipos, macros e declarações para se trabalhar com objetos atômicos.

15.8.1 Declarando um objeto atômico

Podemos declarar um objeto atômico usando a palavra reservada _**Atomic**, que segue a seguinte forma geral:

```
_Atomic nome_do_tipo nome_da_variável;

_Atomic (nome_do_tipo) nome_da_variável;
```

 A palavra reservada _**Atomic** pode ser combinada com os modificadores **const**, **volatile**, e **restrict**. No entanto, não é possível declarar um array como objeto atômico. Além disso, o tamanho e os requisitos de alinhamento do tipo atômico podem ser diferentes dos do tipo não atômico.

A Figura 15.33 mostra como declarar um objeto atômico usando a palavra reservada _**Atomic**.

```
Exemplo: declarando um objeto atômico
01   #include <stdio.h>
02
03   struct ponto{
04       int x, y;
05   };
06
07   int main(){
08       _Atomic const int x;
09       _Atomic(double) y;
10       _Atomic(struct ponto) p;
11
12       return 0;
13   }
```

FIGURA 15.33

 Os objetos atômicos são os únicos objetos livres de **data race** (ou **condição de corrida**), ou seja, podem ser modificados por duas threads simultaneamente ou modificados por uma e lida por outra.

Uma **data race** ocorre quando duas threads tentam acessar, simultaneamente, a mesma variável, sendo que ao menos uma das threads está tentando modificar o valor da variável e não existe nenhum mecanismo de **exclusão mútua** para controlar o acesso a essas variáveis. Isso faz com que a ordem de acesso à variável pelas threads seja **não determinística**, isto é, o resultado da execução pode variar dependendo da ordem de acesso da variável pela thread.

A biblioteca **stdatomic.h** define abreviações para os tipos atômicos correspondentes de todos os inteiros. Assim, **atomic_int** é equivalente a _**Atomic int**. A Tabela 15.1 apresenta a lista completa de abreviações.

Abreviação	Tipo correspondente
atomic _ bool	_ Atomic _ Bool
atomic _ char	_ Atomic char
atomic _ schar	_ Atomic signed char
atomic _ uchar	_ Atomic unsigned char
atomic _ short	_ Atomic short
atomic _ ushort	_ Atomic unsigned short
atomic _ int	_ Atomic int
atomic _ uint	_ Atomic unsigned int
atomic _ long	_ Atomic long
atomic _ ulong	_ Atomic unsigned long
atomic _ llong	_ Atomic long long
atomic _ ullong	_ Atomic unsigned long long
atomic _ char16 _ t	_ Atomic char16 _ t
atomic _ char32 _ t	_ Atomic char32 _ t
atomic _ wchar _ t	_ Atomic wchar _ t
atomic _ int _ least8 _ t	_ Atomic int _ least8 _ t
atomic _ uint _ least8 _ t	_ Atomic uint _ least8 _ t
atomic _ int _ least16 _ t	_ Atomic int _ least16 _ t
atomic _ uint _ least16 _ t	_ Atomic uint _ least16 _ t
atomic _ int _ least32 _ t	_ Atomic int _ least32 _ t
atomic _ uint _ least32 _ t	_ Atomic uint _ least32 _ t
atomic _ int _ least64 _ t	_ Atomic int _ least64 _ t
atomic _ uint _ least64 _ t	_ Atomic uint _ least64 _ t
atomic _ int _ fast8 _ t	_ Atomic int _ fast8 _ t
atomic _ uint _ fast8 _ t	_ Atomic uint _ fast8 _ t
atomic _ int _ fast16 _ t	_ Atomic int _ fast16 _ t
atomic _ uint _ fast16 _ t	_ Atomic uint _ fast16 _ t
atomic _ int _ fast32 _ t	_ Atomic int _ fast32 _ t
atomic _ uint _ fast32 _ t	_ Atomic uint _ fast32 _ t
atomic _ int _ fast64 _ t	_ Atomic int _ fast64 _ t
atomic _ uint _ fast64 _ t	_ Atomic uint _ fast64 _ t
atomic _ intptr _ t	_ Atomic intptr _ t
atomic _ uintptr _ t	_ Atomic uintptr _ t
atomic _ size _ t	_ Atomic size _ t
atomic _ ptrdiff _ t	_ Atomic ptrdiff _ t
atomic _ intmax _ t	_ Atomic intmax _ t
atomic _ uintmax _ t	_ Atomic uintmax _ t

TABELA 15.1

15.8.2 Verificando se um objeto atômico é lock-free (livre de bloqueio)

Um objeto atômico é **lock-free** (livre de bloqueio) se suas operações atômicas podem ser implementadas sem usar um **mutex** ou algum outro mecanismo de bloqueio. Ou seja, instruções atômicas da CPU são utilizadas para forçar a atomicidade do objeto.

 A característica de ser **lock-free** depende da arquitetura do processador (como o tamanho e o alinhamento do objeto atômico copiável).

Assim, o padrão C11 adicionou as seguintes macros para indicar a propriedade **lock-free** dos seus tipos atômicos correspondentes:

- **ATOMIC_BOOL_LOCK_FREE**
- **ATOMIC_CHAR_LOCK_FREE**
- **ATOMIC_CHAR16_T_LOCK_FREE**
- **ATOMIC_CHAR32_T_LOCK_FREE**
- **ATOMIC_WCHAR_T_LOCK_FREE**
- **ATOMIC_SHORT_LOCK_FREE**
- **ATOMIC_INT_LOCK_FREE**
- **ATOMIC_LONG_LOCK_FREE**
- **ATOMIC_LLONG_LOCK_FREE**
- **ATOMIC_POINTER_LOCK_FREE**

Essas macros podem assumir três valores, indicando que o tipo atômico:

- **0**: nunca está **lock-free**.
- **1**: às vezes está **lock-free**.
- **2**: sempre está **lock-free**.

 Cada macro indica o status da propriedade **lock-free** para ambos os tipos: **signed** e **unsigned**.

Assim, a resposta da macro **ATOMIC_INT_LOCK_FREE** serve tanto para o tipo **signed int** como para o **unsigned int**. A Figura 15.34 mostra um exemplo de como verificar a propriedade **lock-free** de um tipo.

```
Exemplo: verificando a propriedade lock-free
01    #include <stdio.h>
02    #include <stdatomic.h>
03
04    int main(){
05
06      switch(ATOMIC_INT_LOCK_FREE){
07        case 0: printf("O tipo atomico nunca eh lock-free");
08                break;
09        case 1: printf("O tipo atomico as vezes eh lock-free");
10                break;
11        case 2: printf("O tipo atomico sempre eh lock-free");
12                break;
13      }
14      return 0;
15    }
```

FIGURA 15.34

Além das macros previamente descritas, o padrão C11 possui outra forma de verificar se um determinado objeto atômico é **lock-free** utilizando a função genérica **atomic_is_lock_free()**, cujo protótipo é:

```
_Bool atomic_is_lock_free(const volatile A* obj);
```

Essa função recebe como parâmetro o endereço de um objeto atômico do tipo **A** e retorna

- **diferente de zero** (**verdadeiro**), se e somente se as operações atômicas do objeto forem **lock-free**.
- **zero** (**falso**), caso contrário.

 O resultado da consulta à função **atomic_is_lock_free()** para um objeto não pode ser inferido como resultado para outro objeto.

Se um objeto atômico é **lock-free**, isso não significa que outros objetos atômicos do mesmo tipo também sejam. Por exemplo, um status diferente pode ser causado por alinhamentos diferente dos objetos.

A Figura 15.35 mostra um exemplo de como usar a função **atomic_is_lock_free()**.

```
Exemplo: usando a função atomic_is_lock_free()
01   #include <stdio.h>
02   #include <stdint.h>
03   #include <stdatomic.h>
04
05   int main(){
06       _Atomic (int64_t) x;
07
08       if(atomic_is_lock_free(&x))
09           printf("X eh lock-free\n");
10       else
11           printf("X NAO eh lock-free\n");
12
13       return 0;
14   }
```

FIGURA 15.35

15.8.3 Definindo a ordem de acesso à memória

Um dos problemas que surge com o uso de threads é a otimização de código. Em um ambiente sem threads, o compilador é livre para reorganizar as instruções. Assim, duas instruções como

```
x = 10;
y = 20;
```

podem ser executadas em qualquer ordem, sem prejuízos ao programa.

 Quando trabalhamos em um ambiente multithreading, essas otimizações na ordem de execução das instruções podem causar erros. Isso ocorre porque existem dependências entre as operações de acesso à memória em diferentes threads, e elas não são normalmente visíveis para o compilador.

Uma forma de evitar essas alterações na ordem de execução das operações é utilizar **objetos atômicos**.

 Por padrão, **objetos atômicos** impedem essa **reordenação/otimização** de instruções.

Um inconveniente disso é que, ao impedir a otimização da execução das instruções, podemos estar também sacrificando a velocidade de execução do nosso programa.

 Um meio termo seria definir as restrições de acesso à memória para cada operação atômica.

Assim, um programador experiente poderia melhorar o desempenho do seu programa estabelecendo restrições mais brandas na ordem de acesso à memória, para cada operação atômica. Para tanto, o padrão C11 possui um tipo de enumeração chamado **memory_order**. Essa enumeração define os seis tipos possíveis de se ordenar o acesso à memória. São eles:

- **memory_order_relaxed**: não há restrições de sincronização nem a imposição de ordenação de outras leituras ou escritas na memória, apenas a atomicidade da operação é garantida. O compilador é livre para alterar a ordem das operações.
- **memory_order_consume**: a leitura de um objeto atômico **A** realiza uma operação *consume* na região de memória afetada: nenhuma operação de leitura ou escrita subsequente na thread atual e que dependa do valor lido pode ser reorganizada para antes dessa leitura. Uma operação *consume* é menos restritiva do que uma operação *acquire*.
- **memory_order_acquire**: a leitura de um objeto atômico **A** realiza uma operação de *acquire*: nenhuma operação de leitura ou escrita pode ser reorganizada antes dessa leitura. Todas as operações dessa thread que ocorrem após essa leitura não podem ser reorganizadas para ocorrer antes.
- **memory_order_release**: o acesso à escrita a um objeto atômico **A** realiza uma operação de *release*: nenhuma operação de leitura ou escrita pode ser reorganizada após essa escrita. Todas as operações anteriores realizadas nessa thread são visíveis em outras threads que queiram acessar **A**.
- **memory_order_acq_rel**: executa uma operação *acquire* e *release*: nenhuma operação de leitura ou escrita na thread atual pode ser reorganizada antes ou depois dessa escrita. Todas as operações de escrita em outras threads nessa variável atômica são visíveis antes da modificação, e a modificação é visível em outras threads que fazem a leitura da mesma variável atômica.
- **memory_order_seq_cst**: solicita consistência sequencial das operações: qualquer operação com esta ordem de memória é tanto uma operação *acquire* quanto *release*. Além disso, existe uma única ordem absoluta das operações em que todas as threads observam todas as modificações na mesma ordem.

 Com relação à ordem de acesso à memória, as funções que não terminam em **_explicit** têm a mesma semântica que a função correspondente terminada em **_explicit**, quando usada com o parâmetro **memory_order**, com valor igual à **memory_order_seq_cst**.

15.8.4 Estabelecendo barreiras de acesso a memória

Outra forma de definir os requisitos de acesso à memória é utilizando uma **barreira na memória** ou **fence** (**cerca**). Essa técnica permite definir separadamente os requisitos de acesso de uma operação atômica.

Uma **barreira na memória** permite um alto nível de otimização na ordem de acesso à memória. Ela estabelece a ordem de sincronização da memória dos acessos não atômicos e acessos atômicos menos retritivos.

No padrão C11, isso pode ser feito utilizando duas funções:

- **void** atomic_thread_fence(**memory_order ordem**): estabelece entre as threads uma ordem de sincronização da memória dos acessos não atômicos e acessos atômicos menos retritivos, sem uma operação atômica associada.
- **void** atomic_signal_fence(**memory_order ordem**): estabelece entre uma thread e um **manipulador de sinais** (executado na mesma thread) uma ordem de sincronização da memória dos acessos não atômicos e acessos atômicos menos retritivos.

 Um **manipulador de sinais** (**signal handler**) é utilizado para processar sinalizações nos sistemas UNIX. Sinais permitem notificar um processo que um determinado evento ocorreu.

Ambas as funções **atomic_thread_fence()** e **atomic_signal_fence()** recebem como parâmetro a **ordem** de acesso à memória, que pode ser:

- **memory_order_acquire** ou **memory_order_consume**: estabelece uma **acquire fence**, isto é, impede a reorganização da memória de qualquer **leitura precedente** com qualquer **leitura ou escrita posterior** na ordem do programa.
- **memory_order_release**: estabelece uma **release fence**, isto é, impede a reorganização da memória de qualquer **leitura ou escrita precedente** com qualquer **escrita posterior** na ordem do programa.
- **memory_order_acq_rel**: estabelece ambas **acquire fence** e **release fence**.
- **memory_order_seq_cst**: estabelece uma **acquire fence** e **release fence** que seja **sequencialmente consistente**.

A Figura 15.36 mostra como definir uma barreira na memória.

Exemplo: definindo uma barreira na memória

```
01    _Atomic int g;
02
03    //sincronizando a escrita com outras operações
04    atomic_store_explicit(&g,1,memory_order_release);
05
06    //sincronizando a escrita com uma barreira
07    atomic_thread_fence(memory_order_release);
08    atomic_store_explicit(&g,1,memory_order_relaxed);
```

FIGURA 15.36

15.8.5 Eliminando as dependências de acesso à memória

Às vezes, pode ser necessário terminar uma árvore de dependência criada por uma operação de leitura feita com a ordem de acesso à memória **memory_order_consume**. Para isso, usamos a macro **kill_dependency()**, que tem a seguinte forma geral:

```
A kill_dependency(A y);
```

A macro **kill_dependency()** recebe como parâmetro um valor **y** do tipo atômica **A** e retorna esse mesmo valor **y**, mas **livre de dependência**. Basicamente, a macro informa ao compilador que a árvore de dependência iniciada por uma operação de leitura atômica usando **memory_order_consume** não se estende para além do valor de retorno da função. Ou seja, o parâmetro de entrada carrega uma dependência, mas o valor retornado não, o que permite ao compilador aplicar otimizações no valor retornado.

A Figura 15.37 mostra como a macro **kill_dependency()** pode ser usada para realizar otimizações no código. Neste exemplo, usamos um dos campos da estrutura **r1** para acessar e passar para a função **func1()** a posição **r2** de **Array**. Usamos o parâmetro **memory_order_consume** para obter **r1**. Assim, evitamos que o array seja acessado por um índice não inicializado. Porém, uma vez que garantimos o valor do índice, essa depência não é mais necessária e pode ser eliminada pela macro **kill_dependency()**. Desse modo, o compilador fica livre para fazer otimizações na chamada da função **func1()**.

```
                    Usando a função kill_dependency()
01    r1 = atomic_load_explicit(&x,memory_order_consume);
02    r2 = r1->index;
03
04    //OPÇÃO 1: usar diretamente r2 carrega a
05    //dependência de "memory_order_consume"
06    func1(Array[r2]);
07
08    //OPÇÃO 2: usar o retorno da função kill_dependency
09    //no lugar de r2 carrega a elimina a
10    //dependência de "memory_order_consume"
11    func1(Array[kill_dependency(r2)]);
12
```

FIGURA 15.37

15.8.6 Protegendo o acesso com uma flag atômica

Às vezes, precisamos proteger uma seção crítica do nosso código, isto é, precisamos impedir que aquela parte do código seja acessada por outra thread. Assim, queremos poder travar e destravar o acesso a uma parte do código da seguinte forma:

1. algum tipo de trava é ativada;

2. a operação crítica é realizada;

3. a trava é desativada.

No padrão C11, esse tipo de travamento pode ser realizado utilizando uma variável do tipo **atomic_flag**.

Uma variável do tipo **atomic_flag** não possui um valor que você pode ler ou atribuir, mas apenas um estado interno.

Dessa forma, para inicializar esse estado interno utilizamos a macro **ATOMIC_FLAG_INIT**, a qual inicializa um objeto do tipo **atomic_flag** com o estado **clear** (**falso**), como mostrado a seguir:

```
atomic_flag Tr = ATOMIC_FLAG_INIT;
```

Para manipular uma variável do tipo **atomic_flag**, utilizamos as funções definidas para essa tarefa:

- `_Bool` `atomic_flag_test_and_set(`**`volatile atomic_flag*`** `obj)`: atomicamente modifica o estado de **obj** para **set** (**verdadeiro**) e retorna o valor antigo de **obj**
- `void` `atomic_flag_clear(`**`volatile atomic_flag*`** `obj)`: atomicamente modifica o estado de **obj** para **clear** (**falso**)

em que **obj** é o endereço de uma variável do tipo **atomic_flag**. Ambas as funções são executadas seguindo a ordem de acesso à memória **memory_order_seq_cst**. Para especificar outra ordem de acesso à memória, usamos as seguintes funções:

- `_Bool` `atomic_flag_test_and_set_explicit(`**`volatile atomic_flag*`** `obj,` **`memory_order ordem`**`)`: atomicamente modifica o estado de **obj** para **set** (**verdadeiro**) e retorna o valor antigo de **obj**
- `void` `atomic_flag_clear_explicit(`**`volatile atomic_flag*`** `obj,` **`memory_order ordem`**`)`: atomicamente modifica o estado de **obj** para **clear** (**falso**)

Essas funções funcionam exatamente como as funções vistas anteriormente. A diferença é a inclusão de um segundo parâmetro, **ordem**. Esse parâmetro especifica qual a ordem de acesso à memória deve ser usada quando a operação está sendo realizada.

O tipo **atomic_flag** pemite proteger uma seção crítica do nosso código criando um **spinlock**.

 Diferente de um **mutex**, que envolve mandar a thread dormir e acordá-la quando o processo pode continuar, um **spinlock** usa o conceito de **busy waiting** ou **espera ocupada**.

Basicamente, ao invés de mandar a thread dormir como um **mutex**, um **spinlock** mantém a thread que quer acessar o recurso "acordada" (isto é, ativa) e a prende em um **loop de espera**, no qual ela fica repetidamente verificando se o acesso ao recurso está disponível.

 Um **mutex** é mais adequado para longos períodos de travamento, enquanto um **spinlock** é ideal para curtos períodos.

Isso porque colocar uma thread para dormir e acordá-la são operações custosas e envolvem mudança de contexto. Já um **spinlock** utiliza completamente a CPU, pois a thread continua ativa, mas desesperadamente tentando acessar o recurso.

A Figura 15.38 mostra como criar uma trava do tipo **spinlock** usando uma **atomic_flag**.

Criando uma trava do tipo spinlock usando uma atomic_flag

```
01   #include <stdio.h>
02   #include <stdatomic.h>
03
04   int main(){
05       //Inicializa a trava Tr
06       static atomic_flag Tr = ATOMIC_FLAG_INIT;
07       static unsigned volatile contador = 0;
08
09       //Trava Tr ativada? Espera no loop
10       while(atomic_flag_test_and_set(&Tr));
11       //Executa a operação
12       contador++;
13       //Libera a trava Tr
14       atomic_flag_clear(&Tr);
15
16       return 0;
17   }
```

FIGURA 15.38

 Diferente de outros tipos atômicos, o tipo **atomic_flag** é garantido ser **lock-free** (livre de bloqueio).

Isso significa que uma operação envolvendo esse tipo não pode ser bloqueada ou suspensa por outra thread.

15.8.7 Inicializando, lendo e escrevendo em um objeto atômico

Um dos problemas de se trabalhar com objetos atômicos ocorre na hora de acessar ou modificar o seu conteúdo.

 Operações como a leitura e a escrita de uma variável atômica não são operações atômicas.

Isso significa que outra thread pode acessar aquele objeto durante essas operações. Assim, para evitar esse tipo de problema, o padrão C11 possui algumas funções e macros disponíveis. Comecemos pela **inicialização**. Existem duas formas que podemos usar para inicializar nossa variável atômica:

* **ATOMIC_VAR_INIT(valor)**: macro que inicializa um objeto atômico com **valor**
* **void atomic_init(volatile A* obj, C valor)**: função genérica que recebe o endereço da variável atômica **obj** do tipo **A**, e inicializa com um **valor** do tipo **C**, em que **C** é um tipo não atômico compatível com **obj**

 Apesar de definidas para a inicialização de um objeto atômico, **ATOMIC_VAR_INIT** e **atomic_init()**, não são operações atômicas. O acesso concorrente a essas operações por outra thread constitui uma **data race**.

A Figura 15.39 mostra como inicializar um objeto atômico usando tanto a macro **ATOMIC_ VAR_INIT** quanto a função **atomic_init()**.

```
Exemplo: inicializando um objeto atômico
01   #include <stdio.h>
02   #include <stdatomic.h>
03
04   int main(){
05       //inicialização usando a macro "ATOMIC_VAR_INIT"
06       _Atomic int x = ATOMIC_VAR_INIT(42);
07
08       //inicialização usando a macro "atomic_init()"
09       _Atomic int y;
10       atomic_init(&y,42);
11
12       return 0;
13   }
```

FIGURA 15.39

Para ler e escrever em uma variável atômica, utilizamos três funções genéricas:

- **void** atomic_store(**volatile A* obj, C valor**): atomicamente armazena **valor** na variável atômica **obj**
- C atomic_load(**const volatile A* obj**): atomicamente acessa e retorna o valor armazenado em **obj**
- C atomic_exchange(**const volatile A* obj, C valor**): atomicamente armazena **valor** na variável atômica **obj** e retorna o valor anteriormente armazenado em **obj**

em que **obj** é o endereço de uma variável atômica do tipo **A** e **C** é um tipo não atômico compatível com **obj**. As funções são executadas seguindo a ordem de acesso à memória **memory_order_seq_cst**. Para especificar outra ordem de acesso à memória, usamos as seguintes funções:

- **void** atomic_store_explicit(**volatile A* obj, C valor, memory_order ordem**): atomicamente armazena **valor** na variável atômica **obj**
- C atomic_load_explicit(**const volatile A* obj, memory_order ordem**): atomicamente acessa e retorna o valor armazenado em **obj**
- C atomic_exchange_explicit(**const volatile A* obj, C valor, memory_order ordem**): atomicamente armazena **valor** na variável atômica **obj** e retorna o valor anteriormente armazenado em **obj**

 Perceba que a função **atomic_store()** garante a atomicidade da operação e pode ser usada no lugar de **ATOMIC_VAR_INIT** e **atomic_init()**, que não são operações atômicas.

Sendo assim, porque usar as funções de inicialização **ATOMIC_VAR_INIT** e **atomic_init()**? Isso é mais uma questão de deixar explícita a operação. Tentar inicializar atomicamente uma variável implica que várias threads devem estar competindo pelo uso de uma posição de memória não inicializada, algo aparentemente sem sentido. Normalmente, o que ocorre é que a variável é declarada/inicializada em uma única thread para apenas depois ter seu acesso permitido por outras threads.

A Figura 15.40 mostra como acessar e modificar um objeto atômico usando as funções **atomic_store()**, **atomic_load()** e **atomic_exchange()**.

```
01    #include <stdio.h>
02    #include <stdatomic.h>
03
04    int main(){
05        _Atomic int x = ATOMIC _ VAR _ INIT(42);
06        int y = 12;
07
08        // y recebe o valor de x
09        y = atomic _ load(&x);
10        printf("x = %d\n",x);
11        printf("y = %d\n",y);
12        // x recebe o valor 10
13        atomic _ store(&x, 10);
14        printf("x = %d\n",x);
15        // y recebe o valor de x
16        // x recebe o valor 15
17        y = atomic _ exchange(&x, 15);
18        printf("x = %d\n",x);
19        printf("y = %d\n",y);
20
21        return 0;
22    }
```

Exemplo: acessando e modificando um objeto atômico

FIGURA 15.40

15.8.8 Comparando e trocando o valor de um objeto atômico

Às vezes, pode ser necessário alterar o valor de uma variável apenas se ele tiver um valor específico. Para suprir essa necessidade, a biblioteca **stdatomic.h** possui algumas funções genéricas que permitem comparar o valor de um objeto atômico e substituí-lo, se ele for igual a um valor esperado. São elas:

- **_Bool** atomic_compare_exchange_strong(**volatile A* obj, C* V1, C V2**)
- **_Bool** atomic_compare_exchange_weak(**volatile A* obj, C* V1, C V2**)

Perceba que as duas funções possuem a mesma forma geral. Cada uma delas recebe três parâmetros de entrada:

- **obj** é o endereço do objeto atômico a ser manipulado
- **V1** é o endereço do valor a ser comparado com **obj**
- **V2** é o valor que se desejado armazenar em **obj**

sendo **A** um tipo atômico e **C** um tipo não atômico compatível com **A**.

As funções irão comparar os valores contidos nos endereços de **obj** e **V1** e irão retornar:

- **true** (verdadeiro): neste caso, os valores contidos nos endereços de **obj** e **V1** são **iguais**. O valor **V2** será copiado para o endereço de **obj**
- **false** (falso): neste caso, os valores contidos nos endereços de **obj** e **V1** são **diferentes**. O valor contido no endereço de **obj** será copiado para o endereço de **V1**.

A Figura 15.41 mostra como funciona na prática uma chamada à função **atomic_compare_exchange_strong()**.

Exemplo: função atomic_compare_exchange_strong()

```
01    // A chamada da função
02    atomic _ compare _ exchange _ strong(&obj,&V1,V2);
03
04    // equivale a fazer atomicamente
05    if(*obj == *V1)
06        *obj = V2;
07    else
08        *V1 = *obj;
```

FIGURA 15.41

 Apesar dos protótipos serem iguais, as versões **_weak** e **_strong** funcionam de forma diferente.

Diferente da versão **_strong**, a versão **_weak** da função pode falhar (retornar **falso**), mesmo quando os valores comparados são iguais. Por esse motivo, é indicado utilizar essas funções dentro de um **loop**. Neste caso, a versão **_weak** da função oferece melhor desempenho em alguns computadores do que as versões **_strong**.

A Figura 15.42 mostra um exemplo de uso da **atomic_compare_exchange_weak()** para controle de repetição.

Exemplo: função atomic_compare_exchange_weak()

```
01    exp = atomic _ load(&cur);
02    do{
03        des = function(exp);
04    }while(!atomic _ compare _ exchange _ weak(&cur,&exp,des));
```

FIGURA 15.42

As funções **atomic_compare_exchange_strong()** e **atomic_compare_exchange_weak()** são executadas seguindo a ordem de acesso à memória **memory_order_seq_cst**. Para definir a ordem de acesso à memória, usamos as funções a seguir:

- **_Bool** atomic_compare_exchange_strong_explicit(**volatile A* obj, C* V1, C V2, memory_order Su, memory_order Fa**)
- **_Bool** atomic_compare_exchange_weak_explicit(**volatile A* obj, C* V1, C V2, memory_order Su, memory_order Fa**)

Essas funções funcionam exatamente como as funções vistas anteriormente. A diferença é a inclusão de mais dois parâmetros especificando a ordem de acesso à memória:

- **Su**: ordem de acesso à memória para ser usada se o resultado da comparação for **true** (verdadeiro). Todos os valores são possíveis.

- **Fa**: ordem de acesso à memória para ser usada se o resultado da comparação for **false** (falso). Não podem ser usados os valores **memory_order_release** ou **memory_order_acq_rel**, ou uma ordem de acesso mais rígida do que **Su**.

 Todas as funções de comparação são do tipo **read-modify-write**.

Read-modify-write é uma classe de operações atômicas na qual a leitura e a escrita de uma posição de memória ocorrem simultaneamente. Isso impede a ocorrência de **data races** (condições de corrida) em aplicações multithreads.

15.8.9 Comparando e trocando o valor de um objeto atômico

A biblioteca **stdatomic.h** possui algumas funções genéricas que permitem realizar operações **aritméticas** e **bit-a-bit** em objetos atômicos.

 Essas operações podem ser utilizadas com qualquer tipo atômico inteiro, com exceção do **atomic_bool**.

A seguir, podemos ver a lista dessas funções:

- `C atomic_fetch_add(`**`volatile A* obj, M operando`**`)`: adição atômica.
- `C atomic_fetch_sub(`**`volatile A* obj, M operando`**`)`: subtração atômica.
- `C atomic_fetch_or(`**`volatile A* obj, M operando`**`)`: OU atômico.
- `C atomic_fetch_xor(`**`volatile A* obj, M operando`**`)`: XOR (OU EXCLUSIVO) atômico.
- `C atomic_fetch_and(`**`volatile A* obj, M operando`**`)`: E atômico.

Perceba que todas essas funções possuem a mesma forma geral. Cada uma delas substitui atomicamente o valor apontado por **obj** com o resultado do cálculo de **obj** com o valor de **operando**, sendo a diferença entre elas a operação realizada.

Cada uma delas recebe dois parâmetros de entrada:

- **obj** é o endereço do objeto atômico do tipo **A** a ser manipulado.
- **operando** é um valor do tipo **M** a ser combinado com **obj**, sendo **M** um tipo compatível com a operação.

e retornam o valor anteriormente armazenado em **obj**, sendo **C** o tipo não atômico correspondente ao tipo atômico **A**.

Também é possível definir a ordem de acesso à memória, quando realizamos qualquer uma das operações vistas anteriormente. Para isso, usamos as funções a seguir:

- `C atomic_fetch_add_explicit(`**`volatile A* obj, M operando, memory_order ordem`**`)`: adição atômica.
- `C atomic_fetch_sub_explicit(`**`volatile A* obj, M operando, memory_order ordem`**`)`: subtração atômica.

- **C** `atomic_fetch_or_explicit(`**volatile A* obj, M operando, memory_order ordem**`)`: OU atômico.

- **C** `atomic_fetch_xor_explicit(`**volatile A* obj, M operando, memory_order ordem**`)`: XOR (OU EXCLUSIVO) atômico.

- **C** `atomic_fetch_and_explicit(`**volatile A* obj, M operando, memory_order ordem**`)`: E atômico.

Essas funções funcionam exatamente como as funções vistas anteriormente. A diferença é a inclusão de um terceiro parâmetro, **ordem**. Esse parâmetro especifica qual ordem de acesso à memória deve ser usada quando realizando uma operação atômica.

A Figura 15.43 mostra um exemplo de como realizar uma adição atômica.

```
Exemplo: fazendo uma adição atômica
01    #include <stdio.h>
02    #include <stdatomic.h>
03
04    int main(){
05        _Atomic int x = ATOMIC_VAR_INIT(42);
06        _Atomic int y;
07
08        y = atomic_fetch_add(&x, 10);
09        printf("x = %d\n",x);// 52
10        printf("y = %d\n",y);// 42
11
12        return 0;
13    }
```

FIGURA 15.43

 Todas as operações são do tipo **read-modify-write**.

Read-modify-write é uma classe de operações atômicas na qual a leitura e a escrita de uma posição de memória ocorrem simultaneamente. Isso impede a ocorrência de **data races** (condições de corrida) em aplicações multithreads.

Apêndice

16.1 SISTEMAS NUMÉRICOS

Na nossa vida diária, estamos acostumados a trabalhar com números no **sistema decimal**. Nesse sistema, os números são formados por um conjunto de 10 dígitos (0, 1, 2, 3, 4, 5, 6, 7, 8 e 9), em que cada dígito pode representar uma unidade, dezena, centena etc.

O que acontece, na verdade, é que cada dígito usado para formar um número decimal é multiplicado por uma potência de base 10. Essa multiplicação ocorre do dígito mais à direita para o mais à esquerda, começando pela potência 0 ($10°$). Essa potência é aumentada em uma unidade sempre que movemos um dígito para a esquerda. Assim, o número 123 nada mais é do que o primeiro algarismo multiplicado por 10^2 (100), o segundo algarismo multiplicado por 10^1 (10) e o terceiro algarismo multiplicado por $10°$ (1), como mostra a Figura A.1.

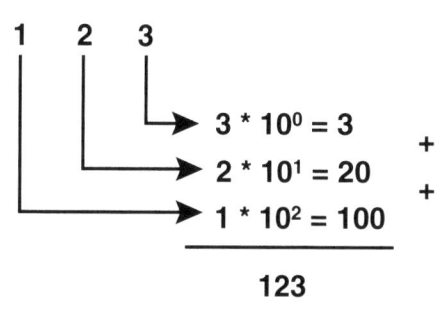

FIGURA A.1

Além do sistema decimal, existem dois outros sistemas muito utilizados na computação: os sistemas **binário** e **hexadecimal**.

O sistema binário é o sistema numérico que existe internamente em um computador. Nele, os números são formados por um conjunto de apenas dois dígitos (0 e 1), os quais representam os dois níveis de tensão interna. Como no sistema decimal, cada dígito usado para formar um número binário é multiplicado por uma potência de base 2. Já no sistema hexadecimal, os números são formados por um conjunto de 16 símbolos formados, utilizando os dígitos 0, 1, 2, 3, 4, 5, 6, 7, 8 e 9 e as letras

A (valor igual a 10), B (valor igual a 11), C (valor igual a 12), D (valor igual a 13), E (valor igual a 14) e F (valor igual a 15). Como nos sistemas anteriores, cada valor usado para formar um número hexadecimal é multiplicado por uma potência de base 16.

16.1.1 Conversão de binário para decimal

Imagine que tenhamos um número binário para ser convertido para decimal. O sistema binário é um sistema de base 2, ou seja, utiliza apenas dois valores (0 e 1). Para converter esse número binário em decimal, basta multiplicar cada dígito dele por uma potência de base 2. Esse processo se inicia pelo dígito mais à direita, com a potência 0 (2^0). Essa potência é aumentada em uma unidade, sempre que movemos um dígito para a esquerda. Em seguida, somamos o resultado de todas as multiplicações efetuadas. O resultado desse processo é o número decimal que representa o número binário, como mostra a Figura A.2.

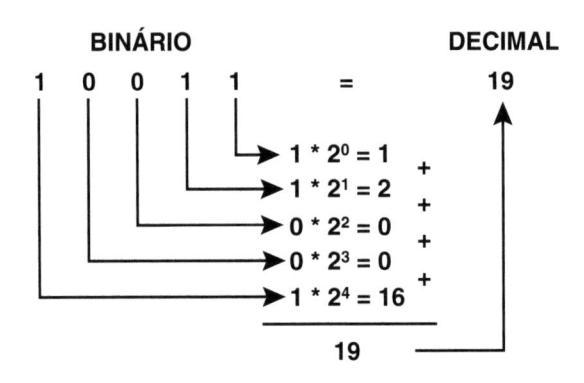

FIGURA A.2

16.1.2 Conversão de decimal para binário

O processo de conversão de um número decimal em binário se baseia no método de divisão repetida:

1) Faz-se a **divisão inteira** do número decimal por 2, de modo a obter o quociente inteiro e o resto da divisão.

2) Anota-se o resto da divisão anterior, sempre colocando esse valor à esquerda do último valor calculado.

3) Se o quociente da divisão for maior do que ZERO, repete-se o item 1; caso contrário, o processo de conversão terminou.

O resultado desse processo é o número binário que representa o número decimal, como mostra a Figura A.3.

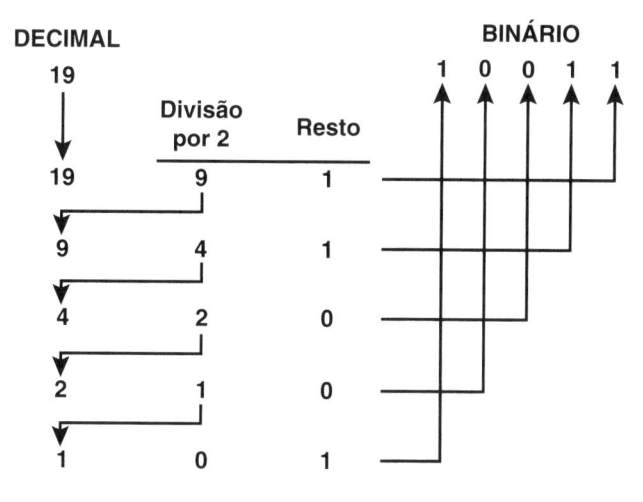

FIGURA A.3

16.1.3 Conversão de hexadecimal para decimal

Imagine que tenhamos um número hexadecimal para ser convertido em decimal. O sistema hexadecimal é um sistema de base 16, ou seja, utiliza um total de 16 valores (0, 1, 2, 3, 4, 5, 6, 7, 8, 9, A, B, C, D, E, F) para representar um número. Para converter esse número hexadecimal em decimal, basta multiplicar cada dígito dele por uma potência de base 16. Esse processo se inicia pelo dígito mais à direita com a potência 0 (16^0). Essa potência é aumentada em uma unidade sempre que nos movemos um dígito para a esquerda. Em seguida somamos o resultado de todas as multiplicações efetuadas. O resultado desse processo é o número decimal que representa o número hexadecimal, como mostra a Figura A.4.

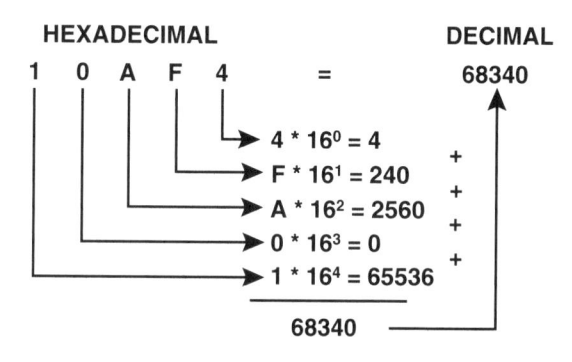

FIGURA A.4

16.1.4 Conversão de decimal para hexadecimal

O processo de conversão de um número decimal em hexadecimal se baseia no método de divisão repetida:

1) Faz-se a **divisão inteira** do número decimal por 16, de modo a obter o quociente inteiro e o resto da divisão.

2) Anota-se o resto da divisão anterior, sempre colocando esse valor à esquerda do último valor calculado.

3) Se o quociente da divisão for maior do que ZERO, repete-se o item 1; caso contrário, o processo de conversão terminou.

O resultado desse processo é o número hexadecimal que representa o número decimal, como mostra a Figura A.5.

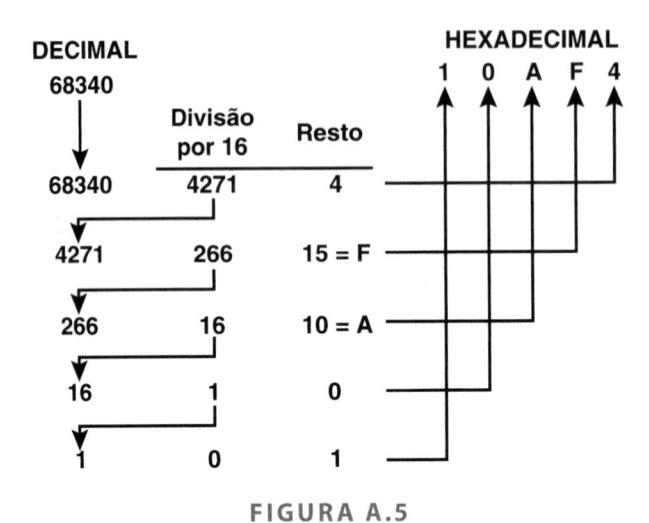

FIGURA A.5

16.1.5 Conversão entre sistemas: hexadecimal e binário

Para converter um número hexadecimal em binário, substitui-se cada dígito hexadecimal por sua representação binária com quatro dígitos. Assim, o número hexadecimal **A5** tem sua representação binária como **10100101**:

```
A = 1010
5 = 0101
```

Para converter um número binário em hexadecimal, faz-se o processo inverso: substitui-se cada conjunto de quatro dígitos binários por um dígito hexadecimal. Assim, o número binário **00111111** tem sua representação hexadecimal como **3F**:

```
0011 = 3
1111 = F
```

 Cada conjunto de quatro dígitos binários equivale a um dígito hexadecimal e vice-versa.

A Tabela A.1 mostra a equivalência entre os sistemas.

Decimal	Binário	Hexadecimal
0	0000	0
1	0001	1
2	0010	2
3	0011	3
4	0100	4
5	0101	5
6	0110	6
7	0111	7
8	1000	8
9	1001	9
10	1010	A
11	1011	B
12	1100	C
13	1101	D
14	1110	E
15	1111	F

TABELA A.1

16.1.6 Conversão de octal para decimal

Imagine que tenhamos um número no formato octal para ser convertido em decimal. O sistema octal é um sistema de base 8, ou seja, utiliza um total de oito valores (0, 1, 2, 3, 4, 5, 6, 7) para representar um número. Para converter esse número octal em decimal, basta multiplicar cada dígito dele por uma potência de base 8. Esse processo se inicia no dígito mais à direita, com a potência 0 ($8°$). Essa potência é aumentada em uma unidade, sempre que movemos um dígito para a esquerda. Em seguida, somamos o resultado de todas as multiplicações efetuadas. O resultado desse processo é o número decimal que representa o número octal, como mostra a Figura A.6.

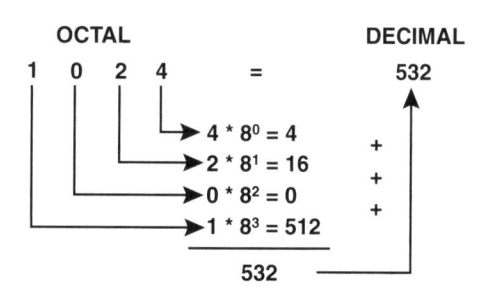

FIGURA A.6

16.1.7 Conversão de decimal para octal

O processo de conversão de um número decimal em octal se baseia no método de divisão repetida:

1) Faz-se a **divisão inteira** do número decimal por 8, de modo a obter o quociente inteiro e o resto da divisão.

2) Anota-se o resto da divisão anterior, sempre colocando esse valor à esquerda do último valor calculado.

3) Se o quociente da divisão for maior do que ZERO, repete-se o item 1; caso contrário, o processo de conversão terminou.

O resultado desse processo é o número octal que representa esse número decimal, como mostra a Figura A.7.

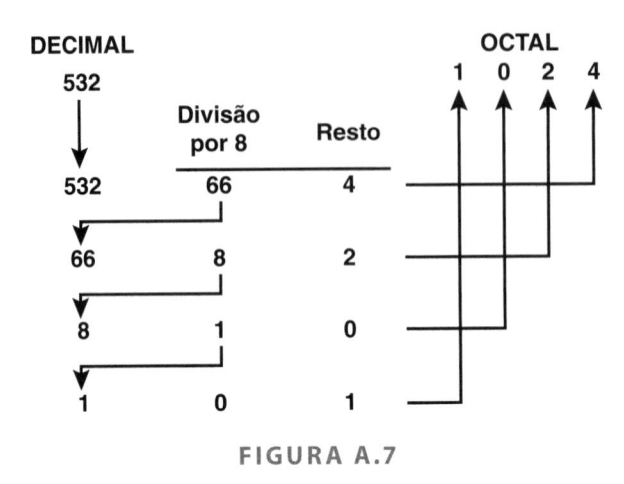

FIGURA A.7

16.2 TABELA ASCII

O **Código Padrão Americano para o Intercâmbio de Informação**, ou tabela ASCII (de **American Standard Code for Information Interchange**), é o código utilizado para representar texto em computadores, equipamentos de comunicação e outros dispositivos que trabalham com texto. Ele foi desenvolvido a partir de 1960, como uma tabela de códigos de 7 bits. A maioria dos modernos sistemas de codificação de caracteres baseia-se na tabela ASCII, embora suportem muitos caracteres adicionais (tabela ASCII de 8 bits).

A tabela ASCII padrão inclui as definições para 128 caracteres. Desses, 33 são definições para caracteres não imprimíveis ou caracteres de controle (a sua maioria obsoleta). Esses caracteres afetam a forma como o texto e o espaçamento são processados (como o backspace e o enter). A origem dos caracteres de controle vem dos primórdios da computação, quando se usavam máquinas de teletipo e fitas de papel perfurado. Os caracteres não imprimíveis se encontram na faixa de valores de 0 até 31 e o caractere 127.

O restante dos caracteres da tabela ASCII são os 95 caracteres imprimíveis, aqui incluído o caractere de espaço (que é considerado um caractere gráfico invisível). Esse conjunto de caracteres é formado pelas letras do alfabeto inglês (maiúsculas e minúsculas), dígitos numéricos, símbolos de pontuação etc.). Os caracteres imprimíveis se encontram na faixa de valores de 32 até 126.

A Tabela A.2 apresenta a versão 7 bits da tabela ASCII.

Decimal	Hexadecimal	Descrição
0	00	NULL (/0)
1	01	Início do cabeçalho
2	02	Início do texto
3	03	Fim do texto
4	04	Fim da transmissão
5	05	Interroga identidade do terminal
6	06	Reconhecimento
7	07	Campainha (/a)
8	08	Backspace (/b)
9	09	Tabulação horizontal /t
10	0A	Nova linha (/f)
11	0B	Tabulação vertical (/v)
12	0C	Form-Feed (/f)
13	0D	Retorno do carro (/r)
14	0E	Desativa o Shift
15	0F	Ativa o Shift
16	10	Data-Link Escape
17	11	Controle de dispositivo 1
18	12	Controle de dispositivo 2
19	13	Controle de dispositivo 3
20	14	Controle de dispositivo 4
21	15	Não reconhecimento
22	16	Ocioso síncrono
23	17	Fim do blodo de transmissão
24	18	Cancel
25	19	End-Of-Medium
26	1A	Substitute
27	1B	Escape
28	1C	Separador de arquivo
29	1D	Separador de grupo
30	1E	Separador de registro
31	1F	Separador de unidade
32	20	Espaço

TABELA A.2

Decimal	Hexadecimal	Descrição
33	21	!
34	22	
35	23	#
36	24	$
37	25	%
38	26	&
39	27	'
40	28	(
41	29	)
42	2A	*
43	2B	+
44	2C	,
45	2D	-
46	2E	.
47	2F	/
48	30	0
49	31	1
50	32	2
51	33	3
52	34	4
53	35	5
54	36	6
55	37	7
56	38	8
57	39	9
58	3A	:
59	3B	;
60	3C	<
61	3D	=
62	3E	>
63	3F	?
64	40	@
65	41	A
66	42	B
67	43	C
68	44	D
69	45	E

TABELA A.2 *(continuação)*

Decimal	Hexadecimal	Descrição
70	46	F
71	47	G
72	48	H
73	49	I
74	4A	J
75	4B	K
76	4C	L
77	4D	M
78	4E	N
79	4F	O
80	50	P
81	51	Q
82	52	R
83	53	S
84	54	T
85	55	U
86	56	V
87	57	W
88	58	Z
89	59	Y
90	5A	Z
91	5B	[
92	5C	\
93	5D	]
94	5E	^
95	5F	_
96	60	-
97	61	a
98	62	b
99	63	c
100	64	d
101	65	e
102	66	f
103	67	g
104	68	h
105	69	i
106	6A	j

TABELA A.2 (continuação)

Decimal	Hexadecimal	Descrição
107	6B	k
108	6C	l
109	6D	m
110	6E	n
111	6F	o
112	70	p
113	71	q
114	72	r
115	73	s
116	74	t
117	75	u
118	76	v
119	77	w
120	78	x
121	79	y
122	7A	z
123	7B	{
124	7C	|
125	7D	}
126	7E	~
127	7F	Delete

TABELA A.2 *(continuação)*

Referências

Kernighan B, Ritchie D. C: A linguagem de programação – Padrão Ansi. Rio de Janeiro: Elsevier; 1989.

Mizrahi V. Treinamento em linguagem C. 2ª ed São Paulo: Editora Pearson Education; 2008.

Schildt H. C completo e total. 3ª ed São Paulo: Makron Books Editora Ltda; 2001.

Steele G Jr, Harbison S III. C: Manual de referência. Rio de Janeiro: Ciência Moderna; 2002.

ANSI Technical Committee; ISO/IEC JTC 1 Working Group. *Rationale for International Standard – Programming Languages – C.* Disponível em http://www.open-std.org/jtc1/sc22/wg14/www/C99RationaleV5.10.pdf. Acesso em 4 de outubro de 2012. in press.

Cplusplus.com http://www.cplusplus.com. Acesso em 4 de outubro de 2012. in press.

Índice

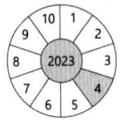